富平方言文化典藏

孙建华 著

北京大学出版社
PEKING UNIVERSITY PRESS

图书在版编目(CIP)数据

富平方言文化典藏 / 孙建华著. -- 北京：北京大学出版社, 2024.7. -- ISBN 978-7-301-35245-8

Ⅰ. H172.2

中国国家版本馆CIP数据核字第20241Q4Q63号

书　　　名	富平方言文化典藏 FUPING FANGYAN WENHUA DIANCANG
著作责任者	孙建华　著
责任编辑	赵明秀　邓晓霞
标准书号	ISBN 978-7-301-35245-8
出版发行	北京大学出版社
地　　　址	北京市海淀区成府路205号　100871
网　　　址	http://www.pup.cn　新浪微博：@北京大学出版社
电子邮箱	zpup@pup.cn
电　　　话	邮购部 010-62752015　发行部 010-62750672　编辑部 010-62752028
印刷者	北京宏伟双华印刷有限公司
经销者	新华书店 787毫米×1092毫米　16开本　27.5印张　431千字 2024年7月第1版　2024年7月第1次印刷
定　　　价	138.00元

未经许可，不得以任何方式复制或抄袭本书之部分或全部内容。
版权所有，侵权必究
举报电话：010-62752024　电子邮箱：fd@pup.cn
图书如有印装质量问题，请与出版部联系，电话：010-62756370

作者简介

孙建华，女，陕西富平人，北京语言大学博士，师从曹志耘教授，陕西师范大学博士后，师从邢向东教授。现为西安外国语大学中国语言文学学院副教授，硕士生导师，研究兴趣为汉语方言学、地理语言学、语言接触。主持国家社科基金和省部级项目四项、其他项目多项。参与国家社科基金重大项目、国家语委项目等多项。在《方言》《语言研究》《汉语学报》等刊物上发表论文近 20 篇。出版著作两部，参编著作一部。获陕西省第十六次哲学社会科学优秀成果奖、陕西省高等学校人文社会科学研究优秀成果奖、北京市语言学会 2014 年学术前沿论坛暨第 11 届学术年会青年语言学奖二等奖、北京语言大学优秀博士论文奖等。

本书是中国语言资源保护工程专项任务课题"语言方言文化调查·陕西富平"研究成果
曾获"2021年度陕西高等学校人文社会科学研究优秀成果奖"研究报告奖二等奖

本书得到以下资助：
中国语言资源保护工程"语言方言文化调查·陕西富平"（YB1824A012）课题经费资助
国家社科基金西部项目"延安方言的接触和演变研究"（18XYY005）经费资助
西安外国语大学学术著作出版专项经费资助

2017年5月,富平县委宣传部原副部长惠志刚先生(右1)为本课题组织发音人遴选活动

2017年6月,富平县文化馆原副馆长张玉顺先生研读课题摄录规范

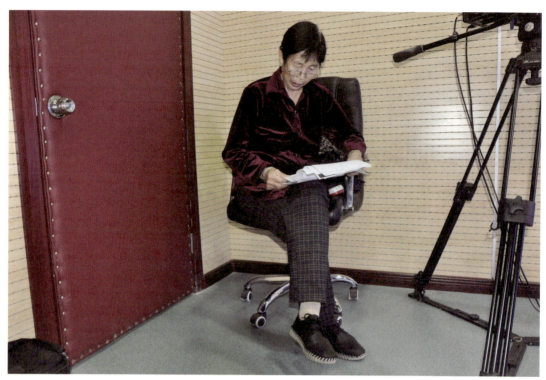

2018年5月,方言文化发音人乔玉芳女士在为摄录做准备

2018年5月,方言文化摄录:安双梅女士讲述故事
"中国最美传统村落——富平县老城"

2018年10月，作者在富平县到贤镇西城村拍摄婚礼

2019年11月，课题组成员杨彩贤教授在老庙镇做调查

2020年4月,课题组在陕西师范大学语音实验室进行发音文化摄录

几年前的一个春节，有位好友送给我两样富平特产：一盒柿饼，一盒"琼锅糖"。据包装上的介绍，这"琼锅糖"曾经进贡给皇上，因而得名。但我还是禁不住有点疑惑：一种麻糖，为什么有如此高大上的名号？会不会是当地人附会的呢？于是就发微信问富平人孙建华，"琼锅糖"的名字是怎么回事儿。小孙告诉我，她正在为语保工程项目"语言方言文化调查·陕西富平"做调查，其中就有"琼锅糖"。其制作过程如下：

主料是大麦、小米和芝麻。大麦经过冷浸、发芽，碾制成麦芽糖；小米经冷泡、热蒸，熬成糖粥；芝麻炒熟去皮。然后混合入锅熬成糊状，取出冷却，再在蒸汽加热中反复拧条拉扯，使糖色由黄变白，最后凝固压平切成细长方条。

我当时恰好也在写关于青海西宁、民和一带的"烌锅"的一篇文章，其中的"烌"是将馍坯、土豆等埋起来或焖起来加热、烘烤的方法。于是想到，"琼锅糖"可能就是"烌锅糖"，是因制作中"热蒸"的程序而得名的吧。再跟孙建华交流，她说："对啊！富平话还有'烌红苕''烌人'等词语。"我们讨论的结果是："琼锅糖"实为"烌锅糖"，由其制作过程中最突出的"烌"而得名。搞清了它的得名之由，又获得了难得的语言材料，再吃"烌锅糖"，真是分外有味儿！同时对富平的地方文化产生了浓厚兴趣，也对《富平方言文化典藏》充满了期待。

现在，孙建华历经数年调查、摄录、写作的《富平方言文化典藏》书稿就放在我面前。翻看着书稿里许多精美的照片和对方言文化词语的解释，感受着博大精深的关中文化，的确有话可说。

书稿突出的优点不少，这里略陈数条。

一、记录了富平境内乃至关中地区特殊的地域文化现象

关中面食天下闻。本书的记录又一次冲击着我的感官和心灵。例如：

油泼面[iou²⁴pʰo³¹miæ⁵⁵]……做法很多，最常见的一种是油泼"扽面"[tuẽ⁵⁵miæ³¹]扯面，民间流传的陕西八大怪之一"面条像裤带"即指这种面。

削削儿[ɕyo⁵³ɕyər³¹]……用开水和面，面团"搋"得硬一些，盖上湿布，让面

醒一会儿。然后用刀一片一片削进沸水锅中，故名"削削儿"。削出的薄片形似驴蹄子，所以又叫"驴蹄子"[ly²⁴tʰi³¹tsʅ⁵³]。

我在陕西师大的学生食堂吃过驴蹄子面，感觉面挺好吃，名号有点不雅，不知道它还有"削削儿"的雅号。

富平还有许多面食，作者如数家珍，一一展示、道来：勞下的面、穗核儿面、棍棍儿面、饺子皮儿将擀好的饺子皮一片一片拽得稍薄一些，下入沸水锅中煮熟、捞出，或油泼，或用臊子干拌，或浇辣椒水、绿挂面、趹ᵑ儿猫耳朵面（向东按：大多数关中话叫"麻食子"，陕北叫"圪饦儿"）、饸饹、凉皮儿。加上各种白面制作的"馍馍"，如羊肉泡、菜夹馍、肉夹馍、锅盔也叫"锅盔馍"、油馍也叫"死面油馍"、干渣馍有的地方叫"石子儿馍"、饦饦儿馍等。真让人有"未尝美食先发晕"之感。

最后说说"老鸹颡"[lɔ⁵³ua³¹sɑ²⁴]。"老鸹"是晋语、西北官话中"乌鸦"的说法，"颡"[sɑ²⁴]指"头"，俗字写作"臃"，是关中方言特征词。"老鸹颡"是用筷子拨进沸水中的，煮熟后中间圆、两头尖，颇像乌鸦头，故名。一种面食，记录了两个特殊的方言词及其变异后的读音！笔者第一次吃"老鸹颡"时就感叹，这哪里是在吃面，简直就是在吃文化呀！讨论饮食中的语言学，这"老鸹颡""酿皮儿""削削儿（驴蹄子）"是绝佳的材料。

在记录、描写具有浓郁地方特色的文化现象时，作者始终把揭示其中的文化含义、社会意义作为目标。如：

老虎枕头[lɔ³¹xu³¹tṣɛ̃⁵³tʰou³¹]一种外形似老虎的传统手工艺品，既当枕头，也当玩具。老虎身子大多是红色和黄色，或用多色布片拼接缝制，背上常缝有蜈蚣、壁虎、蝎子等毒虫图案，眉目鼻眼用彩色丝线缝绣而成。枕头里装的是棉絮。"老虎枕头"是舅舅家给孩子过满月的时候送的，其外形寓意虎头虎脑，上边的蜈蚣、壁虎、蝎子等毒虫图案象征辟邪、驱病以及人们希望孩子健康成长的美好愿望。具有丰富的文化意义。

"老虎枕头"是舅舅家给孩子过满月时送的。老虎是百兽之王，不但寓意虎头虎脑，而且加上蜈蚣、壁虎、蝎子等毒虫的图案还象征辟邪、驱病以及人们希望孩子健康成长的美好愿望。具有丰富的文化意义。

帕帕儿[pʰa⁵³pʰaɚ³¹]特指用来包裹头部的棉巾或丝巾，主要用于春、夏、秋三季，正方形，颜色素雅，以灰色和蓝色为主，可以防风、防尘、防晒。戴"帕帕儿"见于上了年纪的女性，戴法比较随意，或顶在头上，或别在耳后，或在脑后挽个结。当地老太太戴"帕帕儿"由来已久，据《富平县志》载，明清时期，当地乡间老妪常头顶黑罗帕夹于双耳。"帕帕儿头上戴"是陕西八大怪之一。现在偶尔见到。

这一条不但有共时的描写，而且有历时的揭示。由此来看，关中农村"帕帕儿头上戴"这一大怪，在明清时代就已成"怪"了。

二、记录了一些古老的语音、词汇现象

方言是民俗文化的载体。反过来，许多民俗文化现象的称谓，也能反映古老的方言语音、词汇现象，成为语言史研究的活材料。本书所记录的事实也体现了这一点。谨略举数例。

方言学和汉语史学界有一个基本的共识：唐五代西北方音中，存在"支微入鱼"的语音演变现象。现代北方方言中保留最多的在晋南、关中两翼和陇东地区。富平方言虽在关中腹地，也有不少遗存。本书记录的方言民俗现象，就体现了这一语音特点。如"苇子席"[y⁵³tsʅ³¹ɕi²⁴]芦苇秆编的席子、"围围儿"[y³¹yɜ⁵³]小孩围嘴儿、"喂兔"[y⁵⁵tʰou⁵⁵]、"喂羊"[y⁵⁵iɑɣ²⁴]等，都是"支微入鱼"的好例子。联系到"渭河"读[y⁵⁵xuo²⁴]①、"韦曲"说[y²⁴tɕʰy³¹]，古老的"支微入鱼"现象，在关中方言中俯拾皆是。

再如，唐宋西北方音中，梗摄阳声韵字普遍失落韵尾，读成阴声韵。这一点在富平方言民俗词语中也有体现。如："耕地"[tɕiɜ³¹tʰi⁵⁵]，"耕"[tɕiɜ³¹]属于唐宋西北方音的层次，"地"读送气声母也属同时的语音层次。再如：

迸御麦花儿[pəɣ⁵⁵y⁵⁵mei³¹xuɑr⁵³]"御麦花儿"即"爆米花"。"迸"白读[piɜ⁵⁵]（如"豆子迸出来了"），文读[pəɣ⁵⁵]，可见爆米花机是后期出现。

"迸"在富平话口语中读[piɜ⁵⁵]。作者利用文白异读的分析，判断爆米花机是后来出现的。很有说服力。

又如，龚煌城先生在《十二世纪末汉语的西北方音（韵尾问题）》（载龚煌城《汉藏语研究论文集》283—330，北京大学出版社2004年）中认为，宋代西北方音中，通摄阳声韵字也已失落韵尾，读成阴声韵。现代方言中此类例子很少，不过在富

---

① 有些民俗学者将"[y⁵⁵xuo²⁴]"记为"御河""玉河"，并将渭河与皇家或玉石联系起来，其实都是俗词源，是不明文白异读现象所致。

平饮食词汇中有所反映。如"烩馍"[tʰuo³¹mo⁵⁵]把熟馒头放在锅里蒸热,"烩"的读音就属于通摄阳声韵字鼻尾脱落的残留现象,在关中地区比较普遍。

方言民俗文化中有不少古语词,书中反映了不少。如"缯角子"[tsəỹ⁵⁵tɕyo⁵⁵tsʅ³¹]指扎头发:"'角'为古语词,原指幼童头顶两侧留的头发,方言引申为'头发'义。"这个"角"就是《诗经·卫风·氓》中"总角之宴,言笑晏晏"中的"角",非常古老。我和蔡文婷在《合阳方言调查研究》中讨论过这个词。

再如,"水硙子"[ʃuei⁵³uei⁵⁵tsʅ³¹],"是石磨的一种,用来把泡过水的豆子磨成豆糊,豆糊供做豆腐使用"。其中的部件有"硙盘""硙扇""硙眼""硙橼子"等。"硙"是比"磨"古老的词,现多流行于吴语、闽语等南方方言以及秦晋两省沿河方言中,在富平话中也有完整的保留。

诸如此类的古语词,书中还记录了不少,对于探讨关中方言史及其与其他西北方言的历史关系,是价值很高的材料。

三、用动态的眼光记录民俗文化的发展,在民俗事象的展示中反映社会的进步与变化

本书作者对方言文化现象、民俗事象的记录、描写,有一个突出的特点,就是动态的观念:观察其在社会巨变的过程中发生的变化。如建筑类,从窑洞发展到平房、楼房,经过了若干个显著的发展过程,可谓天翻地覆:

> 除少量保存下来的明清或民国时期的公共建筑外,富平的传统建筑主要体现在民居样式上。近百年来,随着时代的发展,民居样式不断翻新,中南部川原地带先后出现过拱脊子房、草房、厦子房、平房和楼房。北部沿山地区早先住窑洞,主要是"靠崖[nɛ²⁴]式",即紧靠山体或沿沟崖依势开凿修建。20世纪80年代以后,窑洞逐渐被废弃。

在书中的照片中,我们只看到两孔废弃的土窑洞的照片,说明这种古老的"穴居"式民居已经远离富平老百姓的生活,只剩一点记忆了。如果读者诸君到过延安大学,看过校园里的窑洞宾馆,一定会对陕北高原地区的建筑文化有极其深刻的印象,产生丰富的联想。

再看婚俗中新娘子的装扮:传统的打扮是红衫子、绿裤子、麻花辫。现在兴起了白婚纱、红旗袍、新式盘头:

> **新媳妇**[ɕiẽ³¹ɕi⁵³fu³¹]指新娘。过去的装扮是上身穿"红衫子"[xuoỹ²⁴sæ̃⁵³tsʅ³¹]红外套,

4

若是冬天，改穿红缎面大襟式棉袄，下身穿蓝色或绿色裤子，脚蹬红鞋，头扎麻花辫。热烈的颜色和大胆的搭配散发着浓郁的关中风情。近十年来，传统婚礼不断加进新元素，新媳妇的穿戴也大变，盘头、白色婚纱（敬酒时换穿旗袍）已成定式。

时代日益进步，生活越来越富，人们的审美情趣也在变化。民俗的不断演化，正是社会发展的写照和印记。

人们一提到陕西、关中，就一定会说到十三朝古都的辉煌，并在其中追寻中国文化的根脉。这固然没错。但我一贯主张，十三朝古都体现的是皇家文化、帝王文化，跟普通百姓的文化存在不小的距离。真正的、更能作为中华民族优秀传统文化的代表和根基的，是底层社会的文化，是民间文化，它与中国古代知识阶层所创造、传承和发扬的精英文化，共同构成了中华传统文化的整体。就这一点而言，关中文化作为传统的农业文化形态、意识保留最顽强的地区，对于考察如何将中国式现代化与传统文化相结合，具有不可替代的价值。

方言与文化表里相依，须臾不离。语保工程把"语言方言文化调查"作为几大项目之一，可谓独具慧眼。该项目将语言和民间文化结合起来，挖掘其间的血肉关系，揭示民间文化的内在精神，与中华优秀传统文化传承、发展、创新高度契合。同时，语言文化典藏项目要面向全国，在陕西省立项很少。因此我们希望，陕西省的方言、民俗工作者，可以按照语言文化典藏的既有模式，进行相关方言文化现象的调查、记录、典藏和综合研究，并进一步探讨语言与民俗文化相结合研究的新范式。

邢向东

2023年11月28日

目　录

引　言 ·· 1
    一　富平 ·· 1
    二　富平方言 ·· 4
    三　凡例 ·· 12

壹　房屋建筑 ··· 15
    一　住宅 ·· 18
    二　其他建筑 ·· 36
    三　建筑活动 ·· 47

贰　日常用具 ··· 49
    一　炊具 ·· 52
    二　卧具 ·· 67
    三　桌椅板凳 ·· 72
    四　其他用具 ·· 77

叁　服　饰 ·· 93
    一　衣裤 ·· 96
    二　鞋帽 ·· 100
    三　首饰等 ·· 105

肆　饮　食 ·· 109
    一　主食 ·· 112
    二　副食 ·· 129

三　菜肴 ……………………………………………………………… 139

伍　农工百艺 ……………………………………………………………… 147

　　一　农事 ……………………………………………………………… 150
　　二　农具 ……………………………………………………………… 161
　　三　手工艺 …………………………………………………………… 176
　　四　商业 ……………………………………………………………… 189
　　五　其他行业 ………………………………………………………… 196

陆　日常活动 ……………………………………………………………… 199

　　一　起居 ……………………………………………………………… 202
　　二　娱乐 ……………………………………………………………… 209
　　三　信奉 ……………………………………………………………… 222

柒　婚育丧葬 ……………………………………………………………… 227

　　一　婚育 ……………………………………………………………… 231
　　二　丧葬 ……………………………………………………………… 253

捌　节　日 ………………………………………………………………… 271

　　一　春节 ……………………………………………………………… 274
　　二　元宵节 …………………………………………………………… 294
　　三　清明节 …………………………………………………………… 298
　　四　端午节 …………………………………………………………… 300
　　五　其他节日 ………………………………………………………… 302

| 玖 说唱表演 | 307 |

　　一　口彩禁忌 …………………………………………………… 310

　　二　俗语 ……………………………………………………… 311

　　三　歌谣 ……………………………………………………… 338

　　四　曲艺戏剧 …………………………………………………… 341

　　五　故事 ……………………………………………………… 343

　　六　吟诵 ……………………………………………………… 396

调查手记 ………………………………………………………… 397

参考文献 ………………………………………………………… 402

索　引 …………………………………………………………… 403

后　记 …………………………………………………………… 415

引 言

一 富平

富平县位于陕西省关中平原与渭北黄土高原之间的衔接地带，北纬34°41′～35°06′，东经108°57′～109°26′之间。东界蒲城县和渭南市临渭区，西连三原县和铜川市耀州区，南接三原县和西安市阎良区，北邻铜川市耀州区、印台区、王益区。县城位于西安、咸阳、渭南和铜川四个大中城市的交汇位置，距省会西安约66千米，距咸阳国际机场约60千米，距渭南约63千米，距中国飞机城——西安市阎良区约12千米。

县境南北长约48千米，东西宽约34千米，总面积约1242平方千米。地势北高南低，北以乔山为依托，南有荆原为屏障，中部台原起伏。境内有顺阳河、石川河、赵氏河、温泉河等河流，均属黄河流域渭河水系。

富平县是远近闻名的石刻之乡，其石材主要分为两大类。一类是青石，它体型大、质地细腻而坚硬、耐酸碱、抗风化，是雕刻大型造像、碑碣、墓志、经幢以及各种露天石刻艺术品的极佳原料。经过打磨，青石表面细腻，抛光后如镜面般光滑，敲击时声音清脆且有回响，因此又被称为"磬玉"。另一类是墨玉，色泽漆黑如墨，打磨后表面光洁如玻璃，民间有"跌倒蝇子滑倒虱"的说法，主要用于雕刻平面线刻人物和制作书法工艺品。有时，人们将这两种石刻材料统称为"富平墨玉"。此外，当地盛产石灰石、高岭土、砂卵石等矿产资源。由于气候条件优越，富平是苹果、酥梨、柿子、花椒、核桃的优生区。

富平县历史悠久，境内先后发现盘龙湾等古文化遗址，说明新石器时期已有先民在此繁衍生息。富平县荆山原上的铸鼎村，被认为是黄帝和大禹荆山铸鼎之地。《史记·封禅书》载："黄帝作宝鼎三，象天地人。禹收九牧之金，铸九鼎。"《括地志辑校》卷一云："荆山在雍州富平县，今名掘陵原。按雍州荆山，即黄帝及禹铸鼎地也。"大禹继位后，将天下划分为九州（冀、青、豫、扬、徐、梁、雍、兖、荆），铸九鼎以喻之，今富平县属雍州。唐代曾两次在县内设鼎州。富平荆山钟灵毓秀，古陵墓成群，因此又被称为掘陵原。

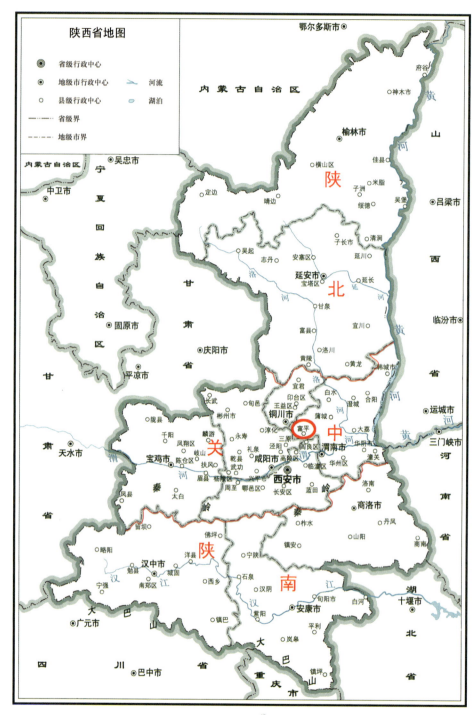

陕西省地图①

---

① 图中红线为陕西省地理特征的大致分界线，由北往南分别为陕北黄土高原、关中渭河平原、陕南秦巴山地，相对应的是三种大的文化类型。地理文化界线与方言区的界线有所不同。本书地图审图号为：陕S（2024）011号。

富平县地图

富平最早建置始于东周，秦厉共公二十一年（前456），始在频山之南，频水之北设置频阳县（今美原镇古城村一带）。西汉时，于南部添置怀德县（今华朱乡怀阳城附近），频阳、怀德两县并存。东汉时，并怀德入频阳。西晋时，自彭原界（今甘肃省庆阳地区西南）徙富平县治于怀德故城，与频阳县并存，富平之名始于此，取意"富庶太平"。东晋时，富平一度为苻秦所统治，在频阳县内设置土门护军（今薛镇土木坊）。北魏宣武帝景明元年（500）撤频阳县，另建土门县，县治在今薛镇。西魏文帝大统五年（539），富平县治由怀德故址迁至石川河北岸（今城关镇古城村）。唐太宗贞观十七年（643），废土门县。高宗咸亨二年（671），在土门故址建美原县。玄宗开元年间，徙富平县治于义亭城（今华朱旧县村）。元世祖至元元年（1264），并美原县入富平。至此，富平县境内再无两县并存的局面。元末明初，富平县治由义亭城迁至窑桥寨（今老县城），至明清两代富平县均属西安府。民国初隶属关中道。

1949年后，富平先后归三原、咸阳、渭南、铜川管辖。1961年富平恢复县制。1970年富平县治由老城区迁至新城区人民路北端，至今。截至2023年末，全县辖14个镇，2个街道办事处，268个行政村。全县常住人口约64万（2020年11月统计数字）。

二 富平方言

（一）概述

富平方言属于中原官话关中片东府话，[①]县内口音大别为两片，与自然地理区域大致对应：一是东北部沿山一带，以美原镇和老庙镇为核心；二是中南部川原一带，即县城所在地及其周边乡镇。薛镇话具有过渡性特点。方言内部虽有差异，但不影响通话。

除了自然地理因素，历史行政对富平方言内部差异的形成也有重要影响，如前文所述，富平自建制以来的两千多年间，县名屡改，县治数迁（虽然辖域大体未变）。

---

① 中原官话关中片是据《中国语言地图集》的划分。清代中期以来，俗称西安府以东的同州府（治今渭南市大荔县）为东府，西安府以西的凤翔府（治今宝鸡市凤翔区）为西府。"西府"和"东府"的方言和文化存在一定差异。

就整个历史时期看，富平县治处于不断变化之中，就特定历史时期看，又是一种相对稳定的局面，这对今天富平方言"东北——中南"对立格局的形成产生了深远的影响。

除了本地话，富平县内大多数乡镇散布着大大小小的山东庄子（山东移民及其后代聚居的村落），第一代移民来自山东省各地，迁入时间集中在20世纪初前后三四十年。经过一百多年共同生产劳作，彼此通婚，县内已不再全然区分山东人和本地人，山东话和本地话也渐趋融合。方言接触过程中，虽然本地话在一定程度上受到山东话的影响，但整体趋势是山东话不断被本地话同化。各个山东庄子的口音演变速度快慢不一，有的村目前仍通行山东话（如窦村第十一村民小组），有的村通行山东话和本地话（如美原镇盘龙村），有的村已全部转用本地话（如流曲镇五里墩村）。通行两种口音的村子，一般年长者说山东话，年轻人说本地话。

近些年，随着教育的普及，新媒体的兴起，人口大量向城镇流动，富平方言越来越多受到普通话的影响，有的中小学生甚至已转用普通话。

（二）声韵调

以下为到贤镇东仁村方言音系。①

1. 声母30个，包括零声母在内。例字右下角的"1"表示又读音当中最常用或最口语化的读音，"2"次之。

p 八兵病₁得~	pʰ 派片爬病₂毛~	m 麦明	f 飞蜂肥饭	v 味问
t 多东毒₂	tʰ 讨天甜毒₁	n 脑南		l 老蓝连路
ts 资早贼₂竹争纸	tsʰ 刺草贼₁祠拆茶抄		s 丝三事山	z 儿~:儿子褥
tʂ 张量词	tʂʰ 抽车城		ʂ 手十	ʐ 热黏
tʃ 最装主	tʃʰ 坐柱床春		ʃ 双船顺书	ʒ 软润
tɕ 租酒九	tɕʰ 寸清全轻权	nʑ 泥咬淹	ɕ 想谢响馅	
k 高共	kʰ 开狂跪	ŋ 熬安	x 好活馅	
ø 月温王药儿~童				

---

① 选择该点作为音系代表点的原因详见本章第三节。

说明：

①[tɕ tɕʰ]拼齐齿呼时，有时舌位略后，近[tʂ tʂʰ]。

②[ts tsʰ s z]拼开口呼，[tʃ tʃʰ ʃ ʒ]拼合口呼，[tɕ tɕʰ ɕ]拼齐齿呼和撮口呼，三组声母互补。[tʃ tʃʰ ʃ ʒ]带点舌尖音色，发音动作表现为：舌叶隆起的同时舌尖略翘。

③[tɕ tɕʰ]有时偏塞，近[tʂ tʂʰ]。[tɕʰ ɕ]的舌位有时偏前，介于舌尖和舌面之间。

2. 韵母39个，包括自成音节的[ɤ]在内。

ɿ师丝试<u>儿</u>~: 儿子	i米戏急一锡	u苦五猪骨出谷	y雨橘局<u>喂</u>
ʅ十直尺			
ər二耳<u>儿</u>~童			
ɛ开排鞋	iɛ街解~开	uɛ快怀	
	iɜ写贴节耕~地		
ɑ茶塔法辣八	iɑ牙鸭	uɑ瓦刮	
ɔ宝闲扰	iɔ笑桥		
ɤ歌热壳		uo坐过盒活郭熥_{熟食加热}	yo靴横~顺: 横竖月药学
ɯ蛤~蟆核~桃			
ei赔飞北色白		uei对鬼喂国	
ou豆走	iou油六绿		
æ̃南山半	iæ̃盐年	uæ̃短官	yæ̃权酸
ɜ̃深根	iɜ̃心新	uɜ̃滚春	yɜ̃寸运
ɑ̃糖胀棒	iɑ̃响讲	uɑ̃床王双	
ɔ̃ɣ̃灯升争耕_农	iɔ̃ɣ̃硬病星	uɔ̃ɣ̃横~线东	yɔ̃ɣ̃兄用
v舞务			

说明：

①[u]韵在[p pʰ m]后有两个变体[u][ʊ]（分别见于不同字，不构成对立），在[f]后实际音值是[ʋ]，在[v]后脱落，形成声化韵[ɤ]。[uo]韵的主要元音[o]有时唇形略展。[uo]韵在声母[p pʰ m f v]后的读音有两类（分别见于不同字，不构成对立）：一是介音[u]丢失，读[o]韵；二是介音[u]变读唇齿音[ʋ]（与声母结合较紧），读[ʋo]韵。①

---

① 就音位归纳而言，以上细节可忽略，但音值上的细小差异对于解释语音的微观演变却极为重要。鉴于此，针对以上两种读音，音系从合，列韵母[u][uo]；语料标音从分，注实际读音。

②韵母[ɛ iɛ uɛ]有时带极轻短的尾音[e]。

③合口呼韵拼[tʃ]组声母时，[u]的舌位偏前，近[ʮ]。

3. 单字调4个。

  阴平[31] 东开百月

  阳平[24] 门油皮毒

  上声[53] 懂苦买五

  去声[55] 动半硬树

（三）连读调和词调

以下分两字组连读调和两字组词调予以说明。

连读调（tone sandhi）指单字组合起来以后，由于单字调之间的互相影响而读的调子，也可以叫组合调。词调（word-tone）指西北方言中双音节及以上的词语不能从单字调的连读音变推导出来的调子。（邢向东 2020）词调概念的提出，是为了解决西北方言中一系列有关声调问题的理论难题，降低西北方言中声调调查的难度。在双音词范围内区分连读调和词调的时候，可以运用"两种方法""三个步骤"。"两种方法"是：用正向确认法筛选出必定采用的词调类型，如单纯词（尤其是名词）、重叠式名词、"儿"尾式名词、"子"尾式名词、"着"尾词、"了"尾词等结构特殊的词和短语；用反向确认法即利用动宾结构的动词（短语）来排除词调。"三个步骤"详见邢向东、马梦玲（2019），不再细述。

下面表1至表6是根据"两种方法""三个步骤"总结的富平方言两字组连读调表和词调表。分析步骤如下：第一步，整理出非重叠两字组连调式总表（表1）；第二步，对表1例词进行分析，得到非重叠两字组连读调表（表2）和非重叠两字组词调表（表3）；第三步，整理出重叠两字组词调表（表4）和后字轻声词调表（表5）；第四步，综合表3、表4和表5，得到两字组词调总表（表6）。

由表1可见，富平方言非重叠两字组连调式有以下特点：4个调类两两分别组合，共得到16种组合模式，每种组合模式基本有不止一种连调式（除了"上声53+阴平31"）；每一种组合都有前后字不变调的情形，形成16种连调式（粗体表示，按次序标①②③……）；每种组合虽基本有不止一种连调式，但均在前后字不变调所形成的16种连调式范围内。

表1　富平方言非重叠两字组连调式总表

前字	后字			
	阴平31	阳平24	上声53	去声55
阴平31	①31+31 ⑤24+31 ⑨53+31	②31+24 ①31+31 ⑨53+31	③31+53 ①31+31 ⑨53+31	④31+55 ③31+53 ⑨53+31
阳平24	⑤24+31 ③31+53	⑥24+24 ③31+53	⑦24+53 ⑤24+31 ③31+53	⑧24+55 ③31+53
上声53	⑨53+31	⑩53+24 ⑨53+31	⑪53+53 ①31+31 ③31+53 ⑦24+53	⑫53+55 ⑨53+31
去声55	⑬55+31 ⑮55+53	⑭55+24 ⑬55+31	⑮55+53 ⑬55+31 ①31+31	⑯55+55 ⑬55+31 ⑧24+55

说明：由于连调式类型较多，为便于阅读，省去例词。

每种组合对应多种连调式形成了看起来非常复杂的连读调系统，似乎无规律可循，主要原因是这些连调式所辖双字组涉及语音、词汇、语法三个层面。用正向确认法和反向确认法提取词调后，可把表1简化为非重叠两字组连读调表（表2）和非重叠两字组词调表（表3）。

由表2可见，富平方言非重叠两字组连读调有两大特点：整体上看，各种组合的连调式数量较少，除了"去声55+阴平31"有两种连调式外，其余15种组合都只有一种连调式；大规律是前字和后字均不变调。

表2　富平方言非重叠两字组连读调表

前字	后字			
	阴平31	阳平24	上声53	去声55
阴平31	⑤24+31东风|开车	②31+24出名|铁门	③31+53黑马|发火	④31+55开店|铁路
阳平24	⑤24+31白色|读书	⑥24+24皮鞋|防滑	⑦24+53长短|跳舞	⑧24+55羊圈|排队
上声53	⑨53+31打针|享福	⑩53+24死活|倒霉	⑪53+53厂长|养老	⑫53+55写信|远近
去声55	⑬55+31坐车|外国 ⑮55+53唱歌	⑭55+24坐船|中毒	⑮55+53市长|送礼	⑯55+55市镇|过夜

说明：表中两字组为举例性质，下同。粗体表示前后字均不变调，下同。

表3　富平方言非重叠两字组词调表

前字	后字			
	阴平31	阳平24	上声53	去声55
阴平31	①**31+31**木工｜北京 ⑨**53+31**北方	①**31+31**黑来晚上 ⑨**53+31**清明｜骨头	③**31+53**身体｜公里 ①**31+31**天井｜谷雨 ⑨**53+31**日子	③**31+53**公社 ⑨**53+31**出去｜力气
阳平24	③**31+53**头发｜良心	⑥**24+24**农民｜同学 ③**31+53**石头｜皮实	⑤**24+31**食指 ③**31+53**朋友｜十五	③**31+53**名字｜毛病
上声53	⑨**53+31**点心｜尾巴	⑨**53+31**码头｜老实	①**31+31**老虎 ③**31+53**水果｜老板 ⑦**24+53**起码	⑨**53+31**手艺
去声55	⑬**55+31**利息｜地方	⑬**55+31**算盘｜事实	⑬**55+31**道理 ①**31+31**颔水 口水	⑬**55+31**味道｜地道形容词 ⑧**24+55**刺绣

说明：后字轻声有时近阴平[31]，有时比[31]轻短，统一记作[31]，下同。

表3显示，富平方言非重叠两字组词调共有8种调式，按照"异组共享"（不同组合共用一种连调式）的比例由高到低排列如下：③31+53、⑨53+31（以上7种组合）＞①31+31（5种组合）＞⑬55+31（4种组合）＞⑤24+31、⑥24+24、⑦24+53、⑧24+55（以上1种组合）。8种词调式在16种连读调式的范围内，表明这8种是连读调和词调的共享调式，也反映了调类中和的方向。可见，富平方言非重叠两字组词调形成和演变的方向是，16种连读调式向少数几种强势调式靠拢。

连调高度模式化，读为固定词调的方言口语词，往往具有以下特点：整个结构的凝固性较强，构词语素的语义和语法结构常常不透明，如"清明""服气""皮实""地道形容词"；有些名词勉强可作结构分析，但母语人潜意识中将其看作一个整体，如"天井""谷雨"。

表4　富平方言重叠两字组词调表

阴平31+阴平31	⑨**53+31**珠珠｜角角｜桌桌｜叶叶｜刀刀
阳平24+阳平24	③**31+53**头头｜虫虫｜盒盒｜勺勺｜匣匣
上声53+上声53	⑨**53+31**眼眼小孔｜本本小本子｜颗颗颗粒
去声55+去声55	⑬**55+31**面面粉末｜棍棍｜蛋蛋小而圆的物件；婴幼儿的昵称｜穗穗穗儿 ⑨**53+31**巷巷小巷

由表4可见，富平方言重叠两字组词调有3种调式：③31+53、⑨53+31、⑬55+31。正好是表3所示"异组共享"比例较高的3种。

表5　富平方言后字轻声词调表

阴平31+S	⑨53+31刀子｜桌子｜方的｜辣的｜窄的｜吃着 ①31+31高了｜瞎了
阳平24+S	③31+53绳子｜勺子｜长的｜甜头｜学了｜闻着
上声53+S	⑨53+31李子｜小的｜想着｜走着 ③31+53拐子 ①31+31走了
去声55+S	⑬55+31盖子｜豆子｜大的｜见了｜看着

说明：后字"子""的""着""了""头"统一用"S"代替。

由表5可见，富平方言后字轻声词调有4种调式：①31+31、③31+53、⑨53+31、⑬55+31。正好是表3所示"异组共享"比例排序的前4种。

将表3、表4、表5合并，得到富平方言两字组词调总表（表6）。

由表6可见，富平方言两字组词调共有8种调式，按照"异组共享"的比例由高到低排列如下：⑨53+31（10种组合）>③31+53（9种组合）>①31+31（7种组合）>⑬55+31（5种组合）>⑥24+24、⑤24+31、⑦24+53、⑧24+55（以上1种组合）。

"异组共享"比例最高的是[53+31][31+53]，其次是[31+31][55+31]，这几种强势调式主要形成"高低""低高"交错的韵律模式，其次是"低低"型韵律模式，一定程度反映了富平方言单字调向词调发展过程中，韵律支配词调的运作机制。

表6　富平方言两字组词调总表

前字	后字				
	阴平31	阳平24	上声53	去声55	后字轻声
阴平31	①**31+31**木工｜北京 ⑨53+31北方｜刀刀	①31+31黑来晚上 ⑨53+31清明	③**31+53**身体 ①31+31天井 ⑨53+31日子	③31+53公社 ⑨53+31力气	⑨53+31刀子｜方的｜吃着 ①31+31高了
阳平24	③31+53头发｜虫虫	⑥**24+24**农民 ③31+53皮实	⑤24+31食指 ③31+53十五	③31+53毛病	③31+53绳子｜长的｜学了
上声53	⑨**53+31**点心｜眼眼小孔	⑨53+31码头	①31+31老虎 ③31+53水果 ⑦24+53起码	⑨53+31手艺	⑨53+31李子｜小的 ③31+53拐子 ①31+31走了
去声55	⑬**55+31**利息｜棍棍 ⑨53+31巷巷小巷	⑬55+31算盘	⑬55+31道理 ①31+31额水口水	⑬55+31味道 ⑧24+55刺绣	⑬55+31盖子｜大的｜见了

（四）儿化音

富平方言韵母除了[iɛ][ɯ][uaɣ̃][yoɣ̃][ɤ]几个外，其余皆有对应的儿化韵。儿化音主要表现为韵母的变化，有时声调也会随之变化。儿化音变规律见下。

本韵	儿化韵	例字（词）
ɿ	ɿr	丝sɿ³¹：萝卜丝儿luo³¹pʰu⁵³sɿr⁵³
ʮ	ʮr	十sʮ²⁴：大年三十儿ta⁵⁵ȵiæ²⁴sæ³¹ʂʮr²⁴²
i	ir	眉mi²⁴：稻黍眉儿高粱穗儿tʰo³¹ʃu³¹mir²⁴²
u	ur	裤kʰu⁵⁵：秋裤儿tɕʰiou³¹kʰur⁵³
y	yr	女ȵy⁵³：孙女儿ɕyɛ̃³¹ȵyr⁵³
ɑ	ɑr	码mɑ⁵³：起码儿tɕʰi²⁴mɑr⁵³
iɑ	iɑr	甲tɕiɑ³¹：马甲儿mɑ⁵³tɕiɑr⁵³
uɑ	uɑr	花xuɑ³¹：御麦花儿玉米花儿y⁵³mei³¹xuɑr⁵³
ɛ	ɛr	盖kɛ⁵⁵：盖盖儿kɛ⁵⁵kɛr³¹
uɛ	uɛr	块kʰuɛ⁵³：一块儿～香皂i³¹kʰuɛr⁵³
iɜ	iɜr	蝶tiɜ²⁴：蝴蝶儿xu³¹tiɜr⁵³
ɔ	ɔr	帽mɔ⁵⁵：凉帽儿liaɣ̃²⁴mɔr⁵³
iɔ	iɔr	吊tiɔ⁵⁵：清明吊儿tɕʰiəɣ̃⁵³miəɣ̃³¹tiɔr⁵³
ɤ	ɤr	歌kɤ⁵³：唱歌儿tʂʰaɣ̃⁵⁵kɤr⁵³
uo	uɤr	火xuo⁵³：发火儿fa³¹xuɤr⁵³
yo	yɤr	鹊tɕʰyo³¹：喜鹊儿tɕi⁵³tɕʰyɤr³¹
ei	er	味vei⁵⁵：气味儿tɕʰi⁵⁵ver⁵³
uei	uer	嘴tʂuei⁵³：亲嘴儿tɕʰiɛ̃³¹tʂuer⁵³
ou	our	口kʰou⁵³：门口儿mẽ²⁴kʰour⁵³
iou	iour	油iou²⁴：酱油儿tɕiaɣ̃⁵⁵iour²⁴²
æ	ær	盘pʰæ²⁴：算盘儿ɕyæ⁵⁵pʰær³¹
iæ	iær	面miæ⁵⁵：辣子面儿la⁵³tsɿ³¹miær⁵³
uæ	uær	碗uæ⁵³：茶碗儿tsʰa³¹uær⁵³
yæ	yær	圆yæ²⁴：汤圆儿tʰaɣ̃³¹yær²⁴²
ɛ̃	ɛ̃r	盆pʰɛ̃²⁴：脸盆儿liæ⁵³pʰɛ̃r³¹
iɛ̃	iɛ̃r	心ɕiɛ̃³¹：背心儿pei⁵⁵ɕiɛ̃r³¹
uɛ̃	uɛ̃r	棍kuɛ̃⁵⁵：冰棍儿piəɣ̃³¹kuɛ̃r⁵³
yɛ̃	yɛ̃r	裙tɕʰyɛ̃²⁴：围裙儿uei³¹tɕʰyɛ̃r⁵³
aɣ̃	ãr	膀paɣ̃⁵³：翅膀儿tʂʰɿ⁵⁵pãr³¹

iaɣ̃	iãr	样iaɣ̃⁵⁵：鞋样儿xɛ³¹iãr⁵³
əɣ̃	ə̃r	蜂fəɣ̃³¹：蜜蜂儿mi³¹fə̃r³¹
iəɣ̃	iə̃r	饼piəɣ̃⁵³：麻饼儿ma³¹piə̃r⁵³
uoɣ̃	uə̃r	虫tʃʰuoɣ̃²⁴：虫虫儿tʃʰuoɣ̃³¹tʃʰuə̃r⁵³

说明：

儿化后声调变化的大致规律是：

阴平[31]有时变[53]（如：丝sɿ³¹→萝卜丝儿luo³¹pʰu⁵³sɿr⁵³），有时不变（如：心ɕiẽ³¹→背心儿pei⁵⁵ɕiẽr³¹）。

阳平[24]大多变[242]（如：油iou²⁴→酱油儿tɕiaɣ̃⁵⁵iour²⁴²），其余有的变[53]（如：裙tɕʰyẽ²⁴→围裙儿uei³¹tɕʰyẽr⁵³），有的变[31]（如：盘pʰæ̃²⁴→算盘儿ɕyæ̃⁵⁵pʰæ̃r³¹）。

上声[53]大多不变（如：女n̠y⁵³→孙女儿ɕyẽ³¹n̠yr⁵³），少数变[31]（如：膀paɣ̃⁵³→翅膀儿tsʰɿ⁵⁵pãr³¹）。

去声[55]大多变[53]（如：裤kʰu⁵⁵→秋裤儿tɕʰiou³¹kʰur⁵³），少数变[31]（如：盖kɛ⁵⁵→盖盖儿kɛ⁵⁵kɛr³¹）。

三 凡例

1. 记音依据

富平方言依据口音差异分为两大片：东北部美原和老庙2个镇为一片，其余14个镇（街道办）为一片，薛镇话具有过渡性。本书方言记音为到贤镇东仁村西刘社老派口音，村民为世居当地的老户。记音地点的选择主要基于两方面考虑：一是本书收集的图片在到贤镇及周边相对多一些；二是到贤镇属于富平县两大片口音中面积较大的一片，距离县城不远，但比县城话古老，能较大程度反映富平方言的面貌。

2. 图片来源

本书收录富平方言文化图片共计669幅。

图片拍摄时间集中在2013—2019年，其中在笔者老家到贤镇及其辖村拍摄的相对多一些，另外主要在以下各镇（街道办）及其辖村拍摄：老庙镇、薛镇、美原镇、流曲镇、曹村镇、庄里镇、刘集镇、城关街道办、东华街道办。

图片拍摄者主要为作者本人或家人。少数图片由他人提供，注明拍摄者姓名，例如"1-10◆广华（杨彩贤摄）"。

3. 内容分类

本书所收富平方言文化条目按内容分为9大类34小类：

（1）房屋建筑：住宅、其他建筑、建筑活动

（2）日常用具：炊具、卧具、桌椅板凳、其他用具

（3）服饰：衣裤、鞋帽、首饰等

（4）饮食：主食、副食、菜肴

（5）农工百艺：农事、农具、手工艺、商业、其他行业

（6）日常活动：起居、娱乐、信奉

（7）婚育丧葬：婚育、丧葬

（8）节日：春节、元宵节、清明节、端午节、其他节日

（9）说唱表演：口彩禁忌、俗语、歌谣、曲艺戏剧、故事、吟诵

如果某个条目可归多个大类，先归特殊的类。例如"打秋千"可归日常活动，也可归节日活动，本书将其归入节日类。为了阅读方便，把一些关系特别密切的条目放在一起，例如把"饸饹床子"放在主食类"饸饹"的后面（而未放入炊具类）。

4. 体例

（1）每个大类开头先用一段短文对本类方言文化现象做一个概括性的介绍。

（2）除"说唱表演"外，每类每个条目均包括图片、方言词条、解释性文案三部分。"说唱表演"不收图片，体例上也与其他部分有所不同，本章内容的发音由多名老派发音人提供，随文说明发音人所在地，音标据实记音，个别小节和代表点音系略有不同。

（3）各图的编号，例如"1-19"，短横前面的数字表示大类，短横后面的数字是该大类内部图片的顺序号。图号后面注拍摄地点（一般为村级名称）。图号和地名之间用"◆"隔开，例如"1-41◆莲湖"。

（4）文案中出现的方言词用引号标出，并在一章里首次出现时注国际音标，对方言词的注释用小字随文夹注；在一章里除首次出现时外，其他场合只加引号，不再注音释义。为便于阅读，一些跟普通话相同或相近的方言词，除首次出现时外，不再加引号。

（5）对于有音无字的情况，如果有同音字，就用同音字表示，并在同音字的右上角加等号"="，例如：襄奉=[ɕiaɣ̃³¹fəɣ̃⁵³]农村红白喜事等帮忙的乡邻。如果没有同音字就

用方框"□"表示，例如：□□[tṣɑɣ⁵³fæ̃³¹]现在。

（6）方言词记实际读音，如有变调、儿化音变等现象，一律按连读音记。合音字加"[ ]"，例如：[一个]iɜ³¹。轻声有时读如上声[53]（所谓"轻声不轻"，如"碟碟"[tʰiɜ³¹tʰiɜ⁵³]），有时读如阴平[31]（实际读音有的时候比[31]轻短，近[21]，话语中的轻声常常比词语中的轻声还要轻短，近[2]），为避免笼统，不记"0"。

（7）"壹"至"玖"各章词条按照顺序依次编号。"壹"至"玖"章全部词条附发音音频，部分词条附视频，以二维码的形式置于每章第一节右上方。

壹

房屋建筑

除少量保存下来的明清或民国时期的公共建筑外，富平的传统建筑主要体现在民居样式上。近百年来，随着时代的发展，民居样式不断翻新，中南部川原地带先后出现过"拱脊子房"[kuoɣ̃⁵⁵tɕi³¹tsʅ³¹faɣ̃²⁴]、草房、"厦子房"[sa⁵³tsʅ³¹faɣ̃²⁴]、"平房"[pʰiəɣ̃²⁴faɣ̃²⁴]和楼房。北部沿山地区早先住窑洞，主要是"靠崖[nɛ²⁴]式"，即紧靠山体或沿沟崖依势开凿修建。20世纪80年代以后，窑洞逐渐被废弃。

"拱脊子房"是一种古老的民居建筑样式，清末已有。其特点是高而宽，内部空间大，用三角形屋架代替柱子支撑房体。通常接在主体结构"厦子房"的前边和后边。

"厦子房"也叫"瓦房"[ua⁵³faɣ̃²⁴]，有"偏厦子"[pʰiæ̃³¹sa⁵³tsʅ³¹]、"对檐儿厦子"[tuei⁵⁵iæ̃r²⁴sa⁵³tsʅ³¹]（见图1-3、1-4）两种样式。"偏厦子"即有名的陕西八大怪之一——房子半边盖，指的是在宅基地的纵深居中位置盖半边房，其余留作空院。普通民宅多为2间或3间，单坡斜面屋顶，一面流水。清末民国时期，富平县的土著人口较少，形成一些同姓聚居的村落，住"偏厦子"。20世纪初的前后三四十年，由于天灾、人祸等原因，大量山东移民流入富平，有些在原住民较少的村子里落户，有些垦荒聚居，形成了遍布四处的山东庄子。山东人初到异乡扎根不容易，住宅较为简陋，大多仿照原住民的"偏厦子"，在宅基地纵深居中位置的单边盖3间草房，其余留作院子，草房顶部用15根椽搭建，椽上覆麻秆，再覆麦秸。

20世纪70年代后，草房大量拆除，"对檐儿厦子"盛行，以4间或6间为常，少数人家盖8间或10间。外围一般是土墙，椽木屋顶，顶上覆瓦。与"偏厦子"盖半边不同，"对檐儿厦子"两边盖房，屋檐相对，中间留作天井。当时最流行的结构是盖4间"对檐儿厦子"，在房前和房后分别再盖3间"拱脊子房"（与正房相接），前面的用作门房，后面的留作厨房或储物间。有些人家因为一时经济困难无力盖"对檐儿厦子"，通常盖几间"拱脊子房"过渡（"拱脊子房"的是横向排列，称为"横椽"[ɕyo²⁴tʃʰuæ̃²⁴]，"厦子房"的椽竖向排列称为"顺椽"[ʃuẽ⁵⁵tʃʰuæ̃²⁴]，前一种较后一种用的椽木少）。

20世纪90年代初，一度流行"拱脊子拉廊"[kuoɣ̃⁵⁵tɕi³¹tsʅ³¹la³¹laɣ̃²⁴]，即前面盖3间平房，后接3间"拱脊子房"（"厦子房"拆下的木料盖平房用不上，丢弃可惜，于是建成"拱脊子房"接在平房后）。2000年后，平房盛行，主要建筑用料是砖、水泥和楼板，多为3间或6间。少数人家在平房上加盖3间，便是一度时髦的"两层儿"[liɑɣ̃⁵³tsʰɚr²⁴²]（若是6间平房，只加盖3间，其余3间房顶留作空地，用来晾晒粮食等）。

如今，草房已难觅踪影，"厦子房"也不多见，取而代之的是清一色的平房或"两层儿"，高门楼，白瓷墙，红铁门，整齐划一，却似乎少了一些乡土味儿。

一 住宅

1. 拱脊子房 [kuoɣ̃⁵⁵tɕi³¹tsɿ³¹faɣ̃²⁴]

1-1◆庄镇

一种古老的民居建筑样式。整个架构不用柱子，而用三角形屋架作以支撑，房顶似拱形，两边滴水，故名"拱脊子房"，简称"拱脊子"。其较少作为房屋主体，一般连在"厦子房"[sɑ⁵³tsɿ³¹faɣ̃²⁴]（见图1-4）的前边和后边。旧时富裕人家流行三进，由外向内分别是：3间"拱脊子"、前院、3间"拱脊子"、4间"对檐儿厦子"[tuei⁵⁵iæ̃r²⁴sɑ⁵³tsɿ³¹]（见图1-4）、3间"拱脊子"。若"厦子房"为南北走向，则"拱脊子"为东西走向。"拱脊子"高而宽，内部空间大，1间相当于2间"厦子房"。

1-2◆庄镇

1-3◆莲湖

2. 偏厦子 [pʰiæ³¹sɑ⁵³tsʅ³¹]

"厦子"是较有地方特色的一种民居建筑样式,"偏厦子"是"厦子"的一种。因为是在宅基地的纵深居中位置盖半边房,其余留作空院,故名"偏厦子"。陕西八大怪之一"房子半边盖"即指这种建筑。"偏厦子"一般盖2间或3间,屋顶为向内渐降的单坡,一面流水,外侧兼做院墙。因为屋顶覆瓦,故又叫"瓦房"[uɑ⁵³fɑɣ²⁴]。"偏厦子"已罕见。

3. 对檐儿厦子 [tuei⁵⁵iær²⁴sɑ⁵³tsʅ³¹]

"厦子"的另一种样式。因为两边盖房（一般为4间或6间）,屋檐相对,故叫"对檐儿厦子",简称"对檐儿"。单边结构设计不一,图1-4是盖了一半,空了一半,还有一种是单边只盖屋檐,屋檐下为空地,称为"房□"[fɑɣ³¹tiæ̃⁵³]疑为"房底下"的合音,用作客厅、储物间等。"对檐儿厦子"起初见于少数大户人家,20世纪70年代后大范围流行,后被"平房"[pʰiəɣ²⁴fɑɣ²⁴]（见图1-5）所取代,现在少见。

1-4◆纪贤

1-5 ◆ 太平

4. 平房 [pʰiə̃ɣ²⁴fã ɣ²⁴]

2000年后开始大面积流行的房屋建筑样式。主要用料为砖、水泥和楼板，通常盖3间或6间。平房内有楼梯（见图1-7）通往房顶，房顶是水泥地，用来晾晒粮食、置放杂物等。

5. 两层儿 [liã ɣ⁵³tsʰə̃r²⁴²]

一层是平房，顶上加盖一层，故名"两层儿"，也叫"楼房"[lou²⁴fã ɣ²⁴]。一层有室内楼梯（见图1-7）通往二层。第一层通常盖6间，第二层靠前或靠后盖3间，其余留作"凉台"[liã ɣ²⁴tʰɛ²⁴]，用来晾晒粮食、储存杂物等。图1-6的二层是靠前盖的3间，房屋后为"凉台"（见图1-8）。

1-6 ◆ 由典

1-7 ◆ 由典

1-8 ◆ 由典

6. 接背子房 [tɕiɜ⁵³pei³¹tsʅ³¹faɤ̃²⁴]

20世纪七八十年代一度流行的房屋建筑样式，主要用料是砖，面墙较高，向内高度渐降。"接背子房"通常接在"厦子房"（见图1-4）或平房（见图1-5）的前边或后边，多为3间。前面的一般作门面房，后面的作厨房或储物间。图1-9是以前供销社的门面房。

1-9◆北甫

7. 窑洞 [iɔ²⁴tʰuoɤ̃⁵⁵]

"窑洞"是黄土塬区居民的特殊居住形式，冬暖夏凉。富平县境内的"窑洞"主要见于北部沿山一带，结构主要为"靠崖 [nɛ²⁴]式"，即靠山体或沿沟崖依势开凿修建，大门通常用青砖砌成。20世纪80年代后，随着"厦子房"（见图1-4）的大面积流行，窑洞逐渐被废弃。

1-10◆东于（杨彩贤摄）

8. 灶火 [tsɔ⁵⁵xuo³¹]

方言词"灶火"有两层含义：一指厨房，包括里边的锅灶、风箱、水缸、案板等一应设施；二指灶膛，如"给灶火搭些炭"[kei⁵⁵tsɔ⁵⁵xuo³¹tɑ³¹ɕiɜ³¹tʰæ̃⁵⁵]给灶膛添点炭，一般在房屋最里面。

1-11◆纪贤

9. 案 [ŋæ̃⁵⁵]

即案板，厨房必不可少的设施，用于切菜、擀面等。当地以面食为主，大多需要在"案"上加工制作，因此"案"都比较大。一般支在砖垒的高台上，过去讲究支"案"向内不向外，以防把家财赶出门外。"案"下的空间用于存放煤炭，便于人们做饭时随用随取。

1-12◆纪贤

10. 柱子 [tʃʰu⁵⁵tsɿ³¹]

"厦子房"主体结构的一部分，主要起支撑屋顶的作用。柱子以松木居多，椿木次之，偶尔用其他杂木。柱子的底基叫"柱顶石"[tʃʰu⁵⁵tiəɣ̃³¹ʂɿ³¹]，大多是圆形，有些上面带棱（6棱或8棱最常见），上刻龙身、牡丹等图案。过去柱子的造型象征着家境，粗柱子、粗而圆的"柱顶石"、较多的花棱，是家道殷实的表现。

1-13◆到贤

11. □子 [tsʰæ̃⁵⁵tsɿ³¹]

当地瓦窑烧制的一种建筑材料，主要用来搭建"厦子房"和"拱脊子房"内的屋顶。20世纪80年代多用。近一二十年，"厦子房"和"拱脊子房"被大量拆除，平房和楼房取而代之，"□子"[tsʰæ̃⁵⁵tsɿ³¹]已被人们弃用。

1-14◆纪贤

1-15 ◆ 纪贤

1-16 ◆ 纪贤

12. 小瓦 [ɕiɔ³¹uɑ⁵³]

当地瓦窑烧制的一种建筑材料，主要用于搭建"厦子房"和"拱脊子房"的屋檐。近些年已被人们弃用。

13. 机瓦 [tɕi³¹uɑ⁵³]

继"小瓦"（见图1-15）之后兴起的一种建筑材料，产自外地，用于搭建"厦子房"和"拱脊子房"的屋檐。近些年已被人们弃用。

14. 玻璃钢瓦 [po⁵³li²⁴kɑɣ³¹uɑ⁵³]

2000年后，随着平房的大面积流行而被广泛使用的一种简易建筑材料，由玻璃丝和塑料混合制成，主要用于给平房前后搭建屋檐，以便遮阴、防雨和储物等。

15. 彩钢瓦 [tsʰɛ⁵³kɑɣ³¹uɑ⁵³]

简称"彩钢"，近年来新兴的一种简易建筑材料，铁皮材质，内夹泡沫板，和"玻璃钢瓦"（见图1-17）的功能相同，但耐用性更高，外形也更加美观，因此逐渐代替前者。

1-17 ◆ 纪贤

1-18 ◆ 东仁

1-19◆纪贤

16. 土墙 [tʰou⁵³tɕʰiaɣ̃²⁴]

在砖大面积使用之前，当地都是"土墙"。打土墙的过程是：先打好地基，然后把绑在一起的橡木（后改用土坯）放置在两侧，中间垒土，夯实，照此层层加高。为了看起来美观，土墙打好后，常用"渣子泥"[tsa⁵³tsʅ³¹n̠i²⁴]麦秸与土和的泥将墙面刷光，称为"裹泥"[kuo⁵³n̠i³¹]。为了防止墙底日久销蚀，后来常用砖加固底基。

17. 砖墙（之一）[tʃuæ̃³¹tɕʰiaɣ̃²⁴]

"砖墙"是用砖块跟混凝土砌筑的墙，为现在的平房和楼房所广泛采用。约自2000年后，砖墙普遍取代了土墙，用作外围护墙、承重墙和内分隔墙。外围护墙的墙面有的用水泥浆粉刷，有的不粉刷，后一种称为"毛坯砖"[mɔ²⁴pʰi⁵³tʃuæ̃³¹]。

1-20◆小惠

1-21◆莲湖（杨彩贤摄）

18. 砖墙（之二）[tʃuæ̃³¹tɕʰiaɣ̃²⁴]

图1-21是富平县老城正街文庙的西墙，是为数不多保存下来的古建筑墙体。顶部的砖面可见精雕细刻的花纹，显得古朴雅致。

1-22◆庄镇

19. 前门（之一）[tɕʰiæ̃²⁴mẽ²⁴]

"前门"是整栋房子的第一道门，也叫"大门"。图1-22是当前流行的建筑样式平房的前门，门框上安有两扇内开的红色铁门，其中一扇上嵌有一个可以内开的小铁门。

1-23◆纪贤

20. 前门（之二）[tɕʰiæ̃²⁴mɛ̃²⁴]

图1-23是以前流行的房屋样式"厦子房"的前门，由门楼（有的只有房檐）、门扇（木制或铁制）、门框、"门限"[mɛ̃³¹xæ⁵³]门槛和"门墩石"[mɛ̃³¹tuɛ̃⁵³ʂʅ³¹]门墩等组成。

21. 窑窝儿[iɔ³¹uər⁵³]

带门楼的"前门"（见图1-23）外侧墙上的方形或者半圆形小洞，主要用来临时存放各种小物件。有些人家内室的土墙上也有"窑窝儿"。

1-24◆纪贤

22. 门环环儿 [mɛ̃²⁴xuɛ̃³¹xuɛ̃r⁵¹]

即安在大门上的两个圆形铁环，便于人们闭门和叩门。"门环环儿"安在两块铁片上，叩门时声音较响。下方是一个铁制的短横杆，叫"门桯杆"[mɛ̃²⁴tʰiəɣ³¹kɛ̃³¹]，用来给大门上锁。有些大门不分上下两部分，"门环环儿"上部是一个粗铁孔，"门桯杆"插进去上锁。

1-25◆纪贤

23. 门关子 [mɛ̃²⁴kuɛ̃⁵³tsɿ³¹]

过去房屋的木门上从内部上锁的机关，相当于现在门上的插销。

1-26◆盘石

24. 二门子 [ər⁵⁵mɛ̃³¹tsɿ⁵³]

整栋房子的第二道门叫"二门子"，是经前院进入房屋主体的那道门。"二门子"有些带门楼，有些不带。图1-27是不带门楼的样式。

1-27◆庄镇

25. 房子门 [fɑỹ³¹tsʅ⁵³mẽ²⁴]

图1-28是2000年以前常见的房屋样式"厦子房"的房间门，木制，双扇，尺寸不大。门框支在两个小门墩上，门框和地面之间留有空隙。夜晚人们在空隙处卡一个可以拆卸的木"门限"，阻止老鼠等进入。

1-28◆纪贤

1-29◆纪贤

26. 灶火门 [tsɔ⁵⁵xuo³¹mẽ²⁴]

即通往厨房的门。2000年以前流行"厦子房"，后面通常接"拱脊子房"或"接背子房"用作厨房，人们在前后建筑相连的墙上砌一个方形或圆形的门，此门称为"灶火门"。

27. 门栓栓儿 [mẽ²⁴ʃuæ̃⁵⁵ʃuæ̃r³¹]

"厦子房"房间门外的简易上锁装置。扣上"门栓栓儿"后，可挂个小锁。

1-30◆纪贤

28. 门墩石 [mẽ³¹tuẽ⁵³ʂʅ³¹]

1-31◆纪贤

即大门门轴底部的石墩，主要起固定支撑大门的作用，兼具装饰性。普通家庭的"门墩石"比较简陋，富裕人家的较为阔气，上面常刻有各式精美的图案和花纹，其中最受欢迎的是预示祥瑞的麒麟。"门墩石"日常还作为临时凳子使用。

29. 房子窗（之一）[faɣ̃³¹tsʅ⁵³tʃʰuaɣ̃³¹]

"房子窗"指屋内房间的窗户。2000年以前流行的"厦子房"的"房子窗"由内外两部分构成，外部是窗格，内部是可以开合的"窗门儿"[tʃʰuaɣ̃⁵³mẽr³¹]（见图1-34）。小房子一般安一个窗子，大房子常在大窗旁安一个玻璃小窗（见图1-32右）。

1-32◆纪贤

1-33◆东于（杨彩贤摄）

1-34◆纪贤

30. 房子窗（之二）[faɣ³¹tsʅ⁵³tʃʰuaɣ̃³¹]

2000年以后流行的平房的"房子窗"是可以左右推拉的大玻璃窗，和"厦子房"的窗子相比，所占墙壁面积更大，位置更低，采光性更好。

31. 房子窗窗门儿[faɣ³¹tsʅ⁵³tʃʰuaɣ̃³¹tʃʰuaɣ̃⁵³mɚ̃³¹]

图1-34是窗户内部可以开合的两扇小木门，叫"窗门儿"，见于2000年前流行的"厦子房"。

32. 天井[tʰiæ̃³¹tɕʰiəɣ̃³¹]

"对檐儿厦子"两侧屋檐和前后结构围合起来的长方形露天空间叫"天井"，主要解决房屋的采光和通风问题。

1-35◆纪贤

1-36◆吕当

33. 院井 [yæ̃⁵⁵tɕʰiəɣ̃³¹]

与天井正对的地面上的长方形凹陷部分叫"院井"。从天井落下的雨水经由"院井"流向屋外。不少家庭在"院井"里摆放各种花草,给房子平添几分生机和雅致。

1-37◆吕当

34. 水道 [ʃuei⁵³tʰɔ³¹]

"水道"是"院井"一侧修的地下小通道,用于引流雨水、污水等。

1-38◆纪贤

35. 前院（之一）[tɕʰiæ²⁴yæ⁵⁵]

图1-38是以前流行的"厦子房"的"前院"，位于大门和正房之间，两侧有围墙。过去家家户户养牲口，牲口圈大多在前院。平时，前院用作日常休闲、晾晒衣物等。

36. 前院（之二）[tɕʰiæ²⁴yæ⁵⁵]

图1-39是现在常见的前院。有些宅基地比较深，常在正房前后盖几间平房，正房前留一些空地作为前院，两侧有围墙。前院为水泥地，晾晒粮食非常方便。平时用于休憩、晾晒衣物等。

1-39◆纪贤

37. 后院 [xou⁵⁵yæ̃³¹]

1-40◆吕当

"厦子房"最后面留的空院叫"后院",常栽种一些花草树木。家禽通常养在后院。厕所也大多修在后院,因此"后院"一词也代指厕所(例如:我到后院[去也][tɕʰia³¹]我去上厕所),现在偶有年长者这么说。

38. 巷道 [xaỹ³¹tʰɔ⁵⁵]

村子里并列的两排房屋之间的小路称为"巷道"。富平县大多为平地,屋舍相邻,一字排开,整齐有序,"巷道"很常见。

1-41◆莲湖

39. 石子儿路 [ʂʅ³¹tsʅ⁵³lou⁵⁵]

指用碎石子儿铺的路面。2000年后,在政府修路政策的带动下,各村镇陆续铺了"石子儿路"。近些年,几乎村村都修了水泥路。

1-42◆纪贤

40. 村子 [tɕʰyɛ̃⁵³tsʅ³¹]

也叫"村"。富平县以川原地形为主,地势平坦,人口居住较为集中,形成规模不等的村子。一个自然村通常有一条或多条"巷道",两边是整齐排列的房子。过去相邻两家共用一堵墙,墙体较厚,称为"官墙"[kuæ̃³¹tɕʰiɑɣ²⁴],近些年普遍改成互不相连的"私墙"[sʅ³¹tɕʰiɑɣ²⁴],墙体略薄。村子周围是可供农业耕作的田地。

1-43◆庄镇

二 其他建筑

1-44◆纪贤

41. 茅子（之一）[mɔ³¹tsʅ⁵³]

即厕所。前文提及，厕所又叫"后院"。"后院"比"茅子"的说法文雅，受普通话影响，两种方言说法都在减少。"茅子"有"水茅"[ʃuei⁵³mɔ²⁴]和"旱茅"[xæ̃⁵⁵mɔ²⁴]两种。图1-44是"水茅"，厕所外墙根下放置一个"茅缸"[mɔ²⁴kaɣ̃³¹]（地面木板遮挡处），和里边的粪坑相连。后来一些养猪的农户把猪圈建在"水茅"旁边，人畜共用一个"茅缸"，便于一次性清理。

42. 茅子（之二）[mɔ³¹tsʅ⁵³]

图1-45是"茅子"的另一种样式"旱茅"，和"水茅"不同的是，其外墙根下没有"茅缸"，通过垫土形成农家肥。

1-45◆忽家

43. 头牯圈[tʰou³¹ku⁵³tɕʰyæ⁵⁵]

"头牯"指牲口，"头牯圈"即牲口圈，喂养牲口叫"看头牯"[kʰæ³¹tʰou³¹ku⁵³]，以牛、马、驴、骡最为常见。"头牯圈"一般在前院，大多是小土房子或者简易棚子。各种牲口共用一个圈，食槽分设。人们每日清除圈里的粪后垫上新土。

1-46◆曹村（杨彩贤摄）

1-47◆忽家

1-48◆纪贤

44. 羊圈 [iɑɣ²⁴tɕʰyæ⁵⁵]

以前养羊很常见，每家少则一只，多则数只。"羊圈"一般在前院，样式不定，有专门盖的小土房子，也有临时搭建的棚子。为了透气和保持圈里的卫生，人们白天把羊牵出去，晚上拉回圈里。

45. 猪圈 [tʃu³¹tɕʰyæ⁵⁵]

"猪圈"一般在大门外，过去是土圈，要勤垫土，常清理。现在改用水泥圈，地面一边高，一边低，便于污物即时流进圈外的"茅缸"。人们通常在猪圈旁盖间小房子，刮风下雨时把猪拉到里边。

1-49◆纪贤

46. 狗窝 [kou⁵³uo³¹]

"狗窝"是人们给家里养的狗搭建的小窝棚。因为养狗主要为了看门,所以狗窝一般在前院或大门外。

1-50 ◆ 忽家

47. 鸡窝 [tɕi²⁴uo³¹]

过去鸡都是散养在后院。养得少的,通常用木棍随便搭个窝棚,便于鸡群夜晚栖息和遮风避雨。养得多的,搭建一个简易的铁笼子,边上留一个可供鸡自由出入的小口。

1-51 ◆ 宏化

1-52◆薛镇

48. 红苕窖 [xuoỹ²⁴ʂɔ²⁴tɕiɔ⁵⁵]

"红苕"即红薯，"红苕窖"是用于存放红薯的地窖，相当于天然冰箱，一般修在前院或后院。"红苕窖"下深丈许，窖底一侧的洞用以存放物品，最早在冬季存放红薯，后来也存放白菜、萝卜等。夏季人们常把馒头放在篮子里，悬空下进"红苕窖"里以保鲜。四周壁上凿有小坑，叫"脚窝"[tɕyo³¹uo³¹]，供人踩着上下。

1-53◆薛镇

49. 水窖 [ʃuei⁵³tɕiɔ⁵⁵]

"水窖"用于存水。20世纪90年代初人们开始使用自来水，之前从外面拉吃用水。村里的泵几日放一次水，人们将水接进大铁桶里拉回存放到水瓮里。为了防止用水衔接不上，有些人家打了水窖，每次多拉一些水存放在里边。

1-54◆薛镇

50. 浅水井 [tɕʰiæ⁵³ʃuei⁵³tɕiəɣ̃⁵³]

当地百姓开采的水井，水源是20米以内的浅层地下水。井里有一台泵，水管的一头安在泵上，另一头伸出地面。放水时，推起闸刀通电，水便被抽上来。井水可以饮用和灌溉庄稼。后来吃用有了自来水，大面积灌溉则用黄河水，浅水井主要用于就近小面积灌溉。

51. 水硙子 [ʃuei⁵³uei⁵⁵tsʅ³¹]

"水硙子"是石磨的一种，用来把泡过水的豆子磨成豆糊，豆糊供做豆腐使用。中间带凹槽的石板叫"硙盘"[uei⁵⁵pʰæ³¹]（另有一种石磨叫"石硙子"[ʂʅ²⁴uei⁵⁵tsʅ³¹]，专用于磨面，"硙盘"表面不带凹槽），上面的两块石板叫"硙扇"[uei⁵⁵ʂæ³¹]，中心两个孔眼叫"硙眼"[uei⁵⁵ȵiæ³¹]。"硙扇"上装的长木柄叫"硙橡子"[uei⁵⁵tʃʰuæ³¹tsʅ³¹]。把加了水的豆子倒进"硙眼"，人力或畜力推动"硙橡子"使"硙扇"转动，豆子便被挤压成豆糊滴进"硙盘"上的小渠里，再从一边流进桶里。"水硙子"现已少见。

1-55◆曹村（杨彩贤摄）

52. 砧面机子 [uei⁵⁵miæ̃⁵⁵tɕi⁵³tsʅ³¹]

"砧面"即磨面。"砧面机子"是现在普遍使用的电动面粉机，代替了传统的"石砧子"。少数人家有"砧面机子"，专为方圆的村民提供面粉加工服务。

1-56◆东于（杨彩贤摄）

53. 果园房房儿 [kuo⁵³yæ²⁴fɑɣ̃³¹fɑ̃r⁵³]

建在果园里的简易房子，用于存放日常生产用具、临时休息等。20世纪90年代后，当地大力发展果业经济，陆续建了不少果园。为了看管方便，大多数果园里盖有"果园房房儿"。少数还扩建成了平房。

1-57◆纪贤

54. 美原古镇 [mi⁵³iɑ³¹ku⁵³tʂɛ̃⁵⁵]

位于县城东北约30千米处。东周秦厉共公二十一年（前456），在此建立频阳县。美原是秦大将王翦故里，秦始皇赐其美田千顷之封地，因土地肥沃，故称"美原"，当地百姓多念[mi⁵³iɑ³¹]。唐高宗咸亨二年（671）筑美原城。旧有东西两城，其中西城法源寺内的唐塔保留至今，春夏之交，群燕绕塔，被誉为"百燕朝塔"，是富平八景之一。2016年，美原古镇入选陕西旅游特色名镇。

1-58◆美原（杨彩贤摄）

55. 圣佛寺塔 [ʂəɣ̃⁵⁵fo²⁴sɿ⁵⁵tʰɑ³¹]

坐落于县城西约2千米处城关镇尖角村，这里原有一座寺庙曰"圣佛寺"，当地人叫[ʂaɣ̃⁵⁵pʰo³¹sɿ⁵⁵]，当是"圣佛"的古音，书面常记同音字"上坡寺"。该寺又名灵感寺，始建于唐元和年间（806—820），寺门南向，高出地面十余米，有数十级石阶通上下。图1-59宝塔是寺内唯一遗迹，原为供奉佛骨，塔身可见"释迦如来第十六所真身舍利宝塔"字样。"圣佛寺塔"是富平老县城四景之一，入选第六批省级文物保护单位。

1-59◆尖角（杨彩贤摄）

1-60◆莲湖（杨彩贤摄）

56. 富平老城 [fu⁵⁵pʰiəɣ̃³¹lɔ⁵³tʂʰəɣ̃²⁴]

1-61◆莲湖（杨彩贤摄）

即老县城，是全国著名的"斩城"[tsæ̃⁵³tʂʰəɣ̃²⁴]之一（另一处是新疆交河故城）。因建在高阜之上，四壁为高崖，好似被斩断一般，故而得名"斩城"。这种特殊的地形构造使得老城具有别样的风貌和气势。老城内的民居建筑古朴典雅，具有典型的关中民居风格。多数为四合院形式，砖木结构，墙壁采用青砖或土坯砌成，门窗则多为木雕或石雕。20世纪70年代，新城区建成，政府机关搬走，老城成为莲湖村。2018年，老城入选第七批省级文物保护单位。

1-62◆莲湖（杨彩贤摄）

57. 文庙儿 [vẽ²⁴miɔr⁵³]

  位于老城正街。始建于明洪武三年（1370）。文庙儿大成殿坐北向南，殿呈歇山式，砖木结构。内有以佛教文化和墓志为主的大量珍贵石刻文物。大成殿2014年被列为陕西省文物保护单位。

58. 望湖楼 [vaɣ̃⁵⁵xu²⁴lou²⁴]

  位于老城东南隅，原楼为建于清同治八年（1869）的歇山顶楼阁式建筑，民国五年（1916）"逐陆之役"中被毁。民国十二年（1923），胡景翼将军筹款重修，即今所见砖木结构的日式三层楼。"望湖楼"位于南湖书院旧址，因此也被称为"湖山书院"。望湖楼是富平县的标志性建筑，县级文物保护单位。

1-63◆莲湖（杨彩贤摄）

1-64◆庄里（杨彩贤摄）

59. 立诚中学藏书楼［li³¹tʂʰəɣ̃²⁴tʃouɣ̃⁵³ɕyo³¹tsʰɑɣ̃²⁴ʃu³¹lou²⁴］

"立诚中学"原名"立诚公学"［li³¹tʂʰəɣ̃²⁴kuoɣ̃³¹ɕyo²⁴］，位于富平县庄里镇，辛亥革命将领胡景翼（富平县庄里镇西关村人）于1920年创办。图1-64是校内藏书楼。

1-65◆庄里（杨彩贤摄）

60. 立诚中学教室［li³¹tʂʰəɣ̃²⁴tʃouɣ̃⁵³ɕyo³¹tɕiɔ⁵⁵ʂʅ³¹］

图1-65是立诚中学校内的教室。无产阶级革命家习仲勋同志早年在此学校就读。

三 建筑活动

61. 打地基 [tɑ⁵³ti⁵⁵tɕi³¹]

稳固的地基是盖房子的前提。地基打好了，房子盖起来才能安然无恙。农村打地基有多种方式，例如打桩、夯实地基土等。具体用什么方式，根据地基状况和房屋要求来定。

1-66 ◆ 北耕

62. 胡墼锤子 [xu³¹tɕʰi⁵⁵tʃʰuei⁵³tsʅ³¹]

"胡墼"俗作"胡基"，是广见于关中地区的一种独特的土坯材料，用于盘"锅台"[kuo⁵³tʰɛ³¹]、盘"炕"[kʰɑɣ̃⁵⁵]、砌墙等。"胡墼锤子"是制作土坯时夯打的器具，制作过程叫"打胡墼"[tɑ⁵³xu³¹tɕʰi⁵³]。将湿度适中的黏土灌入木制的"胡墼模子"[xu³¹tɕʰi⁵⁵mu⁵³tsʅ³¹]（见图1-68）里，用"胡墼锤子"砸实（据民间经验，先给"胡墼模子"里灌3锨土，双脚连踩6下，再均匀地锤打12下），取出晾干后即成"胡墼"。当地谜语"四四方方一座城，城上立个龟兹佊，不跳不蹦不得行"（"龟兹"指民间从事丧葬礼乐演奏的乐户，见图7-67。"佊"是一个类后缀，指具有某种品性或从事某一行当的人，略带贬义），说的就是"打胡墼"。

1-67 ◆ 纪贤

63. 胡墼模子[xu³¹tɕʰi⁵⁵mu⁵³tsʅ³¹]

制作土坯时用的器具。将黏土灌进"胡墼模子"里，用"胡墼锤子"夯打成形，取出晾干后即成土坯。

1-68◆东于（杨彩贤摄）

64. 上梁[ʂaɣ̃⁵⁵liaɣ̃²⁴]

也叫"立木房"[li³¹mu³¹faɣ̃²⁴]，是建房的重要程序。"上梁"要选择黄道吉日，事先通知亲朋好友。当天，亲友携带鞭炮、贺礼等登门庆贺，主人置办酒宴招待。娘家人还要带一块"红"[xuoɣ̃²⁴]红色棉布或绸缎，举行仪式时挽成大红花绑在房梁上，叫"搭红"[ta³¹xuoɣ̃²⁴]，预示一切顺顺当当。午时举行上梁仪式，在一阵鞭炮声和喝彩声中，将贴有年月日和各种祝福语的大梁吊起，固定在房柱上。现在住楼房，上梁也叫"上楼板"[ʂaɣ̃⁵⁵lou²⁴pæ̃⁵³]，举行仪式时给楼板上挂一个红布挽的大红花，主人边撒硬币边倒水，叫"浇凉水"[tɕio³¹liaɣ̃²⁴ʃuei⁵³]，并说些大吉大利的话。

1-69◆北耕

贰

日常用具

富平的日常用具种类繁多，体现了浓郁的地方特色和时代特色。早期用具具有典型的农业社会特征，以手工制作为主，多取材于当地，原料有木头、竹子、"苇子"[y⁵³tsʅ³¹]芦苇、"稻黍眉儿"[tʰɔ³¹ʃu³¹mir²⁴²]高粱穗儿、泥坯等，后来逐渐被铁、铝、不锈钢、塑料等取代。

炊具的种类和用途与饮食习惯密切相关。当地传统上以面食为主。面食花样繁多，制作工艺各不相同，因此炊具分得比较细。

卧具随建筑风格而变，比如，2000年以前住"厦子房"[sɑ⁵³tsʅ³¹fɑɣ²⁴]，普遍睡"炕"[kʰɑɣ⁵⁵]，后来改住平房，炕换成了床。

桌椅板凳式样丰富，用材、舒适度、使用场合、流行度等各自有别，既体现了长期农业社会形成的特定生活模式，也反映了传统的社交礼仪。比如，旧时待客吃饭用高方桌，面朝大门左手为上席，摆放椅子，坐长者，其余三面摆放"长板凳"[tʂʰɑɣ²⁴pæ⁵³tʰəɣ³¹]，坐晚辈。

其他用具有的在城镇化进程中被淘汰，有的被社会新风尚取代，比如，随着农业耕作的减少，过去下地干活提水用的"送水罐罐儿"[ʃuɔɣ⁵³ʃuei⁵³kuæ⁵⁵kuær³¹]逐渐被"电壶"[tiæ⁵⁵xu²⁴]开水壶所取代；人们出门携带的"笼笼"[luoɣ⁵³luoɣ³¹]、"馍篮篮儿"[mo⁵⁵læ³¹lær⁵³]早已不见，取而代之的是各种新式包袋；水泥地板和瓷砖地板普遍化后，开始使用拖把。总的来看，一个半城镇化的崭新的农村生活模式已基本形成。

一 炊具

2-1◆纪贤

1. 锅台（之一）[kuo⁵³tʰɛ³¹]

所指有二：一指整个灶体，二指灶台。图2-1是老式锅台，请匠人用砖砌成，讲究"有钱没钱，灶火口朝南"。锅台上安放一口大"锅"[kuo³¹]，有的在大锅旁再置一口小锅，小锅的热水用来洗菜洗碗。锅台自上而下有三层。最上层是添柴的通道，灰烬顺炉齿漏到第二层（方言叫"气筒子"[tɕʰi⁵⁵uoɣ̃⁵³tsʅ³¹]），为了防止灰尘乱窜，平时用破布把口堵住，掏灰时取下。最下一层是"炭窑窑"[tæ̃⁵⁵ɕiɔ³¹ɕiɔ⁵³]放炭的小洞和"灰窑窑"[xuei³¹ɕiɔ³¹ɕiɔ⁵³]放灰烬和"兰炭"[læ̃³¹tʰæ̃⁵³]（未燃尽的炭，可二次使用）的小洞。

2. 锅台（之二）[kuo⁵³tʰɛ³¹]

2-2◆纪贤

图2-2是现在普遍使用的新式锅台，除上面的锅外，其余是一个整体，人们买回来安放好，配个"鼓风机"[ku⁵⁵fəɣ̃²⁴tɕi³¹]（见图2-12）便可使用。新式锅台有可以开合的灶门，灰烬漏到下方盛接的容器里。锅台四面贴有白瓷片，便于清洗，也更为美观。

2-3 ◆ 盖村

2-4 ◆ 纪贤

3. 煤气灶 [mei²⁴tɕʰi⁵⁵tsɔ⁵⁵]

"煤气灶"近一二十年来已普遍使用。主要由三大部分构成：最上面是灶头；左边门子内放煤气罐；右边是可以开合的双扇门，内放碗筷等，相当于橱柜。煤气灶主要用于做菜，和传统的锅台配合使用。

4. 锅 [kuo³¹]

厨房里必不可少的炊具，铁制，整体呈喇叭形，上大下小，尺寸不一。常见的口径约70厘米，深约25厘米。过去小碟菜用"铁勺"[tʰiɜ⁵³ɕyo³¹]（见图2-46）炒，其他如蒸馒头、熬稀饭、煮面条、烙饼等均在锅里做，可谓一锅多用。

5. 锅盖 [kuo³¹kɛ⁵⁵]

即饭锅上的盖子，过去多用宽木板钉制，平顶，后来被铝制的圆顶"锅盖"所取代。

2-5 ◆ 纪贤

2-6 ◆ 纪贤

6. 鏊子 [ŋɔ⁵⁵tsɿ³¹]

"摊煎饼"[tʰæ̃²⁴tɕiæ̃³¹piəɣ̃³¹]制作煎饼、"烙馍"[luo³¹mo⁵⁵]指烙有一定厚度的饼等用的一种炊具，铁制，平底。日常用的"鏊子"口径较小，一般在炉子或煤气灶上使用。另有一种口径较大的，可坐在锅台上，"打干渣馍"[ta⁵³kæ³¹tsa³¹mo⁵⁵]烙石子馍（见图4-23）专用。

2-7 ◆ 纪贤

7. 炒瓢 [tsʰɔ⁵³pʰiɔ²⁴]

炒菜用的一种小锅，铁制，圆底，有手持的木柄。"炒瓢"是后来兴起的一种炊具，主要在炉子或煤气灶上使用。

8. 箅子 [piɜ⁵³tsɿ³¹]

也叫"箅箅"[piɜ⁵³piɜ³¹]，蒸热食物（方言叫"烶"[tʰuo³¹]）时架在锅中用来摆放馒头、碗、碟等的器具。传统的"箅子"有两种：一种是竹篾编的，圆形；另一种是用木条装钉的，长方形。一次蒸少量馒头时，竹篾编的"箅子"也常用来代替蒸笼。

2-8 ◆ 忽家

2-9 ◆ 忽家

2-10 ◆纪贤

9. 锅圪杈 [kuo³¹kʰɯ³¹tsʰɑ⁵³]

"V"形木制托架，主要用途有：把盆等坐在上面给食物加热；放在"箅子"下面，防止蒸热食物时"箅子"滑落；架在锅沿，临时用来放锅盖。

10. 风函 [fəɣ̃⁵³xæ̃³¹]

即风箱，放在锅台一侧给灶膛鼓风的器具。主要构件有木箱、可推拉的木制把手和活动木箱。"风函"放在灶膛右侧，右手拉"风函"，左手添柴火。当地通电之前，普遍用"风函"鼓风，后被鼓风机所取代。

2-11 ◆纪贤

2-12◆盖村

2-13◆纪贤

11. 鼓风机 [ku⁵⁵fəɣ²⁴tɕi³¹]

目前普遍使用的给炉灶鼓风的工具。鼓风机采用电力驱动，风力大，使用更方便。

12. 炭锨 [tʰæ̃⁵⁵ɕiæ̃³¹]

铁质的小锨，一端装有木制手柄。炭锨用于烧火做饭时给锅底下"搭炭"[tɑ³¹tʰæ̃⁵⁵]填炭。

13. 火夹子 [xuo⁵³tɕiɑ⁵³tsɿ³¹]

也叫"煤夹子"[mei²⁴tɕiɑ⁵³tsɿ³¹]，铁制，生炉子时用来夹取煤炭的工具。

14. 火钩子 [xuo⁵³kou⁵³tsɿ³¹]

烧火做饭时往灶膛里"擩"[ʐu²⁴]塞柴火、拨拉柴火用的一种铁钩。一端装有木质手柄。

2-14◆盖村

2-15◆纪贤

2-16 ◆纪贤

2-17 ◆纪贤

15. 水桶 [ʃuei³¹tʰuoɣ̃⁵³]

用来盛水的器具，铁制，上有提梁。过去用木水桶，现已罕见。现在常用的水桶有两种，一种是图2-16所示铁水桶，另一种是硬塑料桶。硬塑料桶的分量更轻，提水更省力。

16. 葫芦瓢 [xu³¹lou⁵³pʰiɔ²⁴]

过去用来舀水和舀面的器具。把熟透的葫芦从中劈开掏空，便可制成"葫芦瓢"。瓢壁钻上一些孔眼就成了"漏勺儿" [lou⁵⁵ɕyər³¹]（用来做"漏鱼儿" [lou⁵⁵yr²⁴²]一种形似小鱼的面食的炊具，见图2-22）。现已改用塑料瓢。

17. 铁笊篱 [tʰiɜ³¹tsɔ⁵⁵ly³¹]

笊篱的一种，铁丝编制而成，用于捞面、捞菜等。后被"铝笊篱" [ly⁵³tsɔ⁵⁵ly³¹]所取代。

18. 铝笊篱 [ly⁵³tsɔ⁵⁵ly³¹]

笊篱的一种，铝制，用于捞面、捞菜等。其轻便好洗，现在人们普遍使用。

2-18 ◆纪贤

2-19 ◆纪贤

2-20 ◆ 由典

2-21 ◆ 由典

19. 扫案刷刷儿 [sɔ⁵³ŋæ̃⁵⁵ʃuɑ⁵³ʃuar³¹]

厨房必不可少的用具，用"稻黍眉儿"[tʰɔ³¹ʃu³¹mir²⁴²]高粱穗儿绑扎而成，用来清扫案板上的面粉。

20. 锅刷刷儿 [kuo³¹ʃuɑ⁵³ʃuar³¹]

也叫"锅刷子"[kuo³¹ʃuɑ⁵³tsʅ³¹]，把竹穰子劈成细条后绑扎而成，比"扫案刷刷儿"略硬，用来刷洗饭锅。

21. 漏勺儿 [lou⁵⁵ɕyər³¹]

做"漏鱼儿"的模子，铝铸。早期的"漏勺儿"是用熟透的葫芦做的（见图 2-17），现在已少见。

2-22 ◆ 纪贤

22. 酿皮锣锣儿 [zɑɣ̃⁵³pʰi²⁴luo³¹luər⁵³]

"酿皮儿"[zɑɣ̃⁵³pʰir²⁴²]（见图4-35）是农家自制的凉皮，"酿皮锣锣儿"是制作"酿皮儿"用的炊具，简称"锣锣儿"。传统的"锣锣儿"口径五六十厘米，铝制。近些年新兴的尺寸不一，多为不锈钢材质，表面光滑，易清洗，使用更方便。

2-23 ◆ 纪贤

2-24 ◆ 纪贤

2-25 ◆ 纪贤

23. 礓窝儿 [tɕiaɣ̃³¹ uər³¹]

即石臼，用于把花椒、干红辣椒、小茴香等捣成粉末。"礓窝儿"用一整块青石"划"[tsʰæ̃⁵⁵]雕凿成，外围呈圆形或方形，中空圆形，和"礓槌"[tɕiaɣ̃⁵³tʂʰuei³¹]捣物的铁锤配合使用，"礓槌"的木把长短不一。在"礓窝儿"里捣物叫"磓"[tʰa²⁴]，如"磓"辣子、"磓"花椒。

24. 磓蒜窝窝儿 [tʰa²⁴ɕyæ̃⁵⁵uo⁵³uər³¹]

即蒜臼子，木制，用于把大蒜捣成蒜泥。"磓蒜"的木槌叫"磓蒜槌槌儿"[tʰa²⁴ɕyæ̃⁵⁵tʂʰuei³¹tʂʰuer⁵³]。

25. 老碗 [lɔ³¹uæ̃³¹]

旧时吃饭用的大瓷碗，用泥坯烧的粗瓷制成，口径约20厘米，高约15厘米，分量较重。"老碗"在关中使用很普遍，人们吃"晌午饭"[ʂaɣ̃³¹xu³¹fæ̃⁵⁵]当地多为一日两餐，这是第二顿饭，在下午三四点左右。也叫"晌饭"[ʂaɣ̃³¹fæ̃⁵⁵]时用其来盛干拌面。"老碗"盛得多，好搅拌，过去庄稼人体力活重，吃一碗顶一碗。陕西八大怪之一"碗盆难分开"即指这个。过去常见人们饭时端一"老碗"面到邻居家串门儿，或者聚在一起边吃边"谝"[pʰiæ⁵³]聊天，俗称"老碗会"。"老碗"后被各式新碗所代替。

2-26 ◆ 纪贤

2-27 ◆纪贤

2-28 ◆纪贤

26. 洋瓷碗 [iɑɣ̃²⁴tsʰʅ²⁴uæ̃⁵³]

即搪瓷碗，现在很常用，用于盛稀饭、汤、面条等。"洋瓷碗"表面光洁，分量轻，易清洗。缺点是碗壁薄，不小心会烫手。

27. 花碗 [xuɑ³¹uæ̃⁵³]

现在常用的一种碗，用于盛稀饭、汤、面条等。白瓷质地，碗壁上通常有"囍"字、花朵等装饰图案。花碗大小适中，外形比"洋瓷碗"精巧美观，碗壁略厚，材质传热慢，隔热效果好，不容易烫手。

28. 喇叭头儿碗 [lɑ⁵³pɑ³¹tʰour²⁴uæ̃⁵³]

以前农村红白喜事宴席上常用的一种碗，下小上大，口略向外张开，整体呈喇叭状，故叫"喇叭头儿碗"。当地传统上各类宴席有上"八碗"[pɑ³¹uæ̃⁵³]八道主菜，多为肉食的习俗，用"喇叭头儿碗"盛放。

2-29 ◆纪贤

29. 蒸碗子[tʂəɣ̃³¹uæ̃³¹tsɿ³¹]

泥坯烧制的瓷碗，未上釉，材质耐热，能较好地保持食材的原味，因此主要用于上锅蒸制食物，如逢年过节常做的"甜饭"[tʰiæ̃²⁴fæ̃⁵⁵]（见图8-27）、"甜红苕"[tʰiæ̃²⁴xuoɣ̃²⁴ʂo²⁴]（见图8-28）、"肉片子"[zou⁵⁵pʰiæ̃⁵³tsɿ³¹]等。

2-30 ◆ 纪贤

30. 橱柜儿[tʂʰu²⁴kʰuer⁵³]

图2-31是以前的老式"橱柜儿"，实木用料，外刷红漆，上下两层。上层用于放碗碟、食物等，下层放面盆等。老式"橱柜儿"后来被各种新式"橱柜儿"所代替。

2-31 ◆ 忽家

2-32 ◆ 笃祜（杨彩贤摄）

2-33 ◆ 纪贤

31. 筷筒 [kʰuɛ⁵⁵tʰuoɤ̃³¹]

用来盛放筷子、勺子等的器具。以前的筷筒大多是竹条编制的，后改为不锈钢、塑料等材质。

32. 搋面盆 [tsʰɛ³¹miæ̃⁵⁵pʰɛ̃²⁴]

和面、揉面等统称"搋面"。"搋面盆"是蒸馒头等和面、发面用的盆子，现多为铝制，分量轻，易清洗。当地以面食为主，"搋面盆"的使用频率很高。

33. 抡盆 [luɛ̃²⁴pʰɛ̃²⁴]

蒸馒头时用来发面的大瓷盆，边沿比较厚。北方冬天冷，面不容易醒开，因此头一天晚上用"酵子"[tɕiɔ⁵⁵tsɿ³¹]酵母发好面，连盆端放到热炕上，次日清晨面彻底醒开，便可蒸馍。用"抡盆"发面的优点是，面在持续受热的情况下不但烫"不死"，反而容易发起来。

2-34 ◆ 纪贤

2-35 ◆纪贤

34. 豆腐锅 [tou⁵⁵fu²⁴kuo³¹]

过去做豆腐用的大铁锅。将泡好的豆子用"水砣子"加工成豆糊，然后包裹在大白布里过滤，再倒进豆腐锅里熬制、沉淀。近一二十年来已很少有人自己做豆腐，因此"豆腐锅"极难见到，图2-35的"豆腐锅"已被人们弃用。

35. 馍筛筛儿 [mo⁵⁵sɛ⁵³sɛr³¹]

竹篾编的一种炊具，"烔馍"[tʰuo³¹mo⁵⁵]把熟馒头放在锅里蒸热时用来盛放馒头。当地早饭以稀饭、馍、菜为主，锅里熬上稀饭后，把"锅圪杈"卡在锅中央，上面放"馍筛筛儿"，盖上锅盖，一边熬稀饭一边"烔馍"。

2-36 ◆纪贤

2-37◆纪贤

2-38◆纪贤

36. 蒸馍笼 [tʂəỹ³¹moʊ⁵⁵luoỹ²⁴]

即蒸笼，蒸食物用的炊具，圆形，有盖。因为主要用于蒸馍，故而叫"蒸馍笼"，简称"笼"。每家至少有好几个，一次蒸数十个馍。以前的"蒸馍笼"用竹篾和木片等制成，现在大多是铝制，分量更轻，口径更大，易洗易干。

37. 盘 [pʰæ̃²⁴]

一种木制器具，正方形，主要用于农村红白喜事等大型宴席上菜。菜盛放进碗碟后，先摆放到"盘"上，再由专人端送到席桌上。岁时节令等祭祀活动用的"献饭"[ɕiæ̃⁵⁵fæ̃³¹]祭奠死者的饭食、礼品的统称也常用"盘"来盛放。

2-39◆纪贤

2-40 ◆ 纪贤

2-41 ◆ 纪贤

38. 罗罗儿 [luo³¹luər⁵³]

一种用来筛面粉等的日常用具，由木条（多为柳木或桦木）编制而成，底部用的是尼龙丝等材料，上有细密的网眼。在"砲面机子"出现以前，用"石砲子"磨面，磨出的面粉比较粗，要用"罗罗儿"一遍遍过滤。"罗罗儿"也用于过滤花椒面、陈旧面粉等。

39. 擀杖 [kæ̃⁵³tʂʰəɣ̃³¹]

即擀面杖，长短不一，最长的有一米多。平时根据做不同面食的需要来选用。

40. 锅铲铲儿 [kuo³¹tsʰæ̃⁵³tsʰær³¹]

一种铁质的小铲子。主要有两大功能：一是刷洗饭锅（熬稀饭或做过面食的大饭锅不好清洗，常借助铲子）；二是炒菜时用来翻炒锅里的菜。

2-42 ◆ 纪贤

2-43◆纪贤

2-44◆纪贤

41. 舀饭勺 [io⁵³fæ̃⁵⁵ɕyo²⁴]

舀饭、舀汤等用的大勺子，多为铝制，材质较轻，一头安有木制手柄。

42. □ [pʰiɛ̃⁵³]

一种比碟子略深，比碗略浅的盘子，主要用于盛放带汤的菜。

43. 碟子 [tʰiɜ³¹tsʅ⁵³]

图2-45是以前常见的一种平底浅口碟子，上面带有"囍"字、花草等绘饰。碟子主要在逢年过节待客上菜时用。后来又出现了各种口径和形状的碟子，随菜选用。

44. 铁勺 [tʰiɜ⁵³ɕyo³¹]

铁质的小勺子，圆形，口径约15厘米，深约5厘米，一头安有木制手柄。将"铁勺"放在灶膛的火上，用来炒一些简单的家常菜（如土豆丝等），烩煮等复杂一些的菜在锅里做。后来兴起了煤气灶和炒瓢，"铁勺"便被淘汰了。

2-45◆笃祜（杨彩贤摄）

2-46◆东于（杨彩贤摄）

二 卧具

2-47 ◆ 纪贤

2-48 ◆ 纪贤

45. 木床 [mu³¹tʃʰuaɣ̃²⁴]

实木做的家具。过去家家睡炕，自2000年开始，"厦子房" [sa⁵³tsɿ³¹faɣ̃²⁴] 被大量拆除，改建成平房，里边不盘炕，普遍使用木床。

46. 竹床 [tsou³¹tʃʰuaɣ̃²⁴]

竹子做的床，有单人的和双人的。竹床分量轻，挪动方便，一般在天热时放在院子里用于乘凉歇息。

47. 炕 [kʰaɣ̃⁵⁵]

传统建筑的一部分，有土坯砌的和砖砌的两种。柴火从"炕洞" [kʰaɣ̃⁵⁵tʰuoɣ̃³¹]（见图2-50）填进去加热，炕洞连着房间内的烟筒，烟筒的另一头伸到墙外。炕温暖舒适，除了冬天取暖必不可少，还是天冷时蒸馍发面的利器。2000年后，"厦子房"被大量拆除，炕已少见。

2-49 ◆ 宏化

48. 炕洞 [kʰaỹ⁵⁵tʰuoỹ³¹]

炕中砌的烟道，用于填放柴火给炕加热。炕洞口大多在屋外，口不大，可防止烧炕时浓烟四窜，里面深阔，柴火铺开后可温热整个炕面。烧炕的材料主要是庄稼收割后剩下的麦秸、玉米秆和"麦㪷子"[mei³¹i⁵³tsɿ³¹]麦糠。麦秸和玉米秆易燃，用来引火，"麦㪷子"燃烧慢，铺在炕洞里慢慢加热。将柴火点燃后，用"炕棍儿"[kʰaỹ⁵⁵kuẽr³¹]拨拉柴火的长木棍铺开，再把"炕门子"[kʰaỹ⁵⁵mɛ̃³¹tsɿ³¹]遮盖炕洞口的小木板卡上，防止浓烟飘散。

2-50 ◆ 纪贤

49. 凉席儿 [liaỹ³¹ɕir⁵³]

也叫"凉席子"[liaỹ³¹ɕi⁵³tsɿ⁵³]。竹篾编制而成，表面光滑，夏天铺上比较凉爽。

50. 竹穰子席 [tsou³¹zaỹ³¹tsɿ⁵³ɕi²⁴]

用竹皮或竹穰编的席子。竹皮编的细密光滑，价格略高（现在改叫"凉席儿"，见图2-51），竹穰编的略粗糙，价格低。"竹穰子席"现已罕见，图2-52是20世纪70年代的。

2-51 ◆ 纪贤

2-52 ◆ 纪贤

51. 苇子席 [y⁵³tsʅ³¹ɕi²⁴]

"苇子"即芦苇，"苇子席"是用成熟后的芦苇秆编的席子。过去家家睡炕，冬天烧炕，时间久了褥子容易被烤坏，因此人们会贴着炕面铺一张"苇子席"，上面再铺褥子。以前有些村子在不宜耕作的低洼地带（方言叫"壕"[xɔ²⁴]）种上"苇子"，成熟后用秆编成席子卖。

2-53 ◆ 纪贤

52. 洋枕头 [iɑɣ̃²⁴tʂɛ̃⁵³tʰou³¹]

由枕套和"枕头瓤子"[tʂɛ̃⁵³tʰou³¹ zɑɣ̃³¹tsʅ⁵³]枕芯组成。传统的枕头是圆轱辘状，图2-54这种扁塌形的是后起的。因为枕套上有手工刺绣装饰，故又叫"绣花枕头"[ɕiou⁵⁵xuɑ³¹tʂɛ̃⁵³tʰou³¹]。传统的圆轱辘枕头里面装短麦秸，枕久了容易上火，"洋枕头"里装的是荞麦皮或蚕沙，比较清凉。"洋枕头"的枕套过去是女子订婚和结婚时赠送给公婆等男方长辈以及答谢媒人的礼物。

53. 砖枕头 [tʃuæ³¹tʂɛ̃⁵³tʰou³¹]

砖头刮削磨光后，临时充作枕头的简易卧具。过去曾在部分老年人中流行，和短麦秸装的圆轱辘枕头相比，"砖枕头"枕上不容易上火。喜用"砖枕头"的老年人现在大多换用了瓷枕（见图2-56）。

2-55 ◆ 纪贤

2-54 ◆ 纪贤

2-56 ◆ 纪贤

54. 瓷枕 [tsʰʅ³¹tʂɛ̃⁵³]

晚起的一种枕头，实心，瓷面，枕着比较清凉，外观、光滑度和舒适度均胜过手工制作的简易"砖枕头"。"瓷枕"在部分中老年人中流行。

55. 竹枕头 [tsou³¹tʂɛ̃⁵³tʰou³¹]

用竹片编制而成的一种枕头，空心，透气，柔软舒适，人枕上不易上火。"竹枕头"后起，主要在夏天使用。

2-57 ◆ 纪贤

56. 老虎枕头 [lɔ³¹xu³¹tʂɛ̃⁵³tʰou³¹]

一种外形似老虎的传统手工艺品，既当枕头，也当玩具。老虎身子大多是红色和黄色，或用多色布片拼接缝制，背上常缝有蜈蚣、壁虎、蝎子等毒虫图案，眉目鼻眼用彩色丝线缝绣而成。枕头里装的是棉絮。"老虎枕头"是舅舅家给孩子过满月的时候送的，其外形寓意虎头虎脑，上边的蜈蚣、壁虎、蝎子等毒虫图案象征辟邪、驱病以及人们希望孩子健康成长的美好愿望。具有丰富的文化意义。

2-58 ◆ 纪贤

2-59 ◆纪贤

57. 粗布单子 [tsʰou³¹pu⁵⁵tæ̃⁵³tsʅ³¹]

老粗布做的床单。以前家家用纺车纺线，纺好后染成蓝色，再用织布机织成"粗布单子"。当市面上有了五颜六色的腈纶线后，常和家里染的蓝线混搭织成彩色"粗布单子"。除了日常家用，"粗布单子"还是姑娘出嫁时必不可少的"陪房"[pʰei³¹faɣ̃⁵³]一统指嫁妆；二特指床单被褥类嫁妆。现在已很少有人织布，床单多买成品，"粗布单子"也不常见了。

58. 扫炕笤帚 [sɔ⁵³kʰaɣ̃⁵⁵tʰiɔ³¹tʂʰu⁵³]

炕上用的一种小笤帚，用"稻黍眉儿"绑扎而成，用于扫除床面的杂尘。

2-60 ◆纪贤

三 桌椅板凳

59. 方桌 [faɣ̃³¹tʃuo³¹]

一种木质的小桌子,有带抽屉和不带抽屉两种。逢年过节待客吃饭一般用"方桌",后改用"圆桌"[yæ̃³¹tʃuo⁵³](见图2-62)。过去常见有钱人家在"房□"[faɣ̃³¹tiæ̃⁵³](见"对檐儿厦子"词条)摆放一张方桌,上面供奉着祖先的灵位。

2-61◆纪贤

60. 圆桌 [yæ̃³¹tʃuo⁵³]

一种大型的圆桌子,桌面为木质,可以取下,四个桌腿可以折叠。圆桌主要在逢年过节家里待客时使用,现在也是农村红白喜事宴席上常用的桌子。

2-62◆纪贤

61. 课桌 [kʰuo⁵⁵tʃuo³¹]

图2-63是以前农村中小学普遍使用的课桌,和"长板凳"[tʂʰaɣ̃²⁴pæ̃⁵³tʰəɣ̃³¹](见图2-72)搭配使用。近一二十年来,不少偏僻、人少的学校或被撤或被合并,合并的学校规模日益扩大,教育经费日益增多,桌椅板凳等也不断更新。老式课桌已少见。

2-63◆盖村

62. 茶几儿 [tsʰa³¹tɕir⁵³]

也叫"茶几子"[tsʰa³¹tɕi⁵³tsʅ³¹]。20世纪80年代初开始流行，当时请匠人手工制作，后改为买现成的。"茶几儿"两边通常配一对木制椅子或者方形沙发。近些年出现了各种新式茶几，图2-64的样式已不太流行。

2-64 ◆ 纪贤

63. 圈椅儿 [tɕʰyæ³¹ȵir³¹]

一种木制靠背椅子。20世纪80年代，有些木匠转村为各家制作"圈椅儿"，叫"捼圈椅儿"[uo²⁴tɕʰyæ³¹ȵir³¹] 捼：折。"圈椅儿"的用料为杨木，制作前要把木料放在锅里蒸，以增加其韧性，防止"捼"时断裂。后来出现了各种新式椅子，"圈椅儿"已不多见。

64. 躺椅儿 [tʰaɣ̃⁵³ȵir³¹]

一种可以折叠的竹椅，主要在夏天乘凉用，因此又叫"凉椅"[liaɣ̃³¹ȵi⁵³]。图2-66是老式躺椅，木腿儿，椅面用细竹条串编而成。后来出现的新式躺椅改为铁腿儿，椅面用竹片串编而成，两边带扶手，更加结实耐用。

2-65 ◆ 纪贤

2-66 ◆ 纪贤

2-67◆纪贤

65. 藤椅儿 [tʰəɣ̃³¹ȵir⁵³]

较早流行的一种靠背椅子。椅架用竹子钉制而成，外部用藤条包裹。"藤椅儿"的弧度大，空间也大，比"圈椅儿"柔软，坐着更舒适。做"藤椅儿"用的藤条大多产自陕南汉中一带。

66. 靠背板凳 [kʰɔ⁵⁵pei³¹pæ̃⁵³tʰəɣ̃³¹]

一种木制靠背凳子，体积小，便于搬进搬出。因为有靠背，所以比一般的小凳子坐着舒适。"靠背板凳"大多请匠人手工制作。

2-68◆纪贤

67. 木头椅子 [mu⁵³tʰou³¹ȵi⁵³tsɿ³¹]

一种带靠背的木制高腿椅子。也叫"靠背杌子"[kʰɔ⁵⁵pei³¹u⁵³tsɿ³¹]、"四腿板凳"[sɿ⁵⁵tʰuei⁵³pæ̃⁵³tʰəɣ̃³¹]。20世纪80年代初就开始流行，所以现在又叫"老式板凳"[lɔ⁵³sɿ³¹pæ̃⁵³tʰəɣ̃³¹]。"木头椅子"过去是人们结婚的必备家具，放在梳妆台前。现在仅作为一种日常坐具使用。

2-69◆庄镇

2-70◆纪贤

2-71◆纪贤

68. 交椅儿 [tɕiɔ³¹ȵir³¹]

即马扎，一种传统坐具。体积小，可折叠，携带方便。人们除了日常家用外，下地干活常带着用于临时休息。

69. 四条腿儿单人板凳 [sɿ⁵⁵tʰiɔ³¹tʰuer⁵³ tæ̃³¹zẽ²⁴pæ̃⁵³tʰəɣ̃³¹]

过去流行的一种家用高腿凳子，木制，人们请匠人手工制作。长短不一，或坐一人，或坐两三人。

70. 长板凳 [tʂʰaɣ̃²⁴pæ̃⁵³tʰəɣ̃³¹]

也叫"四条腿儿长板凳"[sɿ⁵⁵tʰiɔ³¹tʰuer⁵³tʂʰaɣ̃²⁴pæ̃⁵³tʰəɣ̃³¹]。过去流行的一种家用木头凳子，人们请匠人手工制作。"长板凳"和高方桌配套使用，过去逢年过节待客吃饭使用高方桌，一侧摆放靠背椅子，视为上席，其余三侧摆放长板凳，为下席。

71. 碎板凳 [ʃuei⁵⁵pæ̃⁵³tʰəɣ̃³¹]

"碎"为方言词，"小"义。"碎板凳"是人们请匠人手工制作的日常坐具，尺寸可大可小。有的人家有专为孩子做的特别小的"碎板凳"，既是坐具，也是玩具。

2-73◆东仁

2-72◆纪贤

2-74 ◆ 盖村

72. 碎长板凳 [ʃuei⁵⁵tʂʰɑɣ̃²⁴pæ̃⁵³tʰəɣ̃³¹]

一种矮长形板凳，主要放在锅台前，人们烧火时坐用。上面可坐两三个人，若有人帮忙做饭，可一边干活一边坐着拉家常。

73. 娃车车儿 [uɑ⁵⁵tʂʰɤ⁵³tʂʰər³¹]

即童车。图2-75是过去常见的一种，竹制，中间有隔板，可以面对面坐两个婴孩。

2-75 ◆ 纪贤

74. 三条腿儿板凳 [sæ̃³¹tʰiɔ²⁴tʰuer⁵³pæ̃⁵³tʰəɣ̃³¹]

用木头钉做的一种简易高腿凳子，因为有三条腿，故而得名。这种板凳专用于果园农事活动，如修剪树枝、给果树套袋等。

2-76 ◆ 忽家

四 其他用具

2-77◆东于（杨彩贤摄）

2-78◆纪贤

75. 脸盆儿 [liæ̃⁵³pʰɛ̃r³¹]

日常洗手、洗脸用的盆子，也用于洗小件衣物。早期的脸盆大多是白色搪瓷或塑料材质，搪瓷的碰打后易掉块儿，塑料的日久易老化，因此后来多改用图2-78这种铝制的或不锈钢材质的。

76. 脸盆儿架子 [liæ̃⁵³pʰɛ̃r³¹tɕiɑ⁵⁵tsʅ³¹]

用来架放脸盆的物件。传统的"脸盆儿架子"为木制，后来也有用细钢筋焊接的。2000年后盖的平房大多带有洗漱间，"脸盆儿架子"使用频率降低。

77. 铁盆 [tʰiɜ³¹pʰɛ̃²⁴]

日常用的一种盆子，上大下小，平底，整体呈圆形。"铁盆"的尺寸不固定，常见的口径约70厘米，深约30厘米。过去没有洗衣机，铁盆主要用于洗衣服，有时也用来给孩子洗澡。

2-79◆忽家

2-80◆东于（杨彩贤摄）

78. 扫帚 [sɔ⁵⁵tʃʰu³¹]

由2米左右长的细竹子捆扎在一起制成，主要用于清扫麦场和院落。图2-81所示"扫帚"的"穗梢子" [ɕy³¹sɔ³¹tsʅ³¹] 竹梢已磨损了大半。

2-81◆纪贤

79. 棉扫帚 [miæ̃²⁴sɔ⁵⁵tʃʰu³¹]

扫帚草长成后，捆扎在一起，待籽儿和叶子全掉光，干透，就成了"棉扫帚"。主要用来清扫院落。过去院子是泥土地，"棉扫帚"比扫帚细密柔软，可避免地上留下刮痕，清扫也更加干净。

2-82◆宏化

2-83 ◆ 宏化

2-84 ◆ 东于（杨彩贤摄）

80. 笤帚 [tʰiɔ³¹tʃʰu⁵³]

用"稻黍眉儿"绑扎而成，用于清扫室内地面。

81. 马灯 [mɑ⁵³təɣ̃³¹]

一种可以手提的煤油灯，外面的玻璃罩子可以防止风雨把灯吹灭。"马灯"主要用于夜晚户外照明。20世纪七八十年代使用最普遍，当时马灯是女子出嫁必备的"陪房"，后来被台灯所取代。约自20世纪90年代末开始，马灯日渐少用。

82. 灯台 [təɣ̃⁵³tʰɛ³¹]

过去用的油灯的底座，老庙镇也叫"灯盏"[təɣ̃³¹tsæ³¹]。给顶部圆形容器内盛放一些"清油"[tɕʰiəɣ̃³¹iou²⁴]食用油，将棉花条搓的灯捻子的一头浸入油里，点燃即可照明。

2-85 ◆ 纪贤

2-86 ◆ 炭村

83. 泥炉炉儿 [ȵi²⁴lou³¹lour⁵³]

用麦秸与土和的泥（方言叫"渣子泥"[tsɑ⁵³tsʅ³¹ȵi²⁴]）盘的一种简易炉子，通常用废弃的脸盆做支架，盆底略靠上是"燎齿"[liɔ³¹tsʰʅ⁵³]炉齿，灰烬由此漏下。"泥炉炉儿"用于取暖、烧水和做一些简单的饭菜。其体积小，构造简单，挪动方便，过去很常见。

84. 蜂窝煤炉子 [fəɣ̃³¹uo³¹mei²⁴lou³¹tsʅ⁵³]

20世纪八九十年代人们普遍使用的炉子，可以一边烧水，一边取暖，偶尔在上面做一些简单的饭菜。常见样式有手提的和石膏铸的两种。因其散热性差，取暖效果不好，加之煤球污染大，后来被"炭炉子"[tʰæ̃⁵⁵lou³¹tsʅ⁵³]所取代。

2-87 ◆ 纪贤

2-88 ◆ 宏化

2-89 ◆ 新移

2-90 ◆ 吕当

85. 炭炉子 [tʰæ⁵⁵louʳ³¹tsʅ⁵³]

烧炭的一种炉子，上连烟筒，散热面大，取暖效果好，冬天在上面烧水或做饭。"炭炉子"有带烤箱和不带烤箱两种，带烤箱的可以在里边烤红薯、馍片等，使用更方便。

86. 芭蕉扇 [pa³¹tɕyo³¹ʂæ̃⁵⁵]

即蒲扇，轻便，价格低廉，使用普遍。人们为了防止扇子的边缘破损，通常手工缝裹一圈布条。

87. 竹扇子 [tsou³¹ʂæ̃⁵⁵tsʅ³¹]

竹皮编制的一种扇子，细密光洁，上面一般绘有竹叶等装饰性图案。人们为了防止边缘磨损，通常裹缠一圈布条。

88. 瓦瓮 [ua⁵³uõɣ³¹]

泥烧的瓦罐，腹大头小，顶部口径不一。"瓦瓮"是厨房里的常用器皿，可以保鲜和防潮，主要用于盛放粮食和面粉，有时也用来装馒头、水果等。过去用"瓦瓮"酿醋（见图5-130），专用于酿醋的"瓦瓮"叫"淋瓮"[liɛ̃⁵⁵uõɣ³¹]。

2-91 ◆ 吕当

2-92 ◆ 东于（杨彩贤摄）

2-93◆纪贤

89. 瓷瓮 [tsʰʅ²⁴uoɤ̃⁵⁵]

粗瓷烧制的器皿，底小腹大。因其体积大，故又叫"老瓮"[lɔ⁵³uoɤ̃³¹]（方言词"老"有"大"义）。通自来水之前，"瓷瓮"主要用于装水，因此又叫"水瓮"[ʃuei⁵³uoɤ̃⁵⁵]，后多用于盛装粮食和面粉，"渥"[uo³¹]腌制酸菜等。

2-94◆纪贤

90. 洋灰瓮 [iɑɤ̃²⁴xuei³¹uoɤ̃⁵⁵]

也叫"水泥瓮"[ʃuei⁵³n̻i²⁴uoɤ̃⁵⁵]（"水泥"旧称"洋灰"），过去用来盛放粮食。一个"洋灰瓮"大约可装150公斤粮食。

2-95◆纪贤

91. 板柜（之一）[pæ̃⁵³kʰuei⁵⁵]

也叫"平柜"[pʰiəɣ̃²⁴kʰuei⁵⁵]。"板柜"的底部边沿有"云子"[yɛ̃³¹tsɿ⁵³]花边造型，故又叫"贴边柜"[tʰiɜ³¹piæ̃³¹kʰuei⁵⁵]。柜门可以上抬，合上后柜面可当桌面使用。这种柜子过去多见于有钱人家，用来盛装结婚的"陪房"。

92. 板柜（之二）[pæ̃⁵³kʰuei⁵⁵]

图2-96是"板柜"的另外一种样式，普通人家多用。这种"板柜"和"贴边柜"（见图2-95）的用途相同，主要区别是底部没有花边造型。两种柜子如今都少见。

2-96◆忽家

2-97◆东于（杨彩贤摄）

2-98◆纪贤

93. 老式立柜 [lɔ⁵³ʂʅ³¹li³¹kʰuei⁵⁵]

旧时多见于有钱人家的一种橱柜，柜上有两个铜制门闩。"老式立柜"主要用于盛放点心、干果等食品。图2-97是20世纪20年代左右的楸木立柜。

94. 柜桌 [kʰuei⁵⁵tʃuo³¹]

过去常见的一种桌子，带有抽屉，用来放碗筷、剩菜等。

95. 大立柜（之一） [tɑ⁵⁵li³¹kʰuei⁵⁵]

20世纪70年代末开始流行的一种立柜。最早是人们请木匠到家里制作，后改为买成品。"大立柜"的中间是穿衣镜，两边的门可分别向左右打开，用于放衣服、被褥等。

2-99◆东于（杨彩贤摄）

2-100 ◆ 西仁

2-101 ◆ 东仁

96. 洋灰柜 [iaɣ̃²⁴xuei³¹kʰuei⁵⁵]

用"洋灰"浇铸的柜子，用来盛放粮食。尺寸不一，装250～1000公斤不等。另有"洋灰瓮"（见图2-94），可装150公斤左右，价格比"洋灰柜"略低。"洋灰柜"出现之前，人们用"苇子"条编的"囤"[tʰuɛ⁵⁵]装粮食，因其顶部敞开，老鼠等常进去糟蹋粮食，所以后来改用"洋灰柜"。

97. 粮食仓 [liaɣ̃³¹ʂʅ⁵³tsʰaɣ̃³¹]

自己用砖垒的简易粮食仓，顶部用一两层厚木板遮盖。用来代替市场上卖的"洋灰瓮"和"洋灰柜"。

98. 马□笼子 [ma⁵³tʰɔ³¹luoɣ̃⁵³tsʅ³¹]

竹子编的。旧时人们探亲访友常携带，男女通用。该词第二个字的读音各村镇略有差异，有的叫"马提笼子"[ma⁵³tʰiɜ³¹luoɣ̃⁵³tsʅ³¹]，"提"字单念[tʰi²⁴]，在语流中弱化音变为[tʰiɜ³¹]；老庙镇一带叫"马□笼子"[ma⁵³tʰiou³¹luoɣ̃⁵³tsʅ³¹]。

2-102 ◆ 西城

99. 笼笼 [luoỹ⁵³luoỹ³¹]

也叫"蛋蛋笼"[tæ̃⁵⁵tæ̃³¹luoỹ⁵³]，塑料绳编的。方言词"蛋蛋"是"小"义，或指小孩（如小孩的通用昵称是"倩蛋蛋"[tɕʰiæ̃⁵⁵tæ̃⁵⁵tæ̃³¹]），或指小而圆的物件，强调小得可爱。"笼笼"出现于20世纪80年代塑料普遍使用之后。因笼底较软，为了经久耐用，人们常用铁丝加固。"笼笼"小巧可人，很受孩子们（尤其小女孩）喜欢，有的人家有小孩专用的"笼笼"，既是玩具，也是用具，可以装给小羊拔的草、挖的荠菜等。

2-103 ◆ 由典

100. 馍篮篮儿 [mo⁵⁵læ̃³¹læ̃r⁵³]

塑料皮编的一种篮子，简称"篮篮儿"。20世纪80年代开始流行。过去妇女探亲访友常提个"馍篮篮儿"，功能大致相当于今天的手提包。

2-104 ◆ 由典

101. 牛槽 [ȵiou²⁴tsʰɔ²⁴]

牛吃草用的器具，长方形，用五块大石板组装而成。"牛槽"用来盛放牲口草料，饮水用"石槽"[ʂʅ²⁴tsʰɔ²⁴]（见图2-106）。马、驴、骡等牲口用一样的槽。农业机械化后，养牲口的人少了，牛槽成了鲜见之物。

2-105 ◆ 曹村（杨彩贤摄）

2-106◆曹村（杨彩贤摄）

2-107◆老庙

102. 石槽 [ʂʅ²⁴tsʰɔ²⁴]

牲口饮水用的器具，用整块儿石头"划"成，通常放在大门外。牲口在圈里吃饱后被拉到门外用"石槽"饮水。

103. 猪食槽儿 [tʃu³¹ʂʅ²⁴tsʰɔr²⁴²]

用来盛放猪食的容器，水泥结构，整体呈长方形，多头猪可同时进食。墙正中凿有小洞，和外部的坡道相连。人们给猪喂食时从外面顺着斜坡把猪食倒进槽里。

104. 电壶 [tiæ̃⁵⁵xu²⁴]

即开水壶。"电壶"的外壳先后有多种样式，最早是竹子穗儿编的，叫"电壶笼笼"[tiæ̃⁵⁵xu²⁴luoɣ̃³¹luoɣ̃⁵³]，后有铁丝网状的、钢皮的、塑料的，其中塑料的目前使用最普遍。近些年又出现了其他新式"电壶"。

2-108◆纪贤

2-109◆由典

105. 送水罐罐儿[ʃuõɣ⁵⁵ʃuei⁵³kuæ̃⁵⁵kuæ̃r³¹]

泥烧的瓦罐。腹大口小，整体呈圆形，罐口两端拴上绳子后可以手提，因此老庙镇也叫"拴罐"[ʃuæ̃³¹kuæ̃³¹]。在"电壶"普遍使用之前，常用"送水罐罐儿"盛水，其优点是能长时间保持水不变味儿。过去人们下地干活常用"送水罐罐儿"提"凉喝的"[liɑɣ̃²⁴xuo⁵³ti³¹]凉开水。

106. 水壶[ʃuei⁵³xu²⁴]

20世纪90年代之前普遍流行的一种小水壶，源于军用水壶。

2-110◆东于（杨彩贤摄）

107. 药锅儿[yo³¹kuər³¹]

专用于熬制中药的一种小砂锅。民间讲究借出的"药锅儿"不还，认为还"药锅儿"同时会把病一起还回去，因此人们不大乐意把自家的"药锅儿"外借。

2-111◆西仁

2-112 ◆ 庄里

108. 木函 [mu⁵³xæ̃³¹]

一种日常用具，木制，主要用于淘洗和晾晒粮食，磨面时用来盛接面粉。盛接面粉的"木函"里面加固一层铁皮，或整体用铁皮焊制（叫"铁木函" [tʰiɜ³¹mu⁵¹xæ̃³¹]）。

109. 口袋 [kʰou⁵³tɛ³¹]

用棉线织的一种长条形袋子，20世纪80年代以前普遍用来盛装粮食。过去大家一起把棉花纺成线，几股儿合在一起拧成粗线，然后请"织口袋匠" [tʂʅ³¹kʰou⁵³tɛ³¹tɕʰiaɣ̃³¹]专门编织口袋的人织成特定尺寸，再缝成口袋。"口袋"装满后呈圆柱形，约50公斤，方言叫"一桩子" [i³¹tʃuaɣ̃⁵³tsʅ³¹]，人们扛在肩上搬运比较方便。后改用麻袋装粮食。

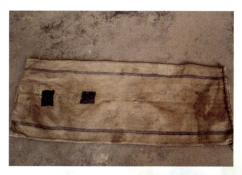

2-113 ◆ 东于（杨彩贤摄）

2-114 ◆ 流曲

110. 摔摔儿 [ʃuei⁵³ʃuer³¹]

用来拍打身上尘土的一种用具。一端是木手柄，另一端是长布条或人造革做的长穗儿。以前结婚"陪房"里必有一个白丝布做的"摔摔儿"，后来不再流行。

111. 信插儿 [ɕiɛ̃⁵⁵tsʰar³¹]

过去女子结婚必不可少的"陪房"。整体是一块儿正方形白布，上方是具有美好寓意或反映时代特色的十字绣，下方是八个独立的小口袋，用于盛放信件或零碎用品，口袋面上有手工绣饰的十二生肖、花鸟虫鱼等图案。"信插儿"早已不再流行。

112. 洗衣服板板儿 [ɕi⁵⁵i⁵³fu³¹pæ̃⁵³pær³¹]

即洗衣服用的搓板。最早人们请匠人用木头制作，上面有用锯子割的一道道沟槽，后来大多买塑料的。在洗衣机出现之前，"洗衣服板板儿"的使用频率很高，现在少用。

2-115 ◆ 流曲

2-116 ◆ 刘集

2-117◆东于（杨彩贤摄）

2-118◆忽家

113. 棒槌 [pʰaɣ⁵⁵tʃʰuei³¹]

一种粗短形木棒，主要用于把半干的老粗布床单捶打平整。现在棒槌已不太常见。

114. 摆钟 [pɛ⁵³tʃuoɣ̃³¹]

时钟的一种，用钟摆控制其他机件，使钟走得快慢均匀，故名"摆钟"。"摆钟"后面有发条，每隔一段时间要用钥匙上一次发条。

115. 锤锤儿 [tʃʰuei³¹tʃʰuer⁵³]

也叫"钉锤儿"[tiəɣ̃⁵³tʃʰuer³¹]，即钉钉子用的小铁锤。铁锤头的一端是方柱形，另一端呈扁平状，中间有狭缝，起钉子比较方便。

2-119◆东于（杨彩贤摄）

叁

服

饰

叁 服饰

富平传统服饰以简单、舒适、大方为特色。旧时人们自己纺线、织布、浆染，服装用料多是手工织的粗棉布，经济条件好的偶尔穿绸缎。制作方式是手工缝制。一身衣服常常是大改小、长改短、老换少，正所谓"新三年，旧三年，缝缝补补又三年"。

衣裤和鞋帽随季节交替，薄厚不同，样式也略有差异。男式的整体上以暗色为主，女式的崇尚大红大绿，尤其是小女孩的衣裤鞋袜，不仅色泽鲜艳，还常常有各类装饰图案，婴幼儿的尤为可爱。首饰类"耳坠"［ər^{53}tʃʰuei^{31}］耳环比较普遍，少数人戴镯子、戒指和"箍子"［ku^{53}tsʅ^{31}］，样式比较简单，大多是环状的银饰品。

传统穿戴虽然简朴，地方特色却很鲜明，比如大红大绿的花棉袄，麦秸秆编的草帽，老太太头上戴的"帕帕儿"［pʰa^{53}pʰɑr^{31}］，暖和舒适的"棉窝窝"［miæ^{24}uo^{53}uo^{31}］，散发着浓郁的关中风情。

现在穿着打扮已无明显的地域之别，时尚一出，一阵风便能刮遍大江南北。人们的生活更加富裕，穿戴更为讲究，也更加趋同。绝大部分传统服饰和装扮或趋于消失，或杳无踪迹。

一 衣裤

1. 单衫子 [tæ̃³¹sæ̃⁵³tsʅ³¹]

即长袖衬衫,有男式的和女式的,单穿或套在毛衣里。过去人们扯了布找裁缝缝制。20世纪90年代后,成衣逐渐流行,人们逐渐改为买成衣。

3-1 ◆ 西城

2. 汗衫儿 [xæ̃⁵⁵sæ̃r³¹]

夏季常见的一种男士短袖衫,圆领,无兜。"汗衫儿"质地薄,吸汗性好,穿脱方便,适于炎热的夏季。

3. T恤衫 [tʰi⁵⁵ɕyo²⁴sæ̃³¹]

即短袖T恤。20世纪80年代后开始流行,有男式的和女式的,有衣领,有的带兜。"T恤衫"刚流行时当地人称为"汗衫儿",后来随普通话叫法,改称"T恤衫"或"T恤",以别于圆领、不带兜的"汗衫儿"。

3-2 ◆ 纪贤

3-3 ◆ 西城

4. 马甲儿 [mɑ⁵³tɕiar⁵³]

套在秋衣或衬衫外面。传统的"马甲儿"是单的，样式比较单一，图3-4是最常见的款式，男性穿得较多。20世纪80年代中后期，男士穿马甲儿一度很流行，也有少数比较前卫的女性穿同款马甲儿。如今，马甲儿早已是日常装束，棉的、单的、男式的、女式的，样式很丰富。

3-4◆西城

5. 西服 [ɕi³¹fu²⁴]

3-5◆纪贤

通常指西式服装，基本款式特点是翻领、衣长在臀围线以下。"西服"自20世纪90年代开始流行，早期人们扯布请裁缝缝制，2000年后改为买成衣。西服除了在结婚等正式场合穿之外，日常也穿。男士西服和女士西服都有多种质地和不同档次，分单件上装和套装。

6. 毛衣 [mɔ³¹i⁵³]

手工编织的毛衣，常见样式有"钻洞"[tɕyæ³¹tʰuõ⁵³]套头式和"对襟"[tuei⁵⁵tɕiẽ³¹]系扣式两种，前者打底穿，后者外穿。20世纪60年代，毛线还比较稀缺，人们织毛衣一般是用自家养的绵羊身上剪下的羊毛纺成的毛线，毛衣是"奢侈品"。20世纪80年代后，五颜六色的腈纶毛线增多，织毛衣的人也多了起来。现在人们大多买成品，手工编织毛衣的人少了。

3-6◆西城

3-7◆西城

7. 棉袄 [miæ̃³¹ŋɔ⁵³]

手工缝制的"棉袄"，里子是棉布，外层多是棉布或丝绸，中间装新棉絮。男式棉袄大多是暗色，女式的和儿童的比较鲜艳。传统上每年七八月份开始，妇女们便着手准备全家老少过冬的棉袄。过去棉袄直接外穿，20世纪80年代开始流行给棉袄套用厚布料做的"单衫子"。后来出现了各式棉服和羽绒服，穿手工棉袄的人渐少。

3-8 ◆ 西城

8. 连脚开裆裤儿 [liæ̃²⁴tɕyo³¹kʰɛ³¹tɑɣ̃³¹kʰur⁵³]

一种常见的婴儿裤子，裤腿下带连体鞋，鞋底上有精致的手工刺绣，裤面一般有老虎、小猫等头像装饰，看上去很是可爱。上方开裆便于换洗尿布。

9. 开裆棉裤 [kʰɛ³¹tɑɣ̃³¹miæ̃³¹kʰu⁵³]

图3-10是过去四五岁以下的孩子冬天穿的一种"开裆棉裤"，上面的背带可以防止裤子滑落，后腰系扣，便于穿脱。开裆棉裤既保暖又实用，有的老人现在仍为婴幼儿缝制，年轻人大多不会缝制。

3-9 ◆ 东于（杨彩贤摄）

3-10 ◆ 西城

10. 毛裤儿 [mɔ³¹kʰur⁵³]

毛线织的打底裤，春秋季节穿。"毛裤儿"于20世纪80年代毛线普遍使用后开始流行，妇女们每年定时为全家老少"打"[tɑ⁵³]织毛裤。早些年经济不好，人们"打"毛裤用的是毛衣拆下的旧线。随着经济好转，便不再这么拮据。现在保暖裤样式非常多，手工编织毛裤已少见。

3-11 ◆ 西城

11. 背心儿 [pei⁵⁵ɕiẽr³¹]

套在衬衫下穿的无袖上衣。流行之初颜色较为单一，以白色、亮蓝和大红为主，图3-12是当时常见的男式"背心儿"。背心儿现在是男女老少的日常穿着，颜色、款式不一而足。

12. 围裙儿 [uei³¹tɕʰyẽr⁵³]

做饭时围在腰间，防止油污等弄脏衣服的护布，从前面看像裙子，故叫"围裙儿"。"围裙儿"主要在做饭时戴，大多是用人们自己织的花色粗布缝制的，剪裁成长方形或正方形，带子绑在腰后。

3-12 ◆ 西城

3-13 ◆ 三义

3-14◆东于（杨彩贤摄）

3-15◆西城

13. 围围儿 [y³¹yr⁵³]

也叫"颔水帘帘"[xæ³¹ʃuei³¹liæ³¹liæ⁵³]。颔水：口水。婴幼儿围在胸前，防止口水、食物等弄脏衣服。人们最早手工缝制"围围儿"，现在大多买成品。

14. 棉套袖 [miæ̃²⁴tʰɔ⁵⁵ɕiou³¹]

冬季套在袖头，使手腕和手部保暖的用品，中间装有棉絮。女式的以亮色绸缎为主，男式的大多是暗色棉布，里子皆用棉布。人们平时把"棉套袖"的一半儿塞进棉袄袖口里，一半儿护住手背，干活时摘下。如今人们的穿戴更加时尚，已很少见人戴"棉套袖"。

二 鞋帽

3-16◆小惠

15. 凉帽儿 [liaɣ̃³¹mɚ⁵³]

夏天女性戴在头上用来遮阳的帽子。款式不一，主要用途是遮阳，兼有时尚功能。当地戴"凉帽儿"始见于20世纪80年代中后期，图3-16是当时常见的款式。

3-17◆东于（杨彩贤摄）

3-18◆盖村

16. 鸭舌帽儿 [ȵia³¹ʂɤ²⁴mɔr⁵³]

因其帽顶平且有帽舌，外形如鸭嘴状，故而得名。20世纪七八十年代流行男士戴"鸭舌帽儿"，图3-17是常见款式，少数比较新潮的女士也戴同款帽子。"鸭舌帽儿"后来渐成普通装束，如今主要见于中老年男性。城里的年轻人戴"鸭舌帽儿"是另一种时尚，大多当作配饰，款式、颜色不一而足。

17. 草帽儿 [tsʰɔ⁵⁵mɔr³¹]

麦秸秆编的帽子，最早是手工编织，后改用缝纫机缝制，上面可见一道道加固的明线。帽内两侧缝有长带子，下巴处系紧，可以防止刮风时草帽被吹走。有时带子挂在脖子上，草帽甩在脑后。草帽男女老少四季适用，太阳下防晒，下雨时防淋，地里干活、赶集、走亲戚等，也常有人头上顶着草帽。

18. 帕帕儿 [pʰa⁵³pʰɑr³¹]

特指用来包裹头部的棉巾或丝巾，主要用于春、夏、秋三季，正方形，颜色素雅，以灰色和蓝色为主，可以防风、防尘、防晒。戴"帕帕儿"见于上了年纪的女性，戴法比较随意，或顶在头上，或别在耳后，或在脑后挽个结。当地老太太戴"帕帕儿"由来已久，据《富平县志》载，明清时期，当地乡间老妪常头顶黑罗帕夹于双耳。"帕帕儿头上戴"是陕西八大怪之一。现在偶尔见到。

3-19◆纪贤

3-20◆到贤

19. 布鞋 [pu⁵⁵xɛ²⁴]

传统上男女老少穿手工缝制的"布鞋",有加棉的和单层的,加棉的叫"棉窝窝"[miæ̃²⁴uo⁵³uo³¹](见图3-21),这里特指单层布鞋。男式的多为暗色,女式的颜色较为鲜亮,小女孩的最为花哨可爱。成人布鞋主要有一脚蹬式和系带式,儿童的样式较多。做布鞋是传统女红之一,家里平时要备有全家老少四季穿的鞋,因此妇女们闲暇之余手里不离针线。如今鞋的式样和材质琳琅满目,穿布鞋的人少了,人们需要时就去布鞋摊上买。

20. 棉窝窝 [miæ̃²⁴uo⁵³uo³¹]

3-21◆姜义

关中地区常见的一种厚棉鞋,鞋底和鞋帮都装有棉絮,保暖性好,舒适度高。男式的以暗色为主,女式的以亮色为主,红色最为常见。图3-21是常见的一脚蹬式,此外有成年女性和儿童穿的绑带式。绑带式做工比较繁复,没有一脚蹬式普遍。现在人们主要是居家穿,极少有人外穿。

21. 花鞋 [xua³¹xɛ²⁴]

小女孩春秋季穿的一种布鞋，鞋面通常绣有动物、花草等装饰性图案，故而叫"花鞋"。样式主要有两种：一种是系带露脚面式，另一种是一脚蹬包脚面式。

3-22 ◆ 姜义

22. 猫娃儿鞋 [mɔ³¹uar⁵³xɛ²⁴]

一种民间手工制作的童鞋，有单的和棉的（鞋底和鞋帮装了棉絮），适用于四五岁以下的婴幼儿。因为鞋头看起来像猫头，故叫"猫娃儿鞋"。若在鞋头加绣一个"王"字，就叫"老虎鞋"[lɔ³¹xu³¹xɛ²⁴]。"猫娃儿鞋"主要是舅舅、姨姨、姑姑等在孩子满月和"过晬"[kuo⁵⁵tʃuei⁵⁵]小孩过生日时送。现在流行送压岁钱，很少再送"猫娃儿鞋"。

23. 猪娃儿鞋 [tʃu⁵³uar³¹xɛ²⁴]

另外一种很常见的手工童鞋，因为鞋头的样式看起来像猪头，所以叫"猪娃儿鞋"。憨态可掬的小猪是人们熟悉和喜爱的小动物，人们借形取意，祈愿孩子健健康康、快快乐乐地成长。此外有一种鞋头似兔头形状，叫"兔娃儿鞋"[tʰou⁵⁵uar³¹xɛ²⁴]，略为少见。

3-23 ◆ 庄镇

3-24 ◆ 老庙

3-25 ◆ 流曲

3-26 ◆ 纪贤

24. 花鞋垫子 [xuɑ³¹xɛ²⁴tʰiã⁵⁵tsʅ³¹]

手工制作的鞋垫，正面是用多色丝线绣制的五彩图案，常见的有花鸟虫草和"平安""富贵"等寓意美好的字。"衲"[nɑ³¹]密针缝纫鞋垫子是过去姑娘们最爱做的女红之一，"衲"好的鞋垫子自己用或者赠送亲朋。"花鞋垫子"还是传统上姑娘们向意中人表达爱意的信物。

25. 黄胶鞋 [xuɑɣ̃²⁴tɕiɔ³¹xɛ²⁴]

20世纪中国橡胶工业起步后出现的一种新式鞋子，鞋底和鞋面上部为橡胶用料，鞋帮为棉布。自20世纪70年代始流行了一二十年。起初穿"黄胶鞋"是一种时尚，后来主要为实用。因为橡胶鞋底防水，所以下小雨时可当雨鞋穿，平时人们下地干活穿着比较得劲。

3-27 ◆ 东于（杨彩贤摄）

26. 帽盒 [mɔ⁵⁵xuo³¹]

木质的方形盒子，上下两层，旧时官宦人家用来盛放官帽。

三 首饰等

27. 耳坠 [ər⁵³tʃʰuei³¹]

即耳环，图3-28是过去最常见的样式，多为银制。以前人们扎耳孔找村里经验丰富的老太太，先用去了壳的花椒粒儿在耳垂前后轻轻捻动（相当于麻醉剂），然后用细针把粘了"清油"[tɕʰiəɣ³¹iou²⁴]食用油的花色丝线穿过去，挽结，之后每天给丝线浸清油轻轻拉动，一周后换成"耳坠"。过去有人专门转村帮人把家里的银器铸成耳坠、手镯等饰品，方言叫"砸"[tsʰa²⁴]耳坠。

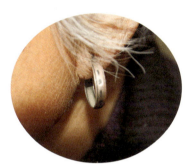

3-28◆宏化

28. 镯子 [ʃuo³¹tsʅ⁵³]

即手镯，大多为银制，款式较单一，图3-29是以前常见的样式。"镯子"有祖传的，有用家里的银器物"倒"[tɔ⁵⁵]铸的。戴镯子的多是讲究一些的女性，没有戴耳坠的普遍。

29. 箍子 [ku⁵³tsʅ³¹]

戴"箍子"和戒指的多是穿戴较为讲究的女性。戒指的样式比较单一，多是银制小环，中间有断口，可以开合调节大小。"箍子"是一个整体，没有断口，因此戴久了很难取下。图3-30中指上是金"箍子"，无名指上是银"箍子"。

3-29◆宏化　　　3-30◆宏化

105

3-31 ◆ 东仁

30. 手帕儿 [ʂou⁵³pʰɑr³¹]

即手绢，棉或丝质地，正方形，颜色和图案不一。"手帕儿"主要用来擦嘴、擦汗，或包零花钱。过去没有餐巾纸，人人都有几方可供换洗的"手帕儿"。传统婚礼有抢"手帕儿"的习俗。宴席上，新郎敬过酒后，女方长辈以"手帕儿"还礼，新郎刚接过，大胆泼辣的女客便去抢。后来敬酒改用毛巾还礼，后改为给钱，抢"手帕儿"的婚俗随之消失。和"手帕儿"相似的一种就是"帕帕儿"（见图3-19）。

31. 包袱 [pɔ⁵³fu³¹]

3-32 ◆ 西城

用来包衣物等的布，传统上用老粗布缝制，旧床单也可兼用。"包袱"主要有两大用途：一是把衣物、被褥等分类包裹存放，便于取用；二是当提包用，过去人们出门挎个"包袱"，内装衣物、干粮等日用品。"包袱"以前是结婚必备的"陪房"[pʰei³¹faɣ⁵³]一统指嫁妆；二特指床单被褥类嫁妆，多用大红色或靓丽的格子布或花布制成。

3-33 ◆ 刘集

32. 书包儿 [ʃu³¹pɔr⁵³]

20世纪90年代以前，学生上学大多背的是手工缝制的布书包，方形，上有长肩带。通常一学期一换新。后来，手工布书包被琳琅满目的各种新式书包所取代。

33. 石头镜 [ʂʅ³¹tʰou⁵³tɕiəỹ⁵⁵]

"石头镜"是大多数老年男性喜欢佩戴的饰物，图3-34是常见款式，椭圆形镜片，高密度水晶材料，硬度高，不易刮伤。脸上一副"石头镜"，嘴上叼个旱烟袋是关中老年男性的典型形象（旧时头上还戴白手巾，穿扎着裤脚的宽粗布裤子）。

3-34 ◆ 新移

肆

饮食

富平传统的饮食习惯是一日两餐。农忙时节,晚上加一顿,称为"喝汤"[xuo²⁴tʰaɣ³¹]。有时农活繁重,人们会为田间劳作的人送去一些简单食物,这些食物被称为"喝带馍"[xuo³¹tɛ⁵⁵mo⁵⁵]。农村吃饭喜欢端着饭碗聚在街巷中,边吃边"谝"[pʰiæ̃⁵³]聊天,称为"老碗会"[lɔ³¹uæ̃³¹xuei⁵⁵]。这些生活景象日益少见。

当地农作物主要有小麦、大麦、玉米、红薯、豆类,早些年种植糜子、谷子,因其产量低而弃种。实行联产承包责任制前,百姓生活普遍艰苦,细面白馍很稀罕,只能以玉米面、红薯等粗粮作为主食,少菜少油;山区乡民多以谷子和豆类为主,过着"半年糠菜半年粮"的艰苦生活。

20世纪80年代后,粮食连年丰收,群众温饱得到解决。小麦作为主食普遍化,粗粮成为调剂口味的辅食。早饭以各类稀饭、馒头和菜为主。午饭多是面条。人们常做各式"改样饭"[kɛ⁵¹iaɣ³¹fæ̃⁵⁵]变着花样做的各种饮食,家常饭数十种,馍饼类如"锅盔"[kuo³¹kʰuei³¹]、"油馍"[iou³¹mo⁵³]、"煎饼"[tɕiæ̃³¹piəɣ³¹]、"菜卷卷儿"[tsʰɛ⁵⁵tɕyæ̃⁵³tɕyær³¹]、"菜盒子"[tsʰɛ⁵⁵xuo³¹tsɿ⁵³]等,其他如"油泼面"[iou²⁴pʰo³¹miæ̃⁵⁵]、"棍棍儿面"[kuẽ⁵⁵kuẽr³¹miæ̃⁵⁵]、"饸饹"[xuo³¹luo⁵³]、"搅团"[tɕiɔ⁵³tʰuæ̃³¹]等。粗粮常常细作,比如,红薯打成"粉面子"[fæ̃⁵³miæ̃⁵⁵tsɿ³¹]淀粉后做凉粉和粉条,玉米面粉做搅团。

家常菜的蔬菜多是自家种植,随季节变化有黄瓜、西红柿、豆角、茄子、辣子、萝卜、白菜等。辣子一年四季不能缺,正应了民间所说的陕西八大怪之一"油泼辣子一道菜"。此外兼食野菜,如"刺蓟"[tsʰɿ⁵⁵tɕi³¹]刺儿菜、"灰蘿蘿"[xuei⁵³ɕiɔ³¹tɕʰiɔ³¹]灰灰菜、洋槐花等。家家户户一年四季腌咸菜,作为日常佐味小菜。人们入冬时腌一大瓮酸菜,可吃到开春。近年来当地发展了不少大棚菜,不用等到时令就能吃到。如今人们常去集市上买菜、肉,生活更加便利了,生活质量也提高了。

传统上人们以素食为主,经济好转后也常吃肉,以猪肉为主,偶尔吃鸡、牛、羊肉,鱼虾类较少。现在经济普遍好转,农民生活富裕了,物资极大丰富,人们的饮食得到了很大改善,各式菜肴时常变换,隔三岔五辅以酒水。日子好的还常常"进馆子"[tɕiæ̃⁵⁵kuæ̃⁵³tsɿ³¹]在餐馆吃饭。近些年各乡镇开了不少夜市,备受群众青睐。

一 主食

1. 蒸馍 [tʂəɣ̃⁵³mo³¹]

4-1 ◆ 纪贤

简称"馍",即馒头,区别于动词"蒸馍" [tʂəɣ̃³¹mo⁵⁵]。"蒸馍"的形状大小不一,日常吃的多是图4-1所示圆长方形,长10~12厘米,宽8~9厘米。农家蒸馍发面用自制的"酵子" [tɕio⁵⁵tsʅ³¹]酵母(每年农历六月六,"摖" [tsʰɛ³¹]和面、揉面的统称一块硬面团,用桐树叶包严,待面发起后,晒干,每次蒸馍前掰一块儿用作"酵子"),不加增白剂,因此比外面卖的馍颜色略深,但口感更好。

"蒸馍"是早饭的主食,就稀饭和菜。也常变着花样吃,比如,切片炸成"油馍页儿" [iou²⁴mo⁵⁵iɜr³¹](见图4-2);在水里泡松软后捞出,"捏" [n̩yo³¹]单手或双手合拢攥紧沥水干,上屉蒸成"馍花" [mo⁵⁵xuɑ³¹];掰成小块儿,晒干后在油锅里炒成酥香可口的"油馍蛋蛋" [iou²⁴mo⁵⁵tæ̃⁵⁵tæ̃³¹];等等。

2. 油馍页儿 [iou²⁴mo⁵⁵iɜr³¹]

4-2 ◆ 纪贤

又叫"油炸馍页儿" [iou²⁴tsʰɑ²⁴mo⁵⁵iɜr³¹],把"蒸馍"(见图4-1)切成片,在油锅里炸至金黄,出锅,撒上盐,外酥内软,非常可口。也可用鸡蛋把馍片包裹后入锅炸,营养又美味。

4-3 ◆ 三河

4-4 ◆ 赵村

3. 马籽菜馍[mɑ³¹tsʅ³¹tsʰɛ⁵⁵mo⁵⁵]

"马籽菜"即胖娃娃草，是一种很有营养的野菜。五一过后地里渐多，摘取嫩芽，洗净切碎，和在发好的面里，揉制成圆形，上锅蒸熟。"马籽菜馍"凉热均可食用，通常蘸"蒜水"[ɕyæ̃⁵⁵ʃuei³¹]油泼的蒜汁吃，松软可口，可当主食。

4. 鼓角馍[ku⁵³tɕyo³¹mo⁵⁵]

当地特色面食，因外形和鼓槌相似而得名。蒸馒头时留一块儿面团，加盐、小茴香等调料，揉制成长约15厘米、宽约5厘米的短棒形，摆放在灶膛的炉火旁，翻烤至熟。烤好的"鼓角馍"四面金黄，外酥内软。

5. 沫糊[mo⁵³xu³¹]

即面糊糊，早上常喝的一种稀饭。在凉水里撒一些面粉搅匀，然后一点点倒进锅内的沸水里，边倒边不停地用"舀饭勺"[iɔ⁵³fæ̃⁵⁵ɕyo²⁴]（见图2-43）搅拌，"两煎"[liɑỹ⁵³tɕiæ̃³¹]锅里的水第一次烧沸叫"一煎"，加些凉水，再次烧沸叫"两煎"即熟，整个烹饪过程叫"□沫糊"[ʃuo²⁴mo⁵³xu³¹]。不加调料的"沫糊"也叫"白面粥粥"[pʰei²⁴miæ̃⁵⁵tsou⁵³tsou³¹]。若加盐、花椒等，则叫"调和沫糊"[tʰiɔ³¹xuo⁵³mo⁵³xu³¹]调和：调料。也可以加青菜、淋蛋花。

4-5 ◆ 纪贤

4-6 ◆纪贤

4-7 ◆纪贤

6. 御麦糁糁儿 [y⁵⁵mei³¹tsɛ̃⁵³tsɛ̃r³¹]

也叫"包谷糁糁儿"[pɔ³¹ku³¹tsɛ̃⁵³tsɛ̃r³¹]包谷:"玉米"的旧称、"御麦糁子"[y⁵⁵mei³¹tsɛ̃⁵³tsʅ³¹],冬季早上常喝的稀饭。玉米是当地传统农作物,也是日常食用的杂粮。以前每年入冬时,家家"拉⁼"[lɑ³¹]把玉米粒加工成玉米糁"御麦糁儿",早上加些红薯块或单独熬成稀饭,配上用白萝卜缨子、蔓菁缨子和雪里蕻"渥"[uo³¹]腌制的咸菜,百吃不厌。

7. 米汤 [mi⁵³tʰɑɣ̃³¹]

特指大米熬的米汤(小米熬的叫"小米儿米汤"[ɕiɔ³¹mir⁵³mi⁵³tʰɑɣ̃³¹]),早上常喝的一种稀饭。稻子不是当地的主要农作物,日常食用米主要从外地买进。20世纪80年代物资尚且比较匮乏,大米是稀罕物,后来成了家常便饭。

4-8 ◆纪贤

8. 小米儿米汤 [ɕiɔ³¹mir⁵³mi⁵³tʰɑɣ̃³¹]

早上常喝的一种稀饭。小米是谷子去壳后的产物,"小米儿米汤"健脾养胃,滋补性强,具有较高营养价值。谷子是当地传统农作物,20世纪70年代以前普遍种植,因其产量低,种的人越来越少,以至八九十年代"小米儿米汤"成了稀罕饭。

9. 绿豆汤 [liou⁵³tou²⁴tʰaɣ³¹]

绿豆是当地传统农作物，"绿豆汤"是常喝的一种稀饭，放凉后加糖口感尤佳。因其清凉败火，所以人们多在夏天饮用。

4-9◆纪贤

10. 老鸹颡 [lɔ⁵³uɑ³¹sɑ²⁴]

4-10◆忽家

当地一种特色面食。制作过程是：给面粉里加凉水，和成稠糊状，用筷子顺着碗沿一小块儿一小块儿地拨进沸水锅里，稍煮一会儿，加进各种蔬菜和炒好的臊子一起烩煮至熟。"老鸹"是"乌鸦"的方言说法，"颡"指头，用筷子拨的小面疙瘩煮熟后中间圆，两头尖，形似乌鸦头，故得名"老鸹颡"。

11. 油泼面 [iou²⁴pʰo³¹miæ̃⁵⁵]

当地"晌午饭"[ʂaɣ³¹xu³¹fæ̃⁵⁵]当地多为一日两餐，这是第二顿饭，在下午三四点左右以面条为常，做法很多，最常见的一种是油泼"扽面"[tuẽ⁵⁵miæ̃³¹]扯面，民间流传的陕西八大怪之一"面条像裤带"即指这种面。

"油泼面"要做得地道，每个步骤都要到位。和面时水里加盐，面和水的比例要适当，面揉得软硬合适（所谓"三光"，即盆光、面光、手光，面就算和好了）后，放在盆里，盖上湿布，醒30分钟。醒后再揉一揉，切成一定厚度的长方形薄片，边拉边在案板上甩掼成宽薄片，下锅煮。"三煎"[sæ̃³¹tɕiæ̃³¹]"两煎"后加些凉水，第三次烧沸叫"三煎"后捞出，放盐、干红辣椒面、葱丝、花椒面，油泼，淋醋搅拌，口感软薄筋道，香辣四溢。

4-11◆新移

4-12◆底店

4-13◆底店

12. 剺下的面 [li³¹xɑ⁵³ti³¹miæ̃⁵⁵]

"剺"指用刀划开，是中规中矩的做面方法。凉水和面，揉制成形，将面团擀成薄薄的一大张，对折，用长擀面杖比着"剺"成一根根。下入沸水锅中煮，熟后捞出，或做酸汤面，或干拌（过凉开水后干拌，口感更加滑溜。不过凉开水的也叫"黏窝面"[ʐæ̃³¹uo⁵³miæ̃⁵⁵]）。"剺"面讲究细、长、匀，很考验刀工。

4-14◆纪贤

13. 穗核儿面 [ʃuei⁵⁵xur³¹miæ̃⁵⁵]

当地人"晌午饭"常吃的一种特色面食。将面揉好后，擀成薄薄的一大张，对折成三四层，再切成菱形（外形与织布机梭子里的线穗子相似，线穗子是将线缠绕在一个中间圆、两头尖的木头用具上形成的，这个用具叫"穗子核核"[ʃuei⁵⁵tsʅ³¹xu³¹xu⁵³]，"穗核儿面"得名于此），用手散开后下入沸水锅中，略煮一会儿，加入各样蔬菜和炒好的臊子，以及盐、醋等调料，烩煮至熟。"穗核儿面"多在天凉时做。

4-15 ◆小惠

14. 削削儿 [ɕyo⁵³ɕyər³¹]

当地人"晌午饭"常吃的一种特色面食。做法是：用开水和面，面团"㨄"得硬一些，盖上湿布，让面醒一会儿。然后用刀将其一片一片削进沸水锅中，故名"削削儿"。削出的薄片形似驴蹄子，所以又叫"驴蹄子"[ly²⁴tʰi³¹tsʅ⁵³]。"削削儿"讲究大小均匀，厚薄一致，因此很考验刀工。煮熟后捞出，或油泼，或用臊子干拌，口感软薄、光滑、筋道。

15. 棍棍儿面 [kuẽ⁵⁵kuẽr³¹miæ̃⁵⁵]

当地人"晌午饭"常吃的一种特色面食。做法是：用盐水和面，将面团揉制成形，擀成厚度1厘米左右的一大张，切成粗条，再一根根搓匀，抹上食用油，用湿布或保鲜膜捂住，让面醒半个小时以上。再一根根搓成长条，反复对折、拽拉，直至想要的粗细，甩入沸水锅中煮熟。捞出后趁热干拌，或沥凉开水后干拌，口感爽滑筋道。

4-16 ◆纪贤

16. 饺子皮儿 [tɕiɔ⁵³tsʅ³¹pʰir²⁴²]

4-17◆纪贤

图4-17是饺子皮的另外一种特色吃法。将擀好的饺子皮一片一片拽得稍薄一些，下入沸水锅中煮熟、捞出，或油泼，或用臊子干拌，或浇辣椒水，别有一番风味。

17. 绿挂面 [liou³¹kuɑ⁵⁵miæ̃³¹]

挂面是传统面食。当地有专门加工制作挂面的作坊，选用上等面粉，用盐水和面，面要和得不软不硬，反复揉搓到位后，依次经醒面、盘条、绕条、上杆、拉长等工序。挂面细软好消化，是产妇坐月子期间常吃的食物，婴儿满月招待客人的第一顿饭就是挂面。

近些年人们常采摘"刺蓟"[tsʰʅ⁵⁵tɕiẽ³¹]刺儿菜嫩芽儿，洗净焯熟后加进面里制作"绿挂面"。加了野菜的挂面营养价值更高，口感也比白挂面光滑筋道。

4-18◆太平

4-19◆到贤

18. 菜夹馍[tsʰɛ⁵⁵tɕia³¹mo⁵⁵]

广见于关中各地的传统小吃。夹菜的馍叫"饦饦儿馍"[tʰuo³¹tʰuər⁵³mo⁵⁵]或"饦饦儿"[tʰuo³¹tʰuər⁵³],将"起面"[tɕʰi⁵³miæ³¹]发酵的面。念[tɕʰi⁵³miæ⁵⁵]是动词义"使面粉发酵"揉成圆形,在专门的烙饼工具里烙烤至熟。方言词"饦饦"义为"圆形","饦饦儿馍"由此得名。"碎饦饦儿"[ʃuei⁵⁵tʰuo³¹tʰuər⁵³]碎:小直接夹菜,"大饦饦儿"[ta⁵⁵tʰuo³¹tʰuər⁵¹]切成四块后夹菜。馍里有红萝卜丝、土豆丝、咸菜、炒青椒、"油泼辣子"[iou²⁴pʰo³¹la⁵³tsʅ³¹]、辣子酱、茶叶蛋等。

19. 肉夹馍[zou⁵⁵tɕia³¹mo⁵⁵]

"肉"也念[zou⁵⁵][zou³¹],"肉夹馍"也叫"肉夹饦饦儿"[zou³¹tɕia³¹tʰuo³¹tʰuər⁵³]。夹馍的肉是一种提前卤好的腊汁肉,以猪肋条肉为主料,配以料酒、葱、姜、盐、冰糖、酱油、八角、桂皮等,焖煮而成,制作过程中火候等十分讲究,确保口感烂、嫩、油而不腻。肉夹馍是关中地区的招牌性特色美食,深受当地人和外地人喜爱。

4-20◆老庙

4-21◆齐村

4-22◆庄镇

20. 锅盔 [kuo³¹kʰuei³¹]

也叫"锅盔馍"[kuo³¹kʰuei³¹mo⁵⁵]，是关中各地的传统面食，各县的制作工艺和形状略有差异。"锅盔"整体呈圆形，直径20～50厘米不等，厚度3～10厘米不等，外形又圆又厚，形似锅盖。陕西八大怪之一"锅盔像锅盖"即指这个。锅盔的制作方法是：给发酵好的面里加盐、小茴香等调料，揉制成形，摊在大锅里烙至金黄，再放到蒸笼里上锅蒸熟，有的县是直接烙熟。锅盔久放不坏，过去人们出远门常将其作为干粮携带。以前小孩出生后，舅家要送锅盔贺喜，再由主家散发给四邻和亲朋传喜。

21. 油馍 [iou³¹mo⁵³]

一种传统面食，也叫"死面油馍"[sʅ⁵³miæ³¹iou³¹mo⁵³]（因是用未发酵的死面做的）。制作方法是：开水和面，将面团揉制成形，铺在案上擀薄，摊平，表面均匀抹一层油，撒上盐，卷起来，用刀斜着剁成小段，然后把每个小段顺时针方向拧两下，再用擀面杖擀压成薄圆形，摊在锅里温火烙烤至熟。烤的过程中要用铲子不时两面翻动，确保均匀上色。刚出锅的"油馍"外表焦黄，层层分明，外酥内软，油香可口，是传统招待亲朋的好面食。如果用"油馍"招待新女婿，送别时要给对方父母带一些。

4-23◆美原（杨彩贤摄）

4-24◆美原

22. 干渣馍[kæ̃³¹tsɑ³¹mo⁵⁵]

当地一种特色面食。因其干薄酥脆，掰时容易掉渣，故名"干渣馍"，简称"干渣"。"干渣"在专门的"鏊子"[ŋɔ⁵⁵tsʅ³¹]（见图4-23）里烙烤，先把小石子翻烤热，取出一部分，再把加了盐、花椒叶、小茴香、红辣椒面等调料的馍坯摊放进去，上面均匀覆一层取出的热石子，盖上锅盖焐烤至熟，这个过程叫"打干渣"[tɑ⁵³kæ̃³¹tsɑ³¹]。"干渣"酥香可口，久放不坏。过去每年入冬后，家家户户一次烹制数十个至上百个，吃大半个冬天。因其易消化，过去人们看望产妇时将其作为礼品携带。

23. 饦饦儿馍[tʰuo³¹tʰuər⁵³mo⁵⁵]

简称"饦饦儿"，指直径13厘米左右，厚度1厘米左右的一种圆形烧饼。根据烙烤炊具的不同分为两种：一种是在特制的烙饼工具里烤熟的，另一种是摊放在热石子里烤熟的。若要加以区分，前者叫"烙下的饦饦儿"[luo⁵³xɑ³¹ti³¹tʰuo³¹tʰuər⁵³]，后者叫"打下的饦饦儿"[tɑ⁵³xɑ³¹ti³¹tʰuo³¹tʰuər⁵³]。

4-25◆惠店

24. 煎饼 [tɕiæ̃³¹piəỹ³¹]

老百姓常吃的面食。将面粉、水、花椒叶和成"面水"[miæ̃⁵⁵ʃuei³¹]稀面糊，搅拌均匀后，用勺子舀出倒进"鏊子"里，左右晃动摊匀，两面翻烤至熟。煎饼可以卷土豆丝等凉菜吃，也可以蘸"蒜水"，就菜吃。

4-26◆西城

25. 疙瘩儿 [kɯ⁵³tɑr³¹]

即水饺。用凉水和面（加一些盐），揉制成形后擀成薄薄的一大张，然后用瓶盖等模具拧成一个个饺子皮，现在大多改为将面团揪成小块儿，再一个个用擀面杖擀薄。水饺的常见包法是放上馅后将皮儿对折捏紧，外形像个小疙瘩（见图4-27），所以包水饺叫"捏疙瘩儿"[ɲiɜ³¹kɯ⁵³tɑr³¹]；另一种包法是放上馅后将皮儿对折，再把两端拉到一起，用手掌压成猪耳朵形（见图4-28）。出锅的"疙瘩儿"或浇辣椒水干拌，或做酸汤水饺。

4-27◆新移

4-28◆新移

26. 蒸饺儿 [tʂəɣ³¹tɕiɔr⁵³]

当地人"晌午饭"常吃的一种传统面食。用开水和面，揉制成形后擀开，切成一个个小四方块儿，再用擀面杖擀成饺子皮（比做水饺的饺子皮略大）。"蒸饺儿"的馅一般有韭菜粉条、豆腐粉条、小葱南瓜等，包法是：把馅放到饺子皮上，先把边沿捏紧，再用手"绉"[tsʰou³¹]用手挤压出小花边。然后摆放在蒸笼里，上锅蒸熟。

4-29◆曹村（杨彩贤摄）

27. 搅团 [tɕiɔ⁵³tʰuæ̃³¹]

广见于关中及周边地区的一种传统面食。"搅"取制作时搅拌的动作，"团"取其外形。制作过程是：将生面糊拌匀，倒入锅中，一边加热一边用长擀面杖不停地搅拌，并不断撒进面粉，至面糊不软不硬成团时，盖上锅盖煮，每隔几分钟搅拌，至面糊熟透。然后用饭勺挖出，待凉却成块儿后，浇拌"辣子水水"[lɑ⁵³tsɿ³¹ʃuei⁵³ʃuei³¹]辣油汁儿和韭菜"葱花"[tʃʰuoɣ̃³¹xuɑ̃³¹]臊子，夹块儿食用，酸辣爽滑。吃不完的次日早上做煎"搅团"，是另一番风味。

4-30◆薛镇

28. 漏鱼儿 [lou⁵⁵yr²⁴²]

简称"鱼儿"[yr²⁴²]，是"搅团"的花样吃法。当锅里的面糊熟透，不软不硬时，用饭勺挖出倒进"漏勺儿"[lou⁵⁵ɕyər³¹]（见图2-22），轻轻按压，小鱼儿状的面团儿便滴进事先备好的凉开水盆里。待凉透后捞出，沥水，浇拌"辣子水水"和韭菜"葱花"，或做成酸菜"鱼儿"，很适合天热时吃。

4-31◆忽家

4-32 ◆ 纪贤

29. 跐ᵋ儿 [tsʰʅr⁵³]

4-33 ◆ 纪贤

即猫耳朵面，当地人"晌午饭"常吃的一种传统面食。制作方法是：把用盐水和的面揉制成形后，切一块擀薄，再切成条状，搓细，然后切成小面疙瘩，用大拇指一个个按压摩搓成小面卷儿。撒入沸水锅中，或与各类蔬菜烩煮，或煮熟后干拌。"跐ᵋ"[tsʰʅ³¹]是方言词，"摩擦"义，猫耳朵面叫"跐ᵋ儿"和制作时手部频繁摩搓的动作有关。

4-34 ◆ 流曲

4-35 ◆ 窦村

30. 凉皮儿 [liaɣ²⁴pʰir²⁴²]

"凉皮儿"（见图4-34）是关中各地常见的特色小吃，有大米皮和面皮两种，加入面筋、豆芽、黄瓜条，用特制的蒜汁、油泼辣子、醋水等凉拌。口感软滑筋道，与稀饭、肉夹馍合称"关中式套餐"。

农家自制的凉皮叫"酿皮儿"[zaɣ⁵³pʰir²⁴²]（见图4-35）。制作方法是：给凉水里加进面粉和成"面水"，再加盐搅拌均匀，用勺子舀一些倒进"酿皮锣锣儿"[zaɣ⁵³pʰi²⁴luo³¹luər⁵³]（见图2-23）里，四向晃动摊匀，平坐在沸水锅中，盖锅盖蒸熟。再把"酿皮锣锣儿"取出平放在凉水上，待凉却后把"酿皮儿"揭下来，切条，加"葱花"等凉拌。"酿皮儿"比外面卖的凉皮儿口感更软更薄（方言词"酿"亦作"酿和"[zaɣ⁵³xuo³¹]，有"软，烂；好消化"之义），可当主食，亦可当菜。

31. 菜卷卷儿 [tsʰɛ⁵⁵tɕyæ⁵³tɕyær³¹]

一种特色家常面食。用面粉与凉水（加少许盐）和面，揉好后擀成薄薄的一大张，将拌好的菜（常见的有嫩苜蓿、荠菜、菠菜、韭菜等）均匀铺在上面，卷成卷儿，切成10厘米左右的长段，上锅蒸熟。出锅后淋"辣子水水""蒜水"，当主食吃。

4-36 ◆ 纪贤

4-37◆太平

32. 菜盒子 [tsʰɛ⁵⁵xuo³¹tsʅ⁵³]

人们常吃的面食。用面粉与凉水（加少许盐）和面，将面团揪成小块儿，擀成适当薄厚的圆饼形，铺上一层菜（韭菜粉条最为常见），对折，将边缘捏紧。为了好看，常把边缘"绤"成波浪形。然后摊放在抹了油的热锅中烙烤，两面翻动，使均匀受热。"菜盒子"外皮酥脆内部松软，非常可口。

33. 槐花儿麦饭 [xuɛ³¹xuɑr⁵⁵mei⁵³fæ̃³¹]

广见于关中各地的季节性风味小吃。摘取未绽放的洋槐花，淘洗干净后加面粉拌匀，上锅蒸熟。出锅后常拌韭菜"葱花"、油泼辣子食用。"槐花儿麦饭"通常被当作主食，绵软清甜，既可口又营养。

4-38◆曹村

4-39◆莲湖

4-40◆莲湖（杨彩贤摄）

34. 羊肉泡 [iaɣ³¹zou⁵³pʰɔ⁵⁵]

也叫"羊肉泡馍"[iaɣ³¹zou⁵³pʰɔ⁵⁵mo⁵⁵]，是广见于关中地区的特色美食。瘦肉绵软，肥肉不腻，做法和吃法均很独特。羊肉汤的做法是：先把羊骨放入清水锅里大火炖煮，两小时后起浮沫，撇去，放入上次用过的调料袋（提味）和新调料袋（加味），下肉块，用板盖实，大火烧溢，再以小火慢炖8小时左右。

馍是一种专门烙制的圆形小烧饼，有发面和死面两种。发面饼皮薄而松脆，中心空虚，或泡在汤里吃，或把汤里的肉夹到馍里吃，单独喝汤。死面饼光硬筋道，掰碎后做成"羊肉泡"。吃"羊肉泡"有一些讲究：一是加拌专用的辣椒酱，就糖蒜；二是从边上一点点"蚕食"；三是吃完后喝一小碗高汤，即所谓的原汤化原食。

35. 饸饹 [xuo³¹luo⁵³]

广见于关中及周边地区的一种特色面食。当地卖的有"白面"[pʰei³¹miæ̃⁵³]小麦面和荞麦面两种，荞麦面"饸饹"口感更加光滑、筋道。家里一般做"白面"饸饹。家常做法是：用凉水和面（加一点蒸馍用的碱），面团"擩"得硬一些，揉好后切或揪成小段。然后用"饸饹床子"[xuo³¹luo⁵³tʃʰuaɣ³¹tsʅ⁵³]（见图4-42、4-43）压入沸水锅中煮熟，捞出后或干拌，或炒，或做汤饸饹。饸饹床子的孔眼大小不一，压出的饸饹可粗可细。

4-41◆流曲

4-42◆流曲

36. 饸饹床子 [xuo³¹luo⁵³tʃʰuaɣ̃³¹tsɿ⁵³]

加工饸饹的工具，由主床、轴、压杠、木杵等组成。主床为铁质，用支架架在锅的正上方，前端有圆柱形的槽，下端设漏网。压饸饹时抬起压杠，将揉好的面团揪成小段放入圆槽中，人坐在压杠上使劲压下，细长条的饸饹从床孔中挤出落进沸水锅里，待压到一定长度时从下方截断，熟后捞出。早期的饸饹床子为木制，后换成铁制，现在家用的多是新式的简易饸饹床子。

4-43◆莲湖

37. 压饸饹 [n̻ia³¹xuo³¹luo⁵³]

各街镇有专门加工饸饹的小作坊，用的多是图4-43这种电动饸饹床子。人们把面团放进圆柱形的槽里后，掰起闸刀，驱动马达，饸饹便从床孔中挤出落进沸水锅里，煮熟后捞出。

二 副食

38. 点心 [tiẽ⁵³ɕiẽ³¹]

也叫"水晶"[ʃuei⁵³tɕiẽ⁵⁵]，即水晶饼，当地传统副食。做外皮的面里加了猪板油，将白糖、青红丝等拌成馅，包好后放进烤箱里烤熟。"点心"是人们逢年过节走亲访友常带的礼品。

4-44◆三义

39. 酥饺子 [sou³¹tɕiɔ⁵³tsɿ³¹]

当地传统副食，做工考究，馅用猪板油、菜籽油、白糖、蜂蜜、青红丝和玫瑰搅拌制成，外皮用精白面加酥面，捏好花棱后入油锅炸，泛起后渗入蜂蜜。"酥饺子"油而不腻，香酥绵甜，是人们逢年过节走亲访友常带的礼品。早些年用木匣盛装，现在多用彩印工艺纸盒包装。"酥饺子"以美原镇的最为有名。

40. 天鹅蛋 [tʰiẽ⁵³ŋɤ³¹tʰæ⁵⁵]

用糯米面做的一种传统副食。因为外形较圆，故得名"天鹅蛋"。把糯米面揉制成形后，放入油锅中炸至焦棕色，出锅，粘裹一层白砂糖，口感酥软香甜。

4-46◆东于（杨彩贤摄）

4-45◆美原（杨彩贤摄）

41. 麻饼儿 [mɑ³¹piə̃r⁵³]

4-47 ◆ 到贤

一种传统副食，圆形，上面粘有一层白芝麻粒儿，故名"麻饼儿"。用白糖和小苏打水和面，揉制成直径约10厘米的圆饼，在烤箱内烘烤熟，早些年用"鏊子"烙烤。

42. 熔锅儿糖 [tɕʰyoɣ̃⁵³kuər³¹tʰaɣ̃²⁴]

当地一种特色副食，也说"熔锅糖"[tɕʰyoɣ̃⁵³kuo³¹tʰaɣ̃²⁴]，简称"熔锅"，口感酥脆，常被作为走亲访友的礼品。"熔"有"慢火焖；闷热"义，"熔锅糖"的制作程序繁复，工艺极其考究，其得名跟制作过程中把锅里熬成的糖浆在蒸汽加热中反复拧条拉扯有关。因天热不易加工和存放，"熔锅糖"主要在冬季生产，以素有"熔锅糖之乡"美誉的流曲镇生产的最为出名。"熔锅糖"于2013年被列入陕西省非物质文化遗产名录。

4-48 ◆ 流曲

43. 江米条儿 [tɕiaɣ̃³¹mi³¹tʰiər²⁴²]

4-49 ◆ 老庙

以糯米面为主料做的传统小零食，方言把糯米叫"江米"，故得名"江米条儿"。入口酥脆、清甜，再嚼则有些黏。因外面有一层厚厚的白砂糖，孩子们大多喜欢吃。

4-50◆到贤

44. 油麻糖 [iou²⁴maɣ̃³¹tʰaɣ̃⁵³]

即麻花，常见的副食，有咸、甜两种口味。"油麻糖"过去是人们探亲访友常带的礼品，现在主要当零食吃。"麻"字单念[mɑ]，语流中被后字"糖"的韵母同化为[maɣ̃]。

45. 柿饼 [sʅ⁵⁵piəɣ̃³¹]

"柿饼"是富平有名的特产。富平柿子有十多个品种，其中传统名优品种大尖柿最宜制作柿饼。霜降前后"挂柿饼"[kua⁵⁵sʅ⁵⁵piəɣ̃³¹]制作柿饼，要经过削皮、脱涩、软化、晾晒、整形等十几道工序，工艺极为细致复杂。柿饼在晾晒过程中形成的柿霜口含即化，是天然保健食品。富平柿饼以个大、霜厚、肉质黏软、晶莹、无核而闻名，冷藏食用尤佳。其中以庄里镇的"合儿柿饼"[xuər²⁴sʅ⁵⁵piəɣ̃³¹]（因两个柿脐相对合在一起而得名）最为有名。

4-51◆庄里

46. 粉条儿[fɛ̃⁵³tʰiɔr²⁴²]

制作原料主要分为"红苕"[xuoɣ̃²⁴ʂɒ²⁴]红薯、"洋芋"[iaɣ̃²⁴y⁵⁵]土豆和绿豆，其特点是筋道耐煮，口味浓香，通常凉拌、做酸辣粉或烩菜。"粉条儿"的制作工艺较为复杂，先后要经过清洗、粗刮细磨、离心沉淀、除酸去杂、净化脱水等一系列工序。过去都是小作坊自产自销，现在一些村镇形成了产业化经营模式，以流曲镇太平村最为有名。

4-52 ◆ 太平

47. 豆腐脑儿[tou⁵⁵fu³¹nɔr⁵³]

传统特色小吃，用大豆蛋白制成，口感细嫩柔软，营养价值较高，很受大众欢迎。县城里通常当早点卖，各街镇"过会"[kuo⁵⁵xuei⁵⁵]逢集时当小吃卖。

4-53 ◆ 薛镇

48. 洋糖[iaɣ̃²⁴tʰaɣ̃²⁴]

即水果糖。过去"洋糖"是稀罕物，只有过年时才能吃到，而且品种很单一，都是硬质，咬起来嘎嘣响。现在物质极大丰富，各式糖果琳琅满目，"洋糖"已是日常零食。

4-54 ◆ 纪贤

4-55 ◆ 觅子

4-56 ◆ 流曲

49. 棒棒儿糖 [paɣ̃⁵⁵pãr³¹tʰaɣ̃²⁴]

用玉米糁加白糖（旧时白糖比较贵，常以糖精代之）熬制的一种小零食，形如长100厘米左右、直径3厘米左右的棍棒，故而得名"棒棒儿糖"。口感松脆，入口即化，再嚼有些黏牙。

50. 蓼花糖 [liɔ³¹xuɑ⁵³tʰaɣ̃²⁴]

传统副食，起源于陕西省三原县。其外形似圆鼓槌，个大体轻，表皮呈金黄色，上面均匀地粘满了白芝麻，咬开是雪白细腻的蜂窝状糖心。

51. 灶糖 [tsɔ⁵⁵tʰaɣ̃³¹]

"灶糖"是玉米（过去常用糜子和谷子）经发酵糖化制成的多孔黄白色糖块，质地疏松。"灶糖"咬一口很酥脆，再嚼有些黏，甜中带一丝苦味儿，有润肺止咳之功效。因其遇热易融化，因此人们常在冬天卖。

4-57 ◆ 流曲

52. 棉花糖 [miã³¹xuɑ⁵³tʰɑɣ²⁴]

常见的一种风味休闲食品。街镇"过会"时卖，有的是提前做好的，有的用"棉花糖"制作机现做现卖。一勺白糖放进快速旋转的棉花糖制作机中，糖丝便像耍魔术似的逐渐绕成一个大大的棉花糖球，有原味、草莓、橙子等多种口味，五颜六色，十分好看。棉花糖软糯香甜，入口即化，尤受小孩子和年轻人青睐。

4-58◆到贤

53. 醪糟儿 [lɔ³¹tsɚ⁵³]

"醪糟儿"是广见于全国各地的传统甜米酒，用蒸熟的江米拌上酒曲发酵而成，含多种微量元素，营养价值较高。常见吃法是用沸水冲兑后加糖做成糖水醪糟，或者做鸡蛋醪糟。鸡蛋醪糟滋补性强，是产妇坐月子期间常吃的食物。过去常有走街串巷卖醪糟的，现在很少见到。不过，各街镇"过会"时醪糟摊儿的生意都很红火。

54. 花茶 [xuɑ⁵³tsʰɑ³¹]

当地百姓喜喝茶，传统上以"花茶"和"熬茶"[ŋɔ³¹tsʰɑ⁵³]（以泾阳茯茶最为有名）为主。花茶中最受欢迎的当数茉莉（早先人们也喝玉兰）。家里来了客人先"泼茶"[pʰo³¹tsʰɑ²⁴]沏茶，大小宴席茶水不可或缺。乡村老年人早起喝茶，已成定习。茶叶旧称"叶子"[iɑ⁵³tsʅ³¹]，现在极少听到。

4-59◆纪贤

4-60◆忽家

55. 旱烟叶子 [xæ̃⁵⁵iæ̃³¹iɜ⁵³tsʅ³¹]

当地男子喜"吃烟"[tʂʰʅ²⁴iæ̃³¹]抽烟，传统上以大叶子旱烟（烟瘾大者吸小叶子）为主。现在老年人多吸旱烟，中青年人吸纸烟。旱烟早年是当地的经济作物，现在已极少有人栽种。烟叶子有两种吸食方法：一种是放进烟锅，另一种是制成"卷烟"[tɕyæ̃⁵³iæ̃³¹]。

4-61◆流曲

4-62◆流曲

56. 卷烟 [tɕyæ̃⁵³iæ̃³¹]

用"旱烟叶子"卷的烟，较受老年人青睐。卷烟一般插在烟锅里吸，也可直接点燃了吸。

57. 甑糕 [tɕiẽ⁵⁵kɔ³¹]

关中地区特色风味小吃。"甑"是一种古老的炊具，底部有小孔，可放在锅上蒸食物，最早有陶制、铜制、木制等，现多为铁制。"甑糕"是以糯米、红枣或蜜枣为原料（有的加红豆、葡萄干等），在"甑"上蒸成的糕。其制作程序要求严格，泡米、装"甑"、加水、上火蒸等各个步骤都很细致。"甑糕"米枣交融，绵软黏甜，营养滋补，深受大众喜爱。

4-63◆莲湖

4-64◆到贤

4-65◆刘集

58. 油糕 [iou³¹kɔ⁵³]

当地一种特色面点。以面粉、白糖、水、油为原料，开水烫面，揉制成形后，包上糖馅，做成圆形或扁形，放入油锅炸熟。刚出锅的"油糕"外焦内软，里面的糖心温度很高，因此要慢慢咬开，香甜可口，喜食者甚多。

59. 豌豆角儿 [uæ̃⁵³tou³¹tɕyər²⁴²]

过去人们常吃，含有多种维生素和矿物质，以及胡萝卜素，营养价值较高。"豌豆角儿"可以直接煮熟吃，或者把豆子取出来，用"石碾子"[ʂʅ²⁴niæ⁵⁵tsʅ³¹]（见图5-51）去皮，再将去皮豆子压制成"豌豆塌塌"[uæ̃⁵³tou³¹tʰa⁵³tʰa³¹]豌豆饼，上锅蒸熟了吃。豌豆在20世纪70年代曾经广泛种植，因其产量低，后来被人们弃种。

60. 挂柿饼 [kuɑ⁵⁵ʂʅ⁵⁵piə̃ɣ³¹]

"挂柿饼"是富平县的传统。霜降前后，摘下柿子，选取大小合适、色泽优良的，逐一削皮（方言叫"旋柿子"[ɕyæ̃⁵⁵ʂʅ⁵⁵tsʅ³¹]），修剪柿蒂，然后悬挂在荫凉处，四周罩上遮荫网，以防日光曝晒和蚊虫叮食。透过网孔吹进的自然风可使柿饼快速风干。数日后，逐个捏软，继续挂晾数日，半干时卸下，柿饼霜化变白。以上是传统制作方式。近些年曹村等乡镇大力发展柿子产业，引进先进机器批量生产，富平柿饼畅销国内外。

4-66◆纪贤

4-67◆曹村（杨彩贤摄）

136

61. 柿寿星 [ʂʅ⁵⁵ʂou⁵⁵ɕiəɣ̃³¹]

富平县北部乔山一带是柿子的优良产区，柿子树种植量大，生长旺，产量高。曹村镇唐顺宗丰陵前有棵千年柿树王，年产量650多公斤，人称"柿寿星"。当地人专为之做了长达两百余字的歌颂性四字口诀："柿中真瑞，寿延千载，久纳王气，不违四时，福祈厚土，赞我桑梓，耕读传家，胼胝相励，欣逢盛世，万金求树，护树立碑，乡风永固，立业有信，秉传后世，生我富平，繁茂葱茏，根深夜浓，硕果盈盈，泽被众生，志与柿同……"

4-68◆曹村（杨彩贤摄）

62. 做烙锅糖 [tsou⁵⁵tɕʰyoɣ̃⁵³kuo³¹tʰaɣ̃²⁴]

"烙锅糖"的主料是大麦、小米和芝麻。大麦经过冷浸、发芽，碾制成麦芽糖；小米经冷泡、热蒸，熬成糖粥；芝麻炒熟去皮。然后混合入锅熬成糊状，取出冷却，再在蒸汽加热中反复拧条拉扯，使糖色由黄变白，最后凝固压平切成细长方条。另有一种加料"烙锅糖"，制作过程中加入青红丝、核桃仁等，口味更佳。

4-69◆流曲（杨彩贤摄）

4-70◆流曲（杨彩贤摄）

63. 打粉面子 [tɑ⁵³fɛ̃⁵³miæ̃⁵⁵tsʅ³¹]

"粉面子"即淀粉，是日常烹饪用的食材。红薯是传统作物，除了蒸煮等常见吃法外，常加工成淀粉，方言叫"打粉面子"。第一步"起粉"[tɕʰi⁵³fɛ̃⁵³]，将红薯淘洗干净，用打粉机打成糊状，筛掉杂质，过滤到专门的池子里，先沉淀，再将上面的水撇掉，余下的淀粉装进大包袱里。第二步"吊粉"[tiɔ⁵⁵fɛ̃⁵³]，将大包袱悬挂在阳光下初步晾晒。第三步"晒粉"[sɛ⁵⁵fɛ̃⁵³]，淀粉晾晒至半干时，将包袱拆开，继续晾晒，干透后收装。

4-71◆到贤

4-72◆到贤

三 菜肴

4-73 ◆纪贤

4-74 ◆纪贤

64. 酸辣白菜 [ɕyæ̃²⁴lɑ³¹pʰei³¹tsʰɛ⁵³]

白菜是传统蔬菜作物，可以炒、烩等。"酸辣白菜"是制作简单又可口的一道家常菜。将白菜撕或切成条状，油烧热后，入锅，略微翻炒，撒上盐、红辣椒面，淋上醋（也可加一些白糖），大火翻炒几下即可出锅。酸辣白菜脆滑爽口，在喜食酸辣的关中地区很常见。

65. 凉调红萝卜丝儿 [liɑɣ̃²⁴tʰiɔ²⁴xuoɣ̃²⁴luo³¹pʰu⁵³sɿr⁵³]

过去家家种菜，红萝卜是传统蔬菜作物，除了当水果生吃、火烤、上锅蒸等吃法外，最常见的是"凉调红萝卜丝儿"。将红萝卜用礤床擦成丝，加盐、葱丝、红辣椒面、花椒，热油泼，淋醋，搅拌即成。放了辣椒面的红萝卜能尝到辣味，却看不见辣椒，因此当地有"红萝卜调辣子，吃出看不出"的顺口溜，喻指人深藏不露。

66. 凉拌豆角儿 [liaɣ²⁴pʰæ̃⁵⁵tou⁵⁵tɕyər³¹]

豆角儿即长豇豆，过去家家栽种。清明节前下籽，六月即可摘食。除了炒，最常见的是做"凉拌豆角儿"。将豆角的两头儿掰下，去丝，再切成3厘米左右的小段，在沸水锅里焯熟，捞出，加盐、蒜泥，泼热油，淋上醋，拌匀即食。凉拌豆角儿鲜嫩脆爽，蒜香浓郁，是夏季饭桌上的一道常菜。当地发展了大棚蔬菜后，新鲜豆角儿已不限于夏季。

4-75 ◆ 西城

67. 凉拌黄瓜 [liaɣ²⁴pʰæ̃⁵⁵xuaɣ³¹kua⁵³]

黄瓜是传统上家家栽种的蔬菜，春分时节育苗，谷雨后栽种，五月底可摘食。黄瓜除了当水果吃，最常见的是凉拌。将黄瓜皮削掉，用刀背拍碎，切成小块，放入盐、蒜泥、红辣椒面，泼热油，淋上醋，拌匀即食。当地发展了大棚菜后，黄瓜已是四季常菜。

4-76 ◆ 东仁

68. 凉拌茄子 [liaɣ²⁴pʰæ̃⁵⁵tɕʰiɜ³¹tsʅ⁵³]

茄子是传统上家家栽种的蔬菜，春分时节育苗，谷雨后栽种，四五十天后可摘食。最常见的吃法是凉拌。将茄子洗净，切成细长条，上锅蒸熟，放凉，加盐、蒜泥、花椒，泼热油，拌匀可食。凉拌茄子嫩滑爽口，蒜香浓郁，是夏季饭桌上的常菜。此外有多种吃法，如炒茄子、做包子馅、烩煮面食、晒成茄子干等。

4-77 ◆ 西城

69. 油泼辣子 [iou²⁴pʰo³¹la⁵³tsʅ³¹]

关中地区极富特色的食物，既当菜又当调料。把干红辣椒面放进碗中，加一些盐，油烧开后迅速泼到盐和辣椒面上，边泼边用筷子搅拌，确保热油把整个辣椒面浸透。油泼辣子一年四季必备，用来夹馍、调面、拌菜等。"油泼辣子一道菜"是陕西八大怪之一。

4-78 ◆ 莲湖

70. 豆儿酱 [tour⁵³tɕiaɣ̃⁵⁵]

过去有每年做酱的传统，本地人一般做黄豆酱，山东移民（20世纪初叶来自山东的大批移民）多做面酱。黄豆酱的做法是：将黄豆洗净煮熟后存放发酵，里边加水、小红尖椒、盐、花椒等调料，发酵完成后在太阳下晾晒，干透即成。吃时用热油炒。面酱的做法是：将小麦加工成糁儿，洗净，加盐、花椒等调料，在热炕上持续发酵，方言叫"□酱"[ŋɤ³¹tɕiaɣ̃⁵⁵]。酱是夹馍必不可少的美味。当地红白喜事的宴席上有一道菜"八宝辣子"[pɑ³¹pɔ⁵⁵la⁵³tsʅ³¹]（见图4-90），是以"豆儿酱"为主料，配其他菜炒制而成。

4-79 ◆ 纪贤

71. 炒鸡蛋 [tsʰɔ⁵³tɕi⁵³tæ̃³¹]

"炒鸡蛋"是很有营养的一道家常菜，夹馍或就着吃。常见做法有两种：一种是只炒鸡蛋，另一种是将鸡蛋和切碎的青椒或韭菜一起炒。

4-80 ◆ 纪贤

4-81 ◆纪贤

4-82 ◆纪贤

72. 炒洋葱 [tsʰɔ⁵³iɑ̃ɣ²⁴tʃʰuoɣ̃³¹]

洋葱是传统蔬菜作物，常见吃法是切条凉拌或切片炒。皮厚、泛白的洋葱口感较好。炒时削掉两头儿，剥掉外皮，切成小方片，西红柿去皮并切成小块，一并放入热油锅里，略微翻炒后，加盐、花椒、白糖，大火翻炒，至洋葱变为淡金黄色，出锅。

73. 咸菜 [xæ̃²⁴tsʰɛ⁵⁵]

"咸菜"是一年四季的佐味小菜，就馍、稀饭吃。腌制咸菜的原料主要有"苣莲"[tɕʰiʒ⁵³liæ̃³¹]苤蓝、"芥疙瘩"[tɕiɛ⁵⁵kɯ³¹tɑ³¹]芥菜疙瘩、萝卜、黄瓜、青椒、豆角等，各家一般都有专门腌制咸菜的"瓷瓮"[tsʰʅ²⁴uoɣ̃⁵⁵]（见图2-93）或坛子，常年随吃随往里续新食材。吃时淘洗干净，切碎，泼热油。

4-83 ◆纪贤

74. 泡菜 [pʰɔ⁵⁵tsʰɛ⁵⁵]

常见的佐味小菜。以"莲花白"[liæ̃³¹xuɑ⁵³pʰei²⁴]球形的圆白菜、白萝卜、红萝卜等为原料，配以小尖椒、花椒、冰糖、盐等辅料，在罐里密封数日即食。罐里的水不用常换，可以边吃边往里续加新食材。过去"泡菜"主要见于饭馆，现在各家也自己腌制。

4-84 ◆ 小惠

4-85 ◆ 纪贤

75. 凉拌豆芽儿 [liaɣ̃²⁴pʰæ̃⁵⁵tou⁵⁵ɲiar³¹]

一种家常菜，主要有黄豆芽和绿豆芽。黄豆和绿豆都是传统作物，过去自己泡制豆芽。将豆子淘洗干净，在水里泡8个小时左右，捞出，放进"瓦盆"[uɑ⁵³pʰɛ̃³¹]—一种用于长豆芽的陶制瓦罐（见图8-71），上蒙一片湿布，一天一夜后，豆子开始发芽。接下来每日两次往"瓦盆"里倒凉水以淘洗豆芽，五天后豆芽长成。

76. 炒洋芋 [tsʰɔ⁵³iɑɣ̃²⁴y⁵⁵]

"洋芋"即土豆，"炒洋芋"是家常菜。将"洋芋"切成细丝或薄片，在凉水里浸泡一会儿，将青椒和西红柿切碎。油烧热后，将"洋芋"丝从水中捞出，和青椒、西红柿一同倒入锅中，略微翻炒，加盐，中火翻炒几下即出锅。

77. 炒豆角儿茄子 [tsʰɔ⁵³tou⁵⁵tɕyər³¹tɕʰiɜ³¹tsʅ⁵³]

豆角和茄子过去家家栽种，吃法多样。除了单独凉拌外，可单炒或和其他菜混炒，比如"炒豆角儿茄子"。将豆角切成碎丁，茄子切成细短条，青椒切丝，蒜切片。锅里的油微热时，放入青椒和蒜片，翻炒出香味，再将豆角和茄子一并入锅，加盐、花椒，翻炒几下，从锅边淋入勾兑好的"粉芡"[fɛ̃⁵³tɕʰiæ̃⁵⁵]淀粉，中火翻炒一会儿即出锅。"炒豆角儿茄子"香味浓郁。

4-86 ◆ 东仁

4-87 ◆ 庄里

4-88 ◆ 纪贤

78. 凉调灰蓇蓇 [liaɣ̃²⁴tʰiɔ²⁴xuei⁵³ tʰiɔ³¹tʰiɔ³¹]

"灰蓇蓇"即灰灰菜，是一种很有营养价值的野菜。四月中旬地里渐多，采摘鲜嫩的茎叶，淘洗干净，在沸水里焯熟，捞出"捏"干，切碎，放盐和蒜泥，泼热油，拌匀即食。

79. 凉拌香椿 [liaɣ̃²⁴pʰæ̃⁵⁵ɕiaɣ̃³¹tʃʰuɛ̃³¹]

香椿营养丰富，是受欢迎的时令蔬菜。清明前后香椿正当吃，摘取嫩芽，淘洗干净后，在沸水里焯一下，捞出，"捏"干，切碎，放盐、红辣椒面等，泼热油，拌匀。除了以上常见吃法外，香椿也常与豆腐一起凉拌。

4-89 ◆ 纪贤

80. 白糖沙洋柿子 [pei²⁴tʰaɣ̃²⁴sa³¹iaɣ̃²⁴sʅ⁵⁵tsʅ³¹]

"洋柿子"即西红柿，除了直接食用外，常切块儿装盘，撒上白砂糖，腌制后食用。"白糖沙洋柿子"是夏日消暑解渴的一道美味。

81. 八宝辣子 [pɑ³¹pɔ⁵⁵lɑ⁵³tsʅ³¹]

用黄豆酱和莲藕丁、胡萝卜丁、肉丁、咸菜、核桃仁、芝麻等爆炒而成的一道菜，夹馍吃。当地宴席上最后要上四盘夹馍菜，"八宝辣子"必不可少，家里不常做。

4-90◆流曲

82. 炒知了儿 [tsʰɔ⁵³tsʅ³¹lɚ²⁴²]

4-91◆庄镇

"知了儿"即蝉，半翅目蝉科动物。其幼虫在土里成长，快成熟时爬到树干上，此时身体呈灰褐色，脱壳后长出翅膀，变为灰绿色。每年六七月开始，蝉鸣声便不绝于耳。黄昏时分，"肉蛋"[ʐou⁵⁵tæ̃⁵⁵]未脱壳的知了从地面的洞里钻出来，准备往树上爬，人们闲来无事打上手电，提上罐头瓶子四处"摸知了儿"[mo³¹tsʅ³¹lɚ²⁴²]捉知了。"知了儿"捉回后用盐水泡一晚上，再淘洗干净，油炸。"知了儿"富含蛋白质，是一种天然营养品。蝉蜕亦富含蛋白质、氨基酸等多种微量元素，可入药，治疗外感风热、风疹瘙痒等疾病。

83. □凉粉 [ʃuo²⁴liãɣ̃³¹fɛ̃⁵³]

凉粉是家常小吃，可凉拌、炒、做包子和饺子馅等。将"粉面子"在凉水里化开，拌匀后倒进锅里熬煮，边熬边用饭勺不停地搅拌，直至成形，挖出，这个过程叫"□凉粉"[ʃuo²⁴liãɣ̃³¹fɛ̃⁵³]。

4-92◆忽家

4-93 ◆ 忽家

4-94 ◆ 莲湖

84. 凉调凉粉 [liaɣ̃²⁴tʰiɔ²⁴liaɣ̃³¹fɛ̃⁵³]

凉粉的家常吃法之一。做法是：待熬煮好的凉粉（见图4-92）凉却后，切成条儿或块儿，浇拌"辣子水水"和韭菜"葱花"。"凉调凉粉"一般当菜吃，软滑筋道，甚为可口。

85. 炒凉粉 [tsʰɔ⁵³liaɣ̃³¹fɛ̃⁵³]

"炒凉粉"是凉粉的另一种特色吃法。把凉却后的凉粉切成小四方块儿，用香葱、辣椒等在"鏊子"里翻炒至熟。炒凉粉香味浓郁，软滑筋道，很受大众喜爱。是街镇"过会"时常见的小吃。

4-95 ◆ 觅子

86. 凉粉馅子 [liaɣ̃³¹fɛ̃⁵³ɕyæ̃⁵⁵tsɿ³¹]

用凉粉、小葱和豆腐等拌的馅，主要用来包包子和蒸饺。凉粉包子、凉粉蒸饺皮薄馅大，松软可口，是传统家常美味。

伍

农工百艺

富平县土地肥沃，大多可以灌溉。过去用井水浇地，2000年后，黄河水引流成功，开始大规模用黄河水灌溉。农作物一年两茬，六月初收割小麦，接着种玉米，十月初玉米收割后，翻耕土地，种植小麦。

老百姓在长期农业耕作中形成了一套固定的生产、生活方式，农事活动随季节交替而变更，农具样式丰富，用途不一，分工极为细致。

早期农业耕作主要靠牲口和人力，20世纪90年代后，逐渐转向机械化，目前农业生产80%已实现机械化，人力得到极大解放。随着城镇化的推进，农村人口比例大幅下降，加之果业、大棚蔬菜等新型农业模式出现，传统农事活动不断减少，不少农耕景象已消失，许多农具已派不上用场。

和其他农耕文明地区一样，富平百姓的生活长期以来以自给自足为特征，生产和生活用具大多是手工制作。民间不乏身怀绝技的各类手工艺人（方言称作"把式"[pɑ⁵³ʂʅ³¹]），如木匠、泥水匠、"打席匠"[tɑ⁵³ɕi³¹tɕʰiaɣ̃⁵³]编席的、"编笼匠"[piæ³¹luoɣ̃⁵³tɕʰiaɣ̃³¹]编竹筐、摇耧"把式"、剃头匠、修鞋匠、"锢露匠"[ku⁵³lou³¹tɕʰiaɣ̃³¹]以锢锅、做焊工活等为职业的人、裁缝、弹花匠、剪纸工等。出自匠人之手的形形色色的手工艺品散发着浓郁的关中风情，是当地传统物质文化和精神文化的重要组成部分。

21世纪以来，随着社会经济的发展，物资采购越来越便利，城乡界限逐渐模糊，人们的生活方式渐趋一致，审美也越来越相似。许多传统手工艺技术已无用武之地，面临失传的境地。

如同其他以传统小农经济为特色的地区，以前富平的商品经济不是很发达。商业活动主要是传统的集镇贸易（除留古镇集会日期以阳历计算外，其余均按农历计算，定期交易，方言叫"过会"[kuo⁵⁵xuei⁵⁵]）。根据2005年政府的统计，全县每月集会135次（富平县地方志编纂委员会编 2013），交易额因集镇的规模大小不一而有所不同。近些年，"过会"交易的物品越发琳琅满目，小商小贩也更加聚集，新型超市增加了不少，人们常把自己吃用不了的东西拿到"会"上卖。传统的"会"既是重要的商品交易场所，也是当地百姓世代相延的重要的社交场所。

一 农事

5-1 ◆纪贤

1. 御麦地 [y⁵⁵mei³¹tʰi⁵⁵]

"御麦地"即玉米地,旧称"包谷地"[pɔ³¹ku³¹tʰi⁵⁵]。富平县土地肥沃,大多是水浇地。农作物一年两茬,六月初小麦收割后在麦茬地里种玉米,十月初玉米收割后播种小麦。

5-2◆地点不详（杨彩贤摄）

2. 耕地 [tɕiɜ³¹tʰi⁵⁵]

十月份播种小麦前要翻地、施肥，称为"耕地"。"耕"白读 [tɕiɜ³¹]（耕地），文读 [kəỹ³¹]（农耕）。耕地时牲口（牛、骡子、驴、马皆可）在前面拉，人跟在后面撒化肥。若用农家肥，要在耕地前就撒开，叫"撒粪" [sɑ⁵³fɛ̃⁵⁵]。

耕过后的地稍微晾一晾，等土块松散后"耙地" [pʰɑ⁵⁵tʰi⁵⁵]（见图5-49），目的是把大土块压碎，紧跟着"耱地" [mo⁵⁵tʰi⁵⁵]（见图5-50），进一步把小土块压碎，平整地面，掩土保墒。手扶拖拉机和四轮拖拉机出现后，开始机械耕种，耕地、耙地、耱地一次到位，加之养牲口的少了，传统耕地、耙地、耱地已难见到。

3. 旋地 [ɕyæ̃²⁴tʰi⁵⁵]

用拖拉机翻整土地，可实现耕、耙、耱一次到位，代替了传统的牲口翻耕。

5-3◆宏化

5-4 ◆ 宏化

4. 上地 [saɣ̃⁵⁵tʰi⁵⁵]

种菜和种庄稼要给地里施肥，称为"上地"[saɣ̃⁵⁵tʰi⁵⁵]。一种是施农家肥，叫"上粪"[ʂaɣ̃⁵⁵fɛ̃⁵⁵]或"浇茅粪"[tɕiɔ³¹mɔ²⁴fɛ̃⁵⁵]；一种是施化肥，叫"上肥"[ʂaɣ̃⁵⁵fei²⁴]或"上肥料"[ʂaɣ̃⁵⁵fei²⁴liɔ⁵⁵]。若是大面积翻耕，将茅粪泼到土上，再拉到地里撒开；若是给树、菜苗等"上粪"，用桶把茅粪担到地里，挖坑浇粪掩埋。现在通行用三轮车把粪罐拉到地里，驱动电机用管子"上地"，叫"抽大粪"[tʂʰou³¹ta⁵⁵fɛ̃⁵⁵]。图5-4是种菜时"上肥料"。

5. 铍麦 [pʰʋo²⁴mei³¹]

5-5 ◆ 西仁

"铍"指用镰刀割，"铍麦"即割麦。麦子五月底成熟，得抓紧时间收割，以防风把麦粒儿吹落。割麦通常持续一周左右，边割边拉到"场"[tʂʰaɣ̃²⁴]麦场里晾晒，接下来是脱粒等工序。全部进行完约需半个月。近些年普遍使用联合机收割，在地里即完成脱粒。小面积的偶尔用人力收割。

5-6 ◆ 纪贤

6. 翻场 [fæ̃³¹tʂʰɑɣ̃²⁴]

脱粒过程中的一道程序。麦子稍加晾晒后，在"场"里摊开，用"碌碡"[lou⁵³tsʰou³¹]（见图5-60、5-61）来回碾压，称为"碾场"[ɲiæ̃⁵³tʂʰɑɣ̃²⁴]。碾压过程中，要用"权"[tsʰɑ³¹]（见图5-42、5-57）多次翻挑麦秆，使麦粒脱落，称为"翻场"。

"场"要在割麦前提早收拾好。第一步是"搁场"[kɤ³¹tʂʰɑɣ̃²⁴]，当小麦开始泛黄时，把地里预先成熟的大麦或油菜收割完，腾空场地；第二步是"平场"[pʰiəɣ̃²⁴tʂʰɑɣ̃²⁴]，即用"耙"[pʰɑ⁵⁵]（见图5-49）和"䎬"[mo⁵⁵]（见图5-50）把麦场整理平整；第三步是"泼场"[pʰʋo³¹tʂʰɑɣ̃²⁴]，若天未下雨，要给"场"里泼水，撒草木灰；最后是"光场"[kuɑɣ̃²⁴tʂʰɑɣ̃²⁴]，也叫"顶场"[tiəɣ̃²⁴tʂʰɑɣ̃²⁴]，即用碌碡把场面碾压平整。现在大面积收割都用机械，可直接脱粒，小面积收割完后，就近找一片水泥地碾压脱粒，很少有人再收拾麦场。

5-7 ◆纪贤

7. 扬场 [iɑɣ̃²⁴tʂʰɑɣ̃²⁴]

脱粒过程中的一道程序。用木杈或木锨把麦场的麦粒扬起，借助自然风力或利用风车，把麦粒和麦糠分成两堆。"扬场"讲究技术，高低、方向等都有要领，会"扬场"的称为"把式"[pɑ⁵³ʂʅ³¹]，不会扬的一锨麦子扬出去，非但不能使麦粒和麦糠分离，反而使麦糠麦芒扑面而来，迷住眼睛。

5-8 ◆纪贤

8. 晒麦 [sɛ⁵⁵mei³¹]

脱完粒后，趁太阳好时将麦粒铺开连续晾晒多天，直至干透，然后用簸箕、"趐筛儿"[ɕyo³¹sɛɻ⁵³]筛子将杂质过滤干净（见图5-15），再装进麦囤里。

9. 麦稍穑 [mei⁵³tɕiæ³¹tsɿ⁵⁵]

"麦稍穑"是用脱粒的麦秸堆起的垛，用作牲口草料或柴火。堆"麦稍穑"讲究技法，先起垛，然后一个人站在上面，下面的人用"杈"卷起麦秸往垛上扔，上面的人不停地用力踩，确保踩压瓷实，这样成形后才能长久不坍塌、不进水。若没有垛好，日后灌进雨水，麦秸霉变，当年牲口草料就没了。

5-9◆刘集

10. 御麦叶儿摞子 [y⁵⁵mei³¹iɝ⁵³luo⁵⁵tsɿ³¹]

玉米收割后，将秆上的叶子剥下来，堆成摞儿，冬天用来喂羊。

5-10◆甘井

5-11 ◆ 刘集

11. 御麦秆 [y⁵⁵mei³¹kæ̃⁵³]

即"玉米秆"。十月收割玉米，先把"御麦桄桄"[y⁵⁵mei³¹kuɑɣ̃³¹kuɑɣ̃⁵³]玉米棒子掰下运走，然后将地里的玉米秆从根处砍倒，绑成捆，堆放在房前屋后，平时用来喂羊。羊把叶子啃光后，剩下的光秆用来生火、烧炕。

5-12 ◆ 西城

12. 御麦架 [y⁵⁵mei³¹tɕiɑ⁵⁵]

十月收割玉米，人们将"御麦桄桄"掰下拉回家后，连日将外皮剥掉。旧时家里地方小，没有足够的空间晾晒，因此剥皮时不能剥光，要在尾部留几片叶子，几个绑在一起，架在树上晾晒，便是"御麦架"。

5-13 ◆ 笃祜（杨彩贤摄）

13. 御麦剥皮子 [y⁵⁵mei³¹pɔ⁵³pʰi³¹tsʅ³¹]

指从玉米棒上剥下的玉米外皮，也叫"御麦窝˭窝˭"[y⁵⁵mei³¹uo⁵⁵uo³¹]。晒干后堆放在一起，有多种用途，比如冬天没有青草时用作羊的草料，或打成粉作猪饲料，或当柴烧。

14. 剥御麦 [pɔ³¹y⁵⁵mei³¹]

"剥御麦"有两层含义，一指剥玉米皮，二指剥玉米粒。这里指后者。干透的玉米棒两个对搓，玉米粒很容易滚落，未干透的借助"插子"[tsʰɑ⁵³tsʅ³¹]剥玉米的专用工具、铁环等工具辅助脱粒。近些年有了"剥御麦"的专用机器，大大节省了人力。

5-14 ◆ 纪贤

15. 趿趿筛儿 [ɕyo²⁴ɕyo³¹sɛr⁵³]

趿,《集韵·薛韵》:"旋倒也。"（按,即"盘旋"义）,似绝切,邪母入声,方言词"趿筛儿"即筛子。"趿"又引申出"用筛子过物"义,"趿趿筛儿"即用筛子筛。玉米、小麦等晒干后,揽到"趿筛儿"里,双手把持边缘顺时针或逆时针转动,或者前后、左右晃动,可使较轻的杂物浮起,质量重的小颗粒从底部小孔漏出。"趿"完后,将粮食倒进"大簸箕"[tɑ⁵⁵po⁵⁵tɕʰi³¹]里簸一簸（见图5-16）,更加干净。

5-15 ◆ 纪贤

16. 簸簸箕 [po⁵³po⁵⁵tɕʰi³¹]

"簸"是动词,簸箕是用藤条编的农具。小麦、玉米等粮食里的一些杂质用筛子筛不掉,便用"大簸箕"来簸。

17. 剥花 [pʊo²⁴xuɑ³¹]

"花"指棉花,"剥花"即把棉桃里的棉絮摘取出来。棉花是秋季作物,十月份收割完紧跟着种小麦。棉桃盛开早的,人们在地里就将棉絮摘了,有的盛开晚,人们便将棉桃取下,拿回家晾着,一边开放一边剥。

5-16 ◆ 宏化

5-17 ◆ 纪贤

18. 套袋儿 [tʰɔ⁵⁵tɛr⁵³]

指给苹果、梨等果树上的幼果套上小纸袋，纸袋的尺寸取决于对未来商品果子的要求。"套袋儿"一般在五月中旬进行，套前先喷洒农药，确保虫子被彻底杀死。套了袋的果皮鲜亮干净，当商品好销售。未套袋的果子叫"光果"[kuaỹ³¹kuo⁵³]，虽不及套袋果子好看，但由于其生长过程中吸收阳光更足，因此口感更好。

5-18◆西城

19. 柴摞子 [tsʰɛ²⁴luo⁵⁵tsʅ³¹]

也叫"柴摞儿"[tsʰɛ²⁴luər⁵³]、"柴火摞子"[tsʰɛ³¹xuo⁵³luo⁵⁵tsʅ³¹]。果树上修剪下来的枝干剁成小段，堆在房前屋后，平常当柴烧。

20. 烤炉 [kʰɔ⁵³lou²⁴]

1988—1995年左右，当地大量种植辣椒，采摘后烤干出售。当时盖了大量用于加工干辣椒的"烤炉"。炉内是用橡木搭建的多层架子，下面有火道，"烤炉"烧到一定温度后，将辣椒装进带有缝隙的筐子，再坐于橡木架上。一天一夜后出炉。"烤炉"现在已所剩无几。

5-19◆笃祜（杨彩贤摄）

5-20◆双岭

5-21 ◆ 庄镇

5-22 ◆ 到贤

21. 泵房儿 [pəỹ⁵⁵ fãr²⁴²]

富平绝大部分是水浇地，各村一般都打有水井。井打好后，通常在旁边盖一个简易"泵房儿"，用于安放水泵的阀门、电表、电缆等，防止雨淋。

22. 水渠 [ʃuei⁵³tɕʰy²⁴]

富平大部分村子有水泵，井水通过"水渠"引流到四周田地，阡陌之间，水渠纵横。2000年左右，黄河水引流成功，开始大规模用黄河水浇地，各村又修了不少用水泥加固的宽水渠。

5-23 ◆ 纪贤

23. 打药池子 [ta⁵³yo³¹tʂʰʅ³¹tsʅ⁵³]

有的乡镇叫"打药池池"[ta⁵³yo³¹tsʰʅ³¹tsʰʅ⁵³]。当地果园多，为了方便给果树打药，果园里一般修有"打药池子"。人们打药时，先在池子里配好农药，再用"打药机子"[ta⁵³yo³¹tɕi⁵³tsʅ³¹]喷洒到果树上。

二 农具

5-24 ◆ 太平

5-25 ◆ 西吕（杨彩贤摄）

24. 锄（之一）[tsʰou²⁴]

给田地松土的农具，由"锄把儿"[tsʰou²⁴pɑr²⁴]锄柄和"锄头"[tsʰou²⁴tʰou²⁴]两部分组成。"锄头"是上圆下方形铁片，带孔，挖不深，主要用来"垟草"[pʰæ⁵³tsʰɔ⁵³]锄草。垟：《广韵》滂母缓韵上声。《集韵·缓韵》："垟，发地。"或给表层松土。

25. 锄（之二）[tsʰou²⁴]

图5-25是另外一种样式的"锄"，也叫"笨锄"[pʰɛ̃⁵³tsʰou²⁴]。长柄一端为梯形铁片，上面没有孔，比带孔的锄（见图5-24）挖得深，锄过的地也更平整。

26. 三齿锄锄儿[sæ̃³¹tsʰʅ³¹tsʰou³¹tsʰour⁵³]

用来给田地松土的农具。因为有三个铁齿，故得名"三齿锄锄儿"。这种锄比一般的锄（见图5-24、5-25）锋利，更易入土。

5-26 ◆ 太平

161

27. 镢头 [tɕyo⁵³tʰou³¹]

一种常见的传统农具，主要用于挖地。一端是长条形铁片，面长短宽窄不一。面细窄型的入土更深，用于挖较硬的土地，宽大一些的用于挖松软的土地。各家一般都有多个大小不同的"镢头"，大的成人用，小的孩子用。图5-27最左边是近些年新兴的一种镢头，也叫"刷斧"[pʰiæ̃⁵³fu⁵³]，主要用于挖果树，铁片的一头用来挖，另一头用来剁。农业耕种机械化后，镢头的使用频率已大大降低。

5-27 ◆ 薛镇

28. 水担 [ʃuei⁵³tæ̃³¹]

用来挑物的一种用具。两端的铁钩叫"水担勾搭"[ʃuei⁵³tæ̃³¹kou⁵³tɑ³¹]。"水担"主要用来担水、柴、粪、土等，统称"担担"[tæ̃³¹tæ̃⁵⁵]。如果去掉"水担勾搭"，就成了"扁担"[piæ̃⁵³tæ̃³¹]，用于抬重物。

29. 大簸箕 [tɑ⁵⁵po⁵⁵tɕʰi³¹]

用藤条编的农具，大致呈梯形，口部较大。"大簸箕"主要用来簸掉粮食中的杂质，有时也用来晾晒辣椒等，使用频率很高。为了经久耐用，常给边缘和中间钉上铁片以加固。过去一到夏天，就有转村钉"大簸箕"、缠"筐筛儿"的。

5-28 ◆ 太平

5-29 ◆ 东于（杨彩贤摄）

5-30 ◆ 庄里

5-31 ◆ 庄里

30. 铁簸箕 [tʰiɜ³¹po⁵⁵tɕʰi³¹]

用铁皮焊制的小簸箕，方形，用来铲物，如铲粮食、铲垃圾等。

31. 撮斗 [tʂʰuo³¹tou³¹]

用铁皮焊制的器具，整体呈长方形，主要用于铲装晾晒好的粮食。"撮斗"的一端有把手，上方覆盖的铁片可防止铲装粮食时外溢，正上方的铁条便于另一只手把持加力。

32. 笼 [luoɤ̃⁵³]

一种用来盛物的日常器具。最早是用树的枝条编的，日久易断裂，后改用竹子编制。"笼"的使用频率极高，如人们采摘棉花、给牛羊割草、拾掇杂物等都用得上"笼"，可以手提或挎在臂上。"笼"的尺寸大小不一，各有用途。最大的一种叫"老笼" [lɔ³¹luoɤ̃³¹]。为了防止竹条挂破衣物，边缘和内部常用布裹缠。

5-32 ◆ 庄里

33. 粪笼 [fɛ⁵⁵luoɣ̃³¹]

"笼"的一种，主要用于提土提粪。因为尺寸比一般的"笼"（见图5-32）小，故而又叫"小笼" [ɕiɔ³¹luoɣ̃³¹]；又因为是树的枝条编的，所以也叫"条子笼" [tʰiɔ³¹tsɿ⁵³luoɣ̃⁵³]。

5-33◆太平

34. 架子车 [tɕia⁵⁵tsɿ²⁴tʂʰɤ³¹]

关中农村常见的一种生产运输工具，用来拉粮食、柴火、粪土等。由"车架子" [tʂʰɤ³¹tɕia⁵⁵tsɿ³¹]和"车轱辘" [tʂʰɤ³¹ku⁵³lou³¹]车轮两大部分构成。"车架子"由"车辕" [tʂʰɤ³¹yæ²⁴]前面的两根长柄、"车箱" [tʂʰɤ²⁴ɕiaɣ̃³¹]装东西的空间和"车梆梆" [tʂʰɤ³¹paɣ̃⁵³paɣ̃³¹]车箱两侧构成。"车轱辘"可取下，不用时把"车架子"立起来，以节省空间。架子车上装轻物时人推或者拉，装重物时人把车架上的"襻绳" [pʰæ̃⁵⁵ʂəɣ̃³¹]粗麻绳套在身上加力；也可中间一人拉，车辕一侧或两侧的人套上"襻绳"加力。在自行车普及之前，"架子车"也常作为就近出行的交通工具，如"上会" [ʂaɣ̃⁵⁵xuei⁵⁵]赶集以及拉上老人走亲戚、看病等。

5-34◆莲湖（杨彩贤摄）

5-35 ◆ 刘集　　　　　　　　　　　　　　　　　　　5-36 ◆ 淡村

35. 推土车车儿（之一）[tʰuei³¹ tʰou⁵³tʂʰɤ⁵³tʂʰər³¹]

即手推独轮车，比"架子车"还要早的一种运输工具。因为主要用来运送粪土，故而得名"推土车车儿"，也叫"土车子"[tʰou⁵³tʂʰɤ³¹tsʅ³¹]。

36. 推土车车儿（之二）[tʰuei³¹ tʰou⁵³tʂʰɤ⁵³tʂʰər³¹]

用铁皮焊制的手推独轮车，比木头车身的手推独轮车（见图5-35）晚起，二者用途相同。现在这两种都不常用。

37. 卸果子车车儿 [ɕiɜ⁵⁵kuo⁵³tsʅ³¹ tʂʰɤ⁵³tʂʰər³¹]

用来运送果子的简易运输工具，由一个铁架子和两个轮子构成，主要在水果成熟季节使用。果园的门通常比较小，大车进不去，人们将果子摘到"笼"（见图5-32）里后，用"卸果子车车儿"拉到果园外装车。

5-37 ◆ 庄里

38. 短把儿镰 [tuã⁵³ pɑr³¹ liã²⁴]

5-38◆太平

镰是一种常见农具，由"镰把儿"[liã⁵³ pɑr⁵³]木把和"镰刃子"[liã²⁴ ʐẽ⁵⁵ tsʅ³¹]刀片组成。根据用途不同，镰的形状略有差异，叫法也不相同。图5-38的"镰把儿"比较短，因而叫"短把儿镰"，主要用于砍玉米秆、割草；另有一种"镰把儿"较长的，叫"铍麦镰"[pʰʋo²⁴ mei³¹ liã²⁴]，主要用于割麦子。以上两种"镰刃子"均可取卸，统称"夹镰"[tɕiɑ⁵³ liã³¹]。

39. 长把儿镰 [tʂʰɑɣ²⁴ pɑr⁵³ liã²⁴]

镰的另外一种，其特点是木把比较长，刀片是一个整体，不像"夹镰"的"镰刃子"那样可以取卸。"长把儿镰"主要用于割除偏僻角落的杂草。

40. 砍刀 [kʰæ̃⁵³ tɔ³¹]

一种常见农具，刀身为半月形，较宽厚，下面装有木柄。"砍刀"用于砍或剁，平时主要用于"破柴"[pʰʋo⁵⁵ tsʰɛ²⁴]砍柴，过年杀猪时用来砍猪骨头。

5-39◆太平

5-40◆纪贤

41. 铡子 [tsʰɑ³¹tsʅ⁵³]

即铡刀。底座是一个长方形木块，中间带槽，槽的两侧钉有铁皮，铁皮上带齿，防止填入的草滑动。刀的一头固定在底槽里，一头有手把，可以上下提压。"铡子"主要用于铡青草、苜蓿、麦秸等牲口草料。铡草时通常两个人配合，一人填草，一人压刀。现在喂牲口的人很少，"铡子"已不常用。

5-41◆笃祜（杨彩贤摄）

42. 四股儿铁杈 [sʅ⁵⁵kur³¹tʰiɜ²⁴tsʰɑ³¹]

"四股儿"指有四个齿儿。"四股儿铁杈"主要用来"翻场"（见图5-6）、装柴、装草等。最早的铁杈是木齿，日久易断裂，后换作铁齿。除了图5-42这种四股儿外，还有三股儿、五股儿。

5-42◆太平

43. 菜钯子 [tsʰɛ⁵⁵pʰɑ³¹tsʅ³¹]

传统农具之一，主要功能是搂土。前端有铁齿，以八齿和十齿最为常见。因为主要在种菜时用来搂"地畔子"[tʰi⁵⁵pʰæ⁵⁵tsʅ³¹]地畦间的土埂，故而得名"菜钯子"。此外也作他用，如搂拢散落在地里的麦穗儿。

5-43◆宏化

44. 竹钯钯儿 [tsou³¹pʰɑ³¹pʰɑr⁵³]

一种常见农具，竹制，由长柄和绑缚在一起的竹齿构成，以十齿最为常见。"竹钯钯儿"主要用来搂拢地里的柴草、树叶等。

5-44◆曹村

45. 搂麦钯钯儿 [lou²⁴mei³¹pʰɑ³¹pʰɑr⁵³]

一种常见农具，木制。长柄一端是两面带齿的横条，长短不一，最长的通常不超过80厘米。"搂麦钯钯儿"主要在晾晒粮食时使用。人们摊晒粮食时，一日数次用"搂麦钯钯儿"均匀搂动，以使粮食晾晒均匀。

5-45◆庄里

5-46 ◆ 纪贤

5-47 ◆ 小惠

46. 推刨（之一）[tʰuei⁵³pʰo³¹]

一种农具，由木柄和前端的长方形木板构成，主要在晾晒粮食时摊开和推拢。"刨"字单念[pʰɔ²⁴]，在语流中弱化音变为[pʰo³¹]。

47. 刨耙 [po⁵⁵pʰɑ³¹]

常用农具，木柄的前端装有一块长方形铁板，可以搂揽和刨挖，故而得名"刨耙"。有多种用途，如"打梁梁"[ta⁵³liaɣ̃³¹liaɣ̃⁵³]给地里垒土起垄、给牲口圈里晒干土等。

48. 犁 [li²⁴]

一种耕地的农具，主要部件有"犁身子"[li²⁴ʂẽ⁵³tsʅ³¹]手执的长木、"犁辕子"[li²⁴yæ³¹tsʅ⁵³]前端有小铁环，拴上缰绳套牛的长木、"犁头"[li²⁴tʰou²⁴]和"犁铧"[li²⁴xuɑ²⁴]耕地时安装在"犁头"上，用来破土的铁片构成。前面套牲口拉，人跟在后面手执"犁身子"控制"犁铧"插入土壤的深浅和方向。"犁"主要用于秋季农作物收割后翻新土壤，耕出槽沟以备播种。机械耕种普及后，犁逐渐被弃用。

5-48 ◆ 薛镇

5-49◆纪贤

5-50◆纪贤

49. 耙 [pʰɑ⁵⁵]

传统上翻整土地用的农具。在长方形木框的四周镶有一排10厘米左右的铁尺，主要用来压碎犁耕后地里的"大胡墼"[tɑ⁵⁵xu³¹tɕʰi⁵³]大土块。地面坚硬无法耕种时，也常用耙来疏松。耙地时套上牲口拉，耙上负重，人随后手持"辔绳"[pʰiɜ⁵³ʂəɣ̃³¹]缰绳指挥牲口前行。机械耕种普及后，人们不再使用耙。

50. 耱 [mo⁵⁵]

也叫"耱子"[mo⁵⁵tsɿ³¹]，传统上翻整土地用的一种农具，长方形木架上缠有荆条或藤条。主要用来压碎犁耕和耙地过后地里的小土块，平整地面，掩土保墒。耱地用人或牲畜牵引，耱上负重。机械耕种普及后，耱已派不上用场。

51. 石碾子 [ʂɿ²⁴niæ̃⁵⁵tsɿ³¹]

5-51◆曹村（杨彩贤摄）

通过碾压使粮食作物脱壳、去皮、破碎的工具。由"碾盘"[niæ̃⁵⁵pʰæ̃²⁴]底部的石墩、"砂石碾子"[sɑ⁵³ʂɿ³¹niæ̃⁵⁵tsɿ³¹]上面的石磙、"桲架"[po⁵³tɕiɑ³¹]固定石磙的木制部件和"碾椽子"[niæ̃⁵⁵tʂʰuæ̃³¹tsɿ³¹]由盖房子的椽木充当，故得名组成。"碾盘"中心有轴，连着"桲架"，中间装着"砂石碾子"，人推或牲畜拉。用石碾子给谷子去皮叫"碾米"[niæ̃⁵⁵mi⁵³]，给其他粮食去皮叫"㪔皮"[tʂʰuæ⁵³pʰi²⁴]。"石碾子"只能加工颗粒状食材，不能磨粉榨油。

5-52◆忽家

5-53◆西城

52. 踅筛儿 [ɕyo³¹sɛr⁵³]

"踅"有"盘旋"义,方言词"踅筛儿"指筛子,一种竹编器具,底部有小孔,可分离粗细颗粒,用于清除粮食里面的杂质。

53. 铁锨 [tʰiɜ³¹ɕiæ̃³¹]

常用的一种农具,"锨把儿"[ɕiæ̃³¹pɑr⁵³]木质长柄比一般的锨(参见图5-54、5-55)长,"锨头"[ɕiæ̃³¹tʰou²⁴]是方形或梯形的铁片,刃部加了钢,不易折断。"铁锨"主要用来铲硬物,如人工翻地、挖树根等。

54. □锨(之一)[tsʰei³¹ɕiæ̃³¹]

因为刃部似方形,故又叫"方头锨"[fɑɣ̃⁵³tʰou³¹ɕiæ̃³¹]。方言词"□"[tsʰei³¹]是"铲"义。图5-54所示锨主要用来铲粮食、铲土、铲草等。

5-54◆西城

5-55◆西城

5-56◆庄镇

55. □锨（之二）[tsʰei³¹ɕiæ̃³¹]

因为刃部似圆形，故又叫"圆头锨"[yæ̃⁵³tʰou⁵³ɕiæ̃³¹]。锨刃比"方头锨"（见图5-54）略薄，但加了钢，因而更加锋利。除了用于铲土、铲草外，有时也用于人工翻地。

56. 木锨[mu³¹ɕiæ̃³¹]

锨头是1厘米左右厚的方形木片，故而得名"木锨"。"木锨"主要用于脱粒过程中的"扬场"（参见图5-7）。

5-57◆纪贤

57. 沙杈[sa⁵⁵tsʰa³¹]

木制，有四齿、六齿和十齿，人们脱粒时用的一种农具。人们将麦子摊晒在"场"里，用碌碡来回碾压使其脱粒。前几次碾过后麦秆仍很粗硬，要用四齿"沙杈"翻挑，叫"翻场"[fæ̃³¹tʂʰaɣ̃²⁴]。再碾两次后，麦秸细软一些，用六齿"沙杈"翻挑，叫"拾草"[ʂʅ²⁴tsʰɔ⁵³]。最后碾成碎麦秸，用十齿"沙杈"翻挑，叫"起场"[tɕʰi⁵³tʂʰaɣ̃²⁴]。

58. 麦钩 [mei³¹kou³¹]

"麦钩"木柄的一端安有双齿铁钩,用途与麦子有关,故而得名。人们将麦子从地里拉到麦场后,先将其支成一个大麦堆,然后分批将其碾压脱粒。"摊场"[tʰæ³¹tʂʰɑɤ²⁴]把麦子摊开准备用碌碡碾压时用"麦钩"把麦堆搂开。现在实现了机械收割,"麦钩"已很少用。

5-58◆流曲

59. 耧 [lou²⁴]

传统上播种用的农具,主要由"耧铧"[lou²⁴xuɑ²⁴](也叫"耧铧子"[lou³¹xuɑ⁵³tsʅ³¹])插入土壤的三角形铁片,带孔,开沟时种子由此漏下、"犁腿"[li²⁴tʰuei⁵³]、"木斗"[mu³¹tou³¹]耧斗、扶手、拖板等部件组成。"木斗"呈漏斗状,内装粮种。"耧"有三条腿,一次可播撒三排种子。耧耕时先调好"木斗"内的耧门以控制下种的量,由人或牲畜拉,后面的人手持扶手摇耧播种。摇耧要得要领,既要掌握好"耧铧"插入土壤的深浅度,又要均匀用力摇摆耧车,确保种子均匀入土。图5-59是最早的木耧,之后流行铁耧,现在普遍使用播种机。

5-59◆尖角(杨彩贤摄)

5-60 ◆ 忽家

5-61 ◆ 忽家

60. 碌碡（之一）[lou⁵³tsʰou³¹]

一种碾压的器具，主要在"平场"和"碾场"时用。图5-60所示圆形碌碡有青石和水泥两种材质，一般用牛拉动。

61. 碌碡（之二）[lou⁵³tsʰou³¹]

碌碡的另外一种样式，水泥材质，比5-60所示略长，直径略小，主要在"碾场"时用。一般用机动车（主要为手扶拖拉机、三轮拖拉机、四轮拖拉机）拉动。

5-62 ◆ 姜义

62. 漾门子[iɑɣ³¹mẽ⁵³tsɿ³¹]

木头做的简易架子，和"架子车"配套使用。人们在车箱内装上东西后，把"漾门子"安在车箱尾部，防止柴火、麦秸等滑落。车箱装物较多时，人们常在"漾门子"上系个粗麻绳，并将粗麻绳的另一端拉到前面绑在车辕上。

63. 药管子 [yo³¹kuæ̃⁵³tsʅ³¹]

过去人们给庄稼、果树喷洒农药时用的器具。人们先在"药管子"里把农药配好，然后背到地里喷洒。"药管子"的容量有限，常需要多次配药。近十年来已普遍使用电动"打药机子"，大大解放了人力。"药管子"基本不再使用。

5-63 ◆ 到贤

64. 麻绳 [mɑ²⁴sə̃ɣ̃²⁴]

粗细不一，有多种用途。粗麻绳一般用作"辔绳"，细麻绳一般被人们绑在"架子车"上，防止运物时车箱内的东西滑落。

5-64 ◆ 忽家

三 手工艺

5-65 ◆ 惠店

5-66 ◆ 惠店

65. 泥页 [ȵi³¹iɜ⁵³]

泥水匠用的工具，用来抹平墙体、地面等。

66. 瓦刀 [uɑ⁵⁵tɔ³¹]

和"泥页"配合使用的工具。泥水匠干活时，一般左手持"瓦刀"，铲一些泥摊开，右手持"泥页"，随即抹平。切打砖块也用"瓦刀"。

5-67 ◆ 惠店

67. 刮刀 [kuɑ³¹tɔ³¹]

加工木料用的工具。人们将树木伐倒后，先用"刮刀"把树皮刮掉，然后加工成椽、檩等建筑用材。

5-68 ◆惠店

5-69 ◆惠店

68. 锯 [tɕy⁵⁵]

也叫"锯子"[tɕy⁵⁵tsʅ³¹]，用来锯断或切割木料的工具，主要在木工行业中使用。锯子有不同尺寸，锯齿的大小、齿数多少不等，人们会根据加工对象的大小、对于切割面平滑程度的要求来选择。图5-68是中型锯子。

69. 墨斗子 [mei³¹tou⁵³tsʅ³¹]

由墨仓、线轮、墨线（包括线锥）、墨签四部分构成，主要用来"打线"[tɑ⁵³ɕiæ⁵⁵]画线，在传统木工行业中极为常用，也用于泥、瓦等行业。将浸了墨的墨线一端固定，另一端牵直拉紧定位，提起中段弹下即可成线。

70. 木匠钻子 [mu⁵³tɕʰiɑɣ̃³¹tɕyæ̃⁵⁵tsʅ³¹]

木匠干活时用来给木料穿孔的工具。把钻头对准要打孔的位置，左右拉动横杆，钻头可钻入木料穿出孔。图5-70所示"木匠钻子"后来被电钻所取代。

5-70 ◆美原

5-71 ◆ 西盘

5-72 ◆ 纪贤

71. 推刨（之二）[tʰuei⁵³pʰo³¹]

木匠干活用的工具，用来把椽、檩等表面推平抛光。抛光时从木料上推下的小卷形木屑叫"刨花"[po⁵⁵xuɑ³¹]。"推刨"有多种尺寸，用于加工不同大小的木料。

72. 三角 [sæ̃³¹tɕyo³¹]

木匠干活用的一种三角形木头支架。木匠加工椽、檩等长木料时一般将其架在"三角"上，使之平稳固定，便于用力。

5-73 ◆ 到贤

73. 剃头 [tʰi²⁴tʰou²⁴]

旧时各村镇没有理发店，女性理发、男性推头和剃头找邻里"把式"帮忙。老年男性大多留光头，常请年纪相仿的"把式"帮忙剃头。剃头需得要领，掌握不好可能剃不光甚至刮伤头皮，剃头时连带刮胡子。现在大多数人去理发店，少数老年男性仍习惯请邻里"把式"帮忙。

5-74◆到贤

5-75◆小惠

74. 鐴刀布 [pʰi⁵⁵tɔ³¹pu⁵⁵]

用来磨剃刀的长条形带子，细帆布质地，比较结实耐用。鐴，"磨"义，《集韵·霁韵》："鐴，治刀使利。"

75. 推子 [tʰuei⁵³tsʅ³¹]

过去男性推头用的工具，两个手柄中间有弹簧，可以捏合、放开，前面是一排细齿梳，里面装有刀片。人们推头时捏住其手柄向前推动，碎发即可落下。

76. 烙铁 [luo³¹tʰiɜ³¹]

过去裁缝做衣服用来熨烫衣料的器具。图5-76是老式"烙铁"，使用时很考验技艺，把握不好可能烫坏衣料，因此主要是专业裁缝使用。后来出现了新式电熨斗，老百姓也一度称之为烙铁，现在普遍改叫电熨斗，烙铁专指老式的。新式电熨斗大多是蒸汽式，类型很多，日常家用很方便。

5-76◆东于（杨彩贤摄）

5-77◆老庙

5-78◆老庙

77. 缝纫机 [fə̃ɣ²⁴zɛ̃⁵³tɕi³¹]

图5-77是常见的家用缝纫机，由机头、机座、传动和附件四部分组成。20世纪80年代人们结婚时要置办"三转一响"，"三转"指缝纫机、自行车和手表，"一响"指收音机。其中缝纫机是姑娘出嫁的"陪房"[pʰei³¹fɑ̃ɣ⁵³]一统指嫁妆；二特指床单被褥类嫁妆里必不可少的。

78. 尺子 [tʂʰɿ⁵³tsɿ³¹]

图5-78是裁缝在剪裁衣服和布料时用的竹尺，长约0.3米。卖布的用来量布的尺子长1米，刻度精确到毫米。

5-79◆纪贤

79. 鞋底子 [xɛ²⁴ti⁵³tsɿ³¹]

人们以前普遍穿手工缝制的布鞋，鞋底子是基础材料。把"袼褙"[kɯ⁵³pei³¹]（见图5-82）照着鞋样儿剪成合适的尺码，三至四层叠合在一起，裹上白棉布，先用线转圈缝结实，再一针一线密缝，叫"衲鞋底子"[nɑ³¹xɛ²⁴ti⁵³tsɿ³¹]衲：密针缝纫。鞋底子做好后，把鞋帮缝上去，手工布鞋就成型了。

5-80 ◆忽家

5-81 ◆纪贤

80. 锥针儿 [tʃuei³¹tʂẽr³¹]

人们"衲"鞋底时用来穿孔的器具。因为鞋底比较硬，针不易穿过，所以先用"锥针儿"锥一个孔眼，然后穿针引线，拽拉紧实，照此一针一针，直至鞋底成型。

81. 鞋样儿 [xɛ³¹iãr⁵³]

妇女们手头一般都有用纸剪的手工布鞋的样式和尺码，叫"鞋样儿"，包括鞋底子和鞋帮子的样式和尺码，根据不同的类型，有男式、女式、成人、小孩、棉的、单的、绑带、不绑带、深口、浅口等多种。妇女们做鞋时，依照个人脚型和喜好选择鞋样儿，然后放在"袼褙"（见图5-82）上比着剪裁好，再进行缝制。

82. 袼褙 [kɯ⁵³pei³¹]

做布鞋、鞋垫等用的基础材料。把破旧衣服剪成布块（方言叫"破破"[pʰo⁵³pʰo³¹]），铺平，刷上"糨子"[tɕiaɣ⁵⁵tsʅ³¹]面粉烫的糨糊，层层粘贴（鞋帮子一般粘2层，鞋底子一般粘6层），晒干即成，此过程被称为"打袼褙"[ta⁵³kɯ⁵³pei³¹]。

5-82 ◆东于（杨彩贤摄）

5-83◆东于（杨彩贤摄）

83. 活笸篮儿 [xuo²⁴pʰu³¹læ̃r⁵³]

这里的"活"指针线活，"活笸篮儿"也叫"针线笸篮儿" [tʂɛ̃³¹ɕiæ̃⁵⁵pʰu³¹læ̃r⁵³]。其用竹篾或藤条编制而成，圆形，深度一般10～15厘米左右，口径40～50厘米左右，主要用来盛放做针线活用的各类物件。

84. 靪鞋的 [tiəɣ̃⁵⁵xɛ³¹ti⁵³]

也叫"补鞋的" [pu⁵¹xɛ³¹ti⁵¹]。各街镇"过会" [kuo⁵⁵xuei⁵⁵]逢集时一般都有摆摊"靪鞋的"，叫"靪鞋摊摊" [tiəɣ̃⁵⁵xɛ²⁴tʰæ̃⁵³tʰæ̃³¹]。

5-84◆到贤

85. 锢露匠钻子 [ku⁵³lou³¹tɕʰiaɣ̃³¹tɕyæ̃⁵⁵tsɿ³¹]

"锢露匠"也叫"小炉儿匠" [ɕiɔ⁵³lour³¹tɕʰiaɣ̃³¹]，是以铜锅、做焊工活等为职业的人。"锢露匠钻子"是"锢露匠"在焊补锅碗瓢盆时用来钻孔的工具。打好孔后，把粗铁丝或铆钉塞进去，砸平，窟窿就补住了。

5-85◆三合

5-86◆宏化

5-87◆三合

86. 磨刀 [muo²⁴tɔ³¹]

人们在生产生活中常常要用到各种刀具,"磨刀"是件平常事。磨刀一般用"磨石"[muo⁵⁵ʂʅ³¹],若家里没有磨石,也可以在"瓷瓮"[tsʰʅ²⁴uoɣ̃⁵⁵](见图2-93)棱上刮一刮。

87. 磨石 [muo⁵⁵ʂʅ³¹]

人们用来把刀磨亮、磨光或磨快的器具。常见的有两种材质:一种用含有粗砂粒的天然石雕凿而成,另一种用人造石雕凿而成。后一种也叫"油石"[iou³¹ʂʅ⁵³]。

88. 弹棉花 [tʰæ̃²⁴miæ̃³¹xuɑ⁵³]

也叫"弹花"[tʰæ̃²⁴xuɑ³¹],一种将新棉絮制成棉被、棉衣的内胆,或将"套子"[tʰɔ⁵⁵tsʅ³¹]旧棉絮翻新的工艺。新棉花晒干后,用机器把棉花籽拧出来,再弹成棉絮。"弹棉花"的工具叫"弹花弓"[tʰæ̃²⁴xuɑ²⁴kuoɣ̃³¹],以牛筋为弦。弹时用木槌敲击弓弦,弓弦在棉花上弹动,可使棉花疏松和除尘,最后用纱线网套固定。后来丝棉被、鸭绒被等流行,弹棉花的作坊渐少。

5-88◆宏化

5-89◆东于（杨彩贤摄）

5-90◆纪贤

89. 套子挖挖儿 [tʰɔ⁵⁵tsʅ³¹vɑ⁵³uɑr³¹]

"套子"是被褥里的旧棉絮，人们为了保持其松软暖和，要定期将其拿到弹棉花处加工翻新，称为"弹套子" [tʰæ²⁴tʰɔ⁵⁵tsʅ³¹]。"套子挖挖儿"是"弹套子"时用的工具，主要用途是把旧棉絮挖开，便于翻新加工。

90. 攒线 [tɕʰyæ̃²⁴ɕiæ̃⁵⁵]

"攒"有"合"义。"攒线"指将几股棉线拧合在一起，然后用纺车纺成一股。加工好的线用来"衲鞋底子"（见图5-79）。

5-91◆东于（杨彩贤摄）

91. 织布机 [tʂʅ³¹pu⁵⁵tɕi³¹]

特指老式木制的，操作复杂，有些工序需两人合作完成。"织布机"织的粗布色泽图案很丰富，格子布一般用来做上衣，条纹布做裤子，老年人大多用蓝灰色粗布做衣服。五彩斑斓的粗布"单子" [tæ̃⁵³tsʅ³¹]床单是姑娘出嫁时必不可少的"陪房"。

184

92. 拖子 [tʰuo⁵³tsʅ³¹]

人们织布用的物件，用形状浑然天成的"圪杈"[kʰɯ³¹tsʰɑ⁵³]砍削而成，用来引布。将织好的布拉长，一端卷在"滕子"[ʂəỹ⁵⁵tsʅ³¹]织布机的一个构件，用于卷线上，另一端挂在"拖子"上，上面压一块石头，可将布拖拉平展。

5-92◆东于（杨彩贤摄）

93. 刺绣 [tsʰʅ²⁴ɕiou⁵⁵]

一种民间传统手工艺，用针和线把各种设计添加到织物上，以增加其美感。20世纪七八十年代，手工刺绣极为盛行，常绣的有"洋枕头"[iɑɣ̃²⁴tʂɛ̃⁵³tʰou³¹]套（见图2-54）、"信插儿"[ɕiɛ̃⁵⁵tsʰɑr³¹]（见图2-115）、"花鞋垫子"[xuɑ³¹xɛ²⁴tʰiæ̃⁵⁵tsʅ³¹]（见图3-25）等。随着以上物件不再流行，加之机器刺绣工艺普及，手工刺绣几近消失。

5-93◆宏化

94. 剪纸 [tɕiæ̃⁵³tsʅ⁵³]

5-94◆宏化

"剪纸"是一种镂空艺术，最为古老的中国民间艺术之一。富平县的民间剪纸艺术源远流长，最为常见的有窗花、墙花、门笺等。剪纸取材丰富，传统上有人物、花卉、风景、动物等，后来也有不少反映社会发展气象的题材。以前逢过年、婚嫁、寿诞等人们都要剪纸，后来逐渐淡化。

95. 砂石塑像 [sɑ⁵³ʂʅ³¹sou⁵⁵ɕiɑɣ̃⁵⁵]

砂石是砂粒和碎石的松散混合物，硬度较高，抗风化能力强，广泛用于房屋、公路、铁路等的修建。富平的天然砂石主要集中在荆山塬上，这里的石坊苑生态景区有大量造型各异、栩栩如生的民俗"砂石塑像"，生动地反映了关中民俗风情，如"碗盆分不开""帕帕儿头上戴"等。

5-95◆铸鼎（杨彩贤摄）

5-96◆庄镇

5-97◆纪贤

96. 迸御麦花儿 [pəɣ⁵⁵y⁵⁵mei³¹xuɑr⁵³]

"御麦花儿"即"爆米花"。"迸"白读 [piɜ⁵⁵]（如"豆子迸出来了"），文读 [pəɣ⁵⁵]，可见爆米花机是后期出现的。过去一到冬天，便有转村"迸御麦花儿"的。玉米、黄豆、大米等都可加工。除了解馋，出炉时的景象和爆炸声也是吸引孩子的一大乐事。

97. 缠线板儿缠线 [tʂʰæ̃²⁴ɕiæ̃⁵⁵pæ̃r⁵³ tʂʰæ̃²⁴ɕiæ̃⁵⁵]

"缠线板儿"也叫"缠线板板"[tʂʰæ̃²⁴ɕiæ̃⁵⁵pæ̃⁵³pæ̃³¹]，多为长方形，大小不一。用"缠线板儿"缠的主要是缝被子的线，人们从街市上买回的线是散的，将其缠到线板上便于使用。缠线时，一人捧，一人缠。

98. 缠线拐子缠线 [tʂʰæ̃²⁴ɕiæ̃⁵⁵kuɛ⁵³ tsʐ³¹tʂʰæ̃²⁴ɕiæ̃⁵⁵]

"缠线拐子"是"工"字形的拐线工具，用来把线穗子拐成一把把棉线。拐线时先给线穗子里插上"插插" [tsʰɑ⁵³tsʰɑ³¹] 通常把筷子的一头削尖，制成锭子形状，插进去可防止滚动时线穗子散乱，然后拽出线头，用手捏住，一只手摇动拐子，另一只手拿着线穗子往拐子两头递线。缠好的线染成五颜六色，搭配在一起织成花色粗布。

5-98◆东于（杨彩贤摄）

5-99 ◆ 东于（杨彩贤摄）

99. 砧子 [tsɛ̃⁵³tsʅ³¹]

铁匠打铁时用的物件。铁烧红后放在上面，用铁锤砸制成各类器具。

100. 石狮子 [ʂʅ²⁴sʅ⁵³tsʅ³¹]

富平是全国著名的石刻之乡，雕刻历史源远流长。富平石刻所用石材主要产自北部乔山一带，绝大多数是青石，也称"磬玉"；另有一种墨玉，因其色黑如墨而得名。今富平有数十家石刻厂，以宫里石刻最为有名，产品有雄狮、牌楼、碑碣、砚台、门墩等。今西安碑林的馆藏碑碣，很多为富平墨玉所制，遍布关中的帝王陵墓、享誉世界的"昭陵六骏"等现存的石刻艺术珍品多取材于富平，出自富平石刻艺人之手。

101. 陶艺 [tʰɔ²⁴i⁵⁵]

"陶艺"即陶瓷艺术，是一门与绘画、雕塑、设计及其他工艺美术关系密切的综合艺术，也是中国传统的古老艺术形式之一。富平陶艺生产源远流长，根据考古发现，可上溯至旧石器时期。早期陶艺生产主要集中在庄里陶瓷厂。1998年，富平陶艺村落成，里边陈列了大量反映关中乡土风情的作品，如秦腔票友、吹鼓手、回娘家等。后又修建了国际陶艺博物馆群，分设美国馆、法国馆等陶艺博物馆，陈列了上万件产自国内外的陶艺作品。

5-100 ◆ 曹村（杨彩贤摄）

5-101 ◆ 迤山

四 商业

5-102◆美原

102. 杂货铺 [tsɑ²⁴xuo⁵⁵pʰu⁵⁵]

杂货铺里出售的物品各式各样，大多是老百姓日常生产用具和生活用具，如镰刀、斧子、打药机、锅碗瓢盆、电风扇等。各街镇都有杂货铺。

103. 布摊摊儿 [pu⁵⁵tʰæ̃⁵³tʰæ̃r³¹]

"布摊摊儿"是临时形成的摊位，农村"过会"时常见。卖布的商贩叫"扯布的"[tʂʰɤ⁵³pu⁵⁵ti³¹]。"布摊摊儿"上的布料质地、颜色不一，可做成衣服、床单、被褥、窗帘等。

5-103◆到贤

104. 卖衣服摊摊儿 [mɛ⁵⁵i⁵³fu³¹tʰæ̃⁵³tʰæ̃r³¹]

5-104◆到贤

农村"过会"时临时搭的卖衣服的摊位叫"卖衣服摊摊儿",大多是小孩和中老年服装。如今网购普遍化,人们很少在街市上买衣服。"卖衣服摊摊儿"的生意大不如前,基本是看的多,买的少。

105. 杂货摊摊儿 [tsɑ²⁴xuo⁵⁵tʰæ̃⁵³tʰæ̃r³¹]

农村"过会"时形成的临时摊位,主要卖内衣、袜子、帽子、毛巾等小物件,称为"杂货摊摊儿"。

106. 干货摊摊儿 [kæ̃³¹xuo⁵⁵tʰæ̃⁵³tʰæ̃r³¹]

各街镇卖干货的门市常在"过会"时把枣、核桃、瓜子、葡萄干、花生等干果摆出来售卖,也有一些常年"跟会"[kæ̃³¹xuei⁵⁵]指小商小贩逢集必到的规律性的赶集,也指居民赶集卖干果的摊位,被称为"干货摊摊儿"。

5-105◆到贤

5-106◆流曲

5-107 ◆ 流曲

5-108 ◆ 到贤

107. 副食摊摊儿 [fu⁵⁵ʂʅ³¹tʰæ̃⁵³tʰær³¹]

副食是各类糕点零食的统称。"过会"时，街镇上的小卖铺、超市等临时搭一个摊位，把副食摆出来售卖，一些常年做副食生意的四处"跟会"摆摊售卖，统称为"副食摊摊儿"。常见的有饼干、点心、糖果等。

108. 腊汁肉摊子 [lɑ³¹tʂʅ³¹ʐou⁵⁵tʰæ̃⁵³tsʅ³¹]

腊汁肉见于关中各地，是驰名的地方特色小吃。其做法独特，色泽黑里透红，晶莹光亮，肥肉不腻，瘦肉无渣。腊汁肉分猪肉和牛肉，腊汁猪肉细分为猪耳朵、"口条"[kʰou⁵³tʰiɔ³¹]猪舌头（当菜吃）、肚子[tou⁵³tsʅ³¹]猪肚（食材），有别于"肚子"[tou⁵⁵tsʅ³¹]（腹部）等。卤得较嫩的做肉夹馍，单独卖的肉质略硬，可凉拌、爆炒等。

109. 肉架子 [ʐou⁵⁵tɕia⁵⁵tsʅ³¹]

即肉摊子，因为是把肉挂着卖的，故而叫"肉架子"。以卖猪肉为主。各街镇常年有"肉架子"，为人们的生活提供了便利。

5-109 ◆ 曹村

5-110 ◆ 流曲

5-111 ◆ 到贤

110. 卖饭摊摊儿 [mε⁵⁵fã⁵⁵tʰæ̃⁵³tʰæ̃r³¹]

民以食为天，农村"过会"时不可或缺的是各种小吃摊位，统称"卖饭摊摊儿"，有饸饹、凉皮、凉粉、肉夹馍、醪糟、甑糕等小吃。

111. 油糕摊摊儿 [iou³¹kɔ⁵³tʰæ̃⁵³tʰæ̃r³¹]

油糕是广见于关中各地的特色小吃，是以面粉、白糖、水、油为原料的一种油炸甜品，外焦内软，香甜可口。有长年驻扎在街上卖油糕的，也有长年四处"跟会"卖油糕的，统称"油糕摊摊儿"。

5-112 ◆ 宏化

112. 招牌 [tʂɔ⁵³pʰε³¹]

"招牌"是店铺、摊位等的标志和记号。为了吸引顾客，街镇上的门市大多在入口处置放一个醒目的招牌，上有店名等信息，有的在屋檐下悬置一个大牌匾，也有的将字嵌进建筑。农村"过会"时，大大小小的摊位旁也常立有招牌。

5-113 ◆ 西盘

5-114 ◆ 西盘

113. 秤 [tʂʰəɣ⁵⁵]

测定物体重量的器具，也叫"盘子秤"[pʰæ³¹tsɿ⁵³tʂʰəɣ⁵⁵]，由秤杆、秤砣和秤盘构成，主要用于称小物品。"秤"是小商贩做生意必不可少的器具。过去老百姓常把吃不了、用不了的农产品拿到集市上卖，因此一般家里都备有秤。

114. 升子 [ʂəɣ⁵³tsɿ³¹]

过去用于测量粮食重量的器具，一"升子"相当于1.5公斤。自秤兴起后，"升子"便不再使用。

115. 虎斗 [xu³¹tou³¹]

旧时测量粮食重量的量具，木制，平底，斗壁圆形外凸，上方有横木提手。一"虎斗"相当于15公斤。除了图5-115所示的样子，还有一种"平斗"[pʰiəɣ²⁴tou⁵³]，上小下大，斗壁为平面状，整体呈台梯形。

5-115 ◆ 宏化

5-116 ◆ 到贤

5-117 ◆ 到贤

116. 卖辣子 [mɛ⁵⁵la⁵³tsɿ³¹]

辣子是关中人饮食中最不可或缺的食材。过去家家户户每年栽种辣子，近些年种的少了，但街上"卖辣子"的生意很红火。

117. 卖旱烟 [mɛ⁵⁵xæ̃⁵⁵iæ̃³¹]

当地老年男性一般"吃"[tʂʰʅ³¹]抽旱烟。旱烟是早些年普遍种植的经济作物，现在仍有少数老年人种植，"吃"不了的拿到街上摆摊卖。

5-118 ◆ 太平

118. 香纸摊子 [ɕiaɣ̃³¹tsɿ⁵³tʰæ̃⁵³tsɿ³¹]

香纸是祭奠死者用的香和纸钱的统称。各街镇有常年摆摊卖香纸的，叫"香纸摊子"。丧葬、清明、过年等都有祭祀礼，因此香纸摊子一直不缺生意。

119. 布鞋摊摊儿[pu⁵⁵xɛ²⁴tʰæ̃⁵³tʰæ̃r³¹]

过去男女老少穿布鞋，因此缝制手工布鞋是农村妇女的必备技艺。近一二十年来，随着各种商品鞋流行，穿布鞋的人越来越少。缝制布鞋的技艺在年轻一代几近失传。不过，舒适环保的手工布鞋依然受青睐，街镇上时有爱好手工的中老年人摆摊卖布鞋。

5-119◆到贤

120. 算盘儿[ɕyæ̃⁵⁵pʰæ̃r³¹]

在计算器、手机等流行之前，"算盘儿"是人们算账必备的工具。20世纪80年代，当地小学的数学课上还要学习打算盘。

5-120◆刘集

121. 粮票[liaɣ²⁴pʰiɔ⁵⁵]

计划经济时代可当钱币使用的一种票据，20世纪90年代以后逐渐消失。在粮票流行的年代，人们把每年打下的粮食拉一些到粮站换成粮票，再用粮票换购食品。

5-121◆东于（杨彩贤摄）

五 其他行业

5-122 ◆ 宏化

5-123 ◆ 宏化

122. 叫猪 [tɕiɔ⁵⁵tʃu³¹]

过去家家养猪，少则两三头，多则十余头，每日数次给猪喂食，"咾咾咾咾……" [lɔ⁵⁵lɔ⁵⁵lɔ⁵⁵lɔ⁵⁵]呼唤之声不绝于耳。现在养猪的农户不多，个别家庭重点发展养殖业，饲养群猪。

123. 叫猫 [tɕiɔ⁵⁵mɔ²⁴]

农村养猫司空见惯，主要为了捉老鼠，防止家里的粮食被糟蹋。人唤猫时叫"咪咪" [mi⁵⁵mi³¹]或[mi⁵⁵mi⁵⁵]。现在养猫的比以前少了很多。

124. 叫鸡 [tɕiɔ⁵⁵tɕi³¹]

鸡是杂食动物，通常被放养在后院，会四散啄食，也会每日食用人们提供的麦麸、菜叶、剩饭、饲料等。一听见"咕咕咕……" [ku⁵⁵ku⁵⁵ku⁵⁵]的呼唤声，鸡们便扑围过来。现在住平房，大多没有后院，因此养鸡不方便，养的人也少了。

5-124 ◆ 宏化

5-125 ◆ 宏化

5-126 ◆ 薛镇

125. 吆鸡 [io²⁴tɕi³¹]

家里养的鸡白天在后院活动，每晚人们会将其清点上架或驱赶进笼，总能听到"噢㘉噢㘉……"[ou⁵³ʂʅ³¹ou⁵³ʂʅ³¹]的吆喝声。

126. 养鸡场 [iaɣ̃⁵³tɕi³¹tʂʰaɣ̃⁵³]

近些年有的村子办起了现代化"养鸡场"，设备、饲养、销售等实现了一体化。现代化的技术和方法使养殖率和经济效益大幅提高。

127. 喂兔 [y⁵⁵tʰou⁵⁵]

"喂兔"在方言中有两层含义：一指养兔，二指给兔喂食。过去常见一些家庭养兔，主要有两个品种：一种是短毛兔，食用；另一种是长毛兔，用来产兔毛。

128. 喂羊 [y⁵⁵iaɣ̃²⁴]

也叫"看羊"[kʰæ̃³¹iaɣ̃²⁴]。"喂羊"在方言中有两层含义：一指养羊，二指给羊喂食。过去家家养羊，养母羊为了使其产奶，养公羊为了卖肉。一家以喂养三四只为常，放羊、割草等轻活儿基本上由孩子承揽。现在养羊的较以前大减。

5-127 ◆ 宏化

5-128 ◆ 薛镇

129. 养狗 [iɑɣ̃⁵³kou⁵³]

"养狗"主要为了看门,也有的为了"撵兔"[ɲiæ̃⁵³tʰou⁵⁵]捕猎野兔,或当宠物养。以前很多人家养狗,近些年有所减少。

5-129◆东于(杨彩贤摄)

130. 做醋 [tsou⁵⁵tsʰou⁵⁵]

"做醋"即酿醋,是当地传统民间工艺。常见的有大麦醋、柿子醋和苹果醋。

大麦醋的做法是:先使大麦和玉米出芽,然后加小米蒸成胚子,再加麦芽,七天后倒进石臼里捣烂,再加米煮成饭,拌匀后倒进"瓦瓮"[uɑ⁵³uoɣ̃³¹](见图2-92)里,半成品醋顺着小孔缓缓流出,整个过程叫"淋醋"[liɛ̃⁵⁵tsʰou⁵⁵]。两三天后,有淡淡的酸甜味。"淋"完后存放到"瓷瓮"[tsʰʅ²⁴uoɣ̃⁵⁵](见图2-93)里,糊严实,一个月后可发酵好。

柿子醋的做法是:九十月份把成熟的柿子摘下存放进"瓷瓮"里,次年三四月份取出,捣碎,加适量凉水浸泡两天,再放进"瓦瓮"里。之后的工序和做大麦醋相同。苹果醋的做法同柿子醋。现在大多买醋吃,极少自己做。

5-130◆东于(杨彩贤摄)

陆

日常活动

当地百姓在长期传统农业耕作中形成了特定的生活模式。以前人们的日子大多清苦，经济水平全然不能和近些年相比。不过，除了特有的农忙时节，人们的日常生活节奏不快不慢，随意闲适，也颇能自得其乐。邻里、朋友之间，多喜走动交往，客人登门主人必以茶水相待，或以便饭留客。大门口、街巷中、庄稼地头，人们闲来无事时遇见，会就地"谝"[pʰiæ⁵³]聊天一阵，顺便帮对方做做手头的小活计，如摘棉花、搓玉米之类。年轻人久别相聚，酒酣耳热之际，常划拳助兴，尽显质朴与豪放。

传统娱乐活动形式丰富，成年人主要流行"抹花花"[ma³¹xua⁵³xua³¹]过去老年人玩的一种纸牌游戏、下象棋、打麻将、唱秦腔等。儿童玩的游戏不下20种，如"弹琉儿"[tʰæ²⁴liour²⁴²]弹玻璃球、"尺□尺"[tʂʰʅ³¹kʰuaɣ̃⁵⁵tʂʰʅ³¹]石头剪刀布、"打猴"[ta⁵³xou²⁴]打木猴、跳绳、跳皮筋、踢毽子、打宝、打弹弓、"翻交交"[fæ³¹tɕiɔ⁵³tɕiɔ³¹]、"拾扬儿"[ʂʅ²⁴iãr²⁴²]用指头肚大小的砖块儿玩、"跳房儿"[tʰiɔ²⁴fãr²⁴²]跳格子、"打爆张"[ta⁵³pʰɔ⁵⁵tʂaɣ̃³¹]一种泥巴游戏等。总之，男女老幼各得其所，自得其乐。儿童游戏用的物件大多就地取材，如瓦片、泥巴、木棍、铁丝、废纸等，通过巧妙的手工制成各种小玩具。制作过程既娱心又益智。遗憾的是，这些传统游戏大部分已难见到。

当地百姓的一些日常活动反映了朴素的民间信仰，有的仪式感较强，比如，春节敬奉"灶火爷"[tsɔ⁵⁵xuo³¹iɜ³¹]灶神、财神爷、土地爷等，春节、清明节、婚丧嫁娶时敬奉祖先等。随着人们思想观念的革新，有些民间信仰活动销声匿迹，如用桃木棍避邪、夜晚叫魂等。

一 起居

1. 吃饭 [tʂʰʅ³¹fæ̃⁵⁵]

6-1◆纪贤

当地多为一日两餐，第一顿叫"早起饭"[tsɔ³¹tɕʰi³¹fæ̃⁵⁵]或"早饭"[tsɔ³¹fæ̃⁵⁵]，以各种稀饭、"馍"[mo⁵⁵通常指馒头，也统指馒头、包子和各种饼类和菜为主；第二顿叫"晌午饭"[ʂaỹ³¹xu³¹fæ̃⁵⁵]（"午"单念[u⁵³]，这里受前字"晌"韵尾的影响产生了同部位辅音声母，故念[xu³¹]，31为连读调）或"晌饭"[ʂaỹ³¹fæ̃⁵⁵]，以面条和其他各样面食为主。

2. 喝酒 [xuo³¹tɕiou⁵³]

除了特别爱"喝酒"的人经常小酌外，当地人喝酒主要在逢年过节、婚丧嫁娶、寿诞庆贺等聚会场合。传统上喝白酒。席桌上喝酒有特定的礼俗，场合不同，细节略有差异。图6-3是常见酒器，一个席桌上放一套（一个酒壶和数个"酒盅盅"[tɕiou⁵⁵tʃuõ⁵³tʃuõ⁵³]酒盅），"下数"[xa⁵⁵sou³¹]规矩；礼数是晚辈敬长辈，年轻的敬年长的。平时喝酒则比较随意。

6-2◆西仁

6-3◆西仁

6-4 ◆ 盘石

3. 划拳 [xuɑ²⁴tɕʰyæ̃²⁴]

当地百姓质朴、豪放、喜交往。尤其是成年男子，每当亲朋相聚，好友相见，餐桌上少不了把酒言欢。酒酣耳热之际，常划拳助兴。猜拳前两人先轻握一下手，然后同时出拳伸指喊数。如果双方的出拳数加起来正好是其中一方喊出的数字，喊数者赢，输者罚酒。通行的划拳口令是：一心敬（或一点梅、一点），哥俩好（或二郎担），三桃园，四季发，五魁手，六六顺，七巧梅，八拉拉，九（谐音"久"）长，十满。其中"五魁手"因技巧性低（双方出5个指头的频率较高，同时喊"5"，若对方不出拳，自己肯定赢），一般跳过不说，"十满"也较少说。

4. 茶壶 [tsʰɑ³¹xu⁵³]

当地百姓素有喝茶的习惯，平日里亲朋好友四邻登门，主人招呼客人坐定便"传茶" [tʂʰuæ²⁴tsʰɑ²⁴]沏茶，也叫"泼茶" [pʰo³¹tsʰɑ²⁴]。"茶壶"也叫"壶壶" [xu³¹xu⁵³]，图6-5是以前常见的一种白瓷茶壶，和数个"茶碗儿" [tsʰɑ³¹uæ̃r⁵³]（见图6-6）配成一套。另有一种搪瓷茶壶，份量略轻，优点是不易碎，缺点是泡的茶味道稍逊。现在的茶壶样式很多，图6-5这种已不常见。

6-5 ◆ 宏化

5. 茶碗儿 [tsʰa³¹uɛ̃r⁵³]

也叫"碗碗儿"[uɛ̃⁵³uɛ̃r³¹]，泥釉陶瓷制品，传统上喝茶的器皿，整体呈圆柱形，高约7厘米，上口径宽约6厘米，和茶壶（见图6-5）配套使用。过去曾经有"偷茶碗"的婚俗。传统婚宴在家里置办，事后主人清点物件，总会发现席桌上的"茶碗儿"少了一大半，原来是被送媳妇的女客们"偷"走了。主人虽有不悦，却并不会因此太过生气。"偷"茶碗儿的亦不回避，偶尔还当作谈资"炫耀"。20世纪90年代后这一婚俗逐渐消失。

6-6◆薛镇

6. 茶缸儿 [tsʰa³¹kã̃r⁵³]

也叫"茶缸子"[tsʰa³¹kaɣ̃⁵³tsʅ³¹]，搪瓷制品，常见的有蓝、白、红三色，底小口大，有盖，带把儿，有些缸面带装饰性图案。"茶缸儿"在过去使用，功能相当于茶壶，但因为没有壶嘴儿，所以倒水讲究技巧，不熟练的可能外洒。

7. 缸子 [kaɣ̃⁵³tsʅ³¹]

也叫"喝水缸子"[xuo³¹ʃuei⁵³kaɣ̃⁵³tsʅ³¹]，搪瓷制品，用于把锅里烧开的水灌进"电壶"[tiɛ̃⁵⁵xu²⁴]开水壶，也可当茶壶或水杯用。"缸子"和普通"茶缸儿"（见图6-7）的主要区别在于口径大小不同，"茶缸儿"下小上大，"缸子"上下一样大。现在普遍使用烧水壶，杯子的样式也很多，"缸子"已不多见。

6-7◆庄镇

6-8◆庄镇

6-9◆到贤

8. 吃旱烟 [tʂʰʅ³¹xæ̃⁵⁵iæ̃³¹]

当地男子大多喜欢"吃烟"[tʂʰʅ²⁴iæ̃³¹]抽烟,传统上"吃旱烟"。后来纸烟流行,仍有不少上了岁数的人钟情旱烟。

9. 烟袋 [iæ̃⁵³tɛ³¹]

即旱烟锅,抽旱烟用的烟具。主要组件有"烟袋杆杆"[iæ̃⁵³tɛ³¹kæ̃⁵³kæ̃³¹]烟杆。竹制,长短不一、"烟袋锅锅儿"[iæ̃⁵³tɛ³¹kuo⁵³kuər³¹]烟锅头。铜制、"烟袋嘴子"[iæ̃⁵³tɛ³¹tʃuei⁵³tsʅ³¹]烟嘴。样式、材质不一,上等玉石的最受欢迎和"烟布袋儿"[iæ̃³¹pu⁵⁵tər³¹]装烟叶的布袋。旧时常见许多老年男性把"烟袋"插在腰间或别在后领口,上附"火镰"[xuo⁵³liæ̃³¹]取火工具。后来火镰被火柴和打火机所取代,"烟袋"无太大变化,但极少见人别在身上。

6-10◆齐村

6-11◆笃祐（杨彩贤摄）

6-12◆笃祐（杨彩贤摄）

10. 缯角子 [tsəɣ̃⁵⁵tɕyo⁵⁵tsɻ³¹]

"缯"是"用绳绑扎"义，"角"为古语词，原指幼童头顶两侧留的头发，方言引申为"头发"义。"缯角子"即扎头发，多指扎一个马尾。

11. 辫辫子 [pʰiæ̃⁵⁵pʰiæ̃⁵⁵tsɻ³¹]

最常见的是梳一个或两个麻花辫。两根长长的麻花辫在20世纪80年代以前非常流行，现在成年女性极少有梳两个麻花辫的，偶有个别人梳一个麻花辫的。小女孩的发型则比较随意。

12. 谝闲传 [pʰiæ̃⁵³xæ̃²⁴tʃʰuæ̃²⁴]

也叫"谝话"[pʰiæ̃⁵³xuɑ⁵⁵]、"谝"、"说闲话"[ʂuo³¹xæ̃²⁴xuɑ⁵⁵]。乡下"谝闲传"没有固定的时间和地点，大门口、街巷中、乡间小路上、庄稼地头，都是"谝闲传"的临时场所。非农忙时节，邻居们常常串门"谝闲传"。尤其是夏天，外面纳凉的多，总能看到三五成堆"谝闲传"的。

6-13◆纪贤

6-14◆到贤

13. 会 [xuei⁵⁵]

指农村每月固定时间的集镇贸易。各街镇"过会"[kuo⁵⁵xuei⁵⁵]逢集的日子不一，绝大多数按农历计时。"会"上卖的东西琳琅满目，涵盖了百姓日常生活和农业生产的方方面面。村民一般就近"上会"[ṣaỹ⁵⁵xuei⁵⁵]赶集。

14. 上会 [ṣaỹ⁵⁵xuei⁵⁵]

"上会"即赶集，是百姓生活中的一项重要活动，既为采购物品，也为放松身心。人们隔三岔五去"会"上转一转，买些"小东小西"[ɕio⁵³tuoỹ³¹ɕio⁵³ɕi³¹]零碎物品，熟人朋友见面"谝"一阵，似乎为平淡的日子增添了光彩，也消减了农事的辛劳。

6-15◆到贤

6-16 ◆ 温泉（杨彩贤摄）

15. 衲被子 [nɑ³¹pʰi⁵⁵tsɿ³¹]

用针缝叫"衲"。每年秋季棉花采摘后，各家都会用新棉絮缝几床新棉被。20世纪七八十年代以前，被套使用还不普遍，被褥要经常拆洗，晾干后重"衲"。被套流行后，换洗和晾晒方便多了。春节前大扫除，家家户户将旧棉被拆洗了重"衲"。

棉花被子是传统的"陪房"[pʰei³¹faɣ⁵³]一统指嫁妆；二特指床单被褥类嫁妆，因此"衲被子"是姑娘出嫁前家里的一项重要事务。婚期一旦确定，女方家庭便开始准备材料，邀请手巧的乡邻帮忙一起"衲被子"。

6-17 ◆ 纪贤

16. 择菜 [tsʰei²⁴tsʰɛ⁵⁵]

"择菜"是每日炊事活动的一部分，时间地点比较随意。过去人们自己种菜，平时去地里干活，休息时摘一把菜，或者剜一把当季鲜嫩的野菜，蹲在地头就择干净了。路过的、串门的乡邻也时常帮着择。

二 娱乐

17. 下棋 [ɕia⁵⁵tɕʰi²⁴]

中国象棋是一种二人对抗性游戏，历史悠久，流行地域广泛，由方形格状棋盘和红黑二色圆形棋子各16枚组成。博弈的基本规则简明易懂，双方在格子的交叉点上交替行棋，谁先把对方的将（帅）"吃"掉，谁就获胜。象棋的趣味浓厚，深得一些成年男子和孩子的喜欢。茶余饭后多有摆桌对弈者。

6-18◆纪贤

18. 打牌 [ta⁵³pʰɛ²⁴]

老年人中曾经流行一种比扑克牌略长、略窄的纸牌游戏，四人一桌，叫"抹花花"[ma³¹xua⁵³xua³¹]。牌桌上来回流动的都是角角分分的零花钱，"花花"得名可能与此有关。当前最流行的是"打扑克"[ta⁵³pʰu⁵³kʰei³¹]，玩法众多，常见的有"升级"[ʂəɣ²⁴tɕi³¹]、"拐三"[kuɛ⁵³sæ³¹]、"弥竹竿"[mi²⁴tsou³¹kæ̃³¹]弥：补，接（主要在儿童中流行）、"跑得快"[pʰɔ³¹ti⁵³kʰuɛ⁵³]、"推十点半"[tʰuei⁵⁵sʅ³¹tiæ̃⁵³pæ⁵⁵]、"三带两吹牛"[sæ̃³¹tɛ⁵⁵liaɣ⁵³ tʃʰuei³¹ȵiou²⁴]三带两：三张大牌带两张小牌。

6-19◆莲湖

19. 扳手腕儿 [pæ̃³¹ʂou⁵⁵væ̃r⁵³]

6-20◆上河

一种同时考验臂力和腕力的游戏，全国各地广为流行，中小学生尤其喜爱在课间玩"扳手腕儿"。参赛者须端正坐姿，肩膀不得左右倾斜，手肘不得悬空。旗鼓相当的两个竞争对手常常"挣"[tsəɣ̃⁵⁵]累得面红耳赤，数分钟相持不下时，便有围观者开始喝彩助威，或者故意讲笑话，若有一方憋不住泄了气，只得宣告失败。

20. 翻交交 [fæ̃³¹tɕiɜ⁵³tɕiɜ³¹]

儿童喜欢玩的一种游戏。由一人起头，把线圈在手指上绕成一个特定的形状，另一个人用指头绷挑，组成另外一种形状，照此，十个指头通过勾、挑、分、翻等动作不断变换线圈的形状，常见的有"斜斜"[ɕiɜ³¹ɕiɜ⁵³]、"格格"[kei⁵³kei³¹]、"牛槽"[ȵiou²⁴tsʰɔ²⁴]等。若配合不力，绷挑时线绳散乱，游戏终止重来。

6-21◆纪贤

21. 挑棍棍儿 [tʰiɔ⁵³kuẽ⁵⁵kuẽr³¹]

儿童喜欢玩的一种游戏。把细竹竿或者小木棍截成数根长短相等的小段，排列整齐后抓在手里，离地面约10厘米处轻轻松开，小棍儿便横七竖八地散落在地上。一种玩法是一个人用手指轻挑一根，另一个人用这个挑起的小棍儿继续挑下一根，照此轮换进行，直到所有的小棍儿被挑完，游戏规则是任何一次挑动须保证其余小棍静止不动，很考验眼力和手指的灵巧度；还有的玩法是一个人先挑小棍儿，直至挑动过程中不小心碰到了其他小棍儿，则换另一个人挑。

6-22 ◆ 上河

22. 拾扬儿 [ʂɿ²⁴iãr²⁴²]

也叫"抓子儿"[tʃuɑ³¹tsɿr⁵³]，是过去小女孩最喜欢玩的游戏之一。"扬儿"或"子儿"是游戏物件，就地取材，把砖头砸成指头肚大小的块儿，然后逐一磨平棱角即成。不同玩法所需"扬儿"的数目不等。"拾""抓"取自游戏中的动作。

"拾扬儿"通常两个人玩，由一人起头，捧一大把在手心里，轻轻上抛并快速翻掌，用其中一个手背接住几个，再轻轻上抛、翻掌，手心里接一个。然后把手里的那个轻轻上抛，趁坠落的间隙，使尽全力用手掌从地上抓起尽可能多的，同时用手不偏不倚地接住空中落下的。抓在手里的都是赢的。照此轮流进行，直至地上的"扬儿"被捡拾完。赢得多的获胜。

6-23 ◆ 上河

6-24◆上河

6-25◆纪贤

23. 弹琉儿 [tʰæ²⁴liour²⁴²]

"琉儿"即玻璃球，"弹琉儿"是男孩子最喜欢玩的游戏之一。在地上抠几个小洞，然后由一人起头，在地上放置一枚"琉儿"，商定好弹射距离后，另一人瞄准目标，用手指弹动自己手里的，对方的一旦被击中滚进洞里，即归弹射者所有。最后赢得多的获胜。一大堆"琉儿"常常是男孩子向同伴炫耀的财富。现在玩的人很少了。

24. 尺□尺 [tʂʰʅ³¹kʰuaɣ⁵⁵tʂʰʅ³¹]

即石头剪刀布，是广泛流行于各地的古老游戏，深得儿童喜欢。游戏规则是：攥拳代指石头，同时伸食指和中指代指剪刀，张开手掌代指布。一物降一物，剪刀不敌石头，布不敌剪刀，石头不敌布。如果双方出拳相同，则两相持平。

6-26◆纪贤

25. 打猴 [ta⁵³xou²⁴]

20世纪90年代以前很盛行的一种游戏，玩者多为男性，大人小孩都有。"猴"是用小截圆木制成的陀螺，整体呈圆柱形，一头削尖，顶上镶一颗铁珠。"打猴"时先使其转动，再用细鞭梢缠住木"猴"腰身，放在地上顺势甩鞭，木"猴"便在鞭梢带动下旋转起来。熟练的也可左手端平木"猴"，右手向外甩鞭，木"猴"即刻起转；或用双手搓转木"猴"，使其着地旋转，然后用鞭抽打。

6-27◆尖角

26. 跳绳儿 [tʰiɔ²⁴ʂə̃r²⁴²]

"跳绳儿"是流传甚广的一项健身娱乐运动,女孩子尤其喜欢,跳法很多。"跳绳儿"既是名词也是动词,读音相同。过去的跳绳儿是手工制作,把粗细合适的长竹竿截成小棍儿,一段一段穿到结实的长绳上,绳的两端各绑一截木棍儿作为手柄,跳绳便做好了。一段时间后,小竹棍可能磨断,便适时补加。后来卖的跳绳样式很多,手工制作便不再流行。

27. 跳皮筋儿 [tʰiɔ²⁴pʰi³¹tɕiɛ̃r⁵³]

女孩子普遍喜欢玩的一种传统游戏,也是一项健身娱乐活动。皮筋儿就地取材,把家里的废旧自行车胎等剪成细长条,几段接在一起,皮筋儿便做好了。跳皮筋一般至少三人,其中两人用腿撑皮筋儿,另一人跳。人手不够时,也可把皮筋儿绑在树上。

6-28◆东于(杨彩贤摄)

6-29 ◆ 纪贤

28. 跳房房儿 [tʰiɔ²⁴faɣ̃³¹fãr⁵³]

也叫"跳房儿"[tʰiɔ²⁴fãr²⁴²],女孩子喜欢玩的一种游戏。常见的玩法是:在平地上画数个大方格,按照游戏规则单腿或双腿跳过格子,脚落地后不能触碰框线。还有一种玩法是把碎瓦片摆在格子里,单腿往前踢,每踢一格,跟着向前跳一下,基本规则是瓦片和脚均不得触碰框线。后一种也叫"踢瓦儿"[tʰi³¹uar⁵³]或"踢房儿"[ti³¹fãr²⁴²],现在玩的人不多了。

6-30 ◆ 薛镇

29. 踢毽子儿 [tʰi³¹tɕiæ̃⁵⁵tsʅ³¹]

流行于全国各地的传统游戏,主要在女生中流行。以前人们自己做毽子,需准备以下材料:几个圆形碎布片、三四枚铜钱、一小截细塑料管、数根鸡毛。先用碎布片把铜钱裹住,缝好,然后剪开塑料管的一端,用针固定在铜钱中央,再把鸡毛插进塑料管另一端,毽子就做成了。现在街市上的毽子五颜六色,人们不再手工缝制。

6-31◆薛镇

30. 打沙包 [tɑ⁵³sɑ³¹pɔ⁵³]

流行于全国各地的传统游戏。过去人们用的沙包是自己缝制的。准备一些五颜六色的碎布片，剪成六块正方形，边对边缝成一个小布袋，最后留个小口，把里子翻过来，装上玉米、黄豆等，再把口缝住，沙包就做好了。沙包的玩法很多，最常见的是多人"打沙包"，以及单人或多人踢沙包。

31. 纸飞机 [tsʅ⁵³fei²⁴tɕi³¹]

叠"纸飞机"是孩子们普遍喜欢的一项手工制作活动。准备几张略硬的长方形纸，在中线处对折，再按照特定方法经过几次对折，一个简易飞机模型就做好了。有风时，顺着风向把纸飞机掷向空中，借助风力的作用，可以飞行一米甚至数米远。

6-32◆纪贤

215

32. 纸船 [tsʅ⁵³ʃuæ̃²⁴]

用纸叠小船是孩子们很喜欢的一项手工制作活动。把略硬的纸张按照特定步骤经过多次对折，即可制成"纸船"。纸船叠好后，可漂浮在水盆里，或漂浮在小水渠的水面上，顺着流水缓缓前行，孩子们一边追赶一边嬉戏，其乐无穷。

6-33 ◆ 老庙

33. 宝 [pɔ⁵³]

"宝"是手工折叠的厚纸片，材料多为废旧报纸。打"宝"曾在不少地方流行，颇受男孩子喜欢。先由一人起头在地上放个"宝"，另一人手里攥一个，瞄准后卯足了劲儿对着打下去，只听"啪"的一声，地上的"宝"若翻了个个儿，即归打的人所有。对方再放一个，赢者继续打。若未被打翻过来，则打的人放一个，由对方接着打。打"宝"使的是巧劲儿，会打的连赢，不会打的摔得胳膊、手酸疼，还输个不停。

34. 东西南北 [tuoỹ²⁴ɕi³¹næ̃³¹pei⁵³]

流行区域很广的一种儿童"算命"游戏。将纸折好后，在外面四个角上分别写"东""西""南""北"四个字，在里面八个角上随意写字，如"奖励""巫婆""哑巴"等，全是奇思妙想。一方随便说个方向和数字，比如说"南6"，另一方便朝着南方一张一合6次。翻开查看所选方位对应的内容，若是喜欢的便欢喜不已，若是不喜欢的便唉声叹气。

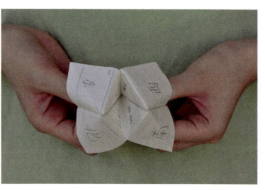

6-35 ◆ 西仁

6-34 ◆ 西仁

35. 弹弓 [tæ⁵⁵kuoɣ̃³¹]

20世纪90年代以前极为流行的一种儿童玩具，主要是男孩子玩。弹弓的制作比较简单，找一个合适的"丫"字形树杈，用破瓦片刮削光滑，把皮筋两端系在两个枝丫上，中央包一块皮子，用来置放小石子等"子弹"。树上的果子，墙上的马蜂窝……都曾经是男孩子们的弹弓瞄向的靶子。后来玩具样式越来越多，弹弓就少见了。

6-36◆东于（杨彩贤摄）

36. 挼下的枪 [uo⁵³xɑ³¹ti²⁴tɕʰiaɣ̃³¹]

"挼"有"折"义，"挼下的枪"是用铁丝、皮筋和废纸制作成的一种玩具手枪。子弹通常是小石子、小土块等，也有胆子大的把鞭炮里的火药装到铁丝枪上。铁丝枪结构简单，容易制作，过去深受男孩子青睐。后来，随着各种新型玩具手枪增多，"挼下的枪"逐渐消失。

6-37◆东仁

37. 硬弦子胡胡儿 [ȵiəɣ̃⁵⁵ɕiæ̃³¹tsʅ³¹xu³¹xur⁵³]

6-38◆莲湖

俗名"二弦子"[ər⁵⁵ɕiæ̃³¹tsʅ⁵³]，拉弦乐器的一种，一直是当地传统戏曲阿宫腔（入选第一批国家级非物质文化遗产名录）的主奏乐器之一，和"板胡儿"[pæ̃⁵³xur²⁴²]（见图6-39）、"月琴"[yo⁵³tɕʰiɛ̃³¹]（见图6-40）并称为阿宫腔三大件。当地流行的秦腔、碗碗腔等剧种沿用了这几种乐器。"硬弦子胡胡儿"演奏风格高亢激越，娴雅细腻，曾长期作为领奏乐器。

38. 板胡儿 [pæ̃⁵³xur²⁴²]

拉弦乐器之一。音色高昂、坚实，穿透力强，是传统戏曲阿宫腔的主奏乐器之一，也用于秦腔、碗碗腔等剧种的配乐。

39. 月琴 [yo⁵³tɕʰiɛ̃³¹]

"月琴"是传统的弹拨乐器，阿宫腔的主奏乐器之一。"月琴"高音清脆悦耳，中音明亮动听，低音丰满抒情，也用于传统剧种秦腔、碗碗腔等的配乐。

6-39◆莲湖

6-40◆莲湖

40. 二胡儿 [ər⁵⁵xur²⁴²]

"二胡儿"是传统的拉弦乐器，长期以来作为阿宫腔、秦腔等传统剧种的辅奏乐器。用"二胡儿"演奏叫"拉胡胡"[lɑ³¹xu³¹xu⁵³]。"二胡儿"与多种乐器配合，可调和音色，使不同乐器的音质完美融合，形成声音错落有致的听感，增强乐曲的表现力和感染力。

6-41◆纪贤

41. 板 [pæ̃⁵³]

"板"是阿宫腔、秦腔和碗碗腔等传统剧种的辅奏乐器，用来控制戏曲节奏的快慢和节拍的强弱。其演奏活动叫"打板"[tɑ³¹pæ̃⁵³]。

42. 梆子 [pɑɣ̃⁵³tsɿ³¹]

"梆子"是阿宫腔、秦腔和碗碗腔等传统剧种的辅奏乐器，用来控制戏曲节奏的快慢和节拍的强弱。其演奏活动称为"敲梆子"[tɕʰiɔ³¹pɑɣ̃⁵³tsɿ³¹]。

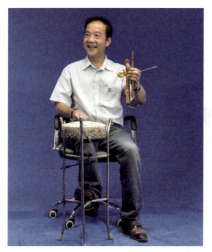

6-42◆莲湖

6-43◆南社

6-44 ◆ 盘石　　　　　　　　　　　　6-45 ◆ 盘石

43. 打爆张 [tɑ⁵³pʰɔ⁵⁵tʂaɣ̃³¹]

"爆"是"爆破"义，"张"是"张开"义。"打爆张"是过去广为流行的泥巴游戏。农村最不缺的就是土，就地取材，加上水和成泥巴，揉捏成碗状。然后轻轻地端在手心上，慢慢翻掌，使尽全力倒扣到地上。只听"啪"的一声，泥巴碗底爆出一个大窟窿，泥点四溅，孩子们拍手称快。

44. 狂泥 [kʰuaɣ̃²⁴ɲi²⁴]

"狂"是方言词，"玩耍"义。"狂泥"即玩泥巴，是小孩子普遍喜欢的一种娱乐消遣活动。泥巴的"狂"法有多种，除了最常见的"打爆张"（见图6-45），还可以做手工。泥和好后，揉制成形，揪成块儿，然后凭个人想象做成"棍棍儿面"[kuẽ⁵⁵kuẽr³¹miæ̃⁵⁵]、饺子、小人儿、房子、帽子等形形色色的小物件，再搬到太阳底下晾晒，晒干后摆放在窗台、柜子上做装饰品。

6-46 ◆ 铁佛

45. 词语接龙 [tsʰɿ³¹y⁵³tɕiɜ³¹luoɣ̃²⁴]

"词语接龙"是初识一些字的小孩子普遍喜欢的一种游戏。先由一个人起头，随便说个词，另一个人以该词的末字作为首字造词或造句，照此轮换。例如，甲："张啥？"乙："张飞。"甲："飞啥？"乙："飞机。"甲："机啥？"乙："鸡（机）蛋。"甲："蛋啥？"乙："蛋壳。"……

由于是儿童游戏，有时规则并不严格，只要能续下去，都算对。

6-47◆纪贤

46. 挤暖暖 [tɕi⁵³luæ̃⁵³luæ̃³¹]

"挤暖暖"是小孩子们冬季非常喜欢的一种集体游戏，也是一种取暖方式。过去教室里没有取暖设施，一节课下来，常常冻得腿脚冰凉。课间休息时，孩子们喜欢跑到太阳底下，紧贴墙壁排成一行，你挤我，我挤你。随着加入的人越来越多，气氛越来越欢闹，每个人都使足了劲儿往墙上靠，生怕被挤出队伍。孩子们嘻嘻哈哈耍闹一阵，身上立马暖和了，上课也精神了。

6-48◆地点不详

三 信奉

6-49 ◆ 盘石

47. 观音庙 [kuæ̃³¹iɛ̃³¹miɔ⁵⁵]

"观音"也被当地人亲切地唤作"观音娘娘"[kuæ̃³¹iɛ̃³¹niaɣ̃³¹niaɣ̃⁵³]。富平县内没有普遍性的祭祀观音之礼，仅有个别村子修建了观音庙。老百姓祭祀观音多为求子，因此"观音"又叫"送子观音"[ʃuoɣ̃⁵⁵tsʅ⁵³kuæ̃³¹iɛ̃³¹]。

48. 灶火爷 [tsɔ⁵⁵xuo³¹iɜ³¹]

"灶火"是"厨房"的方言说法，"灶火爷"即灶神，"敬灶火爷"[tɕiəɣ̃⁵⁵tsɔ⁵⁵xuo³¹iɜ³¹]祭灶神是每年腊月二十三家家户户必不可少的一项活动。当天人们揭掉墙上的旧灶神像，将新买的贴在厨房墙壁上。然后焚香、上供、磕头。

6-50 ◆ 东街

49. 香炉（之一）[ɕiaɣ̃⁵³lou³¹]

"香炉"是各种祭祀活动中必不可少的供具。图6-51为石质香炉，位于富平县西北约20千米处觅子乡的铁佛寺内，底座有莲花瓣图案。铁佛寺建于金大定二十一年（1181）。清同治年间曾毁于大火，抗日战争前夕和1990年两次修缮。现为省级重点文物保护单位，是研究我国金代冶铸技巧、雕塑艺术和社会习俗的重要实物资料。

6-51◆上官（杨彩贤摄）

50. 香炉（之二）[ɕiaɣ̃⁵³lou³¹]

中国民间有敬奉祖先的传统。香炉摆放在家中供奉的祖先牌位前。民间用的香炉形体不大，款式各异，有铜、铁、瓷等材质。图6-52是现在常见的一种瓷制小香炉。

6-52◆纪贤

51. 上香[ʂaɣ̃⁵⁵ɕiaɣ̃³¹]

"上香"是祭祀活动的一部分。当地老百姓没有普遍性的传统信仰，但祭祀行为却很常见，大多是见佛就拜。图6-53是融汇了儒释道三家文化特色的一座民间庙堂，时有香客前来上香许愿，供奉香钱。

6-53◆地点不详

52. 中堂 [tʃuoɣ̃⁵³tʰaɣ̃³¹]

6-54 ◆ 纪贤

"中堂"是家中供奉祖先牌位的地方。祖先的遗像一般安放在房屋正中。依照习俗，死者亡故后三年内，子孙要在三七（亡后第三周）、五七（亡后第五周）、尽七（亡后第七周）、百日、一周年、二周年和三周年缅怀祭奠。三周年后，仅每年春节时祭奠，大年三十用香火、食品等供奉，直到正月十五。

53. 牌位子 [pʰɛ³¹uei⁵³tsɿ³¹]

"牌位子"是写有逝者姓名、称谓等信息，供子孙后代祭奠的木牌。中国民间历来有信仰祖先的传统，春节、婚礼、丧葬等重要时节和活动都要制作"牌位子"。丧礼上有两个"牌位子"，一个上书"×府祖宗三代之神位"（×指姓），另一个书"××老先生之灵位"（男性，××指姓名）或"×孺人之灵位"（女性，×指姓）；婚礼和春节均写一个"牌位子"，一般是"×府祖宗三代之神位"，正上方书"供奉"二字。

6-55 ◆ 雷北

224

54. 家谱 [tɕia³¹pʰu⁵³]

旧时民间撰写和续修家谱较为普遍。家谱记载以父系为主体的家族渊源、迁移变化、世袭辈分、分支状况等。图6-56是富平县到贤镇纪贤村张成才先生家中珍藏的《张氏通谱》，纂修于清光绪三十三年（1907）。首页记述张氏家族于光绪十五年（1889）自山东省淄川县迁至陕西省富平县之事。次页有供后辈起名用的排行字"继承先业，忠厚传家，天锡洪祚，广裕国华"，也是启迪后辈修身做人的家规和座右铭。《张氏通谱》十八世后再未续修。

6-56◆纪贤

55. 烧纸（之一）[ʂo³¹tsʅ⁵³]

"烧纸"是民间祭祀活动的一部分。"烧纸"有两个读音，念[ʂo³¹tsʅ⁵³]表动作行为，念"烧纸"[ʂo³¹tsʅ³¹]是名词。祭祀时还要焚烧冥币（叫"鬼票子"[kuei⁵³pʰio⁵⁵tsʅ³¹]或"死人票子"[sʅ⁵³zẽ³¹pʰio⁵⁵tsʅ³¹]）。

6-57◆纪贤

56. 烧纸 [ʂɔ³¹tsʅ³¹]

民间祭祀鬼神用的一种土纸，主要有土色和黄色两种，纸质柔软易燃。因为祭祀时要点燃，故而叫"烧纸"。

6-58◆南韩

57. 杨爵祠 [iɑ̃²⁴tɕyo²⁴tsʰʅ²⁴]

当地民间修建家族祠堂的风气不盛。境内有个别历史上修建的名人祠堂，后世有所修缮。较为有名的是明嘉靖八年（1529）进士杨爵的祠堂。杨爵（1493—1549）一生忧国忧民，刚直不阿，万历帝为其追加谥号"忠介"。杨爵祠位于其祖籍老庙镇笃祜村（方言念[tʰou³¹ku⁵³tɕʰyẽ³¹]）路北，初建于明万历二十年（1592），民国二十五年（1936）和2014年先后修缮。为县级文物保护单位。

6-59◆笃祜（杨彩贤摄）

6-60◆笃祜（杨彩贤摄）

226

柒

婚育丧葬

富平县长期以来形成了一套极为繁复和程序化的婚嫁礼俗。一是结婚的程序较多，二是结婚条件越来越高，三是婚礼仪式琐碎复杂。

传统上男女过了二十岁，父母便开始托媒人打听对象（女的叫"瞅相"[tsʰou⁵³ɕiaɣ̃⁵⁵]、"寻相"[ɕiɛ̃²⁴ɕiaɣ̃⁵⁵]，男的叫"说媳妇"[ʂuo³¹ɕi⁵³fu³¹]）。一旦有合适的，便安排两人见面。若彼此满意，则托媒人提亲、"看屋里"[kʰæ⁵⁵u⁵³li³¹]登门察看对方的家境、暗地里向四邻打听、商议彩礼。彩礼常需媒人多次斡旋方能敲定。接着设宴订婚、商议结婚，男方叫"娶媳妇"[tɕʰy⁵³ɕi⁵³fu³¹]，女方叫"打发娃"[ta⁵³fa³¹ua⁵⁵]、"打发女"[ta⁵³fa³¹ny⁵³]、"出脱女"[tʃʰu³¹tʰuo³¹ny⁵³]。

接下来女方置办"陪房"[pʰei³¹faɣ̃⁵³]一统指嫁妆；二特指床单被褥类嫁妆、"喜由"[ɕi⁵³iou²⁴]女方宴请宾客，相当于下请帖。男方提前数日请"襄奉⁼"[ɕiaɣ̃³¹fəɣ̃⁵³]农村红白喜事等帮忙的乡邻、请"厨家"[tʃʰu³¹ia⁵³]宴席的掌勺师傅、搭席场、蒸喜馍、请乐队等。

婚日前三天，男方给女方"送箱子"[ʃuoɣ̃⁵⁵ɕiaɣ̃⁵³tsɿ³¹]。婚日当天，男方迎亲前有一系列仪式和准备，如"敬先人"[tɕiəɣ̃⁵⁵ɕiæ⁵³zʅ̃³³]祭祀祖先，为新郎披"红"[xuoɣ̃²⁴]红色棉布或绸缎，准备"浑莲菜"[xuɛ̃²⁴liæ³¹tsʰɛ⁵³]整个莲藕、"食撮"[ʂʅ³¹luo⁵³]等。到女方家后有叫门、"掰馍"[pei³¹mo⁵⁵]、找鞋等程式，婚车返回后先在大门口举行接媳妇仪式，然后在洞房内进行"插戴"[tsʰa⁵³tɛ³¹]、"洗手"[ɕi⁵³ʂou⁵³]等仪式，之后是正式婚礼和宴席上敬酒。婚礼和敬酒各自有一套礼数。婚后男方得带新媳妇认邻家、回门、谢媒人等。

传统婚俗绝大部分保存至今，有的渐趋消失或淡化，如"送箱子"[ʃuoɣ̃⁵⁵ɕiaɣ̃⁵³tsɿ³¹]、"闹房"[nɔ⁵⁵faɣ̃²⁴]等；也有一些后起但已普遍化的行为，如请司仪主持婚礼；有些对传统做了改造，如，新娘的着装从红衫子绿裤子变为西式婚纱，新郎的着装从以新、净为标准的普通衣服换成西装领带，婚车从自行车变成轿车。随着时代的发展，婚礼日显高档，同时也滋长了一些不良之风。比如：不少年轻人刻意追求婚车的档次和数量；女方的结婚条件水涨船高，除了金银首饰和礼金外，家里有车、城里有房渐成普遍性条件，这也成为诸多普通男方家庭的苦恼。

丧礼的繁复与婚礼相比，有过之而无不及。

传统上老人上了一定岁数，儿女要为其预备后事，一是"合枋"[kɤ²⁴faɣ̃³¹]制作棺材，二是"箍墓"[ku³¹mu⁵⁵]用砖石建造墓室。棺板的材质、厚度、数量和图案皆有讲究。棺材制作好后，举行隆重的谢匠人仪式。"箍墓"前请阴阳先生看风水，定坟位，择吉日动工。后来有了棺材铺和水泥铸的现成墓室，预备后事者渐少。

人们口头上忌讳说"死"字，故老人离世叫"老啦""殁啦""不在啦"（以上后字读[lɑ³¹]）。老人弥留之时，家人为其理发、净身、穿寿衣；老人咽气后，家人用白纸为死者"苫面"[ʂæ⁵⁵miæ⁵⁵]覆脸，移上灵床，点灯，谓之"停草"[tʰiəɣ²⁴tsʰɔ⁵³]。焚化烧纸、冥币等祭奠，称为"烧倒头纸"[ʂɔ³¹tɔ⁵³tʰou²⁴tsʅ⁵³]。子孙戴孝，打发人速向近亲报丧。等近亲到齐后入殓。接着布置灵堂，"开墓口"[kʰɛ³¹mu⁵⁵kʰou⁵³]把事先箍好的墓打开，书写讣告、对联、执事单、牌位等。

老人去世后第三天，亲朋带副食、香纸等来吊唁，称为"吊孝"[tiɔ⁵⁵ɕiɔ⁵⁵]。主家告知来客下葬之日，同时根据当日来客的数目安排后续丧事。死者遗体通常安放5～7日后下葬。期间，众孝子每日三餐前在灵堂里烧香祭奠，称为"烧纸"[ʂɔ³¹tsʅ⁵³]。下葬前一日有"请牌位子"[tɕʰiəɣ⁵³pʰɛ³¹uei⁵³tsʅ³¹]、"迎饭"[iəɣ²⁴fæ⁵⁵]、"献饭"[ɕiæ⁵⁵fæ⁵⁵]、"装柜"[tʃuaɣ³¹kʰuei⁵⁵]等仪式。其中"迎饭"持续时间最长，极显丧礼之隆重。"迎饭"一般下午四五点开始，亲戚多的常常进行到深夜甚至黎明。

下葬之日首先要扫墓，之后有一系列仪式。纸扎、花圈等祭品亦有讲究。纸扎的种类除了传统的童男玉女、摇钱树、"牌花"[pʰɛ³¹xua⁵³]纸做的门楼等，电视、冰箱、空调等逐渐普遍化。纸扎分别于下葬之日、三七、五七和百日焚祭。丧礼的花圈和三周年祭礼的花圈有所不同。

下葬后连续三天傍晚，男孝子抓一些麦秸、拿上可摇响之物去坟头，一边点燃麦秸，一边使劲摇响器物，称为"打怕怕"[ta⁵³pʰa⁵⁵pʰa³¹]为死者驱赶可怕之物。

老人去世后七天内，孝子不得登邻居家的门。第一年为"重孝"[tʃuoɣ⁵⁵ɕiɔ⁵⁵]，春节不走亲戚。大门上三年不贴红对联。三周年祭日按丧葬之礼操办，称为"过三年"[kuo⁵⁵sæ³¹ȵiæ²⁴]，上完坟后，白对联换成红对联。

一 婚育

1. 登记礼簿子（之一）[təỹ³¹tɕi⁵⁵li⁵³pʰʊ³¹tsʅ³¹]

婚礼当天，要在大门口设一个礼金登记处，由村里请的先生负责，先生多是德高望重的文化人。

7-1◆城西

2. 大立柜（之二）[tɑ⁵⁵li³¹kʰuei⁵⁵]

结婚必不可少的家具，由男方家庭准备。过去人们请木匠制作，现在都买现成的。

7-2◆城西

7-3◆忽家

3. 木头箱子[mu⁵³tʰou³¹ɕiaɣ̃⁵³tsʅ³¹]

　　结婚必备的家具，由男方家庭置办。过去婚日前三天男方给女方"送箱子"[ʃuoɣ̃⁵⁵ɕiaɣ̃⁵³tsʅ³¹]，即请村里的两个成年男子把一对木头箱子抬送到女方家。箱内必放：一身女方上轿穿的衣服，包在红包袱里，叫"等身红"[təɣ̃⁵³sɛ̃³¹xuoɣ̃²⁴]；一块用作花盖头的红绸布，叫"龟兹红布"[kuei⁵³tsʅ³¹xuoɣ̃²⁴pu⁵⁵]；酒、肉等。后来，箱内改放毛巾、毛毯之类。婚礼当天，小件"陪房"[pʰei³¹faɣ̃⁵³]一统指嫁妆；二特指床单被褥类嫁妆装在箱子里，由抬箱子的人负责送到男方家。近些年由于人口流动性增大，跨省市结婚已很常见，婚礼常常避繁就简，一般省去"送箱子"的环节。

7-4◆纪贤

4. 梳妆台[sou³¹tʃuaɣ̃³¹tʰɛ²⁴]

　　"梳妆台"是结婚必备的家具，由男方家庭置办。图7-4是当前流行的样式，有一把配套的椅子，台上是一面连体立式化妆镜和收纳小物件的隔挡，正前方和左上方是外拉的抽屉，左下方是一个外开门的小柜子。

5. 饭食摞 [fæ⁵⁵ʂʅ³¹luo⁵³]

传统婚礼必不可少的器具，和"花食摞"[xua³¹ʂʅ³¹luo⁵³]（见图7-6）是一对。女方在"饭食摞"里放两样食物：一是"扁食"[piæ⁵³ʂʅ³¹]一种猪耳朵形状的水饺（见图4-28），越小越好，数量和新娘年龄一致，摆放成"囍"字样；二是两小把挂面，也叫"长寿面"，当晚煮给一对新人吃。男方的"回门礼"[xuei²⁴mɛ̃²⁴li⁵³]回敬女方的礼品是在"饭食摞"里放一定数量的"圆馍儿"[yæ³¹muər⁵³]（见图7-36）。

7-5 ◆ 西城

6. 花食摞 [xua³¹ʂʅ³¹luo⁵³]

和"饭食摞"（见图7-5）是一对。里面主要摆放"电壶"[tiæ⁵⁵xu²⁴]开水壶、"洋碱盒"[iaɣ̃²⁴tɕiæ⁵³xuo²⁴]肥皂盒、水杯等嫁妆（旧时还要放两个花瓶），上面搭放床单被褥等嫁妆。"花食摞"和"饭食摞"随送亲队伍运到男方家后，人们将里边的物品取下，再送回女方家。

7. 木梳匣子 [mu⁵³sou³¹xa³¹tsʅ⁵³]

女子结婚最重要的"陪房"之一，里边盛放梳子、篦子等梳头用具。结婚之日，女方将"木梳匣子"裹在大红布包袱里，让直系亲属中的一个孩子代管并随送亲队带到男方家，男方用红包换走。近些年也常用红绸布包裹的糖盒来代替。

7-6 ◆ 西城

7-7 ◆ 东于（杨彩贤摄）

7-8 ◆ 西城

7-9 ◆ 城西

8. 陪房 [pʰei³¹faɣ̃⁵³]

方言词"陪房"有两层含义：一是嫁妆，统指一切陪嫁品；二专指床单被褥类陪嫁品。婚期一旦确定，女方家庭开始忙活着纺线织布，请四邻帮忙缝制被褥。"陪房"里深藏着母亲对出嫁女儿的疼爱和美好祝愿。结婚当日，迎亲车上五彩斑斓的"陪房"成为一大看点，也是妇女们长时间乐此不疲的一个谈资。

9. 披红 [pʰei³¹xuoɣ̃²⁴]

"红"指红色棉布或绸缎，"披红"是传统婚礼必不可少的一道仪式。婚日当天披两次"红"：第一次是迎亲队出发前，父母为新郎披戴用4米长的红绸缎挽的大红花；第二次是新娘迎娶进门后，男方的姑、舅、姨亲在婚礼仪式上为一对新人"披红"，寓意大喜。有的家庭亲戚众多，常将一对新人"五花大绑"。

10. 叫媳妇儿 [tɕio⁵⁵ɕi⁵³fur³¹]

7-10 ◆ 城西

即迎亲，是传统婚礼中最重要的一道程序。最早用轿子，后改用自行车，20世纪90年代后，改用小轿车。过去迎亲队由两人组成，一位是"叫媳妇的" [tɕio⁵⁵ɕi⁵³fu³¹ti³¹]，即陪伴新郎去女方家迎亲的人，是主家从众乡邻中请的有威望的已婚男子，起码要儿女双全、家庭幸福；另一位是"逮鸡娃" [tɛ²⁴tɕi³¹uɑ⁵⁵]（见图7-20）。近十年来，传统婚俗发生了很大变化，有"锣鼓队" [luo²⁴ku⁵³tuei⁵⁵]、精心装饰的供新娘乘坐的高档小轿车，迎亲队伍越来越壮观。

7-11 ◆西城

7-12 ◆西城

11. 吃鸡蛋 [tʂʰʅ³¹tɕi⁵³tæ̃³¹]

男方迎亲队抵达女方家后,女方为新郎准备两个荷包蛋,借此创造向新郎讨要喜钱和耍闹的机会。

12. 招待接媳妇儿的 [tʂɔ⁵³tɛ³¹tɕiɜ³¹ɕi⁵³fur³¹ti³¹]

前来迎亲的人统称"接媳妇儿的"。不等男方迎亲队抵达,女方早已准备好招待的饭菜,包括九个凉菜、酒水、鸡蛋等。这些待客的酒菜大多是虚设,因为很少有人动筷子,更多体现的是一种仪式感。

13. 叫媳妇儿开门 [tɕiɔ⁵⁵ɕi⁵³fur³¹kʰɛ³¹mɛ̃²⁴]

迎亲队抵达女方家后,新娘反锁闺房门,新郎等一行人在外又是敲门,又是好言相劝,又是发红包,使尽浑身解数劝新娘开门。

7-13 ◆西城

14. 掰馍 [pei³¹mo⁵⁵]

新娘打开闺房门后，举行一系列仪式。第一项是"掰馍"。馍是男方迎亲带来的，共12个，称为"混沌馍"[xuɛ̃³¹tʰuɛ̃⁵³mo⁵⁵]，民间一说是各个馍里包的馅不一，有的包了"麸子"[fu⁵³tsɿ³¹]麦麸，有的包了硬币，有的什么都没包（方言叫"实实"[ʂɿ³¹ʂɿ⁵³]，寓指实心实意），其外形一致，难以分辨，故名"混沌"。也有写作"馄饨馍"的。新娘掰开看到"麸子"，预示有福（方言"麸""福"音同）；看到硬币，预示今后不缺钱；若什么都没有，预示两人今后将一心一意过日子。凡此种种，皆为讨个好口彩。

7-14 ◆纪贤

15. 穿鞋 [tʃʰuæ̃³¹xɛ²⁴]

"掰馍"仪式完毕，新郎要为新娘"穿鞋"，此时却找不到鞋，原来早被女方藏起来了，接着便是一阵子耍闹。不管新郎的亲友团怎样好言相劝，新娘的亲友团就是不交鞋子，并借此讨要喜钱，以100元、200元为常，也有要500元、800元甚至更多的。此时较量的是口舌之功，讨价还价良久，双方终于达成一致，女方交出鞋子，新郎小心翼翼地为新娘穿上。

7-15 ◆纪贤

16. 钗花 [tsʰɛ⁵⁵xuɑ³¹]

"钗"是动词"别"义,"钗花"即"别花",是新娘坐上婚车前在闺房里举行的一项仪式。一对新人互相给对方胸前"钗"一朵"腔花"[tɕʰiaɣ̃³¹xuɑ³¹](方言把胸膛叫"腔子"[tɕʰiaɣ̃⁵³tsʅ³¹],故别在胸前的花称为"腔花")。

7-16◆纪贤

17. 求媳妇儿下炕 [tɕʰiou²⁴ɕi⁵³fur³¹xɑ⁵⁵kʰaɣ̃⁵⁵]

闺房里的各种仪式进行完毕,新郎屈膝下蹲请求新娘下炕,随其上车共赴美好生活。新娘应允后,新郎将新娘抱进婚车。

7-17◆城西

7-18 ◆ 城西

7-19 ◆ 纪贤

18. 新女婿 [ɕiɛ̃³¹ny⁵³ɕiɛ̃³¹]

"女婿"指青年女性的配偶（已婚或未婚），"新女婿"指新郎。过去新郎的着装以新、净为标准，没有特殊讲究。近十年来，新郎的着装发生了显著变化，以西装领带为常，胸前别一朵红绸缎挽的大红花。

19. 新媳妇 [ɕiɛ̃³¹ɕi⁵³fu³¹]

"新媳妇"指新娘。过去的装扮是上身穿"红衫子"[xuoỹ²⁴sæ̃⁵³tsʅ³¹]红外套，若是冬天，改穿红缎面大襟式棉袄，下身穿蓝色或绿色裤子，脚蹬红鞋，头扎麻花瓣。热烈的颜色和大胆的搭配散发着浓郁的关中风情。近十年来，传统婚礼不断加进新元素，新媳妇的穿戴也大变，盘头、白色婚纱（敬酒时换穿旗袍）已成定式。

20. 逮鸡娃 [tɛ²⁴tɕi³¹uɑ⁵⁵]

也叫"捉鸡娃"[tʃuo²⁴tɕi³¹uɑ⁵⁵]。结婚当日，男方迎亲时带一只大红公鸡（寓意雄性和力量），称为"引魂鸡"[iɛ̃⁵³xuɛ̃²⁴tɕi³¹]。大公鸡装在箱子里，由直系亲属中的一个小男孩代管，小男孩被称为"逮鸡娃"。男方接到箱子，要给"逮鸡娃"一个大"封封"[fəỹ⁵³fəỹ³¹]红包。

7-20 ◆ 城西

7-21◆城西

21. 提木梳匣子的 [tʰi²⁴mu⁵³sou³¹xɑ³¹tsʅ⁵³ti³¹]

"木梳匣子"（见图7-7）是传统上女子结婚必不可少的嫁妆，婚礼当天包在大红布包袱里，由直系亲属中的一个小孩代管，小孩被称为"提木梳匣子的"。男方要用一个大"封封"（不低于50元，100元较为普遍）换走"木梳匣子"。

22. 梳头的 [sou³¹tʰou³¹ti⁵³]

属于"送女的"[ʃuoỹ⁵⁵ny̌⁵³ti³¹]，是女方亲友团中的重要角色。"送女的"由两名已婚女性组成，一个是"梳头的"[sou³¹tʰou³¹ti⁵³]，一个是"扶女的"[fu²⁴ny̌⁵³ti³¹]。"梳头的"这一角色和过去新娘出门前的装扮仪式有关，女方家提前约请一位心灵手巧的妇女打理结婚之日新娘的发型，现在改为在理发店盘发，"梳头的"作为一个习俗性角色保存了下来。"扶女的"负责履行当日"保护"新娘的义务，以防其轻易被男方从婚车上抢走。

7-22◆纪贤

7-23 ◆ 西城

7-24 ◆ 西城

23. 接媳妇儿的 [tɕiɜ³¹ɕi⁵³fur³¹ti³¹]

"接媳妇儿的"是男方迎亲队中的重要角色，由两名已婚女性组成，是男方从乡邻中请的公认命好、能说会道的妇女。送亲队伍抵达男方家后，"接媳妇儿的"端着茶盘，上放一个茶壶和两个茶杯，拿着"摔摔儿"[ʃuei⁵³ʃuer³¹]摔打身上尘土的用具（见图2-114），边说好话边恭迎新媳妇下车。此时，在男方"接媳妇儿的"和女方"送女的"之间常有一番口舌较量。女方以各种说辞拒绝下车，实为讨要喜钱，男方极力讨价还价，以求节省。直至双方达成一致，新郎将新娘从婚车上抱进洞房。这时，"接媳妇儿的"再一次端着茶盘，上放四个"混沌馍"、喜糖、红包等，请求"送女的"同意继续后续仪式。

24. 洗手 [ɕi⁵³ʂou⁵³]

7-25 ◆ 西城

"洗手"是新媳妇入洞房后的第一道仪式。"接媳妇儿的"手持水瓢，瓢中水里泡了一块豆腐，请新媳妇用豆腐水洗手。新媳妇如若同意，便象征性地用指头轻蘸一下，再用包袱擦干净。方言"腐""福""袱"音近，故有"瓢里洗手包袱擦，进门你就是福疙瘩"之说。

7-26◆城西

7-27◆城西

25. 插戴 [tsʰa⁵³tɛ³¹]

"插戴"是新媳妇入洞房后的第二道仪式。"阿家"[a⁵³tɕia³¹]婆婆亲手给儿媳妇头上插戴一朵花，儿媳妇磕头致谢，"阿家"回赠一个大红包。

26. 新媳妇儿下炕 [ɕiẽ³¹ɕi⁵³fur³¹xa⁵⁵kʰaɣ̃⁵⁵]

"插戴"礼完毕，新郎请新娘下炕，接着在外面举行最为隆重的婚礼仪式。

27. 拜天地 [pɛ⁵⁵tʰiæ³¹ti⁵⁵]

"拜天地"是正式婚礼的第一项，夫妻双方一拜天地，二拜高堂，然后夫妻对拜。有的村子把"拜天地"说成[pɛ⁵⁵tʰiæ⁵³tʰi³¹]，末字送气，连读变调略有不同，代表了更为古老的层次。

28. 交换礼物 [tɕiɔ³¹xuæ⁵⁵li⁵³vo³¹]

拜完天地，新郎和新娘互赠礼物。这是近十年来新兴的仪式。新郎先为新娘戴上精心准备的戒指（20世纪90年代后，逐渐形成男方为女方准备"三金"的风气，"三金"指金戒指、金项链和金耳环），新娘再为新郎带上精心挑选的手表。

7-28◆城西

7-29◆城西

29. 做饭棚 [tsou⁵⁵ fæ̃⁵⁵ pʰəɤ̃²⁴]

农村婚宴传统上在家操办。一般在前院或后院临时搭建一个"做饭棚",相当于一个临时厨房。炊事班子由"厨家"[tʃʰu³¹ iɑ⁵³]宴席的掌勺师傅和"襄奉⁼"[ɕiɑɤ̃³¹ fəɤ̃⁵³]农村红白喜事等帮忙的乡邻(见图7-50)组成,由"厨家"全权指挥。近些年不少婚庆公司提供承揽婚宴的服务,婚宴所需桌椅板凳、锅碗瓢盆等一应俱全,饭菜在流动餐车上张罗。也有少数家庭为省事,选择在酒店或食堂待客,和城市别无二致。

7-30◆西城

30. 厨家 [tʃʰu³¹ iɑ⁵³]

"厨家"是传统上农村人请到家里置办宴席的掌勺大师傅。婚礼、生日等一旦确定在家操办,选定日子,主家便开始打听、约请大厨。双方先议定酬劳,再一起商定宴席菜单,然后交由"厨家"统筹安排。

31. 端盘的 [tuæ̃³¹ pʰæ̃³¹ ti⁵³]

农村宴席上的每一道菜,都要盛放在木盘里,由专人端送到席桌上,负责这项事务的人称为"端盘的",多由中青年男子担任。

7-31◆西城

7-32◆西城

32. 席 [ɕi²⁴]

"席"即宴席，规模和菜品依主家的财力而定，凉菜、热菜、烟酒、茶水、饮料是基本要求。此外有一些约定俗成的讲究，比如，宴席分上菜和吃饭两大环节。上菜时，先一次性上5～9道下酒菜，再分次上6～12道各有名称的荤素热菜，热菜第一道为鸡肉，最后一道为丸子。撤掉残羹剩菜后，进入吃饭环节，一次上四菜一汤，主食为"圆馍儿"[yæ̃³¹muər⁵³]（见图7-36），夹馍的"八宝辣子"[pɑ³¹pɔ⁵⁵lɑ⁵³tsʅ³¹]（见图4-90）必不可少。

7-33 ◆ 东盘

33. 坐席 [tʃʰuo⁵⁵ɕi²⁴]

过去"坐席"用高方桌，八人一席。现改用圆桌，十人一席。亲戚多时，一轮常常坐不下，便按特定次序轮流招待，首轮坐女方亲戚，第二轮坐男方亲戚，最后坐贺喜的乡邻。坐席时请长者坐上席，当长者环顾四座，举筷含笑说声"抄"[tsʰɔ³¹]夹菜，众宾客方能启筷，气氛祥和、喜悦。饭间一般不得随意离席，等席上客人纷纷停筷饭饱，大家才可同时退席。

7-34 ◆ 东盘

7-35 ◆ 西城

34. 看酒 [kʰæ⁵⁵tɕiou⁵³]

即敬酒。婚宴开始后，"叫媳妇的"带领新郎和新娘给来客逐一敬酒答谢，敬酒时以尊卑长幼为序。客人喝下喜酒，当场以礼回赠，过去送"手帕儿"[ʂou⁵³pʰɑr³¹]手绢（见图3-31）和毛巾，现在改送红包。

35. 圆馍儿 [yæ̃³¹muər⁵³]

"圆馍儿"是传统上农村置办各种宴席时蒸的一种圆形小馒头，尺寸比鸡蛋略大。"圆馍儿"一是在宴席上吃，二是作为回礼赠送亲友。做"圆馍儿"比蒸普通馒头费事，将发酵好的面揉制成形后，揪成一个个小面团，再逐一揉压成形，方言叫"捥圆馍儿"[uæ̃²⁴yæ̃³¹muər⁵³]。以前办婚礼前几天，人们要专门请四邻帮忙蒸"圆馍儿"，现在大多在蒸馍店里买。

36. "囍"字 [ɕi⁵³tsʰʅ³¹]

传统上"'囍'字"为大红色剪纸，人们将其张贴在房屋门上或墙上。现在人们买现成的，或请专业人士制作，不乏创意。比如图7-37，"囍"字镶嵌在心形中国结的中央，下附"百年好合"四字作点缀，也有的把结婚照镶嵌在"囍"字中央。

7-37 ◆ 西盘

7-36 ◆ 东于（杨彩贤摄）

7-38◆城西

37. 喜床 [ɕi⁵³tʂʰuaɣ̃²⁴]

婚房里的床称为"喜床",整体基调是喜庆的红色,喜床上摆放新被褥和一对小玩偶。"喜床"过去叫"喜炕"[ɕi⁵³kʰaɣ̃⁵⁵]。2000年后,"厦子房"[sɑ⁵³tʂɿ³¹faɣ̃²⁴]改建为平房和楼房,床代替了炕,"喜炕"遂改叫"喜床"。

38. 床头喜 [tʂʰuaɣ̃²⁴tʰou²⁴ɕi⁵³]

人们通常在婚床上摆设一对小玩偶,或在床头墙壁上张贴一幅金童玉女像,称为"床头喜",象征夫妻恩爱。

39. 核桃枣儿 [xɯ³¹tʰɔ⁵⁵tsɚ⁵³]

婚日人们要给喜床上撒一些核桃、枣、桂圆、花生等,寓意早生贵子。比较讲究的人家会精心摆成心形,代表一心一意。

7-39◆城西

7-40◆西盘

7-41 ◆ 西城

40. 婚联 [xuɛ̃³¹luæ̃²⁴²]

大喜之日,房屋各道门上要张贴大红色婚联。横批多为"千载良缘""喜结良缘"等,上联和下联的内容自拟。图7-41是贴在大门上的婚联,上联为"吉日盛景欣迎淑女喜上喜",下联为"亲朋雅座真诚宴待乐中乐"。过去的婚联是人们请村里的先生用毛笔写在红纸上的,现在人们大多买烫金红纸婚联。

7-42 ◆ 尖角

41. 镜子(之一) [tɕiəỹ⁵⁵tsʅ³¹]

旧时的梳妆镜。过去接媳妇用自行车,结婚之日,新媳妇坐在自行车上,手持镜子,镜面朝外,送亲队跟在后面,一路上抛洒纸钱,称为"谢路神" [ɕiɜ⁵⁵lou⁵⁵ʂɛ̃³¹]。这一习俗已消失。

42. 镜子（之二）[tɕiəỹ⁵⁵tsʅ³¹]

过去作为"陪房"的一种纪念镜，大多是亲朋赠送，悬挂在房屋墙壁上当作装饰品。因为是横着悬挂，所以又叫"横绷子镜子"[ɕyo³¹pəỹ⁵³tsʅ³¹tɕiəỹ⁵⁵tsʅ³¹]，[ɕyo²⁴]是"横"的白读音（[24]为单字调）。不少人家将相片镶在上面。

7-43◆东于（杨彩贤摄）

43. 抱媳妇[pɔ⁵⁵ɕi⁵³fu³¹]

旧时迎亲队返回新郎家后，新娘下轿步入洞房。近二三十年来，改由新郎将新娘从婚车上抱进洞房。

7-44◆西城

44. 跑马马儿 [pʰɔ²⁴ma⁵³mar³¹]

7-45 ◆ 纪贤

男方出发接新媳妇前，常在大门口组织一些娱乐表演活动，如"跑马马儿"人骑在马形道具上做出各种让人发笑的动作、"跑驴驴儿" [pʰɔ²⁴ly³¹lyr⁵³] 人骑在毛驴道具上表演、"跑船" [pʰɔ²⁴ʃuæ̃²⁴] 跑旱船等，统称为"杂耍" [tsa²⁴ʃua⁵³]。图7-45是"跑马马儿"，寓意马到成功，放在马头上的布娃娃象征家里将添新丁。

45. 接媳妇儿鼓 [tɕiɜ³¹ɕi⁵³fur³¹ku⁵³]

男方迎亲队出发前，常有一阵欢天喜地的锣鼓表演，喧闹一阵后，锣鼓队和迎亲队一起浩浩荡荡地去接新媳妇。图7-46是极负盛名的富平县老庙镇"老鼓" [lɔ³¹ku⁵³]（见图8-50）表演。新娘一上婚车，锣鼓队便开始敲锣打鼓，直至新娘进了洞房。

7-46 ◆ 纪贤

46. 莲菜 [liæ̃³¹tsʰɛ⁵³]

男方去接新娘时要带一个大大的"浑莲菜"[xuɛ̃²⁴liæ̃³¹tsʰɛ⁵³]整个莲藕，用红丝带、塑料花等装饰后平放在红纸糊的长盒子里，盒子用"囍"字等装饰。送"莲菜"取义"藕断丝连"，象征夫妻之情难以割舍，生生世世，永结同心。

7-47◆西盘

47. 迎亲门 [iəɣ̃²⁴tɕʰiɛ̃³¹mɛ̃²⁴]

"迎亲门"是婚礼当天在男方家大门口临时搭建的喜庆门楼。它是近些年在婚庆公司的宣传带动下出现的新事物，目前已普遍化。

7-48◆纪贤

48. 敬先人 [tɕiəɣ⁵⁵ɕiæ̃⁵³zɛ̃³¹]

7-49◆美原

大喜之日，新郎家人要"敬先人"，即祭祀祖先。新郎家人通常在房子正中摆放一张大方桌，上覆红布，桌上端放已故祖先的遗像，遗像前供奉迎亲带的礼品。临出发时，新郎和父亲在遗像前燃香叩拜，再由新郎取走桌上的礼品，随迎亲队去女方家迎亲。

49. 襄奉= [ɕiaɣ³¹fəɣ⁵³]

农村红白喜事等宴席上前来帮忙的左邻右舍统称"襄奉="（后字疑为"哄"的音变）。男的统称"男襄奉="[næ̃²⁴ɕiaɣ³¹fəɣ⁵³]，负责端盘、"拾馍"[ʂʅ²⁴mo⁵⁵]拣拾馒头、烧水、倒茶、招呼客人等；女的统称"女襄奉="[ny⁵³ɕiaɣ³¹fəɣ⁵³]，负责帮厨等。

7-50◆西城

7-51 ◆ 到贤

50. 送锅盔 [ʃuoɣ̃⁵⁵kuo³¹kʰuei³¹]

婴儿降生后，女方即刻给娘家报喜。娘家烙制一个大大的圆锅盔，包在二尺见方的红布里，让报喜的人带回去，称为"给娃带奶粮"[kei⁵⁵uɑ⁵⁵tɛ⁵⁵nɛ⁵³liɑɣ̃³¹]。主家将锅盔切成小块，分送给左邻右舍，以示同喜。

51. 鸡蛋挂面 [tɕi⁵³tæ̃³¹kuɑ⁵⁵miæ̃³¹]

产妇坐月子期间身体弱，饮食要有营养、易消化。过去主食大多做酸汤挂面加荷包蛋。在物资匮乏的年代，鸡蛋是最常见的滋补品，亲朋好友来看产妇也大多带鸡蛋。此外，麻花、"干渣馍"[kæ̃³¹tsɑ³¹mo⁵⁵]（见图4-24）也是月子期间的必备食品。现在经济普遍好转，营养滋补品很丰盛，猪蹄、醪糟、鸡汤、鱼汤等代替了"鸡蛋挂面"。

7-52 ◆ 盖村

251

52. 碎娃儿帽子 [ʃuei⁵⁵uar⁵³mɔ⁵⁵tsʅ³¹]

7-53 ◆纪贤

"碎"是"小"义,"碎娃儿"即小孩。过去婴儿满月时亲友常送各式各样的婴儿帽,统称"碎娃儿帽子",随带的有"油旋儿"[iou³¹ɕyẽr⁵³]花卷(见图8-23)、"老虎馍"[lɔ³¹xu⁵³mo⁵⁵]一种花式面点、花布、婴儿衣服等。

53. 长命锁 [tʂʰaɣ̃²⁴miə̃ɣ̃⁵⁵ʃuo⁵³]

婴儿满月时,外婆和舅舅送小手镯、"长命锁"、小衣物等庆贺。长命锁上系根红绳子,方便挂在脖子上玩。长命锁的一头拴一个"冰凉球"[piə̃ɣ̃⁵³liaɣ̃³¹tɕʰiou²⁴],据说婴儿在出牙时用其磨牙,牙齿长得快。

7-54 ◆姜义

二 丧葬

54. 棺材 [kuæ̃⁵³tsʰɛ³¹]

"棺材"也叫"寿木"[ʂou⁵⁵mu³¹]、"枋"[fɑɣ̃³¹]、"朓"[xuo²⁴]。传统上老人上了一定年纪，儿女便开始为其预备后事，请木匠择吉日制作"棺材"，称为"合枋"[kɤ²⁴fɑɣ̃³¹]。棺板以柏木为主，兼用松木、楸木、槐木等。棺材正面通常刻有龙、凤、莲花、"福"字、"寿"字。棺材"上底"[ʂɑɣ̃⁵⁵ti⁵³]时，主家设家宴款待亲朋，给匠人送"封封"。出嫁的女儿要"行门户"[ɕiəỹ²⁴mẽ³¹xu⁵³]行礼，用衣料、枕头、酒肉等答谢匠人。近一二十年人们改为在棺材铺里买，极少再提前制作。

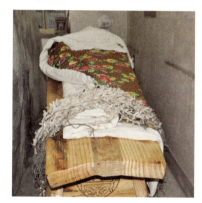

7-55◆ 觅子

55. 门庭 [mẽ³¹tʰiəɣ̃⁵³]

"门庭"是近些年新兴的专为丧礼搭建的临时门楼，由婚丧公司提供。"门庭"后的大门两侧贴白对联，门上糊白纸，若两位老人中有一位离世，大门的一部分糊白纸，若两位均已离世，整个大门糊白纸。三年内家里不贴红对联。三年祭日当天，孝子去坟地祭奠后，门上的白对联换为红对联。

7-56◆ 盘石

56. 讣告 [pu⁵⁵kɔ⁵⁵]

7-57◆盘石

老人咽气后，当日请村里的先生撰写"讣告"、对联、执事单、死者和祖宗三代的牌位，及"斩衣"[tsæ⁵³i³¹]上的文字。"斩衣"是麻纸糊的孝衫，仅长子和长孙穿。长子的"斩衣"前左、前右、后左、后右分别写"哀哀我父／母"（父亲去世时写"我父"，母亲去世时写"我母"）、"生我劬劳""昊天罔极""欲报深恩"。长孙穿的"斩衣"前两句改为"哀哀祖父／母""养我劬劳"，后两句不变。

57. 登记礼簿子（之二）[təỹ³¹tɕi⁵⁵li⁵³pʰu³¹tsɿ³¹]

传统丧事持续五至七天，其中三天设礼桌，由主事先生登记一众来客姓名和所带礼品，称"登记礼簿子"。一是老人去世后第三天，重要亲戚带副食、香纸等简单礼品第一次吊唁，称为"吊孝"[tiɔ⁵⁵ɕiɔ⁵⁵]。主家告知其下葬之日，以便来的人回去准备"献饭"[ɕiæ⁵⁵fæ̃³¹]祭奠死者的饭食、礼品的统称，主家根据来客数安排后续事宜。二是下葬前一日，重要亲戚携重礼第二次吊唁，举行盛大的"迎饭"[iəỹ²⁴fæ̃⁵⁵]（见图7-71）仪式。三是下葬之日，普通亲朋携礼吊唁。

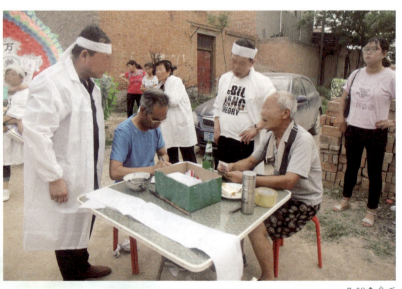

7-58◆盘石

58. 灵堂 [liəɣ̃³¹tʰaɣ̃⁵³]

家里一旦有人过世，家人即刻在房正中设置灵堂，前面桌上摆放死者遗像，后面停放棺材，并用香火供奉。前来吊唁的亲朋好友一一在灵堂前祭奠。过去老人咽气后家里人将遗体装进木棺，近些年老人咽气后家里人先将遗体安放进租的冰棺里，"出丧" [tʃʰu²⁴saɣ̃³¹] 起灵（见图7-74）前一日半夜再移进木棺，这一仪式称为"翻棺" [fæ²⁴kuæ̃³¹] 或"倒棺" [tɔ⁵³kuæ̃³¹]。

7-59◆东川

59. 纸扎 [tsʅ⁵³tsɑ³¹]

"纸扎"是祭奠死者的各种纸制陪葬品的统称，传统上由死者的女儿或侄女准备。纸扎包括一对童男童女、摇钱树、金山银山、"牌˭花˭" [pʰɛ³¹xuɑ⁵³] 纸做的门楼、九莲灯、仙鹤等。现在还有电视、冰箱、空调、洗衣机等。纸扎一部分在下葬之日焚烧，其余分别在三七、五七和百日焚祭。

7-60◆南社

60. 六棱儿灯 [liou⁵³lɤ̃r²⁴təɣ̃³¹]

丧事上祭奠死者的纸扎。家里若有人离世，人们要在大门上悬挂"六棱儿灯"，为告知外人家里有了丧事。下葬之日，人们将"六棱儿灯"拿到坟地里作为祭品焚烧。

7-61◆盘石

61. 花圈儿 [xuɑ³¹tɕʰyær⁵³]

"花圈儿"是近二三十年广为流行的祭品。葬礼一般送白花圈或黄花圈，三周年祭礼送红花圈或黄花圈。来客送的花圈要拿到礼桌前登记，负责登记的先生根据其与死者的关系拟定挽联，写好贴在花圈上。

7-62◆西城

62. 献餮 [ɕiæ⁵⁵tʰiɜ³¹]

"献餮"是丧礼上作为贡品的大馒头，比普通馒头大很多，常见的直径约40厘米，表面有手捏的花棱装饰，多为盘龙、莲花、老虎之形，上插一束颜色鲜艳的纸花。"献餮"传统上由死者的女儿、侄女、孙女、干儿子或干女儿准备，祭奠完后食用。

7-63◆湾里

63. 开墓口 [kʰɛ³¹mu⁵⁵kʰou⁵³]

以前家里老人上了岁数，儿女要提前为其"箍墓"[ku³¹mu⁵⁵]用砖石建造墓室。"箍墓"前请阴阳先生看风水，选好位置后，择吉日良辰破土动工。"墓子"[mu⁵⁵tsɿ³¹]墓穴一般用砖石建造。老人一旦过世，主家要尽快请众乡邻帮忙去坟地把墓口挖开，死者的儿女提烟酒、副食等（后来也包红包）到墓地答谢。近些年普遍使用水泥"墓子"（见图7-73），无须再提前"箍墓"。所谓"开墓口"即把现成的水泥"墓子"放进新挖的洞穴里，其余程序与传统的相同。

7-64◆盘石

7-65 ◆ 齐村

64. 烧纸（之二）[ʂo³¹tsʅ⁵³]

死者的子孙在其灵堂里跪拜并烧香祭奠，这一活动称为"烧纸"。停柩期间每日三餐前都要"烧纸"。

65. 三天吊孝[sæ̃³¹tʰiæ̃³¹tiɔ⁵⁵ɕiɔ⁵⁵]

老人去世后第三天，得知死讯的亲朋好友第一次前来吊唁，称为"三天吊孝"或"吊孝"。

7-66 ◆ 盘石

66. 吹龟兹 [tʃʰuei³¹kuei⁵³tsɿ³¹]

"龟兹"原为古代西域国名，其遗址在今新疆库车一带。从西汉至唐代，有不少龟兹人迁往陕西关中和陕北定居，与当地汉人通婚，逐渐汉化。龟兹人能歌善舞，擅长鼓、镲、箫和唢呐等乐器，对陕西民间音乐、舞蹈和戏曲等艺术的繁荣发展产生过重要影响。"龟兹"一词后来在方言中转指民间从事丧葬礼乐演奏的乐户，其表演活动叫"吹龟兹"。"龟兹"为背称，当面叫"乐人"[yo⁵³zẽ³¹]。农村丧事一般请6口或8口"龟兹"，家道殷实些的请12口或16口，也有少数人家请22口甚至更多。"龟兹"表演是丧葬中不可或缺的礼乐形式，方言形容一个人忙得不可开交说"忙得跟龟兹一样"。

7-67◆盘石

7-68◆盖村

67. 喧荒 [ɕyæ̃²⁴xuɑɣ̃³¹]

"喧荒"原指不搭台唱戏，现在特指农村办丧事时请的戏班子，最少6人，其中有的演唱秦腔，有的演奏唢呐、"鼓鼓" [ku⁵³ku³¹]小鼓、"镲镲" [tɕʰiɑ⁵³tɕʰiɑ³¹]、洋鼓、洋号等乐器。"喧荒"是"龟兹"（见图7-67）的一部分，如果主家请12口以上"龟兹"，通常带"喧荒"。"龟兹"越多，越能彰显丧礼之隆重。

68. 献饭 [ɕiæ̃⁵⁵fæ̃⁵⁵]

7-69◆曹村

"献饭"是下葬前一日举行的祭奠仪式，相当于依照生前之礼再次孝敬死者，区别于名词"献饭" [ɕiæ̃⁵⁵fæ̃³¹]。众男女孝子按长幼辈分跪成一行。"献饭"有三道程序：第一道是传递洗脸盆、毛巾和香皂，先由离厨房最近的孝子接过，依次往前传，最后接过的孝子送到死者灵前；第二道是传递茶壶、茶碗；第三道是传递"厨家"烹制的八样饭。

7-70 ◆ 盘石

69. 请先人（之一）[tɕʰiəɣ̃⁵³ɕiæ̃⁵³zɛ̃³¹]

"请先人"是下葬前一日举行的一系列仪式。第一步是"请抬灵的"[tɕʰiəɣ̃⁵³ tʰɛ²⁴liəɣ̃³¹ti⁵³]抬灵的：抬棺材的，由"引孝子的"[iɛ⁵⁵ɕiɔ⁵⁵tsʅ³¹ti³¹]主家从众乡邻中请的德高望重的长者，通常两位，男的引男孝子，女的引女孝子带领，"龟兹"和男孝子依次跟随，挨家挨户跪在邻居门前磕头。第二步是"请先人"，也叫"请牌位子"[tɕʰiəɣ̃⁵³pʰɛ³¹uei⁵³tsʅ³¹]，全部男孝子按辈分长幼排好队，站在最前面的端着祖先的红牌位，第二位端着死者遗像，到坟地里逐一祭奠已故祖先。男孝子从坟地回来时，全部女孝子排队在村口跪接，跟在男孝子后一路嚎啕大哭返回，这一仪式叫"接牌位子"[tɕiɜ³¹pʰɛ³¹uei⁵³tsʅ³¹]。

70. 迎饭[iəɣ̃²⁴fæ̃⁵⁵]

"迎饭"是下葬前一日下午举行的隆重吊唁仪式。死者的重要亲戚都要"摆饭"[pɛ⁵³fæ̃⁵⁵]，即携带礼品隆重吊唁送行。来客到村口时停下等候。一片鼓乐声中，"引孝子的"领着所有男孝子到村口跪地迎接，来客把礼品放到桌子上，少则几桌，多则一二十桌。"迎饭"队伍迎接礼品往返几次，直至迎到最后一桌，来客随孝子一起返回，并到死者灵前祭奠，称为"奠饭"[tiæ̃⁵⁵fæ̃⁵⁵]。"迎饭"从下午开始，亲戚多的常常进行到深夜甚至黎明。

7-71 ◆ 盘石

7-72 ◆ 盘石

71. 装柜 [tʃuɑɣ³¹kʰuei⁵⁵]

下葬前一日晚上，死者的女儿、侄女、孙女把冥币装进纸糊的柜子里，这一仪式称为"装柜"。

72. 扫墓 [sɔ⁵³mu⁵⁵]

7-73 ◆ 曹村

当地大多数村镇的传统是中午12点前"下葬"[ɕia⁵⁵tsaɣ⁵⁵]。起灵前，鼓乐相伴，"引孝子的"领着一众男孝子，拿上一把"稻黍眉儿"[tʰɔ³¹ʃu³¹mir²⁴²]高粱穗儿（象征扫帚）到坟地举行"扫墓"仪式。孝子们逐一下到墓穴的"暗厅"[ŋæ⁵⁵tʰiəɣ³¹]放棺材的地方里，象征性地在地上划拉一番，以示继续按阳间的孝道侍奉死者起居。少数村镇大清早七八点下葬，扫墓常在前一天进行。

73. 出丧 [tʃʰu²⁴saɣ̃³¹]

即起灵，也就是把棺材运走。过去运送棺材用"死轿子"[sɿ⁵³tɕʰi³¹tsɿ³¹]，铁制，又大又沉，至少需二三十号人才抬得动，因此"出丧"常是全村出动，练就了一身气力的壮汉们纷纷上前帮忙，晃晃悠悠地把棺材抬到坟地。现在改用"灵车"[liəɣ̃²⁴tʂʰɣ̩³¹]仿照"死轿子"的外形改装的汽车装运棺材，"出丧"省力多了。

7-74 ◆ 宏化

74. 送灵 [ʃuoɣ̃⁵⁵liəɣ̃²⁴]

"送灵"队伍常常比较庞大，依次是乐队、男孝子、灵车、女孝子、送行的亲戚和邻居。这种排序基于以下考虑：乐队在前开道；男孝子在灵车前可以防止灵车行走过快，称为"押灵"[ȵia³¹liəɣ̃²⁴]；女孝子在灵车后，一路呜咽哭泣，口里念念有词，说些嘱托和安慰死者的话，称为"压轿"[ȵia³¹tɕʰio⁵⁵]；送行的亲戚、邻居走在最后，帮忙把纸扎等陪葬品送往坟地。

7-76 ◆ 盘石

7-75 ◆ 连城

75. 引魂幡 [iɛ̃⁵³xuɛ̃²⁴fæ̃³¹]

"引魂幡"属于纸扎的一类，通常是白纸剪拼成的三角形旗子，用一根长竹竿挑着。起灵后，长子手持"引魂幡"，为亡故的亲人指引行路。

76. 纸盆子 [tsʅ⁵³pʰɛ̃³¹tsʅ³¹]

7-77◆盘石

出殡前，主家每日在"纸盆子"里烧纸祭奠死者。出殡时，长子或长孙把"纸盆子"顶在头上，为死者送行。民间讲究一生不能顶两回"纸盆子"，因此若长子给亡父顶过，那么母亲亡故时由长孙来顶。下葬完毕，在"纸盆子"底部砸一个洞，放在坟前的砖上，称为"支锅"[tsʅ²⁴kuo³¹]（砖头象征锅台，"纸盆子"象征锅）。

7-78◆雷家

264

77. 挖墓子 [uɑ³¹mu⁵⁵tsʅ³¹]

"墓子"即墓穴。人一旦过世，即刻请阴阳先生看风水，定坟地。民间认为墓地要选风水宝地，这样死者才能安息。墓地定好后紧接着"挖墓子"，过去是邻居们帮忙用铁锹挖，既耗人力又费时，现在改用挖掘机，省事多了。

78. 墓子 [mu⁵⁵tsʅ³¹]

"墓子"包括两部分：一是与地面垂直的约2米深的洞穴，叫"明厅"[miəɣ²⁴tʰiəɣ³¹]；二是底部一侧掏的深洞，用来安放棺材，叫"暗厅"[ŋæ⁵⁵tʰiəɣ³¹]。过去流行提前"箍墓"，即用砖石建造"暗厅"。后来人们改为买现成的水泥"墓子"，将其放进洞穴作为"暗厅"。

7-79 ◆ 忽家

7-80 ◆ 宏化

79. 下葬 [ɕia⁵⁵tsaɣ̃⁵⁵]

下葬即将棺材放进墓穴的"暗厅"里,这是出殡当天最重要的一个环节。

7-81 ◆ 盘石

80. 扎墓口 [tsɑ³¹mu⁵⁵kʰou⁵³]

棺材在"暗厅"里安放妥当后,匠人用砖把墓口堵住,称为"扎墓口"。接着众孝子向匠人敬酒答谢。墓口扎到最后要留一个小口,匠人口含白酒,用力向内喷射,以祛除墓穴里的异味。

7-82◆盘石

81. 墓口石 [mu⁵⁵kʰou³¹ʂʅ³¹]

"墓口石"是水泥铸的整块石板，先用砖把墓口封住，再把"墓口石"挡在外边，一为防止砖块倒塌，二为防止日后灌溉庄稼时水流进墓穴。"墓口石"也叫"叉墓石"[tsʰɑ⁵⁵mu⁵⁵ʂʅ³¹]，"叉"有"堵"义。

82. 全墓 [tɕʰyæ̃²⁴mu⁵⁵]

墓口封好后开始填土。四邻八舍的成年男子一般都来帮忙，你一锹我一锹，三下五除二就把坟头堆起来了，然后将四周修葺平整。整个过程叫"全墓"。人们为了省力，近些年常用挖掘机填个大概，再用锹整修。最后众孝子依次把"纸棍子"[tsʅ⁵³kuɛ̃³¹tsʅ³¹]长约80～100厘米的柳树棍，上面糊了白纸，直系子女和孙子辈（包括儿媳和孙媳）每人一个插在坟头，把花圈立在坟堆四周。

7-83◆盘石

7-84 ◆ 盘石

7-85 ◆ 盘石

83. 烧纸扎 [ʂɔ³¹tsɿ⁵³tsɑ³¹]

"全墓"的下一道仪式是"烧纸扎",即把拿到坟地的各种陪葬品在坟前点燃焚烧,以祭奠死者。

84. 绕坟走一圈儿 [ʐɔ⁵³fɛ̃²⁴tsou⁵³i³¹tɕʰyær⁵³]

葬礼的最后一道仪式。所有孝子绕着新坟转一圈,察看坟头整修得是否圆满。

85. 立碑子 [li³¹pi⁵³tsɿ³¹]

依照传统习俗,在老两口都离世后,子孙才为其"立碑子"。日子通常选在后亡人三周年祭日,若因故未立,可在之后的某个清明节补立。近些年常有下葬之日即立碑的。

"立碑子"是家庭大事,通常很隆重,要请"龟兹"敲锣打鼓、吹拉弹奏,亲朋好友"行门户"道贺。有些家庭会事先立好碑,用红布或红纸遮挡住,择日举行仪式。仪式结束后,死者的女儿用红绸布、红被面等答谢匠人,称为"搭红"[tɑ³¹xuoɣ̃²⁴]。要将红绸布、红被面等拿到坟地搭在立好的碑上,匠人离去时自会带走。

7-86 ◆ 盘石

7-87◆纪贤

86. 王翦墓 [uɑɣ³¹tɕiæ̃⁵³mu⁵⁵]

秦朝大将军王翦故里在今富平县美原镇。王翦墓位于县城东北约19千米的到贤镇纪贤村。墓封土约呈覆斗形，南北长，东西短，底周长约136米，高约9米。墓西侧从南到北列六冢（今已不在）。民间多传六冢为六国诸王客死后的墓地，是王翦将军的陪葬墓，也有传六冢埋了六国的图书。1956年王翦墓被列为省级重点文物保护单位。

7-88◆纪贤

捌

节日

富平县传统节日庆祝活动同全国其他地方大体相同，但具体细节不尽一致，有的具有浓郁的地域特色，比如，立春时节给小孩缝制小饰物"打春鸡娃儿"[ta⁵³tʃʰuɛ³¹tɕi⁵³uar³¹]鸡娃：小鸡别在衣服上，农历二月二炒"馍蛋蛋儿"[mo⁵⁵tã⁵⁵tãr³¹]、"御麦豆豆"[y⁵⁵mei³¹tou⁵⁵tou³¹]玉米粒儿等，农历七月七"长巧芽"[tʂaɣ⁵⁵tɕʰiɔ⁵³nia³¹]长豆芽，九月九"送糕"[ʂuoɣ⁵⁵kɔ³¹]糕：一种特色面点、"送柿子"[ʂuoɣ⁵⁵sʅ⁵⁵tsʅ³¹]等。

在所有节日庆祝活动中，春节最为隆重，主要体现在准备工作的细致性和节日礼俗的繁复性上。

腊月二十三起，便开始一系列准备工作，如"敬灶火爷"[tɕiəɣ⁵⁵tsɔ⁵⁵xuo³¹iɜ³¹]灶火爷：灶神、"扫舍"[sɔ⁵³ʂɤ⁵⁵]、"蒸年馍"[tʂəɣ³¹niɛ̃²⁴mo⁵⁵]、"下油锅"[ɕia⁵⁵iou³¹kuo⁵³]、剪窗花、贴窗花、买年画等。其中最耗力的当属"蒸年馍"。"年馍"花样众多，常见的有"茧娃娃"[tɕiɛ⁵³ua³¹ua³¹]一种形似蚕茧的馒头、"油角角"[iou²⁴tɕyo⁵³tɕyo³¹]一种包了油馅的大馍、"油旋儿"[iou³¹ɕyɛ̃r⁵³]花卷、"蒸馍"[tʂəɣ⁵³mo³¹]馒头和包子等，有时根据特殊情况蒸一些另样的花馍。"年馍"有些是人们过年期间吃的，有些是人们走亲戚时作为礼品携带的。亲戚远近亲疏不同，带什么样的馍，带几个都有讲究。因此，光"蒸年馍"常常得一整天时间。

大年初一清早放鞭炮、吃"疙瘩儿"[kɯ⁵³tar³¹]水饺，饭后乡邻互相串门拜年。过年期间的主要活动是走亲戚，谁先看望谁，带什么礼品，视辈分和长幼而定。初二至初五的亲戚走访活动称为"拜年"，大体是晚辈看望长辈，年轻的看望年长的；初五以后的亲戚走访活动称为"送茧"[ʂuoɣ⁵⁵tɕiɛ⁵³]，相当于对方回礼。拜年和"送茧"携带的礼物各有讲究。近年来，随着商品的丰富，人们与外界交流的增多，人们的观念也在发生转变，节日看望常去繁就简，礼品以经济实用为主，送"年馍"的习俗逐渐淡化。

正月十五传统上村村耍社火，规模一般不大。近些年，随着人们经济好转，有的乡镇投入财力举办大规模的社火表演。富平民间社火传统上有30余种形式，目前最常见的有"老庙老鼓"[lɔ⁵³miɔ³¹lɔ³¹kɯ⁵³]一种民间鼓舞艺术、"跑驴驴儿"[pʰɔ²⁴ly³¹lyr⁵³]人骑在毛驴道具上表演、"跑船"[pʰɔ²⁴ʂuæ²⁴]跑旱船、"扭秧歌儿"[niou⁵⁵iaɣ³¹kər³¹]、"高台芯子"[kɔ⁵³tʰɛ³¹ɕiɛ̃⁵⁵tsʅ³¹]等。

过去有不少和节日相关的不合理的乡俗和忌讳。比如，大年初一不走亲戚，不劳作，不担水，不扫地，不穿破旧衣服；正月初五不兴土木，不向邻家借物，不往地上泼脏水；农历二月二，家里有石磨的要把磨支起，当天不担水；等等。以上绝大多数已被废除。遗憾的是，一些特色民俗文化也在不知不觉中淡化甚至消失，比如，春节前剪窗花、贴窗花，大年三十晚上"坐夜"[tʃʰuo⁵⁵iɜ⁵⁵]守岁，农历七月七"长巧芽"等。

一 春节

1. 请灶火爷 [tɕʰiəỹ⁵³tsɔ⁵⁵xuo³¹iɜ³¹]

8-1 ◆纪贤

即请灶神。传说灶火爷是民间的家宅主神。腊月二十三是传统上的小年，也是全家团圆的日子，作为"一家之主"的灶火爷，自然要被"请"回家过年。这一天，家家户户把新买的灶火爷像虔诚地贴在"灶火"[tsɔ⁵⁵xuo³¹]厨房正中的墙壁上，并燃香、上供、祭拜。

2. 敬灶火爷 [tɕiəỹ⁵⁵tsɔ⁵⁵xuo³¹iɜ³¹]

即敬灶神。人们先是摆放祭品，传统上用自家烙的"饦饦儿"[tʰuo³¹tʰuər⁵³]（见图8-3）。有的人家还要祭献"灶糖"[tsɔ⁵⁵tʰɑỹ³¹]。接着点燃三炷香，跪地烧纸，叩头敬拜。叩拜时嘴里常念念有词，说些敬奉的话。

8-2 ◆纪贤

274

3. 灶火爷饦饦儿 [tsɔ⁵⁵xuo³¹iɜ³¹tʰuo³¹tʰuər⁵³]

"饦饦儿"也叫"饦饦儿馍"[tʰuo³¹tʰuər⁵³mo⁵⁵]，是农家烙的一种发面饼，里面有油、盐等，可当主食或零食，凉热均很可口，能较长时间存放，因此过去常被作为人们出远门时的干粮。由于传统腊月二十三敬奉灶火爷时常被作为祭品，故而又叫"灶火爷饦饦儿"。

8-3 ◆ 忽家

4. 土地爷 [tʰou⁵³tʰiɜ³¹iɜ³¹]

"土地爷"是传说中掌管一方土地的神明，民间在腊月二十三祭完灶火爷后祭祀土地爷。过去人们通常在大门入口处贴一张新买的土地爷像，上书"土中生白玉，地内产黄金"，横批"土地堂"。现在祭祀土地爷已不太普遍。

8-4 ◆ 西城

5. 扫舍 [sɔ⁵³ʂɤ⁵⁵]

"舍"即房舍，"扫舍"是春节前给房子大扫除，传统上腊月二十三、二十四或二十五进行。"扫舍"多由男劳力承担，他们换上一身旧衣服，头戴草帽，把笤帚绑在长竹竿上，将房前屋后角角落落的灰尘掸扫干净。过去住草房，"扫舍"时乌烟瘴气，人也变得灰头土脸。"扫舍"是春节前压在人们心头的一件大事，一旦结束人们会顿觉轻松。后来改住平房和楼房，尘土少了，"扫舍"容易多了。

8-5 ◆ 纪贤

8-6 ◆三义

6. 蒸年馍 [tʂəỹ³¹ȵiæ²⁴mo⁵⁵]

"蒸年馍"是蒸制春节期间食用的各式面点,年前最重要的工作之一。"年馍"的花样很多,有日常吃的"蒸馍"[tʂəỹ⁵³mo³¹]馒头(见图4-1)和包子,以及走亲戚作为礼品的"茧娃娃"[tɕiæ⁵³uɑ³¹uɑ³¹]、"油角角"[iou²⁴tɕyo⁵³tɕyo³¹]、"油旋儿"[iou³¹ɕyær⁵³](见图8-21、8-22、8-23)等,有时根据特殊情况蒸一些其他样式的。人们走亲戚带什么样的馍,带几个都有讲究,一般据远近亲疏而定。

7. 下油锅 [ɕiɑ⁵⁵iou³¹kuo⁵³]

8-7 ◆三义

腊月二十三至大年三十人们主要准备过年期间的各类食品,因为大多数食材要在油锅里炸制,故而统称"下油锅"。一些菜肴的制作需要"下油锅",如炸"甜红苕"[tʰiæ̃²⁴xuoỹ²⁴ʂɔ²⁴](见图8-28)、豆腐、鸡肉丸子等,一些过年待客的零食的制作也需要"下油锅",如炸"麻叶儿"[mɑ³¹iɜr⁵³]一种五香油炸面食(见图8-29)、"油掏掏"[iou²⁴tʰɔ³¹tʰɔ³¹]一种花形油炸面食等。近些年人们的生活条件好了,"下油锅"的食材比以前更丰富。

8-8◆纪贤

8. 收拾猪头 [ʂou⁵³ʂʅ³¹tʃu³¹tʰou²⁴]

"收拾"即加工。过了腊月二十三,人们陆续准备各种年货和食材,过去村里常有人杀猪,由几家分割。现在养猪的少了,人们改为在街市上买。人们买回猪头肉后自己加工成猪耳朵、"口条" [kʰou⁵³tʰiɔ³¹] 猪舌头等凉菜。

9. 卖对子 [mɛ⁵⁵tuei⁵⁵tsʅ³¹]

"对子"即对联,人们一般在腊月二十五至大年三十这几天准备,传统上前门和第二道门都要贴,内容以庆贺、祈福为主。过去家家养牲口,牲口槽上张贴"槽头兴旺"。传统上"对子"由人们自己写或请村里的先生代写,近些年常有喜好文墨的老先生支张桌子在"会" [xuei⁵⁵] 农村的集(年前天天有)上边写边卖,货摊上悬挂的烫金对联也四处可见。

8-9◆到贤

8-10◆纪贤

10. 贴对子 [tʰiɜ³¹tuei⁵⁵tsʅ³¹]

即贴春联。大年三十吃过"晌午饭"[ʂaɣ̃³¹xu³¹fæ̃⁵⁵]当地多为一日两餐,这是第二顿饭,在下午三四点左右,各家陆续搬出梯子,给门上"贴对子"。

8-11◆纪贤

11. 糊窗纸 [xu²⁴tʃʰuaɣ̃³¹tsʅ⁵³]

过年贴窗花是传统习俗。第一步是"糊窗纸",即把窗框取下来(过去"厦子房"[sa⁵³tsʅ³¹faɣ̃²⁴]装的是可以取卸的木格子窗),将上一年贴的陈旧窗纸撕掉,用"糨子"[tɕiaɣ̃⁵⁵tsʅ³¹]糊糊糊上新白纸。

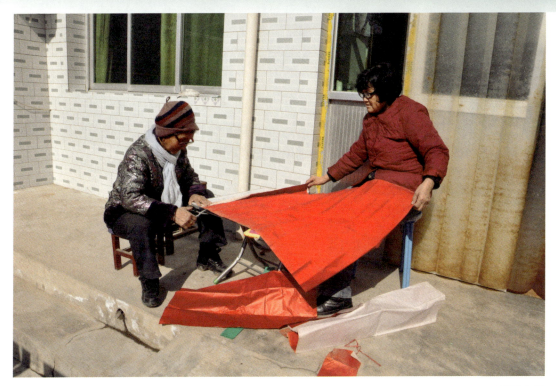

8-12 ◆纪贤

12. 铰窗花儿 [tɕiɔ⁵³tʃʰuaɣ̃³¹xuar³¹]

新窗纸糊好后,开始用五颜六色的彩纸"铰"剪窗花儿。图案全凭能工巧匠的想象力和一双巧手,其中花卉、动物是最为常见的图案。剪花卉一般用红纸。剪不同的动物用不同颜色的纸,剪狗多用黑色的纸,剪狮子多用绿色的纸,剪猫多用灰色的纸。

13. 贴窗花儿 [tʰiɜ²⁴tʃʰuaɣ̃³¹xuar³¹]

窗花儿剪好后,将各式图案照构思好的布局贴在白色窗纸上,必要时可用彩笔做一些勾勒补饰。

8-13 ◆纪贤

14. 安窗格子 [ŋæ̃³¹tʃʰuaɣ̃³¹kei⁵³tsʅ³¹]

"窗格子"即窗框（方言把"框"叫"格子"），"安窗格子"即将贴了全新窗花图案的窗框安到窗子上。

8-14◆纪贤

15. 窗花儿 [tʃʰuaɣ̃³¹xuar³¹]

五颜六色的"窗花儿"配上雪白的窗纸，屋子一下亮堂了，气氛也变得喜庆。不过，随着2000年后"厦子房"改建为平房和楼房，以前的格子窗换成了玻璃大窗，过年贴"窗花儿"的习俗渐趋消失。

8-15◆纪贤

16. 财神爷像 [tsʰɛ³¹ʂɛ̃⁵³iɜ³¹ɕiaɣ̃⁵⁵]

过去老百姓普遍在腊月二十三祭完灶火爷后祭祀财神爷。腊月二十三，各生意场所的老板也会在墙上挂一块儿木板，将新买的"财神爷像"安放在上面，求其护佑自己生意兴隆、财源广进。

8-16◆老庙

17. 卖年画儿 [mɛ⁵⁵ȵiæ²⁴xuɑr⁵³]

年前一个月，"会"上会逐渐出现摆摊"卖年画儿"的。年画儿尺寸不一，内容很丰富，常见的有草木花卉、山水美景和人物图像等。

8-17◆美原

18. 贴年画儿 [tʰiɜ³¹ȵiæ²⁴xuɑr⁵³]

大年三十吃过早饭，各家陆续开始给厅堂里张贴新买的年画儿。

8-18◆纪贤

19. 老皇历 [lɔ⁵³xuɑ̃²⁴li³¹]

过去家家户户年前买"老皇历"，上面按照历法（农历记日）排列年月日和二十四节气，供人们查询日期使用；此外有农事指导、生活参谋等信息，供人们参考。现在除了一些年长者，已少有人买老皇历。

8-19◆薛镇

8-20 ◆ 太平

20. 台历 [tʰε²⁴li³¹]

图8-20是常见的"台历",比A4纸略小,每页对应一个月份,上有当月的日期(含公历和农历)、节日、节气和一些附加的文化信息,是老百姓日常生活的重要参考。台历设计得很精美,因此兼具装饰功能。过去家家户户年前买新台历,每过一个月撕掉一张。也有挂在墙上的万年历(12个月的信息在一整张上),人们可以随时查看,省去了翻页的麻烦。随着手机的普及,人们看日期已很少使用纸制台历和万年历。

21. 茧娃娃 [tɕiã⁵³uɑ³¹uɑ³¹]

过年蒸的一种馒头,因形似蚕茧而得名。较小的一头夹一颗红枣,背上有用梳子压的细纹。"茧娃娃"是舅舅去看外甥必带的礼物,一般拿6个、8个或10个,同时带"灯笼"[təỹ⁵³ləỹ³¹](十三岁"全灯"[tɕʰyæ̃²⁴təỹ³¹]类似于成年礼。孩子十三岁(农村指虚岁,相当于12周岁)这年春节,舅舅、姑姑等至亲携重礼庆贺,主家设宴招待后不再带)和其他礼品。现在物品极大丰富,人们的生活条件好了,过年走亲戚已很少带"茧娃娃"。

8-21 ◆ 姜义

捌 节 日

8-22 ◆ 姜义

22. 油角角 [iou²⁴tɕyo⁵³tɕyo³¹]

过年必蒸的一种花样馒头，里面包了油、面、盐和花椒面拌的馅，表面有手捏的小花棱，故得名"油角角"。"油角角"是传统上女子给娘家拜年（带12个）、妹妹给姐姐拜年（带8个或10个）、外甥给舅舅拜年（带2个）必带的礼物，外加其他礼品。"油角角"主要是人们用来看望至亲长辈的，其油馅要多（通常包一小勺，有的包三四勺），外形要大（直径15厘米左右），故又叫"大馍油角角" [tɑ⁵⁵mo⁵⁵iou²⁴tɕyo⁵³tɕyo³¹]。现在人们生活条件好了，物资很丰富，一般象征性地带两个"油角角"或者不带。

8-23 ◆ 姜义

23. 油旋儿 [iou³¹ɕyæ̃r⁵³]

即花卷，人们日常吃的一种馒头，过年必蒸。"油旋儿"的叫法与其制作过程有关。将发酵好的面揉制成形后，擀成厚厚的一大张，抹上食用油，撒上盐（也可再加辣椒面或其他调料），卷成卷儿，切成15厘米左右的小段，然后把筷子夹在面团里旋转拧出花形，摆放在"蒸馍笼" [tʂəɣ̃³¹mo⁵⁵luoɣ̃²⁴]里，在太阳底下晾晒一会儿后上锅蒸。"油旋儿"是传统上过年人们走亲戚必带的礼物之一，近些年逐渐淡化，改送其他礼品。

283

8-24 ◆ 姜义

24. 包子 [pɔ⁵³tsʅ³¹]

"包子"是人们日常吃的一种主食，过年必蒸。当地包子为椭圆形，长10～12厘米左右，宽8厘米左右，表面有一排手捏的花棱。人们平时蒸菜包子（常见的有红萝卜、白萝卜、豆腐和粉条做馅，凉粉、白萝卜和大葱做馅，韭菜、豆腐和粉条做馅）和肉包子（多是肉、葱和白萝卜做馅），过年有时还蒸"豆馅儿包子"[tou⁵⁵xæ̃r³¹pɔ⁵³tsʅ³¹]（见图8-25）。包子是人们自己吃的，不作为礼品。

25. 豆馅儿包子 [tou⁵⁵xæ̃r³¹pɔ⁵³tsʅ³¹]

8-25 ◆ 赵村

"馅"念舌根声母，保留了古音。"豆馅儿包子"主要在过年时蒸，平时极少做。先把豇豆、红薯分别煮熟，各自捣碎，再搅拌在一起，加白糖，拌匀，制成馅，方言叫"跐⁼豆馅儿"[tsʰʅ³¹tou⁵⁵xæ̃r³¹]跐⁼：摩擦然后起面，蒸成包子。过年未必家家做，做的人家常与邻居、亲戚分享。

8-26◆赵村

8-27◆底店

26. 鱼 [y²⁴]

也叫"鱼馍"[y²⁴mo⁵⁵]，人们过年蒸的一种外形像鱼的馍（一般象征性地蒸几个），平时一般不蒸。"鱼"头上镶嵌两颗黑豆代表眼睛，口里含一根红辣椒代表牙齿，鱼鳞、鱼鳍用剪刀做出造型。当地民谚云："鱼上墙，年年有余粮。"蒸"鱼"寄托了人们对美好生活的向往。人们一般不吃蒸熟的"鱼"，而是用红线将其穿起挂在墙上，"鱼"头向上，象征年年有余。

27. 甜饭 [tʰiæ²⁴fæ⁵⁵]

通常过年时才能吃到的美食，主要用于待客。腊月二十三开始，各家陆续准备过年的食物，"甜饭"是其中之一。以糯米和红枣为主料，辅以葡萄干、青红丝等，放进"蒸碗子"[tʂəɣ³¹uæ̃³¹tsʅ³¹]—— 一种用于蒸制食物的瓷碗（见图2-30）里上锅蒸熟。人们吃时连碗一起"熥"[tʰuo³¹]熟食蒸热，再反扣倒进碟子里，上面撒一些白糖，软糯香甜，人皆喜食。

28. 甜红苕 [tʰiæ²⁴xuoɣ̃²⁴ʂɔ²⁴]

用红薯做的甜食，也是人们过年待客的传统菜肴，平时很少做。人们年前开始准备，将洗净去皮的红薯切成块，逐一在油锅里炸至金黄，半熟即出锅，叫"红苕丸子"[xuoɣ̃²⁴ʂɔ²⁴uæ̃³¹tsʅ⁵³]。人们吃时盛装在碗或盘子里上锅蒸熟，出锅后撒一层白糖，便是香甜可口的"甜红苕"。

8-28◆流曲

29. 麻叶儿 [mɑ³¹iɜr⁵³]

8-29◆庄科

春节时人们自制的一种零食。做法是：温水和面，加盐、花椒面、小茴香等调料（或根据个人口味做成甜的），揉成略硬的面团，擀成一大张，折叠成几层，用刀切成不同形状，或用手辅助做出造型，放入油锅炸至金黄。"麻叶儿"放凉酥脆可口，人们会自己吃或招待客人。

30. 写牌位子 [ɕiɜ⁵³pʰɛ³¹uei⁵³tsʅ³¹]

"牌位子"是写有已故祖先的姓名、称谓等信息，供后人祭奠的木牌。顶部大多是三角形，主体呈长方形，外包一层红纸。传统上人们过年要祭祀祖先，大年三十"写牌位子"，格式如下：正中自上至下写"×府祖宗三代之神位"，上部自左至右写"供奉"，左下角写"叩"。人们写好后恭恭敬敬地将其摆放在房正中的香案上，并燃香供奉。

8-30◆纪贤

31. 请先人（之二）[tɕʰiəɣ̃⁵³ɕiæ̃⁵³zʅ̃³¹]

大年三十人们吃过"晌午饭"，各家族最年长的男性带领众子孙，用木盘端上黄表纸、香、鞭炮、白酒和副食，到坟地祭祀祖先，称为"请先人"。

8-31◆纪贤

8-32 ◆纪贤

8-33 ◆纪贤

32. 服侍先人 [fu³¹ʂʅ⁵³ɕiæ̃⁵³zɤ̃³¹]

大年三十晚上，各家在房正中设置好"中堂"[tʃuoỹ⁵³tʰaỹ³¹]，用香烛、水果等供奉祖先，并烧纸磕头祭奠，称为"服侍先人"。

33. 长明灯 [tʂʰaỹ²⁴miəỹ²⁴təỹ³¹]

大年三十下午开始，各家大门上便挂起了一对对大红灯笼，入夜后点亮。彻夜长明的红灯笼照得整个村子温暖而喜庆，人们称其为"长明灯"。

34. 三十儿会 [sæ̃³¹ʂʅr²⁴²xuei⁵⁵]

"三十儿会"指各乡镇全年的最后一次集市。进入腊月二十三，人们便开始张罗过年事宜，每月固定日子的"会"变成天天都有，小摊小贩的生意比任何时候都要兴隆。大年三十是置办年货的最后时机，当天街上人声鼎沸，摩肩接踵，堪比一场群众联欢会。

8-34 ◆到贤

8-35◆纪贤

35. 捏疙瘩儿[n̠iɜ³¹kɯ⁵³tɑr³¹]

即包饺子。最常见的包法是：将馅放在饺子皮上，边沿对折"绉"[tsʰou³¹]用手挤压在一起并捏紧，外形看起来像个小疙瘩，故包饺子叫"捏疙瘩儿"。此外常见的还有猪耳朵形。大年三十晚上，全家围坐在火炉边或热炕上，边聊天边"捏疙瘩儿"。包好的饺子一部分作为年夜饭，另一部分留作次日的早饭（传统上大年初一清早吃饺子）。

8-36◆小峪

36. 年夜饭[n̠iã²⁴iɜ⁵⁵fã⁵⁵]

当地传统上没有郑重其事地吃"年夜饭"的习俗。多数人家在天快黑时"捏疙瘩儿"吃。近些年随着人们生活水平的提高，与外界交流的增多，不少人家三十晚上也常常张罗一桌酒菜，举家围坐一起吃年夜饭。

37. 炮摊摊儿 [pʰɔ⁵⁵tʰæ̃⁵³tʰæ̃r³¹]

燃放爆竹庆祝新年是全国各地由来已久的习俗。年前半个月开始直到正月十五，街市上天天有"炮摊摊儿"。鞭炮的种类有很多，根据燃放时间长短、火焰形状、火力大小等，名称各异，价格不等。常见的有"鞭"[piæ̃³¹]、"嘟嘟出儿"[tou⁵⁵tou⁵⁵tʂʰur⁵³]小孩拿在手里玩的一种小炮，摔在地上"啪"地响一下、"雷子"[luei³¹tsɿ⁵³]火力较大的一种炮，圆柱形，略粗、"筒子"[tʰuoɣ̃⁵³tsɿ³¹]火力较大的一种炮，有焰火等。老庙镇一带生产的花炮非常有名。

8-37◆老庙

38. 响炮 [ɕiɑɣ̃⁵³pʰɔ⁵⁵]

大年初一讲究早起，常常天不亮就能听到街巷中噼里啪啦的鞭炮声。听见炮响，睡梦中的人一下子着了急，一骨碌从炕上爬起来，未及洗漱，先开门"响炮"放鞭炮。接着便是此起彼伏的鞭炮声，新的一年开始了。

8-38◆纪贤

39. 穿新衣服 [tʃʰuæ̃³¹ɕiẽ³¹i⁵³fu³¹]

8-39◆纪贤

过新年穿新衣是普遍性风俗，尤其是小孩子，过年的一大快乐是"穿新衣服"。过去人们的生活水平不高，但过年时要想方设法为孩子准备一身全新的穿戴，大人则差不多就行。大年三十晚上，孩子们试过了新衣，才心满意足地睡去。初一清早，孩子们常天蒙蒙亮就爬起来，穿上新衣在街巷中欢快地蹦来蹦去。现在人们的生活水平普遍提高了，无论大人小孩，过年都是焕然一新。

40. 狂炮 [kʰuaɣ̃²⁴pʰɔ⁵⁵]

方言词"狂"是"玩"义，"狂炮"即用炮玩耍。过年最快乐的莫过于孩子，他们总能想方设法自得其乐。胆子大的最喜欢的便是"狂炮"。

8-40◆纪贤

8-41 ◆ 纪贤

41. 串门子拜年 [tʃʰuæ̃⁵⁵mɛ̃³¹tsɿ⁵³pɛ⁵⁵n̻iæ̃²⁴]

大年初一清早吃过饺子，稍年长的妇女们收拾锅灶，男人们、年轻的媳妇们各自成群给辈分高的邻居拜年。遇到特别年长的，拜年的人们进门先大声问候一句"过年好"，即刻跪地磕头作揖行礼（近些年磕头已少见），老者忙不迭地笑着制止。稍坐片刻，又去串下一家。中午12点前，上午的大部队拜年告一段落。"晌午饭"后，在家忙碌的妇女们终得以脱身，三五成群地串门子拜年。现在谁在家待客，谁去串门，比较灵活。

42. 走亲亲 [tsou⁵³tɕʰiɛ̃⁵³tɕʰiɛ̃³¹]

即走亲戚。亲戚关系不同，登门的先后次序不同。初二至初五"走亲亲"叫"拜年"，主要是女子回娘家，外甥看望舅舅，妹妹看望姐姐。过了初五"走亲亲"叫"送茧"[ʃuoɣ̃⁵⁵tɕiæ̃⁵³]，也叫"送灯"[ʃuoɣ̃⁵⁵təɣ̃³¹]、"送灯笼"[ʃuoɣ̃⁵⁵təɣ̃⁵³ləɣ̃³¹]，主要是舅舅去看外甥，外婆外公去看女儿和外孙。

8-42 ◆ 纪贤

过去拜年带的礼品是"油角角""油旋儿"和各类副食，"送茧"带的礼品是"茧娃娃"、灯笼和蜡烛，有时外加一包"油麻糖"[iou²⁴maɣ̃³¹tʰaɣ̃⁵³]麻花或"蓼花糖"[liɔ³¹xua⁵³tʰaɣ̃²⁴]。现在带馍的渐少。过去忌讳初一走亲戚，现已淡化。

8-43 ◆ 纪贤

8-44 ◆ 甘井

43. 碎娃儿磕头 [ʃuei⁵⁵uɑr⁵³kʰɤ³¹tʰou²⁴]

"碎娃儿"即小孩，多指六七岁以下的孩子。过年最快乐的莫过于小孩，吃香的、喝辣的、穿新的，跟着大人走亲戚，磕头挣压岁钱，其乐无穷。孩子在"全灯"前走亲戚，对方要给压岁钱。年龄小的，大人常逗着让磕头，孩子们天真稚趣的表现引来满堂欢声笑语。

44. 回娘家 [xuei²⁴ȵiaɤ̃³¹iɑ⁵³]

后字"家"的介音非常轻短，实际发音近 [ⁱɑ⁵³]。传统上大年初二（最晚初三）女子"回娘家"，也就是给娘家人拜年，丈夫、孩子同行。随身携带的礼品有亲手蒸制的"油角角""油旋儿"和副食。女儿女婿是最重要的客人，娘家人的招待极为用心。

8-45 ◆ 尖角

45. 礼当 [li⁵³taɤ̃³¹]

即礼物。过年走亲戚带的礼物取决于各人的经济能力和彼此关系的亲疏，过去主要带各类馍和副食。现在生活水平高了，物质极大丰富，"礼当"大大升级，烟、酒、茶叶等，不一而足。

46. 吃疙瘩儿 [tʂʰʅ³¹kɯ⁵³tɑr³¹]

大年初一和初五人们早起放鞭炮，放完鞭炮后"吃疙瘩儿"煮饺子吃。初五是小年，称为"破五"[pʰo⁵⁵u³¹]。民间习俗初五之前不劳作。初一至初五主要是走亲戚和招待客人。过了"破五"，陆续开始恢复劳作。

8-46 ◆ 南韩

47. 唱戏 [tʂʰaɣ̃⁵⁵ɕi⁵⁵]

当地流行的戏曲种类是秦腔，五六十岁以上的秦腔爱好者很多，有的唱功卓绝，堪与专业演员相媲美，普通戏迷也多少能哼唱三五句或一两段。秦腔的内容大多改编自历史故事，即使不识字的人，也多能流利讲述，因此戏曲无形中发挥了文化科普的作用。

8-47 ◆ 纪贤

二 元宵节

48. 灯笼 [təỹ⁵³ləỹ³¹]

8-48 ◆ 流曲

从正月初五开始，街上各式各样的大红灯笼逐渐多起来。灯笼是娘家人给出嫁的女儿"送灯"带的礼物。女儿新婚第一年，娘家人带一对大红宫灯、两个火罐灯、两把红蜡烛、十个"茧娃娃"，外加粽子、糕点等。若女儿的婆婆在世，还要带两个"混沌馍"[xuɛ̃³¹tʰuɛ̃⁵³mo⁵⁵]。小孩降生后，舅家每年给孩子"送灯"，至其满13岁。

49. 社火 [ʂɤ⁵⁵xu³¹]

"社火"是我国民间在传统节日举行的一系列杂耍活动的统称。富平传统民间社火有"扑蛾儿"[pʰu³¹ŋər²⁴²]、"耍狮子"[ʃuɑ⁵³sɿ⁵³tsɿ³¹]、"踩高跷"[tsʰɛe⁵³kɔ⁵³tɕʰiɔ³¹]、"龙灯"[luoỹ²⁴təỹ³¹]、"推车"[tʰuei²⁴tʂʰɤ³¹]、"跑船"[pʰɔ²⁴ʃuæ²⁴]等30余种形式，每年正月十五上演，称为"耍社火"。具体出演哪些节目视各村镇的装备和人力而定。

耍社火有两大步骤：一是准备工作，包括社火化妆（将演员化成想象中的历史人物形象）（见图8-49）、锣鼓队整装、"装芯子"[tʃuaỹ³¹ɕiɛ̃⁵⁵tsɿ³¹]（见图8-55）等，统称"装社火"；二是走村串户绕街巷巡演，有"老庙老鼓"[lɔ⁵³miɔ³¹lɔ³¹ku⁵³]、"鸣炮"[miəỹ²⁴pʰɔ⁵⁵]、"跑驴驴儿"[pʰɔ²⁴ly³¹lyr⁵³]、"跑船"、"扭秧歌儿"[niou⁵⁵iaỹ³¹kər³¹]、"高台芯子"[kɔ⁵³tʰɛ³¹ɕiɛ̃⁵⁵tsɿ³¹]、锣鼓队等。条件好的村子在农历正月二十三会再次表演。

8-49 ◆ 到贤

50. 老庙老鼓 [lɔ⁵³miɔ³¹lɔ³¹ku⁵³]

老庙镇地处富平县东北隅，"老庙老鼓"是民间鼓舞之一，俗名"老鼓"，堪称县内首屈一指的文艺表演形式，也是当地传统社火表演形式之一。"老鼓"据说起源于秦大将王翦练兵的场面，以气势磅礴、刚健有力而著称。"老鼓"的表演既有打击乐，又同时伴有优美的舞姿，雄浑中见柔情。每逢传统节日，各村赛鼓成风，非常壮观。有名的"老鼓"班子常受邀在节日庆祝、婚丧嫁娶等场合演出。

8-50◆老庙

51. 跑驴驴儿 [pʰɔ²⁴ly³¹lyr⁵³]

"驴驴儿"即毛驴。"跑驴驴儿"是社火表演形式之一，参演者多为中老年女性。演出时，人骑在毛驴道具上，踩着碎步，跟随社火队缓缓前行，并不时跟随鼓点做出毛驴跳跃等滑稽动作，引得观众连声发笑。

8-51◆老庙

52. 旱船 [xæ̃⁵⁵ʃuæ̃²⁴]

8-52◆老庙

"旱船"是社火表演用的一种道具，因为表演时只见船不见水，故而得名。"跑旱船"[pʰɔ²⁴xæ̃⁵⁵ʃuæ̃²⁴]是传统社火表演形式之一，简称"跑船"。"旱船"的船板中心是空的，表演时人站在其中，手扶着两边，装作船工的样子边摇边跑，并不时做出划桨的动作，看起来很怪诞，引得观众发笑。

53. 扭秧歌儿 [ȵiou⁵⁵iaɣ̃³¹kər³¹]

"扭秧歌儿"是传统社火表演形式之一。秧歌队由不同年龄的女性组成，着统一演出服，每人手执五彩扇或红绸布，踩着鼓点，不时变换步法，跟随社火队缓缓行进。

8-53◆到贤

8-54 ◆ 到贤

8-55 ◆ 到贤

8-56 ◆ 到贤

54. 高台芯子 [kɔ⁵³tʰɛ³¹ɕiẽ⁵⁵tsʅ³¹]

"高台芯子"简称"芯子",是将四五岁左右的儿童装扮成历史戏剧人物形象,然后用道具将其固定在高达四五米的钢筋支架上进行表演的一种高难度艺术形式,历来是社火中的精华。"芯子"演绎的大多是老百姓耳熟能详的具有正能量的历史故事,如桃园结义、精忠报国等。图8-54展现的是化好妆准备登台的小演员。图8-55展现的是人们用各类道具将演员们固定在钢筋支架上,称为"装芯子"。图8-56展现的是绕街巡演的"芯子"。

55. 锣鼓队 [luo²⁴ku⁵³tuei⁵⁵]

锣鼓队是传统社火表演中不可缺少的一部分。参演者为不同年龄的女性，穿着统一演出服，领头的手撑红绸伞，随行的跟着音乐节奏不时击打腰间小鼓。整个队伍踩着鼓点变换步法前行。

8-57◆到贤

三 清明节

8-58◆流曲

56. 长钱 [tʂʰɑɣ̃³¹tɕʰiæ⁵³]

"长钱"也叫"清明吊儿"[tɕʰiəɣ̃⁵³miəɣ̃³¹tiɔr⁵³]，一种祭祀用品，清明节人们给祖先上坟时将其插在坟头。坟上的"长钱"象征家族人丁兴旺，也表明子孙后代崇尚孝道。

57. 上坟 [ʂaɣ⁵⁵ fɛ̃²⁴]

"上坟"指清明节时的祭祖、扫墓活动。清明节当天上午，男性子孙端着"献饭"[ɕiæ̃⁵⁵fæ̃³¹]（白酒、茶水和菜肴）、"烧纸"[ʂɔ³¹tsʐ³¹]和一厚沓纸钱到坟前祭祀，缅怀已故祖先。

8-59◆纪贤

58. 打秋千 [tɑ⁵³tɕʰiou⁵³tɕʰiæ̃³¹]

"打秋千"是清明节人们给孩子安排的一项带有娱乐性质的体育活动。过去房前屋后的院子都有树，把粗麻绳两头系在树身上，秋千便做好了。孩子们你上我下，抢着去玩。"厦子房"改建成平房和楼房后，院子少了，树也少了，拴秋千的地方不好找，清明节打秋千的也就少了。

8-60◆东于（杨彩贤摄）

四 端午节

8-61 ◆ 盖村

8-62 ◆ 纪贤

59. 挂艾 [kuɑ⁵⁵ŋɛ⁵⁵]

"艾"即艾蒿。"挂艾"是端午节风俗的一个重要部分。过了端午，天气渐热，细菌滋生，蚊虫活跃，人容易染病。艾草的气味清淡幽香，蚊虫邪祟不喜。因此，端午节当天，家家户户给大门上或房檐下插一束新鲜艾草，以驱虫避邪，祛除百病。

60. 刳粽子叶儿 [kʰuɑ⁵³tʃouɣ̃⁵⁵tsʅ³¹iɜr⁵³]

"刳"是方言词，指从顶端开裂处将茎叶等用力扯下。"刳粽子叶儿"是为端午节包粽子做准备。县内有的村子有"壕"[xɔ²⁴]低洼地，种庄稼不方便，常种植"苇子"[y⁵³tsʅ³¹]芦苇。端午节前后长成，叶子正好用来包粽子。

8-63 ◆ 新移

61. 包粽子 [pɔ³¹tʃouɣ̃⁵⁵tsʅ³¹]

"包粽子"是传统端午节的一项民俗活动。当地吃甜粽子，糯米里一般放3~5个红枣，包成四角形。粽子包好后在锅里煮5个小时以上。现在不少人在外面买粽子。

62. 粽子 [tʃuoɣ̃⁵⁵tsʅ³¹]

传统上端午节前娘家人给出嫁的女儿"送端午"[ʃuoɣ̃⁵⁵tuæ̃³¹u³¹]，粽子是必备食品，因此也叫"送粽子"[ʃuoɣ̃⁵⁵tʃuoɣ̃⁵⁵tsʅ³¹]。女儿出嫁后第一年，娘家人送粽子、门帘和风扇等，礼物的数量和品质视各家财力而定。近些年，家境好的常送电视、空调等大件物品。

8-64 ◆ 新移

63. 裹肚子 [kuo⁵⁵tʰou³¹tsʅ³¹]

"裹肚子"即儿童带的肚兜，传统上用大红色绸缎或棉布缝制，上面有精美的刺绣工艺，如五毒图（蝎子、壁虎、蛇、蟾蜍和蜈蚣之形，是民间流传的用来辟邪的图案）、"快乐宝宝"字样、"长命百岁"字样等。女子生育后，娘家人每年"送端午"除了带粽子和各类日用品外，还为孩子准备两个可爱的"裹肚子"。

64. 香花包儿 [ɕiaɣ̃³¹xuɑ³¹pɔr⁵³]

即香囊。"香花包儿"是传统端午节舅家送给孩子的礼物，过去人们手工缝制，叫"绉香花包儿"[tsʰou³¹ɕiaɣ̃³¹xuɑ³¹pɔr⁵³]，也叫"绉香布袋"[tsʰou³¹ɕiaɣ̃³¹pu⁵⁵tɛ³¹]。香包内装有艾草和其他各类香草，气味清幽。颜色、外形不一，全凭个人设计，下端缝一撮丝线流苏，上端缝一根细红绳，系在上衣扣上。

8-65 ◆ 曹村

8-66 ◆ 薛镇

五 其他节日

8-67◆美原

65. □月 [uæ̃⁵⁵yo³¹]

中秋节是家庭团聚之日，因此又叫"团圆节"。节前，晚辈携带月饼、美酒和鲜果等看望长辈，叫"送八月十五"[ʃuoɣ̃⁵⁵pɑ⁵³yo³¹ʂʅ³¹u⁵³]。十五晚上，人们一般在家里或院子里放个小桌子，桌上摆放酒、水果等供品，点燃三炷香插在香炉里，磕头叩拜，这一仪式叫"□月"[uæ̃⁵⁵yo³¹]，即敬月亮。

8-68◆纪贤

66. 打春鸡娃儿 [tɑ⁵³tʃʰuẽ³¹tɕi⁵³uɑr³¹]

"打春鸡娃儿"是大人用布片给孩子缝制的小饰物，似立春时节叫鸣的小公鸡，别在衣袖或衣肩上。民间讲"春捂秋冻"，"春捂"是说春天的寒气容易伤身，不宜过早脱掉棉衣。大人为了保护孩子，便象征性地在衣服上别一只"小鸡"，寓意寒气只冻小鸡，不冻小孩，即所谓"打鸡不打娃"[tɑ⁵³tɕi³¹pu³¹tɑ⁵³uɑ⁵⁵]。

67. 炒馍蛋蛋儿 [tsʰɔ⁵⁵mo⁵⁵tæ̃⁵⁵tæ̃r³¹]

"馍蛋蛋儿"是传统二月二（也叫"龙抬头"）做的一种食品，传说其象征蝎子尾巴，将其吃掉害虫就少了。有时也炒"御麦豆豆"[y⁵⁵mei³¹tou⁵⁵tou³¹]玉米粒儿、豆子等。人们"炒馍蛋蛋儿"前要从老城墙上挖一些干土，将干土滤净后放到锅里炒热，然后把加了盐、花椒面、小茴香等调料的面团放进土里翻炒熟。炒好的"馍蛋蛋儿"外皮为土黄色，里边是白色，外酥内软，非常可口。现在人们大多在街上买，很少再自己炒。

8-69◆西盘

68. 晒老衣 [sɛ⁵⁵lɔ⁵³i³¹]

"老衣"是寿衣的方言说法。过去，家里会给老人预备寿衣，寿衣通常由丝绸制成，长时间存放容易招虫，有些人会在衣服里加入旱烟叶子以防止虫蛀。每年农历六月初六，如果天气晴朗，人们会把寿衣拿出来晾晒。同时，其他易生虫的丝绸和皮毛类衣物也常被一同晾晒。

8-70◆东于（杨彩贤摄）

8-71◆东于（杨彩贤摄）

69. 长巧芽 [tʂaɤ̃⁵⁵tɕʰiɔ⁵³ȵia³¹]

农历七月七是民间传统的乞巧节。传统习俗是"长巧芽"，即用瓦盆长豆芽。期间瓦盆不能见光，这样长出的豆芽光亮白净。七夕之夜，人们将长好的"巧芽"连同瓜子、水果等一起摆在香案上祭祀牛郎织女。20世纪七八十年代后该习俗逐渐消失。

70. 送柿子 [ʃuoɤ̃⁵⁵sʅ⁵⁵tsʅ³¹]

民间素有重阳节"送九月九"[ʃuoɤ̃⁵⁵tɕiou⁵³yo³¹tɕiou³¹]的风俗，寓意"九月九，家家有"。一般是娘家给出嫁的女子送，姐姐给妹妹送。柿子树是当地传统栽种的果树，九月九的柿子是当令水果，也是人们"送九月九"必带的食品。

8-72◆东盘

71. 送糕 [ʃuoɣ̃⁵⁵kɔ³¹]

"糕"是一种特色面点，层层叠起呈圆塔形，里面夹了核桃、枣，人们"送九月九"必带的食品。方言"糕""高"同音，寓意步步登高，"枣""早"同音，寓意多子多福。县东北一带第一年娘家给出嫁的女儿"送糕"极为气派，一般带30多厘米的大"糕"两个，3厘米的小"糕"数十个，"糕"顶插各类面塑人物、动物、花草，人们将其放在竹筛内，周围用柿子点缀，用扁担挑着送到。女子生育后，娘家给孩子送两三层的小糕，寓意其快快长高，有时也做一些小树叶、小木棍等形状的面塑，颇显童趣。过去"糕"由人们亲手蒸制，近些年常在蒸馍店里定做。

8-73 ◆ 薛镇

72. 腊八面 [lɑ⁵³pɑ³¹miæ̃⁵⁵]

过了腊八，气温骤降。腊八这天家家户户吃"腊八面"，寓意当年冬天不冻手脚。常见做法是：将面片切成菱形或细短条状，加小米（或玉米糁）、红萝卜、白萝卜、肉丁等烩煮，放盐、醋等调味。有些村镇有邻里之间分享腊八面的习俗，人们或者品尝一下对方赠送的，或者将对方端来的倒进自家锅内，搅拌后重新盛入对方碗中。

8-74 ◆ 庄镇

玖

说唱表演

方言承载的口头文化是地域文化中极为重要的一部分，大致有口彩禁忌、俗语、歌谣、曲艺戏剧、故事、吟诵几大类。

口彩源于人们对吉祥的追求，通过方言中的谐音来寄托特定的寓意，例如用"麸"来象征"福"，用"糕"来代表"高"；禁忌源于某种避讳，人们在表达时会避免直接提及某些词汇，转而使用委婉的替代语，例如将"死啦"说成"殁啦"，将"棺材"称为"枋"。

俗语是历代群众创造的口头语汇，是人民群众世世代代集体经验和智慧的结晶。（江蓝生 2005）在富平方言中，存在大量俗语，除了常见的谚语、惯用语和歇后语外，还有顺口溜和谜语。[①]这些俗语内容丰富，形式简洁而凝练，修辞手法多样。它们充分利用了富平方言的特点，以言简意赅的方式描绘自然气象，总结生产和生活经验，刻画人物心理活动，洞察人情世故。这些俗语或严肃，或活泼，或诙谐，语言朴素而道理深刻，散发着浓郁的地域文化气息。

曲艺戏剧主要有秦腔、眉户、皮影、阿宫腔和曲子。

秦腔也叫"乱弹"[luæ^{55}tʰæ^{31}]，是流行于陕西关中、甘肃等地的古老剧种，被列入第一批国家级非物质文化遗产名录。秦腔经久不衰，深得群众喜爱。其经典剧目多改编自历史故事，因此在传播传承过程中，间接发挥了普及文化知识和教化民众的作用。

"眉户"[mi^{55}xu^{31}]由最初的清唱发展而来，曲调清新柔婉。一个唱段大多由单人表演，一个完整的剧本通常按角色由多人联合表演，代表剧目有《张元中奖》《梁秋燕》等。

皮影艺术在关中地区广为流传。关中皮影以泡制好的牛皮为材料，用刀具雕刻出各种戏剧人物，然后涂上各种颜色即成。表演时在台前安一块白布做屏幕，在皮影人物的手、脖子等部位安上用手操作的木棍儿，表演者在后面把皮影人物贴在屏幕上进行表演，幕后同时演唱与场景适宜的秦腔戏曲。关中皮影主要分为东路（习称"碗碗腔"）和西路（习称"梆子腔"）两大流派，富平县主要流行前者。

富平阿宫腔又称"北路秦腔"，2006年入选国家级非物质文化遗产名录。阿宫腔最初以皮影戏的形式演出，1960年被搬上戏曲舞台，在保持原有艺术风格的基础上进行了改革。阿宫腔源出宫廷音乐，旋律翻高遏低，委婉动听，唱腔细腻，颇有南戏之韵味。

---

① "俗语"名称纷杂，包括但不限于：言、乡言、俗言、恒言、谚、里谚、野谚、古谚、乡谚、俗谚、俚语、民语、常语、古语、谚语、俗语、俗话、俗谈等。其中，"俗语"是最为常用的称呼。关于俗语的分类，也存在不同的观点（温端政、周荐 2000；温端政主编 2011；邓红华 2020）。本文采纳的是温端政主编（2011）的分类。

曲子是以哼唱为主的一种民间艺术形式，风格粗放，自成一体，较少正式登台演出。

本章收录六大类方言文化长篇语料，分为六节，其中第一节同代表点音系，第二至六节由不同发音人发音（随文说明发音人所在地），有的与代表点音系略有不同，音标据实际发音记录。第四节收录秦腔、阿宫腔唱段两个，由于演唱时的声调和正常说话时差别较大，故只记录声母、韵母，不标声调。

一　口彩禁忌

1. 麸到了 [fu³¹tɔ⁵⁵liɑ³¹]

当地传统婚礼有一道仪式叫"掰馍"[pei³¹mo⁵⁵]（见图7-14）。男方去女方家迎亲时带12个"混沌馍"[xuɛ̃³¹tʰuɛ̃⁵³mo⁵⁵]，有的里面包了"麸子"[fu⁵³tsɿ³¹]麦麸，有的包了硬币，有的什么也没包。如果掰开是"麸子"，就证明福（方言与"麸"音同）到了。

2. 实实 [ʂʅ³¹ʂʅ⁵³]

举行"掰馍"仪式时，若新娘掰开馍发现里面什么也没包，称为"实实"，寓意实心实意。

3. 三六九 [sæ²⁴liou³¹tɕiou⁵³]

过去人们出远门讲究"黄道吉日"，普遍认为"三、六、九"这几天出门吉利。现已不再讲究。

4. 送糕 [ʃuoỹ⁵⁵kɔ³¹]

"糕"是当地传统面花艺术（见图8-73）。每年农历九月九，娘家人给嫁出去的女儿"送糕"，这一习俗由来已久，"糕""高"同音，寓意步步登高。

5. 年年有鱼 [ȵiæ̃²⁴ȵiæ̃²⁴iou⁵³y²⁴]

当地民谚云："鱼上墙，年年有余粮。"春节前"蒸年馍"[tʂəỹ³¹ȵiæ̃²⁴mo⁵⁵]时会顺带蒸两个鱼状的馍，用红线穿了挂在墙上，象征年年有余。

6. 好日子 [xɔ⁵⁵ər⁵³tsɿ³¹]

指老年人过生日，比"过生日"[kuo⁵⁵sər³¹]的说法更好听。如：老王今～哩老王今天过生日。

7. **核桃枣儿**[xu³¹tʰɔ⁵³tsɔr⁵³]

婚礼当天，婚床上要放一些核桃、枣、桂圆、花生等，寓义早生贵子。

8. **老啦**[lɔ³¹la³¹]

也说"殁啦"[mo³¹la³¹]，老人亡故的婉称。

9. **枋**[faɣ̃³¹]

棺材的婉称，也叫"寿木"[ʂou⁵⁵mu³¹]、"脮"[xuo²⁴]。"脮"，《广韵》戈韵平声户戈切："棺头。"

10. **有啥啦**[iou⁵³sa³¹la³¹]

怀孕的婉称，也说"有身子啦"[iou⁵⁵ʂɛ̃⁵³tsɿ³¹la³¹]、"有喜啦"[iou⁵⁵ɕi⁵³la³¹]、"身沉啦"[ʂɛ̃³¹tʂʰɛ̃³¹la⁵³]、"身笨啦"[ʂɛ̃³¹pʰɛ̃⁵⁵la³¹]。

11. **身上来啦**[ʂɛ̃⁵³saɣ̃³¹lɛ³¹la⁵³]

来月经的婉称。

二 俗语

12. ①**是福不是祸，**[ʂɿ⁵⁵fu³¹pu³¹ʂɿ⁵⁵xuo⁵⁵]
    是祸躲不过。[ʂɿ⁵⁵xuo⁵⁵tuo⁵³pu³¹kuo⁵⁵]

是说福祸命中注定，福气来了挡也挡不住，灾祸来了躲也躲不过。暗示人们用一颗豁达的心坦然面对生活中的苦与乐。

13. **龙生一子顶乾坤，**[luoɣ̃²⁴saɣ̃³¹i³¹tsɿ⁵³tiəɣ̃⁵³tʰiæ̃²⁴kʰuɛ̃³¹]
    猪下一窝口墙根儿。[tʃu³¹ɕia⁵⁵i²⁴uo³¹ɕyoɣ̃⁵³tɕʰiaɣ̃²⁴kɛr³¹] 口[ɕyoɣ̃⁵³]：猪用嘴拱
    （本字疑为"拱"）

喻指人们生育子女不在数量多，而在于是否成才，有出息的孩子一能顶十。

---

① 第12—50条发音人（女性，老派）所在地：富平县到贤镇庄镇村。

14. **驴粪儿蛋儿外面光，**[ly²⁴fɛr⁵⁵tær⁵³uɛ⁵⁵miæ²⁴kuaɣ³¹]
    不知里首受恓惶。[pu²⁴tʂɿ²⁴li³¹ʂou³¹ʂou⁵⁵si⁵³xuaɣ³¹] 里首：里头。恓惶：可怜
    讽刺人徒有其表。告诫人们不能爱慕虚荣。

15. **招下的女婿租下的房，**[tʂɔ⁵³xa³¹ti³¹ny⁵³siɛ̃³¹tsou⁵³xa³¹ti³¹faɣ²⁴]
    一辈子说话不气强。[i³¹pei⁵⁵tsɿ³¹ʂuo³¹xua⁵⁵pu³¹tɕhi⁵⁵tɕiaɣ²⁴]
    传统婚姻人们视女方嫁到男方为常态，男方到女方落户被人"下看"[ɕia⁵⁵khæ̃⁵⁵]瞧不起，称为"招人"[tʂɔ³¹zẽ²⁴]、"倒插门"[tɔ⁵⁵tshɑ³¹mẽ²⁴]。随着时代发展和人口的大规模流动，传统家庭组合模式不断瓦解，人们的观念也发生了转变，以上偏见逐渐被破除。

16. **打是亲，**[tɑ⁵³sɿ⁵⁵tshiɛ̃³¹]
    骂是爱，[ma⁵⁵sɿ⁵⁵ŋɛ⁵⁵]
    不打不骂把娃害。[pʋ³¹tɑ⁵³pʋ³¹ma⁵⁵pa³¹ua⁵⁵xɛ⁵⁵]
    "打""骂"也不是真的就打人、骂人，而是严加管教。父母对孩子严加管教是特别的爱护，是对其人生和成长负责任的表现。放任自流才会害了孩子。

17. **从小卖蒸馍，啥事都经过。**[tʃhuoɣ²⁴siɔ⁵³mɛ⁵⁵tʂəɣ⁵³mo³¹，①sa⁵⁵sɿ⁵⁵tou³¹tɕiəɣ⁵³kuo³¹]
    从小卖饸饹，啥错都挨过。[tʃhuoɣ²⁴siɔ⁵³mɛ⁵⁵xuo³¹luo⁵³，sa⁵⁵tʃhuo³¹tou²⁴nɛ²⁴kuo⁵³]
    喻指一个人经历丰富，见多识广。

18. **媳妇穿料子，**[si⁵³fu³¹tʃhuæ̃³¹liɔ⁵⁵tsɿ³¹] 料子：好衣料，代指高档衣服
    阿家沟子掉套子。[a⁵³tɕia³¹kou⁵³tsɿ³¹tiɔ⁵⁵thɔ⁵⁵tsɿ³¹] 阿家：婆婆。沟子：屁股。套子：从旧棉被或旧棉衣上拆下的棉絮，代指旧衣服
    暗指儿媳进了门，便没了婆婆当家做主的份。有"三十年河东，三十年河西""风水轮流转"之义。

19. **门背后，栽杴把，**[mẽ²⁴pei⁵⁵xu³¹，tsɛ³¹tshɑ⁵³pa³¹] 杴：农具。把：手柄
    娶下媳妇像阿家。[tɕhy⁵³xa³¹si⁵³fu³¹ɕiaɣ⁵⁵a⁵³tɕia³¹]
    有"不是一家人，不进一家门"之义。

---

① 国际音标不使用标点，本书为避免歧义，个别地方随文保留了逗号、破折号、冒号、问号、感叹号。

20. 是媒不是媒，都得三四回。[sʅ⁵⁵mei²⁴pu³¹sʅ⁵⁵mei²⁴, tou²⁴tei³¹sæ̃⁵³sʅ³¹xuei²⁴]
    喻指好事多磨。

21. 嘴里念佛哩，心里捱活哩。[tʃuei⁵³li³¹ɲiæ̃⁵⁵fo³¹li⁵³, siɛ̃⁵³li³¹tiɜ²⁴xuo³¹li⁵³]
    捱活：喻指心生邪念
    喻指人口是心非。

22. 满口仁义礼智信，[mæ̃³¹kʰou⁵³zɜ²⁴i⁵⁵li⁵³tʂʅ⁵⁵ɕiɛ̃⁵⁵]
    腰里别的连枷棍。[iɔ⁵³li³¹pʰiɜ³¹ti⁵³liæ̃³¹tɕia⁵³kuɛ̃⁵⁵]
    喻指人口蜜腹剑。

23. 扁担扁担忽闪闪，[piæ̃⁵³tæ̃³¹piæ̃⁵³tæ̃²⁴xu³¹ʂæ̃³¹ʂæ̃³¹]
    赛过当上知县官。[sɛ⁵⁵kuo⁵⁵taɣ̃⁵³ʂaɣ̃³¹tʂʅ³¹siæ̃⁵⁵kuæ̃³¹]
    喻指自得其乐。

24. 做啥了就像吊死鬼寻绳哩，[tsou⁵⁵sa⁵⁵liɔ³¹tɕiou⁵⁵ɕiaɣ̃⁵⁵tiɔ⁵⁵sʅ³¹kuei³¹siɛ̃²⁴ʂəɣ̃³¹li⁵³]
    吃饭了就像李闯王攻城哩。[tʂʰʅ³¹fæ̃⁵⁵liɔ³¹tɕiou⁵⁵ɕiaɣ̃⁵⁵li⁵³tʃʰuaɣ̃⁵³uaɣ̃³¹kuoɣ̃⁵³tʂʰəɣ̃³¹li⁵³]
    喻指人好吃懒做。

25. 吃药不忌口，瞎了医生手。[tʂʰʅ²⁴yo³¹pu³¹tɕi⁵⁵kʰou⁵³, xa³¹liɔ³¹i³¹səɣ̃³¹ʂou⁵³]
    瞎：坏
    人们对养生之道的看法。服药期间若不忌口，就不能责怪医生的水平不好。

26. 病从口入，祸从口出。[piəɣ̃⁵⁵tʃʰuoɣ̃²⁴kʰou⁵³ʐu³¹, xuo⁵⁵tʃʰuoɣ̃²⁴kʰou⁵³tʃʰu³¹]
    提醒人们饮食不能放纵，要合理有节制；言谈不能口无遮拦，要谦虚谨慎。

27. 桃饱杏伤人，梅李树下埋死人。[tʰɔ²⁴pɔ⁵³xəɣ̃⁵⁵ʂaɣ̃³¹ʐɛ̃²⁴, mei²⁴li⁵³ʃu⁵⁵ɕia⁵⁵mɛ²⁴sʅ⁵³ʐɛ̃³¹]
    桃多吃无妨，杏吃多生病，李子吃多严重伤身。

28. **能给娃好心，甮给娃好脸。**［nəɣ²⁴kei⁵⁵ua⁵⁵xɔ⁵³siɛ̃³¹，pɔ³¹kei⁵⁵ua⁵⁵xɔ³¹liæ̃⁵³］甮："不要"的合音

老百姓的教育观，欲之成才必得严加管教。

29. **七不宿，八不留。**［tsʰi³¹pu²⁴ɕy³¹，pɑ³¹pu³¹liou²⁴］

古代人平均寿命短，故有"人生七十古来稀"之说。传统上人一旦上了七十岁，走亲访友就不便留宿了；一旦上了八十岁，即便自己想留宿，主人也不情愿。

30. **家有万贯，不如薄艺在身。**［tɕia³¹iou⁵³væ̃⁵⁵kuæ̃⁵⁵，pu²⁴ʒu³¹pʰʋo²⁴i⁵⁵tsɛ⁵⁵ʂɛ̃³¹］

和"授之以鱼，不如授之以渔"之理相通。

31. **能叫挣死牛，不叫打挂住车。**［nəɣ²⁴tɕiɔ⁵⁵tsəɣ⁵⁵sʅ³¹ɲiou²⁴，pʋ³¹tɕiɔ⁵⁵tɑ⁵³kuɑ³¹tʃʰu²⁴tʂʰɤ³¹］

牛拉车上坡时，人要使劲驱赶，即使牛累死，也不能让车子卡在半坡上。喻指人争强好胜，为达目的不惜一切代价。

32. **剃头洗脚，强如吃药。**［tʰi⁵⁵tʰou²⁴ɕi⁵³tɕyo³¹，tɕʰiaɣ²⁴ʒu³¹tʂʰʅ²⁴yo³¹］

老百姓的健康养生之道。

33. **正月二十三，老牛老马歇一天。**［tʂəɣ⁵³yo³¹ər⁵⁵sʅ²⁴sæ̃³¹，lɔ³¹ɲiou²⁴lɔ³¹ma⁵³ɕiɜ³¹i²⁴tʰiæ̃³¹］

过去民间有不少忌俗，例如，农历正月二十三忌劳作，要停下手头一切活计，歇息一天。现已无此讲究。

34. **九月九，走一走。**［tɕiou⁵³yo³¹tɕiou³¹，tsou⁵³i³¹tsou⁵³］

农历九月九是金秋收获时节，民间历来有娘家给出嫁的女子送柿子、"送糕"的习俗，称为"送九月九"。又有"九月九，家家有"之说。

35. **吃不穷，穿不穷，**［tʂʰʅ⁵³pu³¹tɕʰyoɣ²⁴，tʃʰuæ̃⁵³pu³¹tɕʰyoɣ²⁴］
    打划不到一世穷。［tɑ⁵³xuɑ³¹pu³¹tɔ⁵⁵i³¹sʅ⁵⁵tɕʰyoɣ²⁴］打划：计划

告诫人们过日子要有规划，不能稀里糊涂。

36. **穷要志气富要德，**［tɕʰyoɣ̃²⁴iɔ⁵⁵tsʅ⁵⁵tɕʰi³¹fu⁵⁵iɔ⁵⁵tei³¹］
    房要梁柱墙要根。［faɣ̃²⁴iɔ⁵⁵liaɣ̃²⁴tʃu⁵⁵tʰiaɣ̃²⁴iɔ⁵⁵kẽ³¹］
    穷不能丧志，富不能丧德。正如房屋不能没有房梁和柱子支撑，墙体不能没有墙基支撑。志气和德性是人立身之本。

37. **敬是敬，送是送。**［tɕiəɣ̃⁵⁵sʅ⁵⁵tɕiəɣ̃⁵⁵，ʃuoɣ̃⁵⁵sʅ⁵⁵ʃuoɣ̃⁵⁵］
    老百姓对人情世故的达观见解。若有人送礼物表达对自己的关切之情，理应笑纳；若无表示，也不必计较。

38. **老了要说幼年，穷了要夸富汉。**［lɔ³¹lɔ³¹pɔ²⁴suo³¹iou⁵⁵ȵiæ³¹，tɕʰyoɣ̃²⁴liɔ⁵³pɔ²⁴kʰua³¹fu⁵⁵xæ̃³¹］
    和"好汉不提当年勇"义近。

39. **邻家要好高打墙，**［liẽ³¹ia⁵³iɔ⁵⁵xɔ⁵³kɔ³¹ta⁵³tsʰiaɣ̃²⁴］
    朋友要好常算账。［pʰəɣ̃³¹iou⁵³iɔ⁵⁵xɔ⁵³tʂʰaɣ̃²⁴ɕyæ̃⁵⁵tʂaɣ̃⁵⁵］
    劝世良言，和"亲兄弟，明算账"义近。

40. **亲亲不交财，**［tsʰiẽ³¹tsʰiẽ³¹pu²⁴tɕiɔ³¹tsʰɛ³¹］亲亲：亲戚。不交财：不要有过多钱财往来
    交财断往来。［tɕiɔ³¹tsʰɛ²⁴tuæ̃⁵⁵uaɣ̃⁵³lɛ³¹］
    反映了老百姓的处世观。和"亲兄弟，明算账"义近。

41. **人无志气铁无钢，**［zʅ̃²⁴ʋ²⁴tsʅ⁵⁵tɕʰi⁵⁵tʰie³¹ʋ²⁴kaɣ̃³¹］
    枉在世上走一场。［uaɣ̃⁵³tsɛ⁵⁵sʅ⁵⁵ʂaɣ̃³¹tsou⁵³i³¹tʂʰaɣ̃²⁴］枉：副词，白白地
    励志谚语。一个人若缺乏志气，就如同没有钢的纯铁一样脆弱易断，经不起打击和磨炼。这样的人生不过是白活一场。

42. **要知父母心，怀里抱儿孙。**［iɔ⁵⁵tsʅ³¹fu⁵⁵mu⁵³siẽ³¹，xuɛ²⁴li⁵³pɔ⁵⁵ər²⁴ɕỹ³¹］
    只有自己为人父母，方能深切体会父母的爱。

43. **饭饱生余事，**［fæ̃⁵⁵pɔ⁵³səɣ̃³¹y²⁴sʅ⁵⁵］余事：嫌事
    饥汉谋盗门。［tɕi⁵³xæ̃³¹mu²⁴tɔ⁵³mẽ²⁴］饥：饿。谋盗门：谋划盗窃之事
    反映了老百姓对于人性弱点的认识。

44. 弓硬了伤弦，人硬了伤钱。［kuoɣ̃³¹ ȵiəɣ̃⁵⁵ liɔ³¹ şaɣ̃³¹ ɕiæ²⁴，zɤ̃²⁴ ȵiəɣ̃⁵⁵ liɔ³¹ şaɣ̃³¹ tɕʰiæ²⁴］

警世谚语。告诫人们宽厚待人，低调行事，说话做事勿强势、勿张扬，否则可能招来意外横祸。

45. 人比人，比不得；［zɤ̃²⁴ pi⁵³ zɤ̃²⁴，pi⁵³ pu³¹ tei³¹］
　　马比骡子驮不得。［ma⁵³ pi⁵³ luo³¹ tsʅ⁵³ tʰuo³¹ pu⁵³ tei³¹］

义近"人比人，气死人"。劝诫人们知足常乐。

46. 眼过千遍，不如手过一遍。［ȵiæ⁵³ kuo⁵⁵ tɕʰiæ⁵³ piæ³¹，pu²⁴ ʐu³¹ şou⁵³ kuo⁵⁵ i⁵³ piæ³¹］

义近"好记性不如烂笔头"，强调贵在实践。

47. 人生三件宝：勤奋、谦虚加思考。［zɤ̃²⁴ səɣ̃³¹ sæ³¹ tɕiæ⁵⁵ pɔ⁵³：tɕʰiɤ̃²⁴ fɤ̃⁵⁵ tɕʰiæ²⁴ ɕy³¹ tɕia³¹ sʅ³¹ kʰɔ⁵³］

劝世良言。

48. 吃饭穿衣量家当。［tşʰʅ³¹ fæ̃⁵⁵ tʃʰuæ̃²⁴ ˑi³¹ liaɣ̃²⁴ tɕia⁵³ taɣ̃³¹］量：估摸。家当：代指家境

告诫人吃饭穿衣要量力而行，不可盲目追求奢华，打肿脸充胖子。

49. 十层单不如一层棉。［şʅ²⁴ tsʰəɣ̃²⁴ tæ³¹ pu²⁴ ʐu³¹ i³¹ tsʰəɣ̃²⁴ miæ²⁴］

生活谚语。穿十件单衣也不如穿一件絮了棉花的衣裳保暖。

50. 看景不如听景。［kʰæ̃⁵⁵ tɕiəɣ̃⁵³ pu²⁴ ʐu²⁴ tʰiəɣ̃³¹ tɕiəɣ̃⁵³］

听人讲述景色能诱发人内心的向往和各种想象，为看景所不及。

51. ①**鹐□□死到六月，**［tɕʰiæ³¹ pao⁵⁵ pao⁵⁵ sʅ⁵³ tao²⁴ liou³¹ yo³¹］鹐□□［tɕʰiæ³¹ pao⁵⁵ pao⁵⁵］：啄木鸟。□□［pao⁵⁵ pao⁵⁵］：拟声词，啄木鸟啄树干的声音

　　浑身稀烂，嘴梆硬。［xuɤ̃²⁴ şɤ̃³¹ ɕi³¹ læ̃⁵⁵，tsuei⁵³ paɣ̃³¹ ȵiəɣ̃⁵⁵］

五黄六月是一年最热的时候，啄木鸟此时死掉身体会很快腐烂，嘴巴却还是硬邦邦的。喻指人死不认错或认输。

---

① 第51—66条发音人（女性，老派）所在地：富平县城关街道办莲湖村。

52. **进了门，四下抡，**[tɕiẽ⁵⁵lao³¹mẽ²⁴, ʂɻ⁵⁵xa⁵⁵lyẽ²⁴] 四下抡：胳膊抡来甩去，代指东瞅西看
    先看锅台再看人。[ɕiæ³¹kʰæ⁵⁵kuo⁵³tʰɛe³¹tsɛe⁵⁵kʰæ⁵⁵zẽ²⁴] 锅台：灶台
    欲知某人的卫生状况，进门后四处瞅瞅，便可知一二。

53. **吃惯的嘴，跑惯的腿。**[tʂʰɻ³¹kuæ̃⁵⁵ti³¹tsuei⁵³, pʰao²⁴kuæ̃⁵⁵ti³¹tʰuei⁵³]
    吃好的吃得越多嘴越馋，腿跑得越多体越勤。

54. **老子当了官，后人能上天；**[lao⁵³tsɻ³¹taɣ³¹lao²⁴kuæ̃³¹, xou⁵⁵zẽ³¹nəɣ²⁴ʂaɣ⁵⁵tɕʰiæ̃³¹] 后人：后代
    老子倒了台，后人能跳崖。[lao⁵³tsɻ³¹tao⁵³lao³¹tʰɛe²⁴, xou⁵⁵zẽ³¹nəɣ²⁴tʰiao²⁴iɛe²⁴]
    前两句义近"一人得道，鸡犬升天"。整段话有"一荣俱荣，一损俱损"之义。

55. **宁爱邻家买[一个]锨，**[n̠iəɣ³¹ŋee⁵⁵liẽ³¹tɕia⁵³me⁵³iɛ²⁴ɕiæ̃³¹] 锨：铁锨
    害怕邻家当了官。[xɛ⁵⁵pʰa⁵⁵liẽ³¹tɕia⁵³taɣ³¹lao²⁴kuæ̃³¹]
    揭露人性易妒的弱点。

56. **胡拉被子乱抟毡。**[xu²⁴la³¹pi⁵⁵tsɻ³¹lyæ̃⁵⁵tuẽ⁵⁵tʂæ̃³¹]
    喻指人逻辑混乱，说话东拉西扯。

57. **热闹处卖母猪。**[zɤ⁵³nao³¹tʃʰu³¹mɛæ̃⁵⁵mu⁵³tʃu³¹]
    指人做事不顾及场合，没有眼色，忙中添乱。

58. **烂驴护的脊梁骨。**[læ̃⁵⁵ly²⁴xu⁵⁵ti³¹tɕi³¹liaɣ³¹ku³¹]
    背部有伤的驴总不忘护着自己的脊梁。暗讽人爱护短，总怕缺点被人看到，怕不可告人的事被戳穿。

59. **没人背后放光哩。**[mo⁵³zẽ³¹pei⁵⁵xu³¹faɣ⁵⁵kuaɣ⁵³li³¹]
    人背后说大话。

60. **麻迷子婆娘走扇子门。**[ma²⁴mi⁵³tsɻ³¹pʰuo³¹n̠ia⁵³tsou⁵³ʂæ̃³¹tsɻ³¹mẽ²⁴] 麻迷子：不讲理（的人）。婆娘：中年已婚妇女的统称。走扇子门：因门扇没安装好而关不住的门
    喻指人无可救药。

61. **跟风吙碌碡**。[kẽ²⁴fəɣ³¹iɑo²⁴lou⁵³tsʰou³¹]
    别人说风大，自己便跟着说大得能把碌碡吹得滚动。比喻人云亦云，或煽风点火，或大话连天。

62. **三六九，往前走**；[sæ̃²⁴liou³¹tɕiou⁵³，vaɣ̃⁵⁵tɕʰiæ²⁴tsou⁵³]
    二五八，往前爬；[ər⁵⁵u⁵³pa³¹，vaɣ̃⁵⁵tɕʰiæ²⁴pʰa²⁴]
    四与七，往前飞。[sɿ⁵⁵y⁵⁵tɕʰi³¹，vaɣ̃⁵⁵tɕʰiæ²⁴fei³¹]
    农历初二至初九是一个月起始的几天，民间认为代表积极向上，因而被看作好日子。

63. **狗揽八摊屎，**[kou⁵⁵læ̃⁵³pa³¹tʰæ̃³¹sɿ⁵³]
    摊摊吃不清。[tʰæ̃²⁴tʰæ̃³¹tʂʰɿ⁵³pu²⁴tɕʰiəɣ̃³¹]
    喻指贪婪之人。

64. **[十个]麻子九个怪，**[ʂɤ²⁴²ma³¹tsɿ⁵³tɕiou³¹uɛɛ³¹kuɛɛ⁵⁵]个：文读[kɤ⁵⁵]，白读[uɛɛ³¹]（不单说，与数词一起用，无固定单字调。除了"十个"读词调[31+53]外，前字为其他数字时，"个"均读连调[31]）。怪：性情乖戾
    剩下一个还是害。[ʂəɣ̃⁵⁵xa³¹i³¹kɤ⁵⁵xa³¹sɿ³¹xɛɛ⁵⁵]害：祸害
    针对麻子脸的一种带有偏见的骂人话。

65. **狗肉撒不上席面**。[kou⁵³zou³¹tsʰou⁵³pu³¹ʂaɣ̃⁵⁵ɕi³¹miæ̃⁵³]撒：扶
    喻指登不了大雅之堂。

66. **怕怕处有鬼哩**。[pʰa⁵⁵pʰa³¹tʂʰu³¹iou³¹kuei⁵³li³¹]怕怕处：胆怯之时。有鬼：偏偏撞见鬼
    指潜意识对人的影响。又有"胆大避邪哩，胆小鬼劫哩"之说。

67. ①**干吃枣儿还嫌核大**。[kæ̃³¹tʂʰɿ³¹tsɚ⁵³xæ̃³¹ɕiæ²⁴xu²⁴ta⁵⁵]干吃：白吃
    喻指人心不足。

68. **吃啥面喝啥汤，**[tʂʰɿ³¹sa⁵⁵miæ̃⁵⁵xuo³¹sa⁵⁵tʰaɣ̃³¹]
    省得医生开单方。[səɣ̃⁵³ti³¹i³¹səɣ̃³¹kʰɛ²⁴tæ̃³¹faɣ̃³¹]

---

① 第67—84条发音人（男性，老派）所在地：富平县到贤镇纪贤村。

老百姓总结的养生之道。

69. **吃了秤锤铁了心，** [tʂʰɿ³¹liɔ³¹tʂʰəɤ⁵⁵tʃʰuei²⁴tʰiɜ³¹liɔ²⁴ɕiɛ̃³¹]
    腊月萝卜冻了心。 [lɑ³¹yo³¹luo³¹pʰʊ⁵³tuoɤ̃⁵⁵liɔ²⁴ɕiɛ̃³¹] 冻了心：谐音"动了心"
    喻指男女双方情投意合，有意进一步交往。

70. **偏大的，爱碎的，** [pʰiæ̃³¹tɑ⁵⁵ti³¹，ŋɛ⁵⁵ʃuei⁵⁵ti³¹] 大的：老大。碎的：老小
    中间夹[一个]受罪的。 [tʃuoɤ̃³¹tɕiæ̃³¹tɕiɑ³¹iɜ³¹ʂou⁵⁵tʃuei⁵⁵ti³¹]
    委婉地提醒做父母的对待所有孩子要一视同仁，不能偏心。

71. **男人当了官，** [næ̃³¹zɜ̃⁵³tɑɤ̃³¹liɔ²⁴kuæ̃³¹]
    婆娘当总参。 [pʰʊ³¹n̠iɑɤ̃⁵³tɑɤ̃³¹tʃuoɤ̃⁵³tsʰæ̃³¹]
    讽刺一人得道，鸡犬升天。

72. **年怕中秋月怕半，** [n̠iæ̃²⁴pʰɑ⁵⁵tʃuoɤ̃²⁴tɕʰiou³¹yo³¹pʰɑ⁵⁵pæ̃⁵⁵]
    星期怕的星期三， [ɕiəɤ̃⁵³tɕʰi³¹pʰɑ⁵⁵ti³¹ɕiəɤ̃⁵³tɕʰi²⁴sæ̃³¹]
    一日怕的晌午端。 [i²⁴ər³¹pʰɑ⁵⁵ti³¹ʂaɤ̃³¹u²⁴tuæ̃³¹] 晌午端：正当午
    感叹时间过得快，不知不觉已经过半。

73. **牛没劲了胡拽哩，** [n̠iou²⁴mo³¹tɕiɛ̃⁵⁵liɔ³¹xu²⁴iɜ⁵³li³¹] 拽：拉
    人没理了胡说哩。 [zɜ̃²⁴mo³¹li⁵³liɔ³¹xu²⁴ʂuo⁵³li³¹]
    暗讽人胡搅蛮缠，无理取闹。

74. **龙多了主旱，** [luoɤ²⁴tuo³¹liɔ³¹tʃu⁵³xæ̃⁵⁵]
    婆娘多了怕做饭。 [pʰʊ³¹n̠iɑɤ̃⁵³tuo³¹liɔ³¹pʰɑ⁵⁵tsou⁵⁵fæ̃⁵⁵]
    比喻人一多就互相观望，反而办不成事。和"一个和尚挑水吃，两个和尚抬水吃，三个和尚无水吃"义近。

75. **驴槽里出了[一个]马嘴。** [ly²⁴tsʰo³¹li⁵³tʃʰu³¹liɔ³¹iɜ³¹mɑ³¹tʃuei⁵³]
    讽刺人爱乱嚼舌头，与己无关的事也要说长道短。

76. **哈儿巴儿狗立到粪堆上装大狗。** [xar⁵⁵par³¹kou⁵³li⁵³tɔ³¹fɛ̃⁵⁵tuei³¹ʂaɤ̃³¹tʃuaɤ̃³¹tɑ⁵⁵kou⁵³]

暗讽人强装能干，和"打肿脸充胖子"义近。

77. **饸饹床子百眼开**。[xuo³¹luo⁵³tʃʰuaɣ³¹tsʅ⁵³pei³¹n̪iæ̃⁵³kʰɛ³¹] 饸饹床子：加工饸饹的工具
　　夸赞人心眼活泛，学无不通。

78. **娘家虽好**，[n̪iaɣ̃³¹ia⁵³ʃuei³¹xɔ⁵³]
　　不是久居之地。[pu³¹sʅ⁵⁵tɕiou⁵³tɕy³¹tsʅ³¹ti⁵⁵]
　　反映了姑娘长大嫁出去后就是外人了的陈旧思想，因此又有"嫁出去的女儿，泼出去的水"之说。

79. **宁娶大家奴**，[n̪iəɣ̃⁵⁵tɕʰy⁵³ta⁵³tɕia³¹nou²⁴] 宁：宁愿。大家奴：大户人家的丫鬟
　　不问小家妻。[pu³¹uɛ̃⁵⁵ɕiɔ⁵³tɕia²⁴tɕʰi³¹] 问：找媳妇。小家妻：小户人家的姑娘
　　指环境对人的见识有重要影响。

80. **宁给穷人一口**，[n̪iəɣ̃⁵⁵kei⁵⁵tɕʰyõɣ²⁴zɛ̃²⁴i³¹kʰou⁵³]
　　不给富人一斗。[pu³¹kei⁵⁵fu⁵⁵zɛ̃²⁴i³¹tou⁵³]
　　一口或足以解穷人的燃眉之急，一斗对于富人却可能无足轻重。喻指帮人要帮到实处。

81. **若要公道**，[nuo³¹iɔ⁵⁵kuoɣ̃⁵³tɔ³¹]
　　打[一个]颠倒。[ta⁵³iɤ³¹tiæ̃⁵³tɔ³¹]
　　提醒人们换位思考的重要性。

82. **众人的老子**，[tʃuoɣ̃⁵⁵zɛ̃³¹ti²⁴lɔ³¹tsʅ³¹] 老子：父亲（旧称，背称）
　　有人使唤，没人可怜。[iou⁵³zɛ̃²⁴sʅ⁵³xuæ̃³¹，mo⁵³zɛ̃³¹kʰɤ⁵³liæ̃³¹]
　　讽刺一众不孝之子。

83. **人和脾气马和鞍**。[zɛ̃²⁴xuo²⁴pʰi³¹tɕʰi⁵³ma⁵³xuo²⁴ŋæ̃³¹]
　　指人和人和睦相处关键是要性情相投。

84. **牛大下的牛娃儿大**。[n̪iou²⁴ta⁵⁵xa⁵⁵ti³¹n̪iou³¹uar⁵³ta⁵⁵]
　　义近"虎父无犬子"。

85. ①早晨立了秋，［tsɔ⁵³ʂɛ̃³¹li³¹liɔ²⁴tsʰiou³¹］
    晚上凉飕飕。［væ̃⁵³ʂaɣ̃³¹liaɣ̃³¹sou⁵³sou³¹］
    描写时令变化的谚语。

86. 早烧不出门，［tsɔ⁵³ʂɔ⁵⁵pu²⁴tʃʰu³¹mɛ̃²⁴］烧：火烧云
    晚烧晒死人。［væ̃⁵³ʂɔ⁵⁵sɛ⁵⁵sʅ³¹zɛ̃²⁴］
    据天象总结的生活经验。早上出现火烧云，当日可能会下雨；傍晚出现火烧云，次日可能会烈日当头。

87. 庄稼要吃饭，［tʃuaɣ̃⁵³ia³¹iɔ⁵⁵tsʰʅ³¹fæ̃⁵⁵］
    九九雪不断。［tɕiou³¹tɕiou⁵³ɕyo³¹pu³¹tuæ̃⁵⁵］
    农历一九到九九雨雪频繁，利于庄稼保墒，是来年丰收的迹象。

88. 星星眨眼，［ɕiəɣ̃⁵³ɕiəɣ̃³¹tsæ̃³¹ȵiæ̃⁵³］
    离雨不远。［li⁵⁵y⁵³pu³¹yæ̃⁵³］
    描写天象的谚语。天阴时星星变得暗淡，像人瞌睡时强撑着眨眼，是即刻有雨的迹象。

89. 三月不光场，［sæ̃⁵³yo³¹pu³¹kuaɣ̃⁵⁵tʂʰaɣ̃²⁴］光场：也叫"顶=场"［tiəɣ̃²⁴tʂʰaɣ̃²⁴］。麦子收割前选一块地，趁地面潮湿时用碌碡碾压平整，用作麦场
    麦在土里扬。［mei³¹tsɛ⁵⁵tʰou⁵³li³¹iaɣ̃²⁴］麦子割下后被拉到麦场碾压脱粒，如果"光场"时场面碾压得不够瓷实，脱粒时麦穗可能和土混在一起，此时人们手忙脚乱已无济于事
    六月初收割麦子，得提前收拾麦场。三月一旦下过雨，得趁着地面潮湿时赶紧把麦场碾压平整。万一错失良机，等麦子收割时人们再后悔就来不及了。

90. 四月芒种才搭镰，［sʅ⁵⁵yo³¹maɣ̃³¹tʃuoɣ̃⁵³tsʰɛ²⁴ta³¹liæ̃²⁴］
    五月芒种不见田。［u⁵³yo³¹maɣ̃³¹tʃuoɣ̃⁵³pu³¹tɕiæ̃⁵⁵tʰiæ̃²⁴］
    描述农事和自然气象的关系。芒种是收割麦子的时节，农历五月田里已收割一空。农事一切正常，象征来年风调雨顺。

---

① 第85—109条发音人（女性，老派）所在地：富平县到贤镇庄镇村。

91. **清明落透雨，强如中个举。**［tsʰiəỹ⁵³miəỹ³¹luo³¹tʰou⁵⁵y⁵³，tɕʰiɑỹ²⁴ʒu³¹ tʃuoỹ⁵⁵kɤ³¹tɕy⁵³］

　　清明节下一场雨，预示当年有好收成。

92. **白露种山，秋分种川。**［pʰei²⁴lou⁵³tʃuoỹ⁵⁵sæ̃³¹，tsʰiou³¹fɛ̃³¹tʃuoỹ⁵⁵tʃʰuæ̃³¹］

　　山：山地。川：川地

　　描述农事活动和时令以及自然地理环境之间的复杂关系。山地气温低，白露时节播种冬小麦；川地气温略高，秋分时节播种冬小麦。

93. **谷雨种棉花，不用问邻家。**［ku³¹y³¹tʃuoỹ⁵⁵miæ̃³¹xuɑ⁵³，pu³¹yoỹ⁵⁵vɛ̃⁵⁵liɛ̃³¹iɑ⁵³］

　　农事活动和二十四节气密切相关。谷雨是种棉花的时节，主要原因是谷雨后气温回升，可保棉花健康生长。

94. **枣芽发，种棉花。**［tsɔ⁵³ɲiɑ²⁴fɑ³¹，tʃuoỹ⁵⁵miæ̃³¹xuɑ⁵³］

　　老百姓有时记不准二十四节气，就根据自然现象揣摩农事活动。比如，看到枣树发芽，就知道该种棉花了。

95. **六月晒，七月盖。**［liou⁵³yo³¹sɛ⁵⁵，tsʰi⁵³yo³¹kɛ⁵⁵］

　　农事经验。农历六月气温正高，小麦收割不久，应尽快翻一翻土壤，让太阳多晒一晒，下雨时正好浇透。七月平整土地保墒。

96. **秋后犁地不带耙，**［tsʰiou³¹xou⁵⁵li²⁴ti⁵⁵pu³¹tɛ⁵⁵pʰɑ⁵⁵］
　　不如在屋里说闲话。［pu²⁴ʒu³¹tsɛ⁵⁵u⁵³li³¹ʂuo³¹xæ̃²⁴xuɑ⁵⁵］

　　农事活动有科学规律。平整土地、翻新土壤的第一步是犁地，第二步是耙地，第三步是耱地，严格遵循才能很好地保墒。只犁不耙等于做无用功。

97. **来年要吃白蒸馍，**［lɛ²⁴ɲiæ̃²⁴iɔ⁵⁵tʂʰʅ³¹pei²⁴tʂəỹ⁵³mo³¹］
　　麦子种到泥窝儿窝儿。［mei³¹tsʅ³¹tʃuoỹ⁵⁵tɔ⁵⁵ɲi²⁴uər⁵³uər³¹］

　　种麦子不能错过时令，即便一时雨水太多土地泥泞，也要想方设法播种，这样才能保证麦子跟随时令正常发芽生长，来年才能有好收成。

98. **有钱难买五月旱，**［iou⁵³tsʰiæ̃²⁴næ̃²⁴mɛ⁵³u⁵³yo³¹xæ̃⁵⁵］
    六月连阴吃饱饭。［liou⁵³yo³¹liæ̃²⁴ɲiɛ̃⁵³tʂʰɻ̩³¹pɔ⁵³fæ̃⁵⁵］
    农历五月、六月是收麦子的时节，此时天气干旱便于收割。六月麦子收割后，接连下雨是好事，对新庄稼的生长有利。

99. **拾粪不如垫圈，**［ʂɻ̩²⁴fɛ̃⁵⁵pu²⁴ʒu³¹tʰiæ̃⁵⁵tɕyæ̃⁵⁵］垫圈：给牲口圈垫土。拾不到粪就勤给牲口圈垫土，牲口踩踏成粪土
    垫圈不如修捻。［tʰiæ̃⁵⁵tɕyæ̃⁵⁵pu²⁴ʒu³¹siou⁵⁵ɲiæ̃⁵⁵］修捻：把地修平整（以便多播种）
    老百姓总结的农事经验。

100. **夜晴没好天，白天没暖暖。**［iɜ⁵⁵tɕʰiəɣ̃²⁴mo³¹xo⁵³tʰiæ̃³¹，pei²⁴tʰiæ̃⁵³mo³¹luæ̃⁵³luæ̃³¹］暖暖：太阳
     夜晚突然放晴，次日不出太阳。

101. **四六不开天，开天晴半天。**［sɻ̩⁵⁵liou³¹pu³¹kʰɛ²⁴tʰiæ̃³¹，kʰɛ²⁴tʰiæ̃³¹tʰiəɣ̃²⁴pæ̃⁵⁵tʰiæ̃³¹］开天：天放晴
     下了数天雨，天突然放晴，此时若逢农历初四或初六，天晴也不过一时半会儿。

102. **亮一亮，下半晌。**［liaɣ̃⁵⁵i³¹liaɣ̃⁵⁵，ɕia⁵⁵pæ̃⁵⁵ʂaɣ̃⁵⁵］半晌：半天，意指时间不短
     阵雨骤停，艳阳当空，预示即刻又有一阵大雨。

103. **呼雷白雨三后响。**［xu⁵³luei³¹pʰei²⁴y⁵³sæ̃³¹xu⁵⁵ʂaɣ̃³¹］呼雷：响雷。白雨：暴雨
     夏天的雷阵雨常常接连三日在固定时间出现。

104. **蚂蚁搬家蛇过道，**［ma³¹i³¹pæ̃²⁴tɕia³¹ʂɤ²⁴kuo⁵⁵tʰɔ⁵⁵］过道：穿行
     大雨不久就来到。［ta⁵⁵y⁵³pu³¹tɕiou⁵³tɕiou⁵⁵lɛ²⁴tɔ⁵⁵］
     描写天象的谚语。

105. **伏里天，五日旱，**［fu³¹li⁵³tʰiæ̃³¹，u⁵³ər³¹xæ̃⁵⁵］伏里天：三伏天
     十天没雨难吃饭。［ʂɻ̩³¹tʰiæ̃⁵³mo³¹y⁵³næ̃²⁴tʂʰɻ̩³¹fæ̃⁵⁵］
     过去农业灌溉条件差，人们靠天吃饭。三伏天以干旱为常，百姓盼着下雨，若连续十天不下雨，秋苗得不到及时灌溉，当年很难有好收成。

106. **云往东，一场风，**［yẽ²⁴uaɣ̃⁵⁵tuoɣ̃³¹，i³¹tʂhaɣ̃²⁴fəɣ̃³¹］如果云向东飘，只是吹一阵风，不会下雨

　　云朝南，水漂船。［yẽ²⁴tʂhɔ³¹næ²⁴，ʃuei⁵³phiɔ³¹ʃuæ²⁴］水漂船：代指将有大雨

　　云往西，水㽎㽎；［yẽ²⁴uaɣ̃⁵⁵ɕi³¹，ʃuei⁵³tsi³¹tsi³¹］水㽎㽎：代指将有连阴雨

　　云朝北，白胡子老汉晒干麦。［yẽ²⁴tʂhɔ²⁴pei³¹，phei²⁴xu³¹tsʅ⁵³lɔ³¹xæ̃³¹sɛ⁵⁵kæ̃²⁴mei³¹］晒干麦：代指天将放晴

　　据天象预测天气。

107. **十月天，碗里转，**［ʂʅ³¹yo⁵³thiæ̃³¹，uæ̃⁵³li³¹tʃuæ̃⁵⁵］
　　巧媳妇做不下三顿饭。［tɕhiɔ⁵³si⁵³fu³¹tsou⁵⁵pu³¹xa⁵⁵sæ̃⁵³tuɛ̃³¹fæ̃⁵⁵］
　　农历十月白天很短，即便手脚麻利的媳妇儿，做两顿饭时间也用得差不多了。

108. **收秋不收秋，**［ʂou²⁴tshiou³¹pu³¹ʂou²⁴tshiou³¹］
　　先看五月二十六；［ɕiæ̃³¹khæ̃⁵⁵u⁵³yo³¹ər⁵⁵ʂʅ²⁴liou³¹］
　　二十六，滴一点，［ər⁵⁵ʂʅ²⁴liou³¹，ti³¹i³¹tiæ̃⁵³］
　　陈炉镇上买大碗。［tʂhɛ̃³¹lou⁵³tʂɛ̃⁵⁵ʂaɣ̃³¹mɛ⁵³ta⁵⁵uæ̃⁵³］陈炉镇：地名，以产陶瓷而闻名。买大碗：意指当年大丰收

　　农历五月二十六日下雨是当年丰收的迹象。

109. **羊盼清明牛盼夏，**［iaɣ̃²⁴phæ̃³¹tshiəɣ̃⁵³miəɣ̃³¹ȵiou²⁴phæ̃³¹ɕia⁵⁵］
　　过了小满说大话。［kuo⁵⁵liɔ²⁴ɕiɔ³¹mæ̃³¹ʂuo³¹ta⁵⁵xua⁵⁵］小满：节气，寓意丰收

　　清明节后，天气渐暖，青草渐旺，牛羊的草料有了保证，老百姓说话也有了底气。

110.①**三月二十八，**［sæ̃⁵³yo³¹ər⁵⁵ʂʅ⁵⁵pa³¹］
　　麦子豌豆乱扬花。［mei³¹tsʅ³¹uæ̃⁵³tou³¹lyæ̃⁵⁵iaɣ̃²⁴xua³¹］
　　立夏十日旱，［li³¹ɕia⁵⁵ʂʅ²⁴ər³¹xæ̃³¹］
　　庄稼汉吃饱饭。［tʃuaɣ̃⁵³ia³¹xæ̃³¹tʂhʅ³¹pɔ⁵³fæ̃⁵⁵］

　　描写农业生产和自然气象的密切关系。农历三月二十八日，麦子、豌豆等农作物正在开花，立夏之时小麦授粉，需要充足的阳光，此时不能下雨，这样才能颗粒饱满，保证秋季有好收成。

---

① 第110—122条发音人（男性，老派）所在地：富平县到贤镇纪贤村。

111. 十冬腊月霜雪早，[ʂʅ²⁴tuoɣ̃²⁴la³¹yo³¹ʃuaɣ̃²⁴ɕyo³¹tsɔ⁵³]
    来年冰雹少不了。[lɛ²⁴ɲiæ̃²⁴piəɣ̃²⁴pɔ³¹ʂɔ⁵³pu³¹liɔ⁵³]
    描述具有关联的自然气象。

112. 吃了五豆，长一斧头。[tʂʰʅ³¹liɔ³¹u⁵³tou³¹，tʂʰaɣ̃²⁴i³¹fu⁵³tʰou³¹]
    吃了腊八，长一杈把。[tʂʰʅ³¹liɔ³¹la⁵³pa³¹，tʂʰaɣ̃²⁴i³¹tsʰa⁵³pa³¹]
    过[一个]年，长一橡。[kuo⁵⁵iɜ³¹ɲiæ̃²⁴，tʂʰaɣ̃²⁴i³¹tʃʰuæ̃²⁴]
    过了清明，长一井绳。[kuo⁵⁵liɔ³¹tɕʰiəɣ̃⁵³miəɣ̃³¹，tʂʰaɣ̃²⁴i³¹tɕiəɣ̃⁵³ʂəɣ̃³¹]
    过了芒种，长得没模。[kuo⁵⁵liɔ³¹maɣ̃³¹tʃouɣ̃⁵³，tʂʰaɣ̃³¹ti⁵³mo³¹mu⁵³]没模：没样子，也说"没影"，形容白天特别长
    借用日常生活器物作比，形象地描述随着时令推进，白昼不断加长。

113. 一九二九，不出手；[i³¹tɕiou⁵³ər⁵⁵tɕiou⁵³，pu²⁴tʃʰu³¹ʂou⁵³]不出手：冷得不敢伸手
    三九四九，冰上走；[sæ̃³¹tɕiou⁵³sʅ⁵⁵tɕiou⁵³，piəɣ̃⁵³ʂaɣ̃³¹tsou⁵³]
    五九和六九，河边看杨柳；[u³¹tɕiou⁵³xuo²⁴liou³¹tɕiou⁵³，xuo³¹piæ̃⁵³kʰæ̃⁵⁵iaɣ̃³¹liou⁵³]
    七九活动开；[tɕʰi³¹tɕiou⁵³xuo²⁴tuoɣ̃⁵⁵kʰɛ³¹]
    八九燕子来；[pa³¹tɕiou⁵³iæ̃⁵⁵tsʅ³¹lɛ²⁴]
    九九加一九，耕牛遍地走。[tɕiou³¹tɕiou⁵³tɕia²⁴i³¹tɕiou⁵³，kəɣ̃⁵³ɲiou²⁴piæ̃⁵⁵ti⁵⁵tsou⁵³]
    描写气象变化。

114. 吃饱了，喝胀了，[tʂʰʅ²⁴pɔ³¹lia³¹，xuo³¹tsaɣ̃⁵⁵lia³¹]
    跟财东家娃一样了。[kæ̃³¹tsʰɛ³¹tʰuoɣ̃⁵³ia³¹ua⁵⁵i³¹iaɣ̃⁵⁵lia³¹]
    诙谐戏谑的顺口溜，形容酒足饭饱之态。

115. 糁糁熬黏了，[tsẽ⁵³tsẽ³¹ŋɔ²⁴zæ̃³¹lia⁵³]糁糁：玉米糁稀饭。黏：稠糊状，指稀饭熬到位了
    孙子围严了；[ɕyẽ⁵³tsʅ³¹uei²⁴ɲiæ̃³¹lia⁵³]围严了：围了一圈（等着吃饭）
    媳妇娶全了，[ɕi⁵³fu³¹tɕʰy⁵³tɕʰyæ̃³¹lia⁵³]
    锅台盘严了。[kuo⁵³tʰɛ³¹pʰæ̃²⁴ɲiæ̃³¹lia⁵³]盘严了：盘满了（一家一个锅台，指分家另过）
    父母辛勤养育子女，直至他们长大成人，成家立业，生儿育女。父母准备丰盛的

饭菜，其子孙们齐聚一堂，共享美食，享受家庭的温馨与快乐。赞美了父母对后代无私奉献的精神。

116. **三天不打，**［sæ³¹tʰiæ³¹pu³¹tɑ⁵³］
     上房揭瓦。［ʂaɣ⁵⁵faɣ²⁴tɕiɜ³¹uɑ⁵³］
     训斥孩子的顺口溜，暗示后面要严加管教。

117. **见啥人说啥话，**［tɕiæ⁵⁵sa⁵⁵zɛ̃²⁴ʂuo³¹sɑ⁵⁵xuɑ⁵⁵］
     舔沟子不挨骂。［tʰiæ⁵⁵kou⁵³tsɿ³¹pu³¹nɛ²⁴ma⁵⁵］舔沟子：也说"溜沟子"，阿谀奉承
     诙谐的顺口溜，暗讽人处事太过圆滑。

118. **死顶儿不行，**［sɿ⁵³tiɜr²⁴²pu³¹ɕiəɣ̃²⁴］死顶儿：一根筋，指不懂变通之人
     吃了今没明儿。［tʂʰɿ³¹liɔ²⁴tɕiɛ̃³¹mo³¹miɜr²⁴］今：今天。明儿：明天
     活泼泼转拨拨，［xuo³¹po⁵³po³¹tʃuæ̃⁵⁵po³¹po³¹］
     吃了喝了落两个。［tʂʰɿ³¹liɔ²⁴xuo³¹liɔ³¹luo³¹liaɣ̃³¹kɤ³¹］
     处事的顺口溜，意思是做事不能一根筋，不能推一下转一下，要灵活机智，随机而动。

119. **九九八十一，**［tɕiou³¹tɕiou⁵³pa⁵³ʂɿ²⁴˙³¹i³¹］九九：桃花盛开的时节，此时天已转暖
     老汉儿顺墙立；［lɔ⁵³xær³¹ʃuɛ̃⁵⁵tɕʰiaɣ²⁴li³¹］老汉儿：老头。顺墙立：靠着墙晒太阳
     虽然不冷啦，［ʃuei⁵³zæ³¹pu²⁴ləɣ̃³¹la³¹］
     肚里可害饥。［tou⁵⁵li³¹kʰɤ³¹xɛ⁵⁵tɕi³¹］可：却。害饥：觉得饥饿，意指庄稼丰收尚早
     描述气象变化的一句顺口溜。

120. **两口过活，**［liaɣ̃³¹kʰou⁵³kuo⁵⁵xuo³¹］过活：过日子
     脚蹬灶火；［tɕyo²⁴təɣ̃³¹tsɔ⁵⁵xuo³¹］灶火：厨房
     手沙兰⁼炭，［ʂou⁵³sa⁵⁵læ̃³¹tʰæ̃⁵³］沙：用指缝过滤挑拣。兰⁼炭：未燃尽的煤炭，喻指过日子非常仔细，丝毫不浪费
     过得严攒⁼。［kuo⁵⁵ti³¹ȵiæ³¹tsæ⁵³］严攒：严实，形容日子不紧不慢，稳稳当当
     一段顺口溜形象地刻画出小两口过日子的生动景象：夫唱妇随，勤俭持家，安稳从容。

121. 他大舅他二舅都是他舅，[tʰa³¹ta⁵⁵tɕiou⁵⁵tʰa³¹ɚ⁵⁵tɕiou⁵⁵tou³¹ʂʅ⁵⁵tʰa³¹tɕiou⁵⁵]
　　高桌子低板凳都是木做，[kɔ³¹tʂuo⁵³tsʅ³¹ti³¹pæ⁵³tʰəɣ̃³¹tou³¹ʂʅ⁵⁵mu⁵³tsou⁵⁵]
　　金疙瘩银疙瘩还嫌不够，[tɕiɛ̃³¹kɯ⁵³ta³¹ɲiɛ̃²⁴kɯ⁵³ta³¹xæ⁵³ɕiæ²⁴pu³¹kou⁵⁵]
　　天在上地在下你娃耍牛！[tʰiæ̃³¹tsɛ⁵⁵ʂaɣ̃⁵⁵ti⁵⁵tsɛ⁵⁵xa⁵⁵ɲi⁵⁵ua⁵⁵pɔ³¹ɲiou²⁴]
　　走一步退一步等于没走，[tsou⁵³i³¹pʰu⁵⁵tʰuei⁵⁵i³¹pʰu⁵⁵təɣ̃⁵³y⁵⁵mo⁵³tsou⁵³]
　　一头牛两头牛都是牲口。[i³¹tʰou²⁴ɲiou²⁴liaɣ̃⁵³tʰou²⁴ɲiou²⁴tou³¹ʂʅ⁵⁵səɣ̃³¹kʰou³¹]
　　关中地区流传甚广的一段顺口溜，各地版本略有不同。

122. 说黑话，道白话，[ʂuo³¹xei⁵³xua³¹，tɔ⁵⁵pei³¹xua⁵³]
　　犍牛下[一个]乳牛娃。[tɕiæ̃³¹ɲiou²⁴ɕia⁵⁵iɜ³¹ʐu⁵³ɲiou³¹ua⁵³] 乳牛娃：小母牛
　　出城门，放北走，[tʃʰu³¹tʂʰəɣ̃²⁴mɛ̃²⁴，faɣ̃⁵⁵pei³¹tsou⁵³] 放北走：往北走
　　碰见一个人咬狗。[pʰəɣ̃⁵⁵tɕiæ̃⁵⁵i³¹kɤ⁵⁵zɛ̃²⁴ɲiɔ³¹kou⁵³]
　　拾起狗来打砖头，[ʂʅ³¹tɕʰi⁵³kou⁵³lɛ³¹ta⁵³tʃuæ̃⁵³tʰou³¹]
　　担怕砖头咬了手，[tæ̃³¹pʰa⁵⁵tʃuæ̃⁵³tʰou³¹ɲiɔ³¹liɔ³¹ʂou⁵³] 担怕：害怕
　　隔墙撂到潦池□，[kei³¹tɕʰiaɣ̃²⁴liɔ⁵⁵tɔ³¹lɔ⁵³tsʰʅ³¹xou³¹] 撂：扔。潦池：当地不少村子叫"堡子"[pu⁵³tsʅ³¹]，村周围原有城墙，城墙外通常有个大水池，叫"潦池"，用来蓄积雨水 □[xou³¹]：里边
　　溅了一身干溏土，[tsæ̃⁵⁵lɔ³¹i²⁴sɛ̃³¹kæ̃³¹tʰaɣ̃³¹tʰou⁵³] 溅：溅。溏土：尘土
　　上枣树，扳柳条，[ʂaɣ̃⁵⁵tsɔ⁵³ʃu³¹，pæ̃³¹liou⁵³tʰiɔ³¹]
　　下来拿[一个]干榆条。[xa⁵⁵lɛ³¹na²⁴iɜ³¹kæ̃³¹y³¹tʰiɔ⁵³]
　　顺口溜，连篇白话制造各种反常语境，令人啼笑皆非。

123.① 人是人，鳖是鳖，喇叭是铜锅是铁。[ʐɛ̃²⁴ʂʅ⁵⁵ʐɛ̃²⁴，piɛ³¹ʂʅ⁵⁵piɛ³¹，la⁵³pa³¹ʂʅ⁵⁵tʰuəɣ̃²⁴kuo³¹ʂʅ⁵⁵tʰiɛ³¹]
　　老子英雄儿好汉，他爹卖葱娃卖蒜。[lao⁵³tsʅ²⁴iəɣ̃³¹ɕyəɣ̃³¹ɚ²⁴xao⁵³xæ̃⁵⁵，tʰa³¹ta²⁴mɛɛ⁵⁵tsʰuəɣ̃³¹ua⁵⁵mɛɛ⁵⁵ɕyæ̃⁵⁵] 爹：念[ta²⁴]保留了古音，俗作"大""达"。娃：孩子
　　顺口溜，和"有其父必有其子""虎父无犬子"义近。

---

① 第123—126条发音人（男性，老派）所在地：富平县城关街道办莲湖村。

124. 葱辣鼻子蒜辣心，[tsʰuə̃ɣ³¹la³¹pʰi³¹tsʅ⁵³ɕyæ̃⁵⁵la²⁴ɕiɛ̃³¹]
   只有辣子辣得深，[tsʅ³¹iou⁵³la⁵³tsʅ³¹la⁵³ti²⁴ʂɛ̃³¹]
   辣了前门辣后门，[la³¹lao³¹tʰiæ²⁴mɛ̃⁵³la³¹xou⁵⁵mɛ̃³¹]
   上到地里辣麦根。[ʂaɣ̃⁵⁵tao³¹ti⁵⁵li³¹la³¹mɛ̃²⁴kɛ̃³¹] 麦：原读[mei]，这里变读[mɛ̃]，韵母被鼻音声母同化
   顺口溜。

125. 石榴花，开得红。[ʂʅ²⁴liou⁵³xua³¹，kʰɛe⁵³ti³¹xuə̃ɣ²⁴]
   姚婆子打娃不心疼。[iao²⁴pʰo⁵³tsʅ³¹ta⁵³ua⁵⁵pu²⁴ɕiɛ̃³¹tʰə̃ɣ²⁴] 姚婆子：对后妈的贬称
   不是掐，就是拧，[pu³¹sʅ⁵⁵tɕʰia³¹，tsou⁵⁵sʅ³¹ȵiə̃ɣ²⁴]
   不是鞭子就是绳，[pu³¹sʅ⁵⁵piæ̃⁵³tsʅ³¹tsou⁵⁵sʅ³¹ʂə̃ɣ²⁴]
   还说把娃没打成。[xa²⁴ʂuo³¹pa³¹ua⁵⁵mo³¹ta⁵³tʂʰə̃ɣ²⁴] 没打成：没教训到位
   顺口溜。讽刺心肠歹毒的后妈。

126. 屎巴牛儿点灯，点出先生。[sʅ⁵³pa³¹ȵiour²⁴tiæ̃⁵³tə̃ɣ³¹，tiæ̃⁵³tʃʰu²⁴ɕiæ̃³¹sə̃ɣ³¹]
   屎巴牛儿：屎壳郎。先生：农村德高望重的文化人
   先生算卦，算出黑娃。[ɕiæ̃³¹sə̃ɣ³¹ɕyæ̃⁵⁵kua⁵⁵，ɕyæ̃⁵⁵tʃʰu³¹xei³¹ua⁵⁵]
   黑娃敲锣，敲出他婆。[xei³¹ua⁵⁵tɕʰiao³¹luo²⁴，tɕiao³¹tʃʰu³¹tʰa³¹pʰo²⁴]
   婆：奶奶
   他婆碾米，碾出她女。[tʰa³¹pʰo²⁴ȵiæ̃⁵⁵mi⁵³，ȵiæ̃⁵⁵tʃʰu³¹tʰa³¹ȵy⁵³]
   她女铲锅，铲出她哥。[tʰa³¹ȵy⁵³tsʰæ̃⁵³kuo³¹，tsʰæ̃⁵³tʃʰu³¹tʰa²⁴kɤ³¹]
   她哥上柜，碰着他伯。[tʰa²⁴kɤ³¹ʂaɣ̃⁵⁵kʰuei⁵⁵，pʰə̃ɣ⁵⁵tʃʰuo³¹tʰa³¹pei⁵⁵]
   他伯碾场，碾出黄狼。[tʰa³¹pei⁵⁵ȵiæ̃⁵³tʂʰaɣ̃²⁴，ȵiæ̃⁵³tʃʰu³¹xuaɣ̃²⁴laɣ̃²⁴]
   顺口溜。

127. ①半夜起来套硖子——图邻家好听哩[pæ̃⁵⁵iɜ⁵⁵tɕʰi⁵³lɛ³¹tʰɔ⁵⁵uei⁵⁵tsʅ³¹——tʰou²⁴liɛ̃³¹ia⁵³xɔ⁵⁵tʰiə̃ɣ⁵³li³¹] 硖子：石磨
   指爱慕虚荣，徒有虚名。

---

① 第127—135条发音人（女性，老派）所在地：富平县到贤镇庄镇村。

128. **蚂蚱吃䅟黍——顺秆秆儿来** [ma⁵³tsa³¹tʂʰʅ²⁴tʰɔ³¹ʃu³¹——ʃuẽ⁵⁵kã⁵³kãr³¹lɛ²⁴] 䅟黍：高粱

    暗指人沉不住气儿，一看见别人给好脸色便忘乎所以。

129. **老瓮里的鳖——跑不了** [lɔ⁵³uoɣ̃³¹li³¹ti²⁴piɜ³¹——pʰɔ³¹pu⁵⁵liɔ⁵³]

    喻指坏人已在掌握之中，无法逃脱。有时为玩笑话。

130. **狮子滚绣球——热闹在后头** [ʂʅ⁵³tsʅ³¹kuẽ⁵³ɕiou⁵⁵tɕʰiou³¹——zɤ⁵³nɔ³¹tsɛ⁵⁵xɯ⁵⁵tʰou³¹]

    狮子滚绣球是传统社火表演的第一项，后面还有上桌子、下桌子、走梅花、打连枷等更精彩的内容。喻指事情刚开始，热闹（或麻烦）还在后面。

131. **宿子落到胡子上——鸰须** [sou⁵³tsʅ³¹luo⁵³tɔ³¹xu²⁴tsʅ⁵³ʂaɣ̃³¹——tɕʰiæ²⁴ɕy³¹]

    宿子：麻雀。鸰：啄。鸰须：谐音"谦虚"。

    诙谐地称赞对方谦虚。

132. **黄鼠狼钻水道——各有各的跑道** [xuɑɣ̃³¹ʃu⁵³lɑɣ̃²⁴tɕyæ³¹ʃuei⁵³tʰɔ³¹——kɤ³¹iou⁵³kɤ⁵³ti³¹pʰɔ⁵³tɔ⁵⁵]

    喻指过日子各有各的门路。也有"殊途同归"之义。

133. **背下儿媳妇朝华山——出力不讨好** [pei⁵³xa³¹zʅ²⁴si³¹fu³¹tʂʰɔ²⁴xuɑ⁵⁵sæ̃³¹——tʃʰu²⁴li³¹pu³¹tʰɔ⁵⁵xɔ⁵³]

    比喻费了力气却没得到好结果。

134. **六月里的萝卜——少窖** [liou⁵³yo³¹li³¹ti³¹luo²⁴pʰu⁵³——ʂɔ⁵³tɕiɔ⁵⁵] 窖：谐音"教"

    指责人言行举止缺乏教养，不合规矩。也说"少调失教"。

135. **腔子前里挂笊篱——捞心过余** [tɕʰiɑɣ̃⁵³tsʅ³¹tʰiæ⁵³li³¹kuɑ⁵⁵tsɔ⁵⁵ly³¹——lɔ²⁴siẽ³¹kuo⁵⁵y²⁴] 腔子：胸膛。捞：谐音"劳"

    指瞎操心。

136. ①**穿孝衫上坟哩——白袍**[tʃʰuæ³¹ɕiao⁵⁵sæ³¹ʂaɣ̃⁵⁵fɛ̃²⁴li⁵³——pei²⁴pʰao²⁴]

  袍：谐音"跑"

 指白跑一趟。

137. **庙前头屙屎哩——糟塌爷哩**[miao⁵⁵tʰiã³¹tʰou⁵³pa⁵³sʅ⁵³li³¹——tsao⁵³tʰa³¹iɛ⁵⁵li³¹]屙屎：拉屎。爷：神像

 指大不敬。

138. **拿下棒槌挑牙缝——不嫌夯口**[na³¹xa⁵³paɣ̃⁵³tʃʰuei³¹tʰiao³¹ȵia²⁴fəɣ̃⁵⁵——pu³¹ɕiæ²⁴xaɣ̃³¹kʰou⁵³]夯口：口里憋得慌

 暗指人说话难听。

139. **枣核儿解板——两锯**[tsao⁵³xur²⁴tɕiɛ⁵³pæ̃⁵³——liaɣ̃⁵³tɕy⁵⁵]解板：将砍伐的树木锯成木板。锯：谐音"句"

 枣核太小了，将其制成木板，只能拉扯两锯，形容人寡言少谈，说不了两句话就没词了。

140. **擀杖吹笛笛儿——没眼儿**[kæ̃⁵³tsaɣ̃³¹tʃʰuei³¹tʰi³¹tʰir⁵³——mo³¹ȵiær⁵³]擀杖吹笛笛儿：擀面杖当笛子吹。眼儿：一语双关，明指笛子的吹孔，暗指解决问题的突破口

 喻指事情找不到门路。

141. **石灰窑里撇砖头——白气冲天**[ʂʅ³¹xuei⁵³iao³¹li⁵³pʰiɛ²⁴tʂuæ̃⁵³tʰou³¹——pei²⁴tɕʰi⁵⁵tʃʰuəɣ̃²⁴tɕʰiæ³¹]撇：扔

 指睁着眼睛说瞎话。

142. **白杆子秤——没星星**[pei³¹kæ̃⁵³tsʅ³¹tʂʰəɣ̃⁵⁵——mo²⁴ɕiəɣ̃⁵³ɕiəɣ̃³¹]没星星：一语双关，明指秤杆上没有秤星，暗指人没眼色

 指听不懂或看不出对方的嘲讽之义。

---

① 第136—158条发音人（女性，老派）所在地：富平县城关街道办莲湖村。

143. 猪鼻子插葱——装象 [tʃu³¹pʰi²⁴tsɿ⁵³tsʰa²⁴tsʰuəɣ̃³¹——tʃuaɣ̃³¹ɕiaɣ̃⁵⁵] 装象：
谐音"装相"
暗讽人装模作样。

144. 瞎子捐毡——胡扑哩 [xa⁵³tsɿ³¹tiæ̃²⁴tʂæ̃³¹——xu²⁴pʰu⁵³li³¹] 捐：扛
一指做事不用脑子而一味蛮干，二指瞎折腾。

145. 背下老笼看戏哩——日眼占地方 [pei⁵³xa²⁴lao³¹luəɣ̃³¹kʰæ̃⁵⁵ɕi⁵⁵li³¹——zɿ³¹ȵiæ̃⁵³tʂæ̃⁵⁵ti⁵⁵faɣ̃³¹] 老笼：竹筐。日眼：肮脏；人、事、情景等令人不悦
指没眼色，或行为举止不合时宜。

146. 剃头儿担子——一头儿热 [tʰi²⁴tʰour²⁴tæ̃⁵⁵tsɿ³¹——i³¹tʰour²⁴zɤ³¹]
指一厢情愿。

147. 精沟子撵狼哩——胆大得很 [tiəɣ̃⁵³kou⁵³tsɿ³¹ȵiæ̃⁵³laɣ̃³¹li⁵³——tæ̃⁵³ta⁵⁵tiɿ³¹xɛ⁵³]
感叹人有胆量（多为贬义）。

148. 屎巴牛儿支桌子——硬撑儿 [sɿ⁵³pa³¹ȵiour²⁴tsɿ²⁴tʃuo⁵³tsɿ³¹——ȵiəɣ̃⁵⁵tsʰɚr⁵³]
屎壳郎欲用自己的身体支住晃动的桌子，力所不及，显然徒劳。暗讽人打肿脸充胖子。

149. 凉房[底下]戴草帽儿——二凉 [liaɣ̃²⁴faɣ̃²⁴tɕiæ̃⁵³tɛɛ⁵⁵tsʰao⁵³mɔr³¹——ər⁵⁵liaɣ̃²⁴]
喻指傻楞愚笨之人。

150. 清明节上坟——修先人 [tɕʰiəɣ̃⁵³miəɣ̃²⁴tɕiɛ³¹ʂaɣ̃⁵⁵fɛ̃²⁴——ɕiou²⁴ɕiæ̃⁵³zɛ̃³¹]
修先人：谐音"羞先人"
暗讽丢人现眼。

151. 墙上挂门帘儿——没门儿 [tɕʰiaɣ̃³¹ʂaɣ̃⁵³kua⁵⁵mɛ̃³¹liær⁵³——mo³¹mɚr²⁴²]
喻指事情没有指望。

152. 癞蛤蟆跳门限——蹲沟子伤脸[lɛe⁵⁵xɯ³¹ma³¹tʰiao²⁴mɛ̃²⁴xæ⁵³——tuɛ̃²⁴kou⁵³tsʅ³¹ʂaɣ̃³¹liæ⁵³] 门限：门槛。蹲沟子：屁股重重地摔在地上

指极伤颜面。

153. 颡上长疮，[sa³¹ʂaɣ̃⁵³tsaɣ̃⁵³tʃʰuaɣ̃³¹] 颡：头

    脚底下流脓——瞎透透啦[tɕyo³¹ti⁵⁵xa³¹liou²⁴nəɣ̃²⁴——xa³¹tʰou⁵⁵tʰou³¹la³¹]

    瞎：坏

    喻指一无是处。

154. 猪娃子喝面汤——胡吹哩[tʃu⁵³ua³¹tsʅ³¹xuo³¹miæ⁵⁵tʰaɣ̃³¹——xu²⁴tʃʰuei⁵³li³¹]

    猪娃子：小猪

    指吹嘘说大话。

155. 猪八戒照镜子——里外不是人[tʃu³¹ma³¹tɕiɛe⁵⁵tsao⁵⁵tɕiəɣ̃⁵⁵tsʅ³¹——li⁵⁵uɛe⁵⁵pu³¹sʅ⁵⁵zɛ̃²⁴] 八：声母读[m]特殊

    指做事两面不讨好。

156. 瞎狗吃屎——冒吞哩[xa³¹kou⁵³tʂʰʅ³¹sʅ⁵³——mao⁵⁵tʰəɣ̃⁵³li³¹] 冒：胡乱

    喻指心中没谱，凭运气乱扑。

157. 猫吃糨子——光在嘴上搣抓[mao²⁴tʂʰʅ³¹tɕiaɣ̃⁵⁵tsʅ³¹——kuaɣ̃²⁴tsɛe⁵⁵tʃuei⁵³ʂaɣ̃³¹ua⁵³tʃua³¹] 糨子：面粉烫的糨糊

    嗔怪人嘴太馋。

158. 碗大的西瓜一拃厚的皮——脸厚得很[uæ̃⁵³ta⁵⁵ti²⁴ɕi³¹kua³¹i³¹tsa⁵³xou⁵⁵ti³¹pʰi²⁴——liæ̃⁵³xou⁵⁵ti³¹xɛ̃⁵³]

    嘲讽人无自尊。

159. ①大粪池子游泳——不怕屎[ta⁵⁵fɛ̃⁵⁵tʂʰʅ³¹tsʅ⁵³iou³¹yoɣ̃⁵³——pu³¹pʰa⁵⁵sʅ⁵³]

    不怕屎：谐音"不怕死"

    诙谐地赞叹人胆子大。

---

① 第159—196条发音人（男性，老派）所在地：富平县到贤镇纪贤村。

160. 城墙上跶死娃子——扔人不知道高低 [tʂʰəɣ²⁴tɕiaɣ³¹ʂaɣ⁵³pæ⁵⁵sʅ⁵³ua³¹tsʅ³¹——zʅ⁵³zɛ̃²⁴pu³¹tʂʅ⁵³tɔ³¹kɔ²⁴ti³¹] 跶：摔。死娃子：代指无生命之物。扔人："丢人"的方言说法。此处一语双关暗讽做事丢人现眼，有失颜面。

161. 厕所的石头——屄屎 [tsʰei³¹suo⁵³ti³¹ʂʅ³¹tʰou⁵³——pa⁵³ʂʅ³¹] 屄屎：本念 [pa³¹ʂʅ⁵³]，谐音"把式"[pa⁵³ʂʅ³¹]（方言词，指行家）。诙谐地称赞人做事情专业。

162. 银匠的妹子——活路客 [niɛ̃³¹tɕiaɣ⁵³ti³¹mei⁵⁵tsʅ³¹——xuo³¹lou⁵³kʰei³¹] 客：类后缀，指从事某一行当或具有某种习惯或特点的人，如：麦客（过去打短工替别人割麦子的人）、茶客（嗜好喝茶的人）、跑客（待不住，喜欢四处乱逛的人，多含贬义）

表层义有多种解释：第一种说法是，银匠的妹子戴着各种金银首饰向别人展示，以推销自家的手艺；第二种说法是，制作金银首饰是巧活、细活，需要精湛的手艺，银匠的妹子在其兄长的耳濡目染下，也通晓各种活路；第三种说法是，银匠的妹子四处向人炫耀其兄长的手艺。方言词"活路客"指善于动脑子、想办法的一类人。偶尔用为贬义，形容人太滑头。

163. 飞机上撂电壶胆——高水平 [fei²⁴tɕi⁵³ʂaɣ³¹liɔ⁵⁵tiɛ̃⁵³xu²⁴tæ⁵³——kɔ³¹ʃuei⁵³pʰiəɣ³¹] 撂：扔。诙谐地称赞人技艺高超。

164. 油梁刷的做镢楔哩——大材小用 [iou²⁴liaɣ²⁴pʰiæ⁵³ti³¹tsou⁵⁵tɕyo³¹ɕiɜ⁵³li³¹——ta⁵⁵tsʰɛ²⁴ɕiɔ⁵³yoɣ⁵⁵] 油梁：油坊的大梁。刷：用刀砍。镢楔：镢头里插的小楔子大材小用的幽默说法。

165. 卖豆芽不拿秤——冒抓哩 [mɛ⁵⁵tou⁵⁵nia³¹pu³¹na²⁴tsʰəɣ⁵⁵——mɔ⁵⁵tʃua⁵³li³¹] 冒抓：凭感觉抓喻指经验丰富。

166. 骑驴看戏本——走着瞧 [tɕʰi²⁴ly²⁴kʰæ⁵⁵ɕi⁵⁵pɛ̃⁵³——tsou⁵³tʂuo³¹tɕʰiɔ²⁴] 指暗自下狠心。

167. 鸡娃子叫鸣——拿不住迟早 [tɕi⁵³ua³¹tsʅ³¹tɕiɔ⁵⁵miəɣ²⁴——na³¹pu⁵³tʃʰu⁵⁵tsʰʅ²⁴tsɔ⁵³] 鸡娃子：小鸡

喻指思想行为不成熟，做事不合规矩。

168. 骆驼放屁——气高 [luo⁵³tʰuo³¹faɣ⁵⁵pʰi⁵⁵——tɕʰi⁵⁵kɔ³¹]

暗讽人财大气粗，性情高傲。

169. 碾子顶门儿——石靠 [ɲiæ⁵⁵tsʅ³¹tiəɣ⁵³mẽr²⁴——ʂʅ²⁴kʰɔ⁵⁵] 碾子：即石碾子，过去给粮食去皮的器具。石：谐音"实"

指凡事真正靠得住的是自己，鼓励人自力更生。

170. 石头上钉钉子——没门儿 [ʂʅ³¹tʰou⁵³ʂaɣ³¹tiəɣ⁵⁵tiəɣ⁵³tsʅ³¹——mo³¹mẽr²⁴²]

没门儿：一语双关，明指钉子钉不进去，暗指事情没有希望

指事情没有希望。

171. 黄瓜打驴——差半截子 [xuaɣ³¹kua⁵³ta⁵³ly²⁴——tsʰa⁵⁵pæ̃⁵⁵tɕʰi³¹tsʅ⁵³]

喻指现实和理想有较大差距。

172. 瞎子牵耧——趁住 [xa⁵³tsʅ³¹tɕʰiæ³¹lou²⁴——tʂʰɛ̃⁵⁵tʃʰu³¹] 耧：播种小麦的农具

劝人量力而行。

173. 干指头蘸盐哩——一点儿不沾 [kæ̃³¹tsʅ⁵³tʰou³¹tsæ̃⁵⁵iæ̃³¹li⁵³——i³¹tiæ̃r²⁴²pu²⁴tʂæ̃³¹]

指想不劳而获。

174. 茶壶里头煮饺子哩——有口倒不出来 [tsʰa²⁴xu²⁴li⁵³tʰou³¹tʃu⁵⁵tɕiɔ⁵³tsʅ³¹li³¹——iou⁵⁵kʰou⁵³tɔ⁵⁵pu³¹tʃʰu⁵³lɛ³¹]

喻指内心想法无法用言语表达，也说"满肚子蝴蝶飞不出来"。

175. 野鹊窝里戳了一杆子——叽叽喳喳 [ia⁵³tɕʰiɔ³¹uo⁵³li³¹tʃʰuo³¹liɔ³¹i³¹kæ̃⁵³tsʅ³¹——tɕi³¹tɕi²⁴tsa³¹tsa³¹] 野鹊：喜鹊

形容场面喧哗聒噪。

176. **鞋里头长草——荒了脚** [xɛ²⁴li⁵³tʰou³¹tsaɣ̃⁵³tsʰɔ⁵³——xuaɣ̃³¹liɔ²⁴tɕyo³¹]

　　荒：谐音"慌"

　形容人手忙脚乱。

177. **猪吃白菜——胡□哩** [tʃu³¹tʂʰʅ³¹pei³¹tsʰɛ⁵³——xu²⁴ɕyoɣ̃⁵³li³¹] 胡：乱。

　　□[ɕyoɣ̃⁵³]：猪用嘴拱

　猪吃白菜，吃得不多，糟蹋得不少。形容人说话无分寸，做事无章法。

178. **墙里头的柱子——不露面** [tɕʰiaɣ̃⁵³li⁵³tʰou³¹ti³¹tʃʰu⁵⁵tsʅ³¹——pu³¹lou⁵⁵miæ̃⁵⁵]

　喻指有幕后指使。

179. **城隍娘娘有喜——心怀鬼胎** [tʂʰəɣ̃³¹xuaɣ̃⁵³ȵiaɣ̃³¹ȵiaɣ̃⁵³iou³¹ɕi⁵³——ɕiɛ̃³¹xuɛ²⁴kuei⁵³tʰɛ³¹]

　暗指人心怀鬼胎。

180. **木匠戴枷——自做自受** [mu⁵³tɕʰiaɣ̃³¹tɛ⁵⁵tɕia³¹——tsʅ⁵⁵tʃuo³¹tsʅ⁵⁵sou⁵⁵] 自

　　做自受：谐音"自作自受"

　指人自作自受。

181. **狗吃牛粪——图多哩** [kou⁵³tʂʰʅ³¹ȵiou²⁴fæ̃⁵⁵——tʰou²⁴tuo⁵³li³¹]

　喻指光顾数量不问质量。

182. **卖布不用尺子——胡扯** [mɛ⁵⁵pu⁵⁵pu³¹yoɣ̃⁵⁵tsʰʅ⁵³tsʅ³¹——xu²⁴tʂʰɤ⁵³] 胡扯：

　　一语双关

　形容人信口开河，胡说八道。

183. **披下被子上天哩——张圆啦** [pʰei⁵³xa³¹pʰi⁵⁵tsʅ³¹saɣ̃⁵⁵tʰiæ̃⁵³li³¹——tsaɣ̃²⁴yæ̃³¹la⁵³] 张：张开，谐音"怅" [tsaɣ̃²⁴]（方言词，指傲气、猖狂）

　批评人太猖狂、太张扬。

184. **点点儿铁，点点铜，** [tiæ̃³¹tiæ̃r⁵³tʰiɜ³¹，tiæ̃³¹tiæ̃⁵³tʰuoɣ̃²⁴]
　　点点儿木头儿，点点绳。 [tiæ̃³¹tiæ̃r⁵³mu⁵³tʰour³¹，tiæ̃³¹tiæ̃⁵³ʂəɣ̃²⁴]
　　——秤 [tʂʰəɣ̃⁵⁵]

185. **掮枪的，扭櫎的，**[tiæ̃³¹tɕʰiaɣ̃⁵³ti³¹，ȵiou⁵³pa⁵⁵ti³¹] 掮：扛。櫎：柄
    像个萝卜长大的。[ɕia⁵⁵kɤ³¹luo³¹pʰʊ⁵³tʂaɣ̃⁵³ta⁵⁵ti³¹]
    一条白虫，[i³¹tʰiɔ²⁴pei²⁴tʃʰuoɣ̃²⁴] 白虫：代指用棉花搓的线捻子
    □□□□流脓。[kʰu³¹tʃʰu³¹kʰu³¹tʃʰu³¹liou²⁴nəɣ̃²⁴] □□□□[kʰu³¹tʃʰu³¹kʰu³¹tʃʰu³¹]：
    拟声词。流脓：喻指棉花捻子纺成棉线的过程
    ——纺线车子[faɣ̃⁵³ɕiæ̃⁵⁵tʂʰɤ⁵³tsʅ³¹]

186. **一条绳，撂过城。**[i³¹tʰiɔ²⁴ʂəɣ̃²⁴，liɔ⁵⁵kuo⁵⁵tʂʰəɣ̃²⁴] 一条绳：代指棉线。撂：扔
    城动弹，龙叫唤。[tʂʰəɣ̃²⁴tuoɣ̃⁵⁵tʰæ̃³¹，luoɣ̃²⁴tɕiɔ⁵⁵xuæ̃³¹] 城动弹：喻指纺线过
    程中纺车晃动。龙叫唤：喻指纺线时纺车嘎吱嘎吱响
    ——纺线车子[faɣ̃⁵³ɕiæ̃⁵⁵tʂʰɤ⁵³tsʅ³¹]

187. **十亩地，八亩宽，**[ʂʅ³¹mu⁵³ti⁵⁵，pa³¹mu²⁴kʰuæ̃³¹]
    里头坐个女人关。[li⁵³tʰou³¹tʂuo⁵⁵kɤ³¹ȵy³¹z̩ɛ̃²⁴kuæ³¹]
    脚一踏，手一搬，[tɕyo³¹i³¹tʰa²⁴，ʂou⁵³i²⁴pæ̃³¹]
    十个环环儿都动弹。[ʂʅ³¹ue⁵³xuæ̃³¹xuær⁵³tou³¹tuoɣ̃⁵⁵tʰæ̃³¹]
    ——织布机子[tʂʅ³¹pu⁵⁵tɕi³¹tsʅ³¹]

188. **上头毛，底下毛，**[ʂaɣ̃⁵⁵tʰou³¹mɔ²⁴，ti⁵³xa³¹mɔ²⁴]
    中间夹[一个]黑葡萄。[tʃuoŋ³¹tɕiæ̃³¹tɕia³¹iɤ³¹xei³¹pʰʊ³¹tʰɔ⁵³]
    ——眼窝[ȵiæ̃⁵³uo³¹]眼睛

189. **姊妹七八个，**[tsʅ⁵³mei³¹tɕʰi⁵³pa³¹kɤ⁵⁵]
    围着桌子坐。[uei³¹tʂʰuo⁵³tʃuo⁵³tsʅ³¹tʃuo⁵⁵]
    脱了红裤子，[tʰuo³¹liɔ³¹xuoɣ̃²⁴kʰu⁵⁵tsʅ³¹] 红裤子：喻指蒜皮
    就拿槌槌儿撂。[tɕiou⁵⁵na²⁴tʃʰuei³¹tʃʰuer⁵³luo⁵⁵] 撂：指砸蒜时蒜头一个挤一个
    ——蒜[ɕyæ̃⁵⁵]

190. **麻屋子，白帐子，**[ma³¹u⁵³tsʅ³¹，pei²⁴tʂaɣ̃⁵⁵tsʅ³¹]
    里头坐了[一个]白胖子。[li⁵³tʰou³¹tʂuo⁵⁵liɔ³¹iɤ³¹pei²⁴pʰaɣ̃⁵⁵tsʅ³¹]
    ——花生[xua²⁴səɣ̃³¹]

191. **做碎绿□□,** [tsou⁵⁵ʃuei⁵³liou³¹piɜ³¹piɜ³¹] 做碎：小时候。绿□□[piɜ³¹piɜ³¹]：绿油油。□□[piɜ³¹piɜ³¹]：叠音后缀，下同

长大黑□□, [tʂaɣ⁵³ta⁵⁵xei³¹piɜ³¹piɜ³¹] 黑□□[piɜ³¹piɜ³¹]：黑油油

风一吹, 鳖打鳖。 [fəɣ³¹i²⁴tʃʰuei³¹, piɜ³¹ta⁵³piɜ³¹] 鳖：代指皂角（二者外形扁平，有相似之处）

——皂角 [tsɔ⁵⁵tɕyo³¹]

192. **[一个]黄狗, 旮里旮旯刨土。** [iɜ³¹xuaɣ̃²⁴kou⁵³, kɯ⁵³li³¹kɯ⁵³lɔ³¹pɔ²⁴tʰou⁵³]

旮里旮旯：角角落落

——笤帚 [tʰiɔ³¹tʃʰu⁵³]

193. **一扭一扭, 家家屋里都有。** [iɜ³¹ɲiou⁵³iɜ³¹ɲiou⁵³, tɕia³¹tɕia³¹u⁵³li³¹tou³¹iou⁵³]

——抹布 [ma⁵³pʰʋ³¹]

194. **红竹竿, 挑白旗,** [xuoɣ̃²⁴tsou³¹kæ̃³¹, tʰiɔ⁵³pei²⁴tɕʰi²⁴] 白旗：代指面条

呼喽喽进庙去。 [xu³¹lou³¹lou³¹tɕiɛ̃⁵⁵miɔ⁵⁵tɕʰi³¹] 呼喽喽：拟声词（大口吃面的响声，形容吃得香）。庙：代指口腔

——筷子 [kʰuɛ⁵⁵tsɿ³¹]

195. **四四方方一张纸,** [sɿ⁵⁵sɿ³¹faɣ̃³¹faɣ̃³¹i²⁴tʂaɣ̃³¹tsɿ⁵³]

天天黑来沓老鼠。 [tʰiæ̃³¹tʰiæ̃²⁴xei³¹lɛ³¹tʰa²⁴lɔ³¹ʃu³¹] 黑来：晚上。沓：盖。老鼠：代指人（这里有戏谑的意味）

——被子 [pʰi⁵⁵tsɿ³¹]

196. **[一个]匣匣儿, 圈了[五个]娃娃。** [iɜ³¹xa³¹xar⁵³, tɕʰyæ̃³¹liɔ³¹uo³¹ua³¹ua⁵³]

娃娃：代指五个脚指头

——鞋 [xɛ²⁴]

三 歌谣

197.①麻野鹊，尾巴长，[mɑ³¹iɑ⁵³tʰiɔ³¹，i⁵³pa³¹tʂʰãɣ²⁴] 麻野鹊：喜鹊
娶下媳妇忘了娘，[tɕy⁵³xa³¹si⁵³fu³¹vãɣ⁵³liɔ³¹ɲiɑ̃²⁴]
把娘背到河沿上，[pa³¹ɲiɑ̃²⁴pei⁵³tɔ³¹xuo²⁴iæ̃⁵⁵ʂɔ³¹]
把媳妇背到热炕上。[pa³¹si⁵³fu³¹pei⁵³tɔ³¹zɤ³¹kʰãɣ⁵⁵ʂɔ³¹]
骨碌咍，哎呀我的娘。[ku³¹lou⁵³tãɣ²⁴，ɛ⁵⁵iɑ³¹ŋɤ⁵³ti³¹ɲiɑ̃²⁴] 骨碌咍：摔了一跤（此时才想起在母亲怀中的安稳）。咍：拟声词
童谣，讽刺不孝之子。

198.咪咪猫，上高窑；[mi⁵⁵mi⁵⁵mɔ²⁴，ʂãɣ⁵⁵kɔ³¹iɔ²⁴] 咪咪：猫的昵称。上高窑：爬到窑顶上
金蹄蹄儿，银爪爪；[tɕiɛ̃³¹tʰi³¹tʰir⁵³，ɲiɛ̃²⁴tsɔ⁵³tsɔ³¹] 爪爪：爪子
上树上，逮雀雀，[ʂãɣ⁵⁵ʃu⁵⁵ʂãɣ³¹，tɛ³¹tʰiɔ⁵³tʰiɔ³¹] 雀雀：小鸟
逮下雀雀喂老猫。[tɛ⁵³xa³¹tʰiɔ⁵³tʰiɔ³¹y⁵³lɔ⁵³mɔ²⁴]
童谣。

199.摘，摘，摘豆角儿，[tsei³¹，tsei³¹，tsei³¹tou⁵⁵tɕyər³¹]
摘下豆角儿看外婆，[tsei⁵³xa³¹tou⁵⁵tɕyər³¹kʰæ̃⁵⁵uei⁵⁵pʰʋo³¹]
外婆在后院缠臭脚。[uei⁵⁵pʰʋo³¹tsɛ⁵³xou⁵⁵yæ̃³¹tʂʰæ̃²⁴tʂʰou⁵⁵tɕyo³¹]
呸呸□死啦，[pʰei⁵³pʰei⁵³nou³¹sɿ⁵³la³¹] 呸呸：拟声词。□[nou³¹]：脏
提下笼笼回去呀。[tʰi³¹xa⁵⁵luõɣ⁵³luõɣ³¹xuei³¹tɕʰi⁵³iɑ³¹] 笼笼：篮子
童谣。

200.一身黑，是美国，[i²⁴ʂɛ̃²⁴xei³¹，sɿ⁵⁵mei⁵³kuei³¹]
一身蓝，是苏联。[i²⁴ʂɛ̃³¹læ̃²⁴，sɿ⁵⁵sou³¹luæ̃²⁴]
一身白，是卖国贼。[i²⁴ʂɛ̃³¹pʰei²⁴，sɿ⁵⁵mɛ⁵⁵kuei³¹tsei²⁴]
童谣。

---
① 第197—207条发音人（女性，老派）所在地：富平县到贤镇庄镇村。

201. 御麦馍，不好吃，[y⁵⁵mei⁵⁵mo⁵⁵，pʊ³¹xɔ⁵³tʂʅ³¹] 御麦馍：玉米馒头
　　 拿到学校给老师，[na²⁴tɔ⁵⁵ɕyo²⁴siɔ⁵⁵kei⁵⁵lɔ⁵³sʅ³¹] 过去乡村教师在县内各镇的学校
流动，离家远的一日两餐由学生家长轮流管饭，家长晚上把饭菜送到学校
　　 老师老师你覅嫌，[lɔ⁵³sʅ³¹lɔ⁵³sʅ³¹ȵi⁵³pɔ³¹ɕiæ²⁴]
　　 我爹我妈没挣钱。[ŋɤ³¹ta²⁴ŋɤ³¹ma²⁴mo³¹tsəɣ̃⁵⁵tsʰiæ²⁴]
　　 童谣，对过去贫困生活的诙谐记述。

202. 羞，羞，把脸抠，[siou³¹，siou³¹，pa³¹liæ⁵³kʰou³¹]
　　 抠下渠渠儿种豌豆。[kʰou⁵³xa³¹tɕy³¹tɕyr⁵³tʃuo⁵³uæ̃⁵³tou³¹]
　　 人家的豌豆打一石，[zɛ̃³¹ia⁵³ti³¹uæ̃⁵³tou³¹ta⁵³i³¹tæ⁵⁵]
　　 自己的豌豆没见面。[tsʅ⁵⁵tɕi³¹ti³¹uæ̃⁵³tou³¹mo³¹tɕiæ̃⁵⁵miæ̃⁵⁵]
　　 童谣。

203. 打罗罗，硙面面，[ta⁵³luo³¹luo⁵³，uei⁵⁵miæ̃⁵⁵miæ̃³¹] 打罗罗：罗面。硙面面：磨面
　　 黑白硙了两罐罐。[xei³¹pʰei²⁴uei⁵⁵liɔ³¹liaɣ̃⁵³kuæ̃⁵⁵kuæ̃³¹]
　　 黑的叫娘吃，白的叫娃吃。[xei³¹ti³¹tɕiɔ⁵⁵ȵiaɣ̃²⁴tʂʅ³¹，pʰei³¹ti⁵³tɕiɔ⁵⁵uaˤ⁵⁵tʂʅ³¹]
　　 童谣。

204. 咱两好，咱两好，[tsʰa²⁴liaɣ̃³¹xɔ⁵³，tsʰa²⁴liaɣ̃³¹xɔ⁵³]
　　 咱两合伙儿买手表，[tsʰa²⁴liaɣ̃³¹xuo⁵³xuər³¹mɛ⁵³sou³¹piɔ⁵³]
　　 你掏钱，我戴表，[ȵi⁵³tʰɔ³¹tsʰiæ²⁴，ŋɤ⁵³tɛ⁵⁵piɔ⁵³]
　　 你没媳妇我给你找。[ȵi⁵³mo³¹si⁵³fu³¹ŋɤ⁵⁵kei⁵⁵ȵi⁵⁵tsɔ⁵³]
　　 童谣。

205. 猴娃儿猴娃儿搬砖头，[xou³¹uar⁵³xou³¹uar⁵³pæ̃³¹tʃuæ̃⁵³tʰou³¹]
　　 塌了猴娃儿的脚趾头。[tʰa³¹lɔ³¹xou³¹uar⁵³ti³¹tɕyo³¹tsʅ⁵³tʰou³¹]
　　 猴娃儿猴娃儿你覅哭，[xou³¹uar⁵³xou³¹uar⁵³ȵi⁵³pɔ²⁴kʰu³¹]
　　 给你娶个花媳妇。[kei⁵⁵ȵi⁵³tɕʰy⁵³kɤ³¹xua³¹si⁵³fu³¹]
　　 娶下媳妇睡阿搭？牛槽里睡。[tɕʰy⁵³xa³¹si⁵³fu³¹ʃuei⁵⁵a⁵⁵ta³¹？ȵiou²⁴tsʰɔ²⁴li⁵³ʃuei⁵⁵] 阿搭：哪里

铺啥呀？铺簸箕。[pʰʋ³¹sa⁵⁵ia³¹? pʰʋ³¹po⁵⁵tɕʰi³¹]

盖啥呀？盖筛子。[kɛ⁵⁵sa⁵⁵ia³¹? kɛ⁵⁵sɛ⁵³tsʅ³¹]

枕啥呀？枕棒槌。[tʂɛ̃⁵³sa⁵⁵ia³¹? tʂɛ̃⁵³pʰaɣ̃⁵⁵tʃʰuei³¹]

棒槌滚得骨碌碌，[pʰaɣ̃⁵⁵tʃʰuei³¹kuɛ̃⁵³ti²⁴ku³¹lou³¹lou³¹]

猴娃儿媳妇睡得呼噜噜。[xou³¹uar⁵³si⁵³fu³¹ʃuei⁵⁵ti²⁴xɯ³¹lou³¹lou³¹]

摇篮曲。

206. 猫来啦，狗来啦，老鼠担的水来啦。[mɔ²⁴lɛ²⁴la⁵³，kou⁵³lɛ²⁴la⁵³，lɔ³¹ʃu³¹tæ̃⁵³ti³¹ʃuei⁵³lɛ²⁴la⁵³]

摇篮曲。

207. 天皇皇，地皇皇，[tʰiæ̃³¹xuaɣ̃³¹xuaɣ̃³¹，ti⁵⁵xuaɣ̃³¹xuaɣ̃³¹]

我屋里有[一个]夜哭郎。[ŋɤ³¹u⁵³li³¹iou⁵³iɛ³¹iɛ⁵⁵kʰu³¹laɣ̃³¹]

过路的君子念三遍，[kuo⁵⁵lou⁵⁵ti⁵⁵tɕyɛ̃³¹tsʅ³¹ȵiæ̃⁵⁵sæ̃³¹piæ̃⁵⁵]

一觉睡到大天亮。[i³¹tɕiɔ⁵⁵ʃuei⁵⁵tɔ³¹ta⁵⁵tʰiæ̃³¹liaɣ̃⁵⁵]

摇篮曲。

208.① 月亮爷，明晃晃，[yɛ⁵³liaɣ̃³¹iɛ⁵⁵，miəɣ̃²⁴xuaɣ̃⁵³xuaɣ̃³¹]

我在河里洗衣裳。[ŋɤ⁵³tsɛɛ⁵⁵xuo²⁴li⁵³ɕi⁵³i⁵³ʂaɣ̃³¹]

洗得白，捶得光，[ɕi⁵³tei³¹pei²⁴，tʃʰuei²⁴ti⁵³kuaɣ̃³¹]

打发娃娃儿上学堂。[ta⁵³fa³¹ua²⁴uar⁵³ʂaɣ̃⁵⁵ɕyo²⁴tʰaɣ̃⁵³]娃娃儿：小孩

读诗书，写文章，[tou²⁴sʅ²⁴ʃu³¹，ɕiɛ⁵³vɛ̃³¹tʂaɣ̃⁵³]

一考考上状元郎。[i³¹kʰao⁵³kʰao⁵³ʂaɣ̃³¹tʃuaɣ̃⁵⁵yæ̃³¹laɣ̃²⁴]

喜报送到你门上，[ɕi⁵³pao⁵⁵suəɣ̃⁵⁵tao⁵⁵ȵi³¹mɛ̃³¹ʂaɣ̃⁵³]

你看排场不排场。[ȵi⁵³kʰæ̃⁵⁵pʰɛe³¹tʂʰaɣ̃⁵³pu³¹pʰɛe³¹tʂʰaɣ̃⁵³]排场：风光

童谣。勉励孩子好好读书。

209. 槐树槐，搭戏台，[xuɛe²⁴ʃu⁵³xuɛe²⁴，ta³¹ɕi⁵⁵tʰɛe²⁴]

舅舅叫娃看戏来。[tɕiou⁵⁵tɕiou³¹tɕiao⁵⁵ua⁵⁵kʰæ̃⁵⁵ɕi⁵⁵lɛe²⁴]娃：孩子

没穿袜子没穿鞋，[mo²⁴tʃʰuæ²⁴va⁵³tsʅ³¹mo³¹tʃʰuæ̃³¹xɛe²⁴]

---

① 第208—211条发音人（男性，老派）所在地：富平县城关街道办莲湖村。

精片脚儿跑得来。［tiəɣ³¹pʰiɛ̃⁵³tɕʰyər²⁴²pʰao²⁴ti⁵³lee²⁴］精片脚儿：光脚丫
童谣。

210. 炸呀炸，炸馃子，［tsʰa²⁴ia⁵³tsʰa²⁴，tsʰa²⁴kuo⁵³tsʅ³¹］
　　北头儿来了个小伙子。［pei³¹tʰour²⁴lee²⁴liao⁵³kɤ²⁴siao³¹xuo³¹tsʅ³¹］
　　叫大哥，开锁子，［tɕiao⁵⁵ta⁵⁵kɤ³¹，kʰɛe³¹suo⁵³tsʅ³¹］
　　开不开，叫狗开，［kʰɛe⁵³pu²⁴kʰɛe³¹，tɕiao⁵⁵kou⁵³kʰɛe³¹］
　　狗在河里捞韭菜，［kou⁵³tsee⁵⁵xuo²⁴li⁵³lao²⁴tɕiou⁵³tsʰɛe³¹］
　　韭菜花儿漂上来。［tɕiou⁵³tsʰɛe²⁴xuar⁵³pʰiao³¹ṣaɣ̃⁵⁵lee³¹］
　　童谣。

211. 清早起，上山坡，［tɕʰiəɣ̃³¹tsao⁵³tɕʰiɛ⁵³，ṣaɣ̃⁵⁵sæ̃²⁴pʰo³¹］
　　到处寻找麻雀儿窝。［tao⁵⁵tʃʰu⁵³ɕyɛ̃²⁴tsao⁵³ma²⁴tɕʰyər⁵³uo³¹］
　　麻雀儿见我胡乱飞，［ma²⁴tɕʰyər⁵³tɕiɛ̃⁵⁵ŋɤ⁵³xu²⁴luæ̃⁵⁵fei³¹］
　　我拿弹弓赶紧追。［ŋɤ⁵³na²⁴tæ̃⁵⁵kuəɣ̃³¹kæ̃³¹tɕi⁵³tʃuei³¹］
　　追得快，打得准，［tʃuei⁵³ti³¹kʰuee⁵⁵，ta⁵³ti³¹tʃuẽ⁵³］
　　打得麻雀儿赶紧滚。［ta⁵³ti³¹ma²⁴tɕʰyər⁵³kæ̃³¹tɕi⁵³kuẽ⁵³］
　　童谣。

四 曲艺戏剧

212.①《西湖山水还依旧》选段

西湖（噫）山水（噫）还依旧（噫）。［si xu sæ̃ ʃuei xuæ̃ i tɕiou］
憔悴（噫）难对（呃）满眼秋（噫）。［tsʰiao tsʰuei næ̃ tuei mæ̃ ȵiɛ̃ tsʰiou］
霜染（噫呀哎）（呃）枫叶（噫）寒林瘦，［ʃuaɣ̃ zæ̃ fəɣ̃ iɛ xæ̃ liɛ̃ sou］
不堪（噫）回首（噫）忆旧游（噫）。［pu kʰæ̃ xuei ʂou i tɕiou iou］

---

① 发音人（女性，老派）所在地：富平县城关街道办莲湖村。

想当初（呃）下峨眉云游世路，[siaɣ taɣ tsʰou sia ŋɤ mi yẽ iou sɿ lou]
清明节我二人来到杭州（噫）。[tsʰiəɣ miəɣ tɕie ŋɤ ər zẽ lɛ tao xaɣ tʂou]
遇官人（呃呀），遇官人真乃是良缘巧凑。[y kuæ̃ zẽ, y kuæ̃ zẽ tʂẽ nɛ sɿ liaɣ yæ̃ tɕʰiao tsou] "凑"声母念[ts]，特殊
借风雨驱游人无限风流（噫），[tɕie fəɣ y tɕʰy iou zẽ v ɕiæ̃ fəɣ liou]
衔香泥筑新巢永盟白首（噫），[siæ̃ siaɣ ɲi tsou siẽ tsʰao yəɣ məɣ pei ʂou]
立家业效比谋生死同游。[li tɕia ɲie siao pi mou səɣ sɿ tʰuəɣ iou]
实指望我夫妻天长地久，[ʂɿ tsɿ vaɣ ŋɤ fu tsʰi tʰiæ̃ tʂʰaɣ ti tɕiou]
谁料想贼法海苦做对头（噫），[suei liao siaɣ tsei fa xɛ kʰu tsuo tuei tʰou]
到如今夫妻们东离西走（噫呀），[tao zu tɕiẽ fu tsʰi mẽ tuəɣ li si tsou]
受奔波担惊慌长恨悠悠（噫）。[ʂou pẽ pʰo tæ̃ tɕiəɣ xuaɣ tʂʰaɣ xẽ iou iou]
腹中疼痛难忍受，[fu tʃuəɣ tʰəɣ tʰuəɣ næ̃ zẽ ʂou]
举目四海无处投，[tɕy mu sɿ xɛ v tsʰu tʰou]
眼望断桥心酸痛，[ɲiæ̃ vaɣ tuæ̃ tsʰiao siẽ suæ̃ tʰuəɣ]
手扶（呀）青妹（噫）泪长流（呃）。[ʂou fu tsʰiəɣ mei luei tʂʰaɣ liou]

上为阿宫腔《西湖山水还依旧》选段。传说昔日白素贞在西湖断桥巧遇许仙，一见钟情，作法施雨，以借伞得一良缘。后遭法海百般阻止，以致夫妻不得团聚。白素贞和小青二次来到断桥，触景生情，忆起往事，内心感慨万千，痛惜不已。这一段唱的是白娘子积压已久的思念和怨恨，表达其对美好生活的追求，对法海干涉他们二人姻缘的不满。

213.① 《十五贯》选段

我爹爹贪财把我卖，[ŋɤ tiɜ tiɜ tʰæ̃ tsʰɛ pa ŋɤ mɛ]
我不愿为奴逃出来，[ŋɤ pu yæ̃ uei nou tʰɔ tʃʰu lɛ]
高桥去把姨母拜，[kɔ tɕʰiɔ tɕʰy pa i mu pɛ]

---

① 多人合唱，发音人（女性，老派）所在地：富平县到贤镇纪贤村。

请她与我做安排。[tɕʰiəỹ tʰa y ŋɤ tsuo ŋæ pʰɛ]
谁料想中途一上迷失了方向，[ʃuei liɔ ɕiaỹ tʃuõỹ tʰou i ʂaỹ mi sɿ liɔ faỹ ɕiaỹ]
巧遇客官把路带。[tɕʰiɔ y kʰei kuæ pa lou tɛ]
忽然间后面人声呐喊，[xu zæ̃ tɕiæ̃ xou miæ̃ zə̃ ʂəỹ na xæ̃]
原是邻里乡党紧追来。[yæ̃ sɿ liɛ̃ li ɕiaỹ taỹ tɕiẽ tʃuei lɛ] 乡党：老乡
他说我私通奸夫把父害，[tʰa ʂuo ŋɤ sɿ tʰuõỹ tɕiæ̃ fu pa fu xɛ]
偷了钱财逃出来。[tʰou liɔ tɕʰiæ̃ tsʰɛ tʰɔ tʃʰu lɛ]
这才是大祸来天外，[tʂɤ tsʰɛ sɿ ta xuo lɛ tʰiæ̃ uɛ]
一祸未了又招灾。[i xuo uei liɔ iou tʂɔ tsɛ]
大老爷详情细分解，[ta lɔ iɜ ɕiaỹ tɕʰiəỹ ɕi fɛ̃ tɕiɛ]
查明了真情莫疑猜。[tsʰa miəỹ liɔ tʂẽ tɕʰiəỹ mo i tsʰɛ]

　　上为秦腔传统剧目《十五贯》选段，讲述的是历史上民间一桩冤案得以昭雪的故事。明成祖永乐年间，无锡县屠户尤葫芦遭人杀害，十五贯铜钱被盗。县令错断尤葫芦养女苏戌娟与途中相识客商熊友兰通奸害命，杀父盗财。二人性命难保之时，幸遇苏州知府况钟明察秋毫，使真凶娄阿鼠最终落入法网。该剧树立了一位刚正不阿、执法如山、为民作主的典范清官形象。

五 故事

214. ①牛郎跟织女 [ɲiou²⁴laỹ⁵³kɛ̃²⁴tʂɿ³¹ny³¹]

老早里，有[一个]小伙子，[lɔ³¹tsɔ⁵³li³¹, iou⁵³iɜ²⁴ɕiɔ³¹xou³¹tsɿ³¹] 老早里：很久以前
没爹没妈，恓惶得很，[mo³¹ta²⁴mo³¹ma²⁴, ɕi⁵³xuaỹ³¹ti³¹xɛ̃⁵³] 恓惶：可怜
屋里就他跟牛过活，[u⁵³li³¹tɕiou⁵⁵tʰa⁵³kɛ̃³¹ɲiou²⁴kuo⁵⁵xuo³¹]
所以大家叫他牛郎。[ʃuo⁵³i³¹ta⁵⁵tɕia³¹tɕiɔ⁵⁵tʰa⁵³ɲiou³¹laỹ⁵³]
牛郎靠老牛种地为生，[ɲiou³¹laỹ⁵³kʰɔ⁵⁵lɔ⁵³ɲiou²⁴tʂuõỹ⁵⁵ti⁵⁵uei²⁴səỹ³¹]

---

① 同代表点音系。

跟老牛相依为命。[kẽ³¹lɔ⁵³ɲiou²⁴ɕiaɣ²⁴i³¹uei²⁴miəɣ⁵⁵]

老牛其实就是天上的金牛星，[lɔ⁵³ɲiou²⁴tɕʰi³¹ʂɻ⁵⁵tɕiou⁵⁵sɻ⁵⁵tʰiæ̃⁵³ʂaɣ³¹ti³¹tɕiẽ³¹ɲiou²⁴ɕiəɣ³¹]

很喜欢牛郎咻善良淳朴，[xẽ⁵³ɕi⁵³xuæ̃³¹ɲiou²⁴laɣ⁵³uɛ⁵³ʂæ̃⁵⁵liaɣ³¹tʃʰuẽ²⁴pʰu⁵³]

咻：俗字，"兀个"的合音，相当于代词"那"（有时指代性较弱，有一定话语标记功能）

想给牛郎成[一个]家。[ɕiaɣ⁵⁵kei⁵⁵ɲiou²⁴laɣ⁵³tʂʰəɣ²⁴i³¹tɕia³¹]

有一天，金牛星得知天上的仙女到村东头儿的湖里洗澡，[iou⁵³i²⁴tʰiæ̃³¹, tɕiẽ³¹ɲiou²⁴ɕiəɣ³¹tei²⁴tʂɻ³¹tʰiæ̃⁵³ʂaɣ³¹ti³¹ɕiæ̃³¹ɲy⁵³tɔ⁵⁵tɕyẽ³¹tuoɣ³¹tʰour²⁴ti³¹xu³¹li⁵³ɕi⁵³tsɔ⁵³]

给牛郎托了[一个]梦，[kei⁵⁵ɲiou²⁴laɣ⁵³tʰuo⁵³liɔ³¹i³¹məɣ⁵⁵]

叫牛郎第二天早晨在湖边去，[tɕiɔ⁵⁵ɲiou²⁴laɣ⁵³ti⁵⁵ər⁵⁵tʰiæ̃³¹tsɔ⁵³ʂẽ³¹tsɛ⁵⁵xu²⁴piæ̃³¹tɕʰy⁵⁵]

趁仙女洗澡时，[tʂʰẽ⁵⁵ɕiæ̃³¹ɲy⁵³ɕi⁵⁵tsɔ⁵³ʂɻ²⁴]

把仙女咻衣服拿走，[pa³¹ɕiæ̃³¹ɲy⁵³uɛ⁵³i⁵³fu³¹na²⁴tsou⁵³]

然后抱头跑回去，[zæ̃³¹xou⁵⁵pɔ⁵⁵tʰou²⁴pʰɔ²⁴xuei³¹tɕʰi⁵³]

这们就能寻[一个]好媳妇。[tʂɻ⁵⁵mẽ³¹tɕiou⁵⁵nəɣ²⁴ɕiẽ²⁴i³¹xɔ⁵³ɕi⁵³fu³¹]这们：这样

当天早上，牛郎半信半疑地到了湖边，[taɣ²⁴tʰiæ̃³¹tsɔ⁵³ʂaɣ³¹, ɲiou³¹laɣ⁵³pæ̃⁵⁵ɕiẽ⁵⁵pæ̃⁵⁵ɲi²⁴ti³¹tɔ⁵⁵lɔ³¹xu²⁴piæ̃³¹]

忽然看到仙女在湖里戏水，[xu⁵³zæ̃³¹kʰæ̃⁵⁵tɔ⁵⁵ɕiæ̃³¹ɲy⁵³tsɛ⁵⁵xu³¹li⁵³ɕi⁵³ʃuei⁵³]

马上从树上取了咻一件儿衣服，[ma⁵³ʂaɣ³¹tʃʰuoɣ²⁴ʃu⁵⁵ʂaɣ³¹tɕʰy⁵³liɔ³¹uɛ⁵³i³¹tɕʰiær⁵⁵i⁵³fu³¹]

"唰"地一下跑回去。[ʃua³¹ti³¹i³¹xa³¹pʰɔ²⁴xuei³¹tɕʰi⁵³]

把衣服拿走的就是织女。[pa³¹i⁵³fu³¹na²⁴tsou⁵³ti³¹tɕiou⁵⁵sɻ⁵⁵tʂɻ³¹ɲy³¹]

当黑来，织女就轻轻儿地敲开牛郎屋里的门，[taɣ²⁴xei³¹lɛ³¹, tʂɻ³¹ɲy³¹tɕiou⁵⁵tɕʰiəɣ³¹tɕʰiər²⁴ti³¹tɕʰiɔ³¹kʰɛ³¹ɲiou²⁴laɣ⁵³u⁵³li³¹ti³¹mẽ²⁴]当黑来：当天晚上

成了两口子，恩爱得很。[tʂʰəɣ³¹liɔ⁵³liaɣ³¹kʰou³¹tsɻ³¹, ŋɛ̃³¹ŋɛ⁵⁵ti³¹xẽ⁵³]

"嗯"的一下，三年过去了，[xu³¹ti³¹i³¹xa³¹, sæ̃³¹ɲiæ̃²⁴kuo⁵⁵tɕʰi³¹liɑ³¹]

织女给牛郎生了一对儿女，[tʂɻ³¹ɲy³¹kei⁵⁵ɲiou²⁴laɣ⁵³səɣ³¹lɔ³¹i³¹tuei⁵³ər²⁴ɲy⁵³]

一家子过得开心得很。[i³¹tɕia⁵³tsɻ³¹kuo⁵⁵ti³¹kʰɛ²⁴ɕiẽ³¹ti³¹xẽ⁵³]

就在这个时候，[tɕiou⁵⁵tsɛ⁵⁵tʂɻ⁵⁵kɤ³¹sɻ³¹xou⁵³]

织女私自下凡叫玉皇大帝知道了。[tʂʅ³¹ny³¹sʅ³¹tsʅ⁵⁵ɕia⁵⁵fæ²⁴tɕiɔ⁵⁵y⁵³xuaɣ̃³¹ta⁵⁵ti⁵⁵tʂʅ⁵³tɔ³¹lia³¹]

玉皇大帝大怒，[y⁵³xuaɣ̃³¹ta⁵⁵ti⁵⁵ta⁵⁵nou⁵⁵]

调来了天兵天将，[tiɔ⁵⁵lɛ³¹liɔ⁵³tʰiæ̃²⁴piəɣ̃³¹tʰiæ̃³¹tɕiaɣ̃⁵⁵]

来到人间，捉拿织女。[lɛ²⁴tɔ⁵⁵zɛ̃³¹tɕiæ̃³¹，tʃuo³¹na²⁴tʂʅ³¹ny³¹]

两娃哭得要妈哩，[liaɣ̃³¹ua⁵⁵kʰu⁵³ti³¹iɔ⁵⁵ma³¹li⁵³]

牛郎这个时候不知道咋弄呀。[ȵiou³¹laɣ̃⁵³tʂʅ⁵⁵kɤ³¹sʅ³¹xou⁵³pu³¹tʂʅ⁵³tɔ³¹tsa³¹luoɣ̃⁵⁵ia³¹] 呀：通用俗字，本字为"也"

事紧得很，猛然老牛发话啦，[sʅ⁵⁵tɕiɛ̃⁵³ti³¹xɛ⁵³，məɣ̃⁵³zæ̃³¹lɔ⁵³ȵiou²⁴fa³¹xua⁵⁵la³¹]

给牛郎说：[kei⁵⁵ȵiou²⁴laɣ̃⁵³ʂuo³¹]

"赶紧把我颡上咻两角取下来，[kæ̃³¹tɕi⁵³pa³¹ŋɤ⁵³sa³¹ʂaɣ̃⁵³uɛ⁵³liaɣ̃²⁴tɕyo³¹tɕʰy⁵³xa⁵⁵lɛ³¹] 颡：头

变成两筐子，[piæ̃⁵⁵tʂʰəɣ̃²⁴liaɣ̃³¹kʰuaɣ̃⁵³tsʅ³¹]

把两娃担下，到天上寻织女去。"[pa³¹liaɣ̃³¹ua⁵⁵tæ̃⁵³xa³¹，tɔ⁵⁵tʰiæ̃⁵³ʂaɣ̃³¹ɕiɛ̃²⁴tʂʅ³¹ny³¹tɕʰi³¹]

牛郎就照办了，[ȵiou²⁴laɣ̃⁵³tɕiou⁵⁵tʂɔ⁵⁵pæ̃⁵⁵lia³¹]

拿担把两娃担下朝天上飞走了。[na²⁴tæ̃⁵⁵pa³¹liaɣ̃³¹ua⁵⁵tæ̃⁵³xa³¹tʂʰɔ³¹tʰiæ̃⁵³ʂaɣ̃³¹fei²⁴tsou³¹lia³¹] 担：扁担

飞……飞……，眼看就撵上了，[fei³¹fei³¹，ȵiæ̃⁵³kʰæ̃⁵⁵tɕiou⁵⁵ȵiæ̃⁵³ʂaɣ̃³¹lia³¹]

猛得叫王母娘娘给看着啦。[məɣ̃⁵³ti³¹tɕiɔ⁵⁵uaɣ̃²⁴mu⁵³ȵiaɣ̃³¹ȵiaɣ̃⁵³kei⁵⁵kʰæ̃⁵⁵tʂʰuo³¹la³¹]

王母娘娘马上把颡上咻金簪子拔下来，[uaɣ̃²⁴mu⁵³ȵiaɣ̃²⁴ȵiaɣ̃⁵³ma⁵³ʂaɣ̃³¹pa³¹sa³¹ʂaɣ̃⁵³uɛ⁵³tɕiɛ̃³¹tsæ̃⁵³tsʅ³¹pʰa²⁴xa⁵⁵lɛ³¹]

牛郎织女中间划了一下，[ȵiou²⁴laɣ̃⁵³tʂʅ³¹ny³¹tʃuoɣ̃³¹tɕiæ̃³¹xua⁵⁵lɔ³¹i³¹xa³¹]

出现了一道波涛滚滚的天河，[tʃʰu³¹ɕiæ̃⁵⁵lɔ³¹i³¹tɔ⁵⁵pʰo²⁴tʰɔ³¹kuɛ̃³¹kuɛ̃⁵³ti³¹tʰiæ̃⁵³xuo³¹]

把牛郎织女隔在了两岸儿。[pa³¹ȵiou²⁴laɣ̃⁵³tʂʅ³¹ny³¹kei³¹tsɛ⁵⁵liɔ³¹liaɣ̃⁵³ŋær³¹]

喜鹊儿非常同情牛郎织女，[ɕi⁵³tɕʰyər³¹fei³¹tʂʰaɣ̃⁵³tʰuoɣ̃²⁴tɕʰiəɣ̃²⁴ȵiou²⁴laɣ̃⁵³tʂʅ³¹ny³¹]

年年一到农历七月七，[n̠iæ²⁴n̠iæ²⁴i³¹tɔ⁵⁵luõ²⁴li³¹tɕʰi⁵³yo³¹tɕʰi³¹]

一大群一大群的喜鹊儿飞到天河上，[i³¹tɑ⁵⁵tɕʰyɛ̃²⁴i³¹tɑ⁵⁵tɕʰyɛ̃²⁴ti³¹ɕi⁵³tɕʰyər³¹fei⁵³tɔ³¹tʰiæ⁵³xuo³¹ʂaɣ̃³¹]

搭成多长[一个]喜鹊儿桥，[tɑ³¹tʂʰəɣ̃²⁴tuo²⁴tʂʰaɣ̃²⁴iɜ³¹ɕi⁵³tɕʰyər³¹tɕʰiɔ²⁴]多长：特别长，和"多长"[tuo³¹tʂʰaɣ̃²⁴]（询问长度，如：绳子有多长？）有别

叫牛郎织女团圆哩。[tɕiɔ⁵⁵n̠iou²⁴laɣ̃⁵³tʂ̩³¹n̠y³¹tʰuæ̃³¹yæ̃⁵³li³¹]

牛郎跟织女

　　古时候，有一个小伙子，父母都去世了，很可怜，家里只有一头老牛，大家都叫他牛郎。

　　牛郎靠老牛耕地为生，与老牛相依为命。老牛其实是天上的金牛星，他很喜欢勤劳善良的牛郎，想帮他成个家。

　　有一天，金牛星得知天上的仙女们要到村东边的湖里洗澡，他就托梦给牛郎，要他第二天早晨到湖边去，趁仙女们洗澡的时候，取走一件仙女的衣裳，然后头也不回地跑回家来，就会得到一位美丽的仙女做妻子。这天早晨，牛郎半信半疑地来到了湖边，果然看见仙女们在湖中戏水，他立即拿起树上的一件衣裳，飞快地跑回家。

　　这个被抢走衣裳的仙女就是织女。当天夜里，织女轻轻敲开牛郎家的门，两人做了恩爱夫妻。

　　一转眼三年过去了，牛郎和织女生了一男一女两个孩子，一家人过得很开心。就在这时，织女私自下凡的事被玉皇大帝知道了。玉皇大帝龙颜大怒，调来天兵天将，下凡到人间捉拿织女。织女不见了，两个孩子哭着要妈妈，牛郎急得不知如何是好。

　　紧要关头，那头老牛突然开口了，他对牛郎说："你赶紧把我的角拿下来，变成两个箩筐，装上两个孩子，到天宫去找织女。"牛郎照老牛的话办了，把两个孩子放到箩筐里，用扁担挑起来，朝天上飞去了。飞啊，飞啊，眼看就要追上织女了，却被王母娘娘发现了，她拔下头上的一根金钗，（在）牛郎、织女中间一划，立刻出现了一条波涛滚滚的天河，把小两口隔开了。喜鹊非常同情牛郎和织女。每年农历的七月初七，成千上万只喜鹊都飞到天河上，搭起一座长长的鹊桥，让牛郎和织女团聚。

215. ①富平县东北地区习俗——正月二十三女子给娘家父母上坟
[fu⁵⁵pʰiə̃ɣ³¹ɕiæ̃⁵⁵tuõɣ²⁴pei³¹ti⁵⁵tɕʰy³¹ɕi²⁴ɕy²⁴——tʂə̃ɣ³¹yo³¹ər⁵⁵ʂɿ²⁴sæ̃³¹ȵy³¹tsɿ³¹kei⁵⁵ȵiã ɣ³¹a⁵³fu⁵⁵mu⁵³ʂã ɣ⁵⁵fɛ̃²⁴]

富平古称频阳，[fu⁵⁵pʰiə̃ɣ³¹ku⁵³tʂʰə̃ɣ⁵³pʰiɛ̃⁵⁵iã ɣ³¹]
位于关中平原北端，[uei⁵⁵y⁵⁵kuæ̃³¹tʂuõɣ³¹pʰiə̃ɣ²⁴yæ̃²⁴pei³¹tuæ̃³¹]
历史悠久，地域辽阔，[li²⁴sɿ⁵³iou³¹tɕiou⁵³，ti⁵⁵y⁵⁵liɔ²⁴kʰuo³¹]
钟灵毓秀，物华天宝，[tʃuõɣ³¹liã ɣ²⁴y²⁴ɕiou⁵⁵，vo²⁴xuɑ³¹tʰiæ̃³¹pɔ⁵³]
人杰地灵，人文荟萃。[zɛ̃²⁴tɕiɜ²⁴ti⁵⁵liã ɣ²⁴，zɛ̃²⁴vɛ̃²⁴xuei⁵⁵tʃʰuei⁵⁵]
人口众多，是陕西省第一人口大县。[zɛ̃³¹kʰou⁵³tʃuõɣ⁵⁵tuo³¹，sɿ⁵⁵ʂæ̃⁵³ɕi³¹sə̃ɣ⁵³ti⁵⁵i³¹zɛ̃³¹kʰou³¹ta⁵⁵ɕiæ̃⁵⁵]
我今天说的这习俗，[ŋɤ⁵³tɕiɛ̃³¹tʰiæ̃³¹ʂuo⁵³ti³¹tʂɿ⁵³ɕi²⁴ɕy²⁴]
主要是在富平东北美原、老庙、薛镇一带，流曲以北这一片地方流行。[tʃu⁵³iɔ⁵⁵sɿ⁵⁵tsɛ⁵⁵fu⁵⁵pʰiə̃ɣ³¹tuõɣ²⁴pei³¹mi⁵³iɑ³¹lɔ⁵³miɜ³¹ɕiɜ³¹tʂɛ̃⁵⁵i³¹tɛ⁵⁵，liou³¹tɕʰy⁵³i⁵⁵pei³¹tʂɤ⁵³i³¹pʰiæ̃⁵³ti⁵⁵faɣ³¹liou²⁴ɕiə̃ɣ²⁴]
从春节前腊月二十三说起。[tʃʰuõɣ²⁴tʃʰuɛ̃²⁴tɕiɜ³¹tɕʰiæ̃²⁴lɑ³¹yo³¹ər⁵⁵ʂɿ⁵⁵sæ̃³¹ʂuo³¹tɕʰi⁵³]
腊月二十三是灶火爷上天的日子。[lɑ³¹yo³¹ər⁵⁵ʂɿ⁵⁵sæ̃³¹sɿ⁵⁵tsɔ⁵⁵xuo³¹iɜ³¹ʂã ɣ⁵⁵tʰiæ̃³¹ti³¹ər⁵³tsɿ³¹]
这一天，所有在外的女人都必须回到主家，[tʂɿ⁵³i³¹tɕʰiæ̃³¹，ʂuo⁵⁵iou⁵³tsɛ⁵⁵uɛ⁵⁵ti³¹ȵy⁵³zɛ̃³¹tou²⁴pi²⁴ɕy³¹xuei²⁴tɔ⁵⁵tʃu⁵³iɑ³¹]主家：夫家（有别于娘家）
烙饦饦馍，给灶火爷祭献。[luo³¹tʰuo³¹tʰuo⁵³mʋo⁵⁵，kei³¹tsɔ⁵⁵xuo³¹iɜ³¹tɕi⁵⁵ɕiæ̃⁵³]
从今算起，等于新的一年开始了。[tʃuõɣ²⁴tɕiɛ̃³¹ɕyæ̃⁵⁵tɕʰi⁵³，tə̃ɣ⁵⁵y⁵⁵ɕiɛ̃⁵³ti³¹i³¹ȵiæ̃²⁴kʰɛ³¹sɿ⁵³liɔ³¹]
腊月二十四儿，开始扫舍，[lɑ³¹yo³¹ər⁵⁵ʂɿ⁵⁵sɿɻ⁵³，kʰɛ³¹sɿ⁵³sɔ⁵³ʂɤ⁵⁵]
拆洗被褥、衣服，置办年货，[tsʰei³¹ɕi³¹pi⁵⁵zou³¹i⁵³fu³¹，tsɿ⁵³pæ̃⁵⁵ȵiæ̃²⁴xuo⁵⁵]
买肉、（买）②菜等一些过年吃的、喝的，[mɛ⁵³zou⁵⁵tsʰɛ⁵⁵tə̃ɣ⁵³i³¹ɕiɜ³¹kuo⁵⁵ȵiæ̃²⁴tʂʰɿ⁵³ti³¹xuo⁵³ti³¹]

---

① 发音人（男性，老派）所在地：富平县薛镇宏化村。
② 圆括号内为发音人讲述中的临时插入语，只记汉字，不注音标。下同。

一直把人忙到三十儿。[i³¹tʂʰʅ²⁴pa³¹zɛ̃²⁴maỹ³¹tɔ⁵³sæ̃³¹ʂʅ²⁴²]

然后正式过年，到正月十五结束。[zæ̃³¹xou⁵⁵tʂəỹ⁵⁵ʂʅ³¹kuo⁵⁵ɲiæ̃²⁴，tɔ⁵⁵tʂəỹ³¹yo³¹ʂʅ⁵³u⁵³tɕiɜ³¹sou³¹]

过了十五之后，[kuo⁵⁵lɔ³¹ʂʅ⁵³u⁵³tsʅ³¹xou⁵⁵]

又开始收拾屋里，[iou⁵⁵kʰɛ³¹ʂʅ⁵³sou⁵³ʂʅ³¹u⁵³li³¹] 屋里：家里

一直忙到正月二十二。[i³¹tʂʰʅ²⁴maỹ³¹tɔ⁵³tʂəỹ³¹yo³¹ər⁵⁵ʂʅ³¹ər⁵³]

这个时候，正月二十三人稍微闲了一些，[tʂʅ⁵⁵kɤ³¹ʂʅ³¹xou⁵³，tʂəỹ³¹yo³¹ər⁵⁵ʂʅ²⁴sæ̃³¹zɛ̃²⁴sɔ⁵³vei²⁴xæ̃³¹liɔ⁵³i³¹ɕiɜ³¹]

然后，女人就给娘家去世的爹妈去上坟。[zæ̃³¹xou⁵⁵，ɲy⁵³zɛ̃³¹tɕiou⁵⁵kei⁵⁵ɲiaỹ³¹a⁵³tɕʰy⁵⁵ʂʅ⁵⁵ti³¹ta²⁴ma²⁴tɕʰy⁵⁵saỹ⁵⁵fɛ̃²⁴]

当地的传统说法是，[taỹ³¹ti⁵⁵ti³¹tʃʰuæ̃³¹tʰuoỹ⁵³suo³¹fa³¹ʂʅ⁵⁵]

嫁出去的女，泼出去的水。[tɕia⁵⁵tʃʰu⁵³tɕʰi³¹ti³¹ɲy⁵³，pʰvo³¹tʃʰu⁵³tɕʰi³¹ti³¹ʃuei⁵³]

女人一般不能给主家屋里去世的爹妈上坟。[ɲy⁵³zɛ̃³¹i²⁴pæ̃³¹pu³¹nəỹ²⁴kei⁵⁵tʃu⁵³ia³¹u⁵³li³¹tɕʰy⁵⁵ʂʅ⁵⁵ti³¹ta²⁴ma²⁴saỹ⁵⁵fɛ̃²⁴] 爹：念[ta²⁴]保留了古音，俗作"大""达"

况且，娘家爹妈在世时，[kʰuaỹ⁵⁵tɕʰiɜ⁵³，ɲiaỹ³¹a⁵³ta²⁴ma²⁴tsɛ⁵⁵ʂʅ⁵⁵ʂʅ²⁴]

女子都是在初二、初三回娘家看望爹妈，给爹妈拜年。[ɲy⁵³tsʅ³¹tou³¹ʂʅ⁵⁵tsɛ⁵⁵tsʰou³¹ər⁵⁵tsʰou²⁴sæ̃³¹xuei²⁴ɲiaỹ³¹a⁵³kʰæ̃³¹vaỹ⁵³ta²⁴ma²⁴，kei⁵⁵ta²⁴ma²⁴pɛ⁵⁵ɲiæ̃²⁴]

一旦爹妈去世，[i³¹tæ̃⁵⁵ta²⁴ma²⁴tɕʰy⁵⁵ʂʅ⁵⁵]

女人在屋里主要招呼亲亲客人，[ɲy⁵³zɛ̃³¹tsɛ⁵⁵u⁵⁵li³¹tʃu⁵³iɔ⁵⁵tʂɔ⁵³xu³¹tɕʰiɛ̃³¹tɕʰiɛ̃³¹kʰɛ̃⁵³zɛ̃³¹] 客：单念[kʰei³¹]，这里念[kʰɛ⁵³]（[53]是连读调），韵母被后字"人"的韵母同化

就没时间回娘家了。[tɕiou⁵⁵mvo³¹ʂʅ³¹tɕiæ̃⁵³xuei²⁴ɲiaỹ³¹a⁵³lia³¹]

直到正月二十三，[tʂʰʅ²⁴tɔ⁵⁵tʂəỹ³¹yo³¹ər⁵⁵ʂʅ⁵⁵sæ̃³¹]

才能脱开身给自己的爹妈上坟。[tsʰɛ³¹nəỹ²⁴tʰuo³¹kʰɛ³¹sɛ̃³¹kei⁵⁵tsʅ⁵⁵tɕi³¹ti³¹ta²⁴ma²⁴saỹ⁵⁵fɛ̃²⁴]

上坟时，一般带有各类副食、水果、烟酒、鞭炮、纸钱祭奠爹妈，[saỹ⁵⁵fɛ̃²⁴ʂʅ²⁴，i²⁴pæ̃³¹tɛ⁵³iou⁵³kɤ³¹luei⁵³fu⁵⁵ʂʅ⁵⁵ʃuei⁵³kuo⁵³iæ̃³¹tɕiou⁵³piæ̃⁵⁵pʰɔ⁵⁵tsʅ⁵³tɕʰiæ̃³¹tɕi⁵⁵tiæ̃⁵⁵ta²⁴ma²⁴]

表示对老人的思念。[piɔ⁵⁵ʂʅ⁵⁵tuei⁵⁵lɔ⁵³zɛ̃³¹ti³¹sʅ³¹ɲiæ̃⁵⁵]

这[一个]习俗从明清时代就有了，[tʂʅ⁵³iɜ³¹ɕi²⁴ɕy²⁴tʃʰuoỹ²⁴miəỹ²⁴tɕʰiəỹ³¹ʂʅ²⁴ tɛ⁵⁵tɕiou⁵⁵iou³¹liɑ³¹]

一直流传到□□，[i³¹tʂʰɤ²⁴liou²⁴tʃʰuæ³¹tɔ⁵³tsaɣ̃⁵⁵fæ³¹]□□[tsaɣ̃⁵⁵fæ³¹]：现在

这几年越来越兴盛。[tʂɤ⁵⁵tɕi⁵³ɲiæ²⁴yo³¹lɛ²⁴yo³¹ɕiə̃³¹ʂə̃⁵⁵]

正月二十三这一天，[tsəɣ̃³¹yo³¹ər⁵⁵sʅ⁵⁵sæ³¹tsʅ⁵³i³¹tɕʰiæ³¹]

女人同自己的男人、儿女、孙子，[ny⁵³zẽ³¹tʰuoɣ̃²⁴tsʅ⁵⁵tɕi³¹ti³¹næ³¹zẽ⁵³ zʅ²⁴ny⁵³ɕyẽ⁵³tsʅ³¹]男人：丈夫

抬下食㧟，[tʰɛ³¹xɑ⁵³sʅ³¹luo⁵³]

一搭里到坟里祭奠，[i³¹ta³¹li⁵³tɔ⁵⁵fẽ⁵³li⁵³tɕi⁵⁵tiæ̃⁵⁵]一搭里：一块儿

隆重得很。[luoɣ̃²⁴tʃuoɣ̃⁵⁵ti³¹xɛ̃⁵³]

我有时也跟老婆儿一搭里回伢娘家，[ŋɤ⁵³iou⁵³sʅ²⁴iɜ⁵³kẽ³¹lɔ⁵³pʰuər³¹i³¹ta³¹li⁵³ xuei²⁴ɲia²⁴ɲiaɣ̃³¹ɑ⁵³]老婆儿：老伴。伢：俗字，"人家"的合音。意义有二：一是相当于旁指代词"人家"；二是相当于第三人称代词单数

给伢娘家爹妈烧纸，[kei⁵⁵ɲia²⁴ɲiaɣ̃³¹ɑ⁵³ta²⁴ma²⁴sɔ³¹tsʅ⁵³]

表示对老人的一片孝心。[piɔ⁵⁵sʅ⁵⁵tuei⁵⁵lɔ⁵³zẽ³¹ti³¹i³¹pʰiæ⁵³ɕiɔ⁵⁵ɕiẽ³¹]

饮水思源，百善孝为先，[iẽ⁵⁵ʃuei⁵³sʅ³¹yæ²⁴，pei³¹sæ⁵⁵ɕiɔ⁵⁵uei²⁴ɕiæ̃³¹]

这是先人留下的好传统。[tsʅ³¹sʅ⁵⁵ɕiæ⁵³zẽ³¹liou³¹xɑ⁵³ti³¹xɔ⁵³tʃʰuæ³¹tʰuoɣ̃⁵³]

这[一个]传统，[tsʅ⁵³iɜ³¹tʃʰuæ³¹tʰuoɣ̃⁵³]

我觉得应该发扬和延续，[ŋɤ⁵³tɕyo⁵³ti³¹iə̃²⁴kɛ³¹fa³¹iaɣ̃²⁴xuo²⁴iæ²⁴ɕy⁵⁵]

对后人也是一种孝的教育。[tuei⁵⁵xou⁵⁵zẽ³¹iɜ⁵³sʅ⁵⁵i³¹tʃuoɣ̃⁵⁵ɕiɔ⁵⁵ti³¹tɕiɔ⁵⁵y⁵⁵]

富平县东北地区习俗——正月二十三女子给娘家父母上坟

富平古称频阳，位于关中平原北端，历史悠久，地域辽阔，钟灵毓秀，物华天宝，人杰地灵，人文荟萃。富平县人口众多，是陕西省第一人口大县。

我今天说的这个习俗，主要流行于县东北的美原镇、老庙镇、薛镇一带，及流曲镇以北的一些地方。

还得从春节前腊月二十三说起。这天是灶王爷上天的日子，所有出门在外的女人都必须回到夫家，烙饦饦馍，祭献灶王爷。从今天起，新的一年开始了。

腊月二十四，开始扫舍，拆洗被褥和衣服，置办年货，买肉、菜等一些吃的、喝的，一直忙到大年三十。接下来正式过年，到正月十五结束。

一过正月十五，开始收拾家里，一直忙到正月二十二。正月二十三，女人们方得

脱身，便回娘家给去世的父母亲上坟。

传统上女人不能给夫家父母上坟。当娘家父母在世时，女人每年初二、初三回娘家给父母拜年。一旦父母过世，过年期间女人主要在家里招待亲戚来客，无暇回娘家。一直忙到正月二十三，才得以脱身，因此这个时间回娘家给双亲上坟。上坟祭拜时带各类副食、水果、烟酒、鞭炮和冥币，表达对老人的思念。

这一习俗明清时已有，一直流传到现在，近几年愈见兴盛。正月二十三这天，女人携同丈夫和儿孙，抬着食擩，一起到坟里祭奠，极为隆重。我有时也和老伴一起回她娘家，到父母坟前烧纸，表达对老人的一片孝心。

饮水思源，百善孝为先，这是祖先留下的好传统，应该发扬和延续，对后代也是一种孝的教育。

216.① 王翦和六国王子的传说 [uaɣ̃²⁴tɕiæ̃⁵³xuo²⁴liou³¹kuei³¹uaɣ̃³¹tsɿ⁵³ti³¹tʃʰuæ̃²⁴ʂuo³¹]

这[一个]故事儿（么）还要从秦朝说起。[tʂʅ⁵³iɜ³¹kuə⁵⁵sʅr⁵³xæ̃³¹iɔ⁵⁵tʃʰuoɣ̃²⁴tɕʰiɛ̃³¹tʂʰɔ⁵³ʂuo³¹tɕʰi⁵³]

秦朝大将军王翦咧坟就在我这村头儿哩，[tɕʰiɛ̃³¹tʂʰɔ⁵³ta⁵⁵tɕiaɣ̃³¹tɕyɛ̃³¹uaɣ̃²⁴tɕiæ̃⁵³uɛ⁵⁵fɛ̃²⁴tɕiou⁵⁵tsɛ⁵⁵ŋɤ³¹tʂɤ³¹tɕʰyɛ̃³¹tʰour²⁴li³¹]

秦朝把六国灭了以后，[tɕʰiɛ̃³¹tʂʰɔ⁵³pa³¹liou³¹kuei³¹miɜ³¹lɔ³¹i⁵⁵xou⁵⁵]

王翦（么）（这）这[一个]将军伢就解甲归田啦，回到老家。[uaɣ̃²⁴tɕiæ̃⁵³tsɿ⁵³iɜ³¹tɕiaɣ̃³¹tɕyɛ̃³¹ȵia⁵⁵tɕiou⁵⁵tɕiɛ⁵³tɕia³¹kuei³¹tʰiæ̃³¹la⁵³, xuei³¹tɔ⁵⁵lɔ⁵³tɕia³¹]

当时我村里有六个冢疙瘩，[taɣ̃³¹sɿ²⁴ŋɤ⁵³tɕʰyɛ̃⁵³li³¹iou⁵⁵liou³¹uɛ³¹tʃuoɣ̃⁵³kuɤ⁵³ta³¹]

个：白读 [uɛ³¹]（不单说，与数词一起用，[31] 为连调），文读 [kɤ⁵⁵]

埋的就是齐、楚、燕、韩、赵、魏这六国的王子。[mɛ³¹ti⁵³tɕiou⁵⁵sɿ⁵⁵tɕʰi²⁴tsʰou⁵³iæ̃³¹xæ̃²⁴tsɔ⁵⁵uei⁵⁵tʂɤ⁵³liou³¹kuei³¹ti³¹uaɣ̃³¹tsɿ⁵³]

当地一直流传，说很早以前，[taɣ̃³¹ti⁵⁵i³¹tʂʅ²⁴liou²⁴tʃʰuæ̃²⁴, ʂuo³¹xɛ̃⁵⁵tsɔ⁵³i⁵⁵tɕʰiæ̃²⁴]

一到半夜以后，[i³¹tɔ⁵⁵pæ̃⁵⁵iɜ⁵⁵i⁵⁵xou⁵⁵]

人从六国王子咧坟跟前一过，[zɛ̃²⁴tʃʰuoɣ̃²⁴liou³¹kuei³¹uaɣ̃³¹tsɿ⁵³uɛ⁵³fɛ̃²⁴kɛ̃⁵³

---

① 发音人（男性，老派）所在地：富平县到贤镇纪贤村。

tɕʰiæ̃³¹i³¹kuo⁵⁵]

人就不见了。[zẽ²⁴tɕiou⁵⁵pu³¹tɕiæ̃⁵⁵lia³¹]

传说（么）说是六国王子咐心不甘，[tʃʰuæ̃²⁴ʂuo³¹ʂuo³¹sɿ⁵⁵liou³¹kuei³¹uaɣ̃³¹tsɿ⁵³uɛ⁵³ɕiɛ̃³¹pu²⁴kæ̃³¹]

故意出来害人来了，把人都吃了。[ku⁵⁵i⁵⁵tʃʰu⁵³lɛ³¹xɛ⁵⁵zẽ³¹lɛ⁵³lia³¹，pa³¹zẽ²⁴tou²⁴tʂʰɿ³¹lia³¹]

当地人一天到黑提心吊胆，[taɣ̃³¹ti⁵⁵zẽ²⁴i²⁴tʰiæ̃³¹tɔ⁵⁵xei³¹tʰi⁵³ɕiɛ̃³¹tiɔ⁵⁵tæ̃⁵³]一天到黑：一天到晚

连白天吓得人都不敢在坟跟前去了，[liæ̃²⁴pei³¹tʰiæ̃⁵³xa⁵⁵ti³¹zẽ²⁴tou³¹pu³¹kæ̃⁵³tsɛ⁵⁵fẽ²⁴kẽ⁵³tɕʰiæ̃³¹tɕʰi⁵⁵lia³¹]

坟前咐地也没人种了。[fẽ²⁴tɕʰiæ̃²⁴uɛ⁵³ti⁵⁵i³⁵³mo⁵³zẽ³¹tʃuoɣ̃⁵⁵lia³¹]

这[一个]事（么）当地官府给知道了，[tʂɿ⁵³iɜ³¹sɿ⁵⁵taɣ̃³¹ti⁵⁵kuæ̃³¹fu⁵³kei⁵⁵tʂɿ⁵³tɔ³¹lia³¹]

想来想去也想不下[一个]啥好办法。[ɕiaɣ̃⁵³lɛ²⁴ɕiaɣ̃⁵³tɕʰy⁵⁵iɜ⁵³ɕiaɣ̃⁵³pu³¹xa⁵⁵iɜ³¹sa⁵⁵xɔ⁵³pæ̃⁵⁵fa³¹]

后来（么）当地伢有[一个]叫个"王半仙"的风水先生，[xou⁵⁵lɛ³¹taɣ̃³¹ti⁵⁵ȵia³¹iou⁵³iɜ³¹tɕiɔ⁵⁵kɤ³¹uaɣ̃²⁴pæ̃⁵⁵ɕiæ̃³¹ti³¹fəɣ̃³¹ʃuei²⁴ɕiæ̃³¹səɣ̃³¹]

伢给官府说：[ȵia⁵⁵kei⁵⁵kuæ̃³¹fu⁵⁵ʂuo³¹]

"你是这，你先试火一下，[ȵi⁵³sɿ⁵⁵tʂɤ⁵³，ȵi⁵³ɕiæ̃³¹sɿ⁵⁵xuo³¹i³¹xa³¹]试火：尝试

把王鹓咐宝剑跟帽子埋到咐六个坟疙瘩儿咐东边，[pa³¹uaɣ̃²⁴tɕiæ̃⁵³uɛ⁵³pɔ⁵³tɕiæ̃⁵⁵kẽ³¹mɔ⁵⁵tsɿ³¹mɛ³¹tɔ⁵³uɛ⁵⁵liou³¹uɛ⁵³fẽ²⁴kɯ³¹tar⁵³uɛ³¹tuoɣ̃³¹piæ̃³¹]

把咐剑头儿（么）对着咐六个疙瘩。"[pa³¹uɛ⁵³tɕiæ̃⁵⁵tʰour²⁴tuei⁵⁵tʂʰuo³¹uɛ⁵⁵liou³¹uɛ³¹kɯ⁵³ta³¹]

咦！从这以后，过路的人还真得都安全了。[i²⁴！tʃʰuoɣ̃²⁴tʂɤ⁵³i⁵⁵xou⁵⁵，kuo⁵⁵lou⁵⁵ti³¹zẽ²⁴xæ̃³¹tʂẽ⁵³ti³¹tou³¹ŋæ̃⁵³tɕʰyæ̃³¹lia³¹]

官府给风水先生赏了五十贯钱，[kuæ̃³¹fu⁵³kei⁵⁵fəɣ̃³¹ʃuei²⁴ɕiæ̃³¹səɣ̃³¹ʂaɣ̃³¹liɔ³¹u⁵³sɿ³¹kuæ̃⁵⁵tɕʰiæ̃²⁴]

从这以后(么)，风水先生名声大得很，[tʃʰuoɣ̃²⁴tʂɤ⁵³i⁵⁵xou⁵⁵，fəɣ̃³¹ʃuei²⁴ɕiæ̃³¹səɣ̃³¹miəɣ̃³¹səɣ̃⁵³ta⁵⁵ti³¹xẽ⁵³]

求看风水的你来啦我去了，人越来越多。[tɕʰiou²⁴kʰæ̃⁵⁵fəɣ³¹ʃuei³¹ti³¹ni⁵³lɛ³¹la⁵³ŋɤ⁵³tɕʰi⁵⁵lia³¹，zɛ̃²⁴yo³¹lɛ²⁴yo²⁴tuo³¹]

就这，伢这人还不收钱。[tɕiou⁵⁵tʂɤ⁵³，ȵia⁵⁵tʂɤ⁵³zɛ̃²⁴xæ³¹pu²⁴ʂou³¹tɕʰiæ²⁴]

从这以后（么），百姓把"王半仙"可叫成了"王善人"。[tʃʰuoɣ̃²⁴tʂɤ⁵³i⁵⁵xou⁵⁵，pei⁵³ɕiɤ̃³¹pa³¹uaɣ̃²⁴pæ̃⁵⁵ɕiæ³¹kʰɤ³¹tɕiɤ⁵⁵tʂʰəɣ³¹liɤ³¹uaɣ̃²⁴ʂæ̃⁵⁵zɛ̃³¹]可：又

1956年，王翦墓被列为省级重点文物保护单位儿，[i³¹tɕiou⁵³u⁵⁵liou⁵³ȵiæ³¹，uaɣ̃²⁴tɕiæ⁵³mu³¹pi⁵⁵liɜ³¹uei²⁴səɣ³¹tɕi³¹tʃuoɣ̃⁵⁵tiæ̃⁵³uɛ²⁴uo³¹pɔ⁵³xuei³¹tæ̃⁵³uer⁵³]护：单念[xu⁵⁵]，这里念[xuei⁵⁵]是被后面"位"的韵母同化

坟上还栽满了柏树，[fɛ̃³¹ʂaɣ̃⁵³xæ³¹tsɛ³¹mæ̃⁵³liɔ³¹pei⁵³ʃu³¹]

长得伢还旺得很，把坟都遮严啦。[tʂaɣ̃⁵³ti³¹ȵia³¹xæ³¹uaɣ̃⁵⁵ti³¹xɛ̃³¹，pa³¹fɛ̃²⁴tou³¹tʂɤ³¹ȵiæ³¹la⁵³]

六国王子咏六个坟疙瘩儿，[liou³¹kuei³¹uaɣ̃³¹tsʅ⁵³uɛ⁵³liou³¹uɛ³¹fɛ̃²⁴ku⁵³tar³¹]

1966年生产队积肥哩，[i³¹tɕiou⁵³liou³¹liou⁵³ȵiæ³¹səɣ³¹tsʰæ̃⁵³tuei⁵⁵tɕi³¹fei³¹li⁵³]

把咏一下全部给平完啦，[pa³¹uɛ⁵³i³¹xa⁵³tɕʰyæ²⁴pʋ⁵⁵kei⁵⁵pʰiəɣ̃²⁴uæ̃³¹la⁵³]

光剩下咏王翦咏墓啦。[kuaɣ̃²⁴ʂəɣ̃⁵⁵xa³¹uɛ⁵³uaɣ̃²⁴tɕiæ⁵³uɛ⁵³mu⁵⁵la³¹]

这些年（么），年年一到清明节，[tʂʅ⁵⁵ɕiɜ²⁴ȵiæ²⁴，ȵiæ³¹ȵiæ⁵³i³¹tɔ⁵⁵tɕʰiəɣ̃⁵³miəɣ̃²⁴tɕiɜ³¹]

美原千口、到贤西城姓王的咏老百姓都给王翦来上坟，[mi⁵³yæ̃³¹tɕʰiæ³¹kʰou³¹tɔ⁵⁵ɕiæ³¹ɕi⁵³tʂʰəɣ³¹ɕiəɣ̃⁵⁵uaɣ̃³¹ti⁵³uɛ⁵³lɔ⁵³pei³¹ɕiəɣ̃⁵⁵tou²⁴kei⁵⁵uaɣ̃²⁴tɕiæ⁵³lɛ²⁴ʂaɣ̃⁵⁵fɛ̃²⁴]

祭奠老先人。[tɕi⁵⁵tiæ̃⁵⁵lɔ⁵⁵ɕiæ⁵³zɛ̃³¹]

千口（么）据伢说咏就是王翦的老家，[tɕʰiæ³¹kʰou³¹tɕy⁵⁵ȵia³¹ʂuo³¹uɛ⁵³tɕiou⁵⁵sʅ⁵⁵uaɣ̃²⁴tɕiæ⁵³ti³¹lɔ̃⁵³tɕia³¹]

西城（么）是王翦伢外家。[ɕi⁵³tʂʰəɣ̃³¹sʅ⁵⁵uaɣ̃²⁴tɕiæ⁵³ȵia⁵⁵uei⁵⁵ia³¹]外家：舅家

刚说的这些事就是王翦和六国王子的传说。[kaɣ̃²⁴ʂuo⁵³ti³¹tʂʅ⁵³ɕiɜ⁵³sʅ⁵⁵tɕiou⁵⁵sʅ⁵⁵uaɣ̃²⁴tɕiæ⁵³xuo²⁴liou³¹kuei³¹uaɣ̃³¹tsʅ⁵³ti³¹tʃʰuæ²⁴ʂuo³¹]

希望，我欢迎大家到我老家来观光旅游，参观王翦墓。[ɕi³¹uaɣ̃⁵⁵，ŋɤ⁵³xuæ̃³¹iəɣ̃⁵³ta⁵⁵tɕia³¹tɔ⁵⁵ŋɤ³¹lɔ⁵³tɕia³¹lɛ²⁴kuæ̃²⁴kuaɣ̃³¹ly³¹iou²⁴，tsʰæ̃²⁴kuæ̃³¹uaɣ̃²⁴tɕiæ⁵³mʋ⁵⁵]

这些年参观王翦墓的外地人越来越多啦。[tʂʅ⁵⁵ɕiɜ²⁴ȵiæ²⁴tsʰæ̃²⁴kuæ̃³¹uaɣ̃²⁴tɕiæ⁵³

mʊ⁵⁵ti³¹uɛ⁵⁵ti⁵⁵zɣ̃²⁴yo³¹lɛ²⁴yo²⁴tuo³¹lɑ³¹]

王翦和六国王子的传说

这个故事还得从秦朝说起。秦朝大将军王翦的坟就在我们村头。

秦朝灭了六国之后，大将军王翦解甲归田，回到老家。当时我们村有六个小冢，分别埋着齐、楚、燕、韩、赵、魏六个诸侯国的王子。

当地一直流传着一个说法，说是很早以前，过了半夜，但凡有人从六国王子的坟前经过，便没了踪影。原因是六国王子心有不甘，故意从坟里钻出来害人，路过的人都被吃掉了。当地百姓成天提心吊胆，白天也无人再敢去坟前，坟四周的地也无人敢耕种。

这件事后来被当地官府得知，官府想来想去，也没能想出什么好办法。

后来，当地一个叫"王半仙"的风水先生给官府建议说："要么试一下，把王翦的宝剑和帽子埋在六个冢的东侧，剑头要正对六个冢。"官府就照办了。

自此以后，路过的行人真的都安全了。于是，官府给风水先生赏钱五十贯，风水先生因此声名大振，求看风水的人越来越多。即便如此，他从不收钱。老百姓逐渐不再叫他"王半仙"，改称"王善人"。

1956年，王翦墓被列为省级重点文物保护单位，坟上栽满了柏树，枝繁叶茂，把整个墓都遮严了。

1966年，生产队积肥时，六国王子的六个冢全部被平掉了，如今只剩下了王翦墓。

这些年，每到清明节，美原镇千口村、到贤镇西城村的王姓村民都来王翦墓前上坟，祭奠老祖宗。据说，千口村是王翦的本家，西城村是王翦的舅家。

以上就是王翦和六国王子的传说。欢迎大家到我老家观光。这些年参观王翦墓的人越来越多。

217.① **万斛山古槐民间传说**[uæ̃⁵⁵xu⁵⁵sæ̃³¹ku⁵³xuɛ²⁴miẽ³¹tɕiæ̃⁵³tʃʰuæ̃²⁴ʂuo³¹]

老早里，[lɔ³¹tsɔ⁵³li³¹]老早里：很久以前

富平东北清水峪一带非常富裕。[fu⁵⁵pʰiəɣ̃³¹tuoɣ̃²⁴pei³¹tɕiəɣ̃³¹ʃuei²⁴y³¹i³¹tɛ⁵⁵

---

① 发音人（男性，老派）所在地：富平县到贤镇纪贤村。

fei⁵³tʂʰaɣ̃³¹fu⁵⁵y³¹]

没想到，[mo³¹ɕiaɣ̃⁵³tɔ⁵⁵]

有一天（么），从黄龙山窜来了[一个]咻白尾巴的红狐狸，[iou⁵³i²⁴tʰiæ̃³¹，tʃʰuoɣ̃²⁴xuaɣ̃²⁴luoɣ̃⁵³sæ̃³¹tʃʰuæ̃³¹le³¹lɔ⁵³iɜ³¹ue⁵⁵pei²⁴˸⁵³pa³¹ti³¹xuoɣ̃²⁴xu³¹li⁵³]

一到半夜，就出来作恶，[i³¹tɔ⁵⁵pæ̃⁵⁵iɜ⁵⁵，tɕiou⁵⁵tʃʰu⁵³le³¹tʃuo²⁴ŋɤ³¹]

专门吃咻男娃的心肝，[tʃuæ̃³¹mẽ⁵³tʂʰɿ³¹uɜ⁵³næ̃³¹ua⁵³ti³¹ɕiẽ²⁴kæ̃³¹]

专门喝咻女娃的血，[tʃuæ̃³¹mẽ⁵³xuo³¹uɜ⁵³ny⁵³ua³¹ti²⁴ɕiɜ³¹]

把这一带人一下整得没办法。[pa³¹tʂɿ⁵³i³¹te⁵⁵zẽ²⁴i³¹xa⁵⁵tʂəɣ̃⁵³ti³¹mo³¹pæ̃⁵⁵fa³¹]

　　一下：简直

村民只能把娃带到外地去，[tɕʰyẽ³¹miẽ²⁴tsɿ³¹nəɣ̃²⁴pa³¹ua⁵⁵te⁵⁵tɔ⁵⁵ue⁵⁵ti⁵⁵tɕʰy⁵⁵]

离开这搭啦。[li³¹kʰɛ⁵³tʂɿ⁵⁵ta³¹la⁵³]这搭：这里

从这搭些修炼的槐仙看到这情景，[tʃʰuoɣ̃²⁴tʂɿ⁵⁵ta³¹ɕiɜ³¹ɕiou³¹liæ̃⁵⁵ti³¹xuɛ³¹ɕiæ̃⁵³kʰæ̃⁵⁵tɔ⁵⁵tʂɿ⁵³tɕʰiəɣ̃³¹tɕiəɣ̃⁵³]从这搭些：在这儿

想为民除害，[ɕiaɣ̃⁵³uei⁵⁵miẽ²⁴tʃʰu²⁴xɛ⁵⁵]

可惜法力不够，[kʰɤ⁵³ɕi³¹fa³¹li³¹pu³¹kou⁵⁵]

试了多少回都不行。[sɿ⁵⁵liɔ³¹tuo³¹ʂɔ³¹xuei²⁴tou³¹pu³¹ɕiəɣ̃²⁴]

就叫咻青龙来帮忙为民除害。[tɕiou⁵⁵tɕiɔ⁵⁵uɛ⁵³tɕʰiəɣ̃³¹luoɣ̃²⁴lɛ²⁴paɣ̃³¹maɣ̃²⁴uei⁵⁵miẽ²⁴tʃʰu²⁴xɛ⁵⁵]

经过好几回大战恶战，[tɕiəɣ̃³¹kuo⁵⁵xɔ⁵³tɕi⁵³xuei²⁴ta⁵⁵tʂæ̃⁵⁵ŋɤ³¹tʂæ̃⁵⁵]

还把恶狐狸打不死。[xæ̃²⁴pa³¹ŋɤ³¹xu³¹li⁵³ta⁵³pu³¹sɿ⁵³]

后来哩，在三尺岭的槐仙舍身把恶狐打入青水峪底，[xou⁵⁵lɛ³¹li³¹，tsɛ⁵⁵sæ̃³¹tʂʰɿ³¹liəɣ̃⁵³ti³¹xuɛ³¹ɕiæ̃³¹ʂɤ⁵³ʂẽ³¹pa³¹ŋɤ³¹xu²⁴ta⁵³ʒu³¹tɕʰiəɣ̃³¹ʃuei⁵³y³¹ti⁵³]

青龙在怒火中燃烧，[tɕʰiəɣ̃³¹luoɣ̃²⁴tsɛ⁵⁵nou⁵⁵xuo⁵³tʃuoŋ³¹ʒæ̃⁵³ʂɔ³¹]

这一天，电闪雷鸣，[tʂɤ⁵³i²⁴tʰiæ̃³¹，tiæ̃⁵⁵sæ̃⁵³luei²⁴miəɣ̃²⁴]

一下子把咻恶狐打入了火海，[i³¹xa⁵⁵tsɿ³¹pa³¹uɛ⁵³ŋɤ³¹xu²⁴ta⁵³ʒu³¹liɔ³¹xuo³¹xɛ⁵³]

恶狐化成了灰疙瘩啦。[ŋɤ³¹xu²⁴xua⁵⁵tʂʰəɣ̃³¹liɔ³¹xuei³¹kɯ⁵³ta³¹la³¹]灰疙瘩：灰烬

可怜的槐仙也被当心劈开，[kʰɤ⁵³liæ̃³¹ti³¹xuɛ²⁴ɕiæ̃³¹iɜ⁵³pi⁵³taɣ̃²⁴ɕiẽ³¹pʰi⁵³kʰɛ³¹]

他也再没办法恢复人形了。[tʰa⁵⁵iɜ⁵³tsɛ⁵⁵mo³¹pæ̃⁵⁵fa³¹xuei³¹fu³¹ʒẽ²⁴ɕiəɣ̃³¹la⁵³]

槐仙身上到处都是黑点点黑疙瘩，[xuɛ³¹ɕiæ̃⁵³ʂẽ⁵³ʂaɣ̃³¹tɔ⁵⁵tʃʰu⁵³tou³¹sɿ⁵⁵xei tiæ̃⁵³tiæ̃³¹xei³¹kɯ⁵³ta³¹]

树枝枝儿掉得满地都是。[ʃu⁵⁵tsʅ⁵³tsʅr³¹tiɔ⁵⁵ti³¹mæ̃⁵³ti⁵⁵tou³¹sʅ⁵⁵]

虽然把咻恶狐给除掉了，[ʃuei⁵³zæ̃³¹pa³¹uɛ⁵³ŋɤ³¹xu²⁴kei⁵⁵tʃʰu²⁴tiɔ⁵⁵liɑ³¹]

清水峪可没清水啦。[tɕʰiəɣ̃³¹ʃuei²⁴y³¹kʰɤ³¹mo³¹tɕʰiəɣ̃³¹ʃuei⁵³la³¹] 可：却

光剩下咻古槐咻崖头咻两泉眼眼了。[kuɑɣ̃²⁴ʂəɣ̃⁵⁵xa³¹uɛ⁵³ku⁵³xuɛ²⁴uɛ⁵³ɲɛ²⁴tʰou²⁴uɛ⁵³liɑɣ̃⁵³tɕʰyæ²⁴ɲiæ̃³¹ɲiæ̃³¹liɑ³¹] 泉眼眼：泉眼

满地的树枝枝儿都变成了枝叶茂盛的槐树。[mæ̃⁵³ti⁵⁵ti³¹ʃu⁵⁵tsʅ⁵³tsʅr³¹tou³¹piæ̃⁵⁵tʂʰəɣ̃³¹liɔ⁵³tsʅ²⁴iɜ³¹mɔ⁵⁵ʂəɣ̃⁵⁵ti³¹xuɛ³¹ʃu⁵³]

从这以后（么），这一带村民重返家乡，[tʂʰuoɣ̃²⁴tʂɤ⁵³i⁵⁵xou⁵⁵，tsʅ⁵³i³¹tɛ⁵⁵tɕʰyɛ³¹miɛ̃²⁴tʂʰuoɣ̃²⁴fæ⁵³tɕia²⁴ɕiɑɣ̃³¹]

重建家园，[tʂʰuoɣ̃²⁴tɕiæ̃⁵⁵tɕia³¹yæ²⁴]

盖房子呀，打墙呀，置家具呀，[kɛ⁵⁵fɑɣ̃³¹tsʅ⁵³ia³¹，ta⁵³tɕʰiɑɣ̃³¹ia⁵³，tsʅ⁵⁵tɕia³¹tɕy⁵⁵ia²⁴] 置：置办

过上了好日子。[kuo⁵⁵ʂɑɣ̃³¹lɔ³¹xɔ⁵³ər⁵³tsʅ³¹]

远近百姓把这[一个]古槐就当成了神啦，[yæ̃⁵³tɕiɛ̃⁵⁵pei³¹ɕiəɣ̃⁵⁵pa³¹tsʅ⁵³iɜ³¹ku⁵³xuɛ²⁴tɕiou⁵⁵tɑɣ̃⁵⁵tʂʰəɣ̃³¹lɔ³¹ʂɛ̃³¹la⁵³]

长期用香火供奉。[tʂʰɑɣ̃²⁴tɕʰi³¹yoɣ̃⁵⁵ɕiɑɣ̃³¹xuo⁵³kuoɣ̃⁵⁵fəɣ̃⁵⁵]

有的善男善女大老远都跑到这树底下烧香来啦，[iou⁵³ti³¹ʂæ̃⁵⁵næ²⁴ʂæ̃⁵⁵ny⁵³ta⁵⁵lɔ³¹yæ̃³¹tou³¹pʰɔ³¹tɔ⁵³tʂɤ⁵⁵ʃu⁵³xa³¹ʂɔ³¹ɕiɑɣ̃⁵³lɛ³¹la³¹]

求安来啦，求福来啦，求子来啦。[tɕʰiou²⁴ŋæ̃⁵³lɛ³¹la³¹，tɕʰiou²⁴fu⁵³lɛ³¹la³¹，tɕʰiou²⁴tsʅ⁵³lɛ³¹la³¹]

还有的男女青年在树底下选[一个]好日子，[xæ̃³¹iou⁵³ti³¹næ²⁴ny⁵³tɕʰiəɣ̃⁵³ɲiæ̃³¹tsɛ⁵⁵ʃu⁵⁵ti⁵³xa³¹ɕyæ⁵³iɜ³¹xɔ⁵³ər⁵³tsʅ³¹]

准备结婚。[tʃuɛ̃⁵⁵pi⁵⁵tɕiɜ²⁴xuɛ̃³¹]

古槐已经不是过去的风貌了，[ku⁵³xuɛ²⁴i⁵⁵tɕiəɣ̃⁵⁵pu³¹sʅ⁵⁵kuo⁵⁵tɕʰy⁵⁵ti³¹fəɣ̃³¹mɔ⁵⁵liɑ³¹]

年久日深，树心心子都空了，[ɲiæ̃²⁴tɕiou⁵³ər²⁴ʂɛ̃³¹ʃu⁵⁵ɕiɛ̃⁵³ɕiɛ̃³¹tsʅ³¹tou²⁴kʰuoɣ̃³¹liɑ³¹] 树心心子：树身

叶子、树枝，但是哩，伢还旺得很，[iɜ⁵³tsʅ³¹ʃu⁵⁵tsʅ³¹，tæ̃⁵⁵sʅ⁵⁵li³¹，ɲia³¹xæ̃³¹uɑɣ̃⁵⁵ti³¹xɛ̃⁵³]

完全还是以前那一幅为民除害、无怨无悔的英雄形象。[uæ̃³¹tɕʰyæ⁵³xuæ²⁴

sʅ⁵⁵i⁵⁵tɕʰiæ²⁴nɛ⁵³i³¹fu⁵⁵uei⁵⁵miẽ²⁴tʃʰu²⁴xɛ⁵⁵u²⁴yæ⁵⁵u²⁴xuei⁵³ti³¹iəɣ̃³¹ɕyoɣ̃³¹ɕiəɣ̃²⁴ɕiaɣ̃⁵⁵]

万斛山古槐民间传说

很早以前，富平县东北清水峪是一块丰腴富饶之地。不料想，从黄龙山窜来一只白尾巴的红狐狸，常于夜半在此作孽，专吃男童的心肝，喝女童的鲜血，峪岭一带的人被搅得没有办法。村民只能把孩子带到外地去，离开这里。在此修炼的槐仙欲为民除害，怎奈法力不够，屡战未果，遂邀请青龙来帮忙。经过几番恶战，还是打不死恶狐狸，后来在三尺岭的槐仙舍身将恶狐打入清水峪底。青龙怒火中烧，一下子将恶狐打入了火海，焚为灰烬。可怜的槐仙也被当心劈开，无法幻化人形，遍体伤痕斑驳，树皮尽是黑色斑点，树枝散落满地。恶狐虽除，清水峪再无清水，只剩下古槐东南崖下的两个泉眼。然而，散落满地的枝条却变成了满山的槐树。

自此，当地居民重返家乡，重建家园，安居乐业。远近百姓把古槐当作守护神，长期供奉香火。更有善男信女远道而来上香求安、祈福、求子，更有佳偶在树下择定婚日。

古槐告别了昔日的风貌，树干已是空心，却依旧枝繁叶茂，尽显为民除害、无怨无悔的英雄本色。

218.① 富平婚俗 [fu⁵⁵pʰiəɣ̃³¹xuẽ³¹ɕy²⁴]

我作为一个富平县老城人，[ŋɤ⁵³tsuo³¹uei²⁴i³¹kɤ⁵⁵fu⁵⁵pʰiəɣ̃³¹ɕiæ⁵⁵lao⁵³tʂʰəɣ̃²⁴ʐɛ̃²⁴]
把我当地这男婚女嫁（基本上）这风俗习惯（么）大模儿给大家（么）谝一下。[pa³¹ŋɤ³¹taɣ̃³¹ti⁵⁵tʂɤ⁵³næ²⁴xuẽ³¹ny⁵³tɕia⁵⁵tʂɤ⁵⁵fəɣ̃³¹ɕy²⁴ɕi²⁴kuæ⁵⁵ta⁵⁵mur⁵³kei⁵⁵ta⁵⁵tɕia³¹pʰiæ⁵³i³¹xa³¹] 大模儿：大概。谝：聊
比如说一个男娃儿看上一个女娃儿，[pi⁵³ʐu³¹ʂuo³¹i³¹kɤ⁵⁵næ³¹uar⁵³kʰæ⁵⁵ʂaɣ̃³¹i³¹kɤ⁵⁵ny⁵³uar³¹] 男娃儿：男孩。女娃儿：女孩
先拼命地追求。[ɕiæ̃³¹pʰiẽ⁵⁵miəɣ̃⁵⁵ti³¹tʃuei³¹tɕʰiou²⁴]
把这女娃追到手了以后，[pa³¹tʂɤ⁵⁵ny⁵³ua³¹tʃuei³¹tao⁵⁵ʂou⁵³lao³¹i⁵⁵xou⁵⁵]

---
① 发音人（女性，老派）所在地：富平县城关街道办莲湖村。

俩人基本上谈得都差不多儿，[lia³¹ zẽ²⁴ tɕi³¹ pẽ⁵³ ʂaɣ̃³¹ tʰæ³¹ ti⁵³ tou³¹ tsʰa⁵⁵ pu³¹ tuər⁵³]

男娃（么）先引了他屋里叫伢爸伢妈一看，[næ̃³¹ ua⁵³ ɕiæ̃³¹ iẽ⁵³ lao³¹ tʰa²⁴⁻⁵³ li³¹ tɕiao⁵⁵ n̠ia⁵⁵ pa⁵⁵ n̠ia⁵⁵ ma²⁴⁻³¹ kʰæ̃⁵⁵]

□（觉着这）把那女娃那屋里那情况一问。[æ̃³¹ pa³¹ nɛɛ⁵⁵ n̠y⁵³ ua³¹ nɛɛ⁵³ u⁵³ li³¹ nɛɛ⁵³ tɕʰiəɣ̃²⁴ kʰuaɣ̃⁵⁵ i³¹ vẽ⁵⁵] □[æ̃³¹]：语气词，表停顿（略带满意的意味）。下同

基本上这都可以，[tɕi³¹ pẽ⁵³ ʂaɣ̃⁵³ tʂɤ⁵³ tou³¹ kʰɤ⁵³ i³¹]

这下男娃他爹（他爸）他妈就给伢寻下[一个]媒人，[tʂɿ⁵³ xa³¹ næ̃³¹ ua⁵³ tʰa³¹ ta²⁴ tʰa²⁴ ma³¹ tsou⁵⁵ kei⁵⁵ n̠ia⁵⁵ ɕiẽ³¹ xa⁵³ iɛ³¹ mei³¹ zẽ⁵³]

到这女方屋里去提亲。[tao⁵⁵ tʂɤ⁵⁵ n̠y⁵³ faɣ̃³¹ u⁵³ li³¹ tɕʰi⁵⁵ tɕʰi²⁴ tɕʰiẽ³¹]

（提亲）伢那女方屋里那父母把这男娃儿也一看，[n̠ia³¹ nɛɛ⁵³ n̠y⁵³ faɣ̃⁵³ u⁵³ li³¹ nɛɛ⁵³ fu⁵⁵ mu⁵³ pa³¹ tʂɤ⁵³ næ̃³¹ uar⁵³ iɛ⁵³ i³¹ kʰæ̃⁵⁵]

□觉着伢这两岸儿这家庭情况啦，[æ̃³¹ tɕyo⁵³ tʂʰuo³¹ n̠ia⁵⁵ tʂɤ⁵³ liaɣ̃⁵⁵ ŋɛr⁵³ tʂɤ⁵³ tɕia³¹ tɕʰiəɣ̃³¹ tɕʰiəɣ̃²⁴ kʰuaɣ̃⁵⁵ la³¹] 两岸儿：（男女）双方

这屋里这过活啦啥啦都能行，[tʂɤ⁵³ u⁵³ li³¹ tʂɤ⁵³ kuo⁵⁵ xuo³¹ la³¹ sa⁵⁵ la³¹ tou²⁴ nəɣ̃²⁴ ɕiəɣ̃²⁴] 过活：家产。能行：可以

人这合口，这下就同意。[zẽ²⁴ tʂɤ⁵³ xuo²⁴ kʰou⁵³, tʂɿ⁵³ xa³¹ tsou⁵⁵ tʰuəɣ̃²⁴⁻⁵⁵ i⁵⁵] 合口：脾气相投

同意了以后，这下给媒人一说，[tʰuəɣ̃²⁴⁻⁵⁵ lao³¹⁻⁵⁵ xou⁵⁵, tʂɿ⁵³ xa³¹ kei⁵⁵ mei³¹ zẽ⁵³ i²⁴ ʂuo³¹]

就商量（么）先订婚，[tsou⁵⁵ ʂaɣ̃⁵³ liaɣ̃³¹ ɕiæ̃³¹ tiəɣ̃⁵⁵ xuẽ³¹]

订婚□了着（么），不要多的人。[tiəɣ̃⁵⁵ xuẽ⁵³ xɤ³¹ lao³¹ tʂʰuo³¹, pu³¹ iao⁵⁵ tuo⁵³ ti³¹ zẽ²⁴] □了着[xɤ³¹ lao³¹ tʂʰuo³¹]：也说"□了[xɤ³¹ lao³¹]""□[xɤ³¹]""□[xɤ³¹]了着"，相当于"……的时候""……的话"。首字读音不固定，也念[xɯ³¹]。下同

两岸儿双方的主要人，[liaɣ̃⁵⁵ ŋɛr⁵³ ʃuaɣ̃²⁴ faɣ̃⁵³ ti³¹ tʃu⁵³ iao⁵⁵ zẽ²⁴]

男娃儿他爸他妈，有伢爷伢婆，[næ̃³¹ uar⁵³ tʰa⁵⁵ tʰa²⁴ ma³¹, iou⁵⁵ n̠ia⁵⁵ iɛ⁵⁵ n̠ia⁵⁵ pʰo²⁴] 婆：奶奶

或者他姑他舅一叫，[xuei³¹ tʂɤ⁵³ tʰa³¹ ku⁵³ tʰa³¹ tɕiou⁵⁵ i³¹ tɕiao⁵⁵]

女娃儿把她爸她妈、她爷她婆，[n̠y⁵³ uar³¹ pa³¹ tʰa³¹ pa⁵⁵ tʰa²⁴ ma³¹ tʰa³¹ iɛ⁵⁵ tʰa³¹ pʰo²⁴]

或者伢伯啦、伢大大啦、她姑啦，[xuei³¹ tʂɤ⁵³ n̠ia⁵⁵ pei⁵⁵ la³¹ n̠ia⁵⁵ ta³¹ ta⁵³ la³¹ tʰa³¹ ku⁵³la³¹]伯：伯父．大大：叔父，此为俗字，民间使用普遍，故从俗，本字为"爹爹"

这一叫，（这就是）大约就是一两席人。[tʂɤ⁵³i³¹tɕiao⁵⁵，ta⁵⁵yo³¹tsou⁵⁵sʅ³¹i³¹liaɣ̃⁵³ɕi²⁴zɛ̃²⁴]

（一两席人）这下一商量，[tʂʅ⁵³xa³¹i²⁴ʂaɣ̃⁵³liaɣ̃³¹]

叫这主要大人把双方两岸儿都一了解，[tɕiao⁵⁵tʂɤ⁵³tʃu⁵⁵iao⁵⁵tuo⁵⁵zɛ̃³¹pa³¹ʃuaɣ̃²⁴faɣ̃³¹liaɣ̃⁵³ŋɐr³¹tou²⁴i³¹liao⁵⁵tɕiɛɛ⁵³]大人：长辈

觉着这好、能行，这下咱就订亲，[tɕyo⁵³tʂʰuo³¹tʂɤ⁵⁵xao⁵³nəɣ̃²⁴ɕiəɣ̃²⁴，tʂʅ⁵³xa³¹tsʰa⁵⁵tsou⁵⁵tiəɣ̃⁵⁵tɕʰiɛ̃³¹]

一订（么）就要照订婚相。[i³¹tiəɣ̃⁵⁵tsou⁵⁵iao⁵⁵tsao⁵⁵tiəɣ̃⁵⁵xuɛ̃³¹ɕiaɣ̃⁵⁵]一订：一旦订婚

那一天还要给伢那女娃儿买一身订婚衣服，[nɛɛ⁵³i³¹tɕʰiæ̃³¹xa³¹iao⁵⁵kei⁵⁵ȵia⁵⁵nɛɛ⁵⁵ȵy⁵³uar³¹mɛɛ⁵³i³¹ʂɛ̃³¹tiəɣ̃⁵⁵xuɛ̃²⁴i⁵³fu³¹]

或者给伢[一个]啥。[xuei²⁴tʂɤ⁵³kei⁵⁵ȵia³¹iɛ³¹sa⁵⁵]啥：随便什么礼物

女娃儿（么）给伢那男娃儿四样儿小礼儿，[ȵy⁵³uar³¹kei⁵⁵ȵia⁵⁵nɛɛ⁵³næ̃³¹uar⁵³sʅ⁵⁵iãr⁵³ɕiao³¹lir⁵³]

那一天伢就是给你买下[一个]皮带，[nɛɛ⁵³i³¹tʰiæ̃³¹ȵia⁵⁵tsou⁵⁵sʅ³¹kei⁵⁵ȵi⁵³mɛɛ⁵³xa³¹iɛ³¹pʰi²⁴tɛɛ⁵⁵]

买下[一个]手帕儿，[mɛɛ⁵³xa³¹iɛ³¹ʂou⁵³pʰar³¹]

再买下[一个]残=的两样儿啥小东西。[tsɛɛ⁵⁵mɛɛ⁵³xa³¹iɛ³¹tsʰæ̃³¹ti⁵³liaɣ̃⁵³iãr⁵³sa⁵⁵ɕiao⁵³tuəɣ̃⁵³ɕi³¹]残=的：别的

男娃儿你就要给伢女娃儿要头上买到脚上，[næ̃³¹uar⁵³ȵi⁵³tsou⁵⁵iao⁵⁵kei⁵⁵ȵia³¹ȵy⁵³uar³¹iao⁵⁵tʰou²⁴ʂaɣ̃⁵⁵mɛɛ⁵³tao⁵⁵tɕyo⁵³ʂaɣ̃³¹]

买一身订婚衣服。[mɛɛ⁵³i²⁴ʂɛ̃³¹tiəɣ̃⁵⁵xuɛ̃²⁴i⁵³fu³¹]

这就准这[一个]事成啦。[tʂɤ⁵³tsou⁵⁵tʃuɛ̃⁵⁵tʂʅ⁵⁵iɛ³¹sʅ⁵⁵tʂʰəɣ̃³¹la⁵³]准：算是

事成啦（么）这下再，[sʅ⁵⁵tʂʰəɣ̃³¹la⁵³tʂʅ⁵⁵xa³¹tsɛɛ⁵⁵]

你两个（么）再交往下一个时期。[ȵi²⁴liaɣ̃⁵³uɛɛ³¹tsɛɛ⁵⁵tɕiao³¹uaɣ̃⁵³xa³¹i³¹kɤ⁵⁵sʅ²⁴tɕʰi³¹]

交往下一个时期觉着这（就是这）脾气啥都合口，[tɕiao³¹uaɣ̃⁵³xa³¹i³¹kɤ⁵⁵sʅ²⁴tɕʰi³¹tɕyo⁵³tʂʰuo³¹tʂɤ⁵⁵pʰi³¹tɕʰi⁵³sa⁵⁵tou²⁴xuo²⁴kʰou⁵³]一个：念[i³¹xɤ⁵⁵]，"个"的声母被前面"下"字声母所同化

这都能合得来，[tʂɤ⁵³tou²⁴nəɣ̃²⁴xuo³¹ti⁵³lɛɛ²⁴]

这下再商量（么）结婚。[tʂʅ⁵³xa³¹tsɛɛ⁵⁵ʂaɣ̃⁵³liaɣ̃³¹tɕiɛ²⁴xuɛ̃³¹]

结婚□了，（女方）我先给咱说这女方屋里都准备啥哩。[tɕiɛ³¹xuɛ̃⁵³xɤ³¹lao³¹, ŋɤ⁵³ɕiæ̃³¹kei⁵⁵tsʰa⁵⁵ʂuo³¹tʂɤ⁵³n̠y⁵³faɣ̃³¹u⁵³li³¹tou³¹tʃuɛ̃⁵³pi⁵⁵sa⁵⁵li³¹]

女方（么）这下提前三四天叫四姓人，[n̠y⁵³faɣ̃³¹tʂʅ⁵⁵xa³¹tɕʰi²⁴tɕʰiæ̃²⁴sæ̃⁵³sʅ²⁴tɕʰiæ̃³¹tɕiao⁵⁵sʅ⁵⁵ɕiəɣ̃⁵⁵zɛ̃²⁴] 四姓人：不同姓的四位女姓

这四姓人还要那不要年纪太大的，[tʂʅ⁵⁵sʅ⁵⁵ɕiəɣ̃⁵⁵zɛ̃²⁴xæ̃³¹iao⁵⁵nɛɛ⁵³pu³¹iao⁵⁵n̠iæ̃³¹tɕi⁵³tʰɛɛ⁵⁵ta⁵⁵ti³¹]

也不要年纪太轻的，[iɛ⁵³pu³¹iao⁵⁵n̠iæ̃³¹tɕi⁵³tʰɛɛ⁵⁵tɕʰiəɣ̃⁵³ti³¹]

要那父母双全，儿女双全。[iao⁵⁵nɛɛ⁵⁵fu⁵⁵mu⁵³ʃuaɣ̃³¹tɕʰyæ̃³¹, ər²⁴n̠y⁵³ʃuaɣ̃³¹tɕʰyæ̃³¹]

给伢寻下[四个]人，[kei⁵⁵n̠ia⁵⁵ɕiɛ̃³¹xa⁵³sʅɤ⁵⁵³zɛ̃²⁴] 四个：合音为[sʅɤ⁵⁵³]，其中[ɤ]是个轻短的尾音

给伢娃缝被子。[kei⁵⁵n̠ia⁵⁵ua⁵⁵fəɣ̃²⁴pi⁵⁵tsʅ³¹]

（缝被子么），被子缝好了着，[pi⁵⁵tsʅ³¹fəɣ̃²⁴xao⁵³lao³¹tʂʰuo³¹]

一下缝起了，一个角角儿讲究不要缝，[i³¹xa⁵⁵fəɣ̃²⁴tɕʰiɛ⁵³lao³¹, i³¹kɤ⁵⁵tɕyo⁵³tɕyər³¹tɕiaɣ̃⁵³tɕiou³¹pu³¹iao⁵⁵fəɣ̃²⁴] 一下缝起了：整个儿缝好了

伢把那丢下，有讲究。[n̠ia³¹pao³¹nɛɛ⁵³tiou⁵³xa³¹, iou⁵³tɕiaɣ̃⁵³tɕiou³¹] 丢下：留着

这下（么），被子缝好了这前一天，[tʂʅ⁵³xa³¹, pi⁵⁵tsʅ³¹fəɣ̃²⁴xao⁵³lao³¹tʂɤ⁵³tɕʰiæ̃²⁴i³¹tɕʰiæ̃³¹]

女娃儿屋里这下就，把他那最亲近那亲亲头一天都要在伢屋里来哩。[n̠y⁵³uar³¹u⁵³li³¹tʂʅ⁵³xa³¹tsou⁵⁵, pa³¹tʰa³¹nɛɛ⁵³tsuei⁵³tɕʰiɛ̃³¹tɕiɛ̃⁵⁵nɛɛ⁵³tɕʰiɛ̃³¹tɕʰiɛ̃³¹tʰou²⁴i³¹tɕʰiæ̃³¹tou³¹iao⁵⁵tsɛɛ⁵⁵ia⁵⁵u⁵³li³¹lɛɛ³¹li⁵³] 伢：单字念[n̠ia⁵⁵]，这里念[ia⁵⁵]，语流中语音发生了弱化

□□准备给娃嫁妆哩，[tʂaɣ̃⁵³fæ̃³¹tʃuɛ̃⁵⁵pi⁵⁵kei⁵⁵ua⁵⁵tɕia⁵⁵tʃuaɣ̃³¹li³¹] □□[tʂaɣ̃⁵³fæ̃³¹]：也说"□[tʂaɣ̃⁵³]"，现在。下同

她姑啦她谁啦来看娃还□啥，[tʰa³¹ku⁵³la³¹tʰa³¹sei²⁴la⁵³lɛɛ²⁴kʰæ⁵⁵ua⁵⁵xa²⁴tsʰəɣ̃³¹sa⁵⁵] □[tsʰəɣ̃³¹]：差

她伯啦她大妈啦的，或者是她大大啦的，[tʰa³¹pei⁵⁵la³¹tʰa³¹ta⁵⁵ma²⁴la⁵³li³¹, xuei³¹tʂɤ⁵³sʅ³¹tʰa³¹ta³¹ta⁵³la³¹li³¹] 大妈：大伯母。啦的：助词，表同类并举，"的"语音弱化为[li³¹]。下同

这都一看，娃这被子看够不，单子够不，[tsɤ⁵³tou²⁴i³¹kʰæ⁵⁵，ua⁵⁵tsɤ⁵³pi⁵⁵tsʅ³¹ kʰæ⁵⁵kou⁵⁵pu³¹，tæ⁵³tsʅ³¹kou⁵⁵pu³¹] 单子：床单

给钱，添被子，添那个。[kei⁵⁵tɕʰiæ²⁴²，tɕʰiæ³¹pi⁵⁵tsʅ³¹，tɕʰiæ³¹nɛɛ⁵³kɤ³¹] 那个：所缺之物（任指）

男娃儿那就要提前还要给伢（这）这岸儿要送单情，[næ³¹uar⁵³nɛɛ⁵³tsou⁵⁵ iao⁵⁵tɕʰi²⁴tɕʰiæ²⁴xa³¹iao⁵⁵kei³¹nia³¹tsʅ⁵⁵ŋær³¹iao⁵⁵suəɣ̃⁵⁵tæ⁵³tɕʰiəɣ̃²⁴] 单情：男方去女方家商议婚期时，要送一些东西，包括絮被子的棉花、缝被子的红丝线（寓意：千里姻缘一线牵）等

和咻缝被子咻花都是他男娃儿给伢送下的。[xuo²⁴uɛɛ⁵³fəɣ̃²⁴pi⁵⁵tsʅ³¹uɛɛ⁵³ xua³¹tou²⁴sʅ³¹tʰa³¹næ³¹uar⁵³kei⁵⁵nia³¹suəɣ̃⁵⁵xa³¹ti³¹]

□□伢都讲究（这……那个……），这经济条件好啦，[tʂaɣ̃⁵³fæ³¹nia³¹tou³¹ tɕiaɣ̃⁵³tɕiou³¹，tsɤ⁵³tɕiəɣ̃³¹tɕi⁵⁵tɕʰiao²⁴tɕiæ⁵⁵xao⁵³la³¹]□□[tʂaɣ̃⁵³fæ³¹]：现在。下同

伢都咻男娃儿伢把咻顺手就在咻弹花的兀搭网成网套给送哩，[nia³¹tou³¹uɛɛ⁵³næ³¹uar⁵³nia³¹pao³¹uɛɛ⁵⁵ʃuɛ̃⁵⁵ʂou⁵³tsou⁵⁵tsɛɛ⁵⁵uɛɛ⁵⁵tʰæ²⁴ xua⁵³ti³¹u⁵⁵ta³¹vaɣ̃⁵³tʂʰəɣ̃³¹vaɣ̃⁵³tʰao⁵⁵kei⁵⁵suəɣ̃⁵⁵li³¹] 兀搭：那儿

原先那都是把咻拧下咻花给伢送哩。[yæ²⁴ɕiæ³¹nɛɛ⁵³tou²⁴sʅ³¹pao³¹uɛɛ⁵³niəɣ̃⁵⁵ xa³¹uɛɛ⁵⁵xua³¹kei³¹nia³¹suəɣ̃⁵⁵li³¹] 花：棉花

□把这被子（么）一缝，[tʂaɣ̃⁵³pao³¹tsɤ⁵³pi⁵⁵tsʅ³¹i³¹fəɣ̃²⁴]□[tʂaɣ̃⁵³]：现在

这前一天把这至亲一下都叫得来，[tsɤ⁵³tɕʰiæ²⁴i³¹tɕʰiæ³¹pa³¹tsɤ⁵³tsʅ⁵³tɕʰiɛ̃³¹i³¹ xa⁵⁵tou²⁴tɕiao⁵⁵ti³¹lɛɛ²⁴]

这下一看，这下就准备给女娃儿看。[tsɤ⁵³xa³¹i³¹kʰæ⁵⁵，tsʅ⁵³xa³¹tsou⁵⁵tʃuɛ̃⁵³ pi⁵⁵kei⁵⁵ny⁵³uar³¹kʰæ³¹]

明儿个出嫁呀（么），[miər̃²⁴kɤ³¹tʃʰu³¹tɕia⁵⁵ia³¹] 明儿个：明天

今个这女娃儿就要早早去把澡一洗，[tɕiɛ̃³¹kɤ³¹tsɤ⁵³ny⁵³uar³¹tsou⁵⁵iao⁵⁵tsao⁵³ tsao²⁴tɕʰi⁵⁵pa³¹tsao⁵³i³¹ɕi⁵³] 今个：今天

到赶早起来还要盘头去。[tao⁵⁵kæ³¹tsao⁵³tɕʰiɛ⁵³lɛɛ³¹xæ³¹iao⁵⁵pʰæ²⁴tʰou³¹tɕʰi⁵³] 赶早：大清早

再屋里这人给娃（就是）准备那……看那谁梳头哩，谁扶女哩，[tsɛɛ⁵⁵u⁵³ li³¹tsɤ⁵³zɤ̃²⁴kei⁵⁵ua⁵⁵tʃuɛ̃⁵⁵pi⁵⁵nɛɛ³¹kʰæ⁵⁵nɛɛ³¹sei²⁴sou³¹tʰou³¹li⁵³，sei²⁴fu²⁴ny⁵³ li³¹] 梳头、扶女：传统婚日当天陪送新娘的两个人（见图7-22）

这是女娃儿这岸儿的人。[tsɤ⁵³sʅ⁵⁵ny⁵³uar³¹tsʅ⁵⁵ŋær³¹ti³¹zɤ̃²⁴]

男岸儿那岸那人叫"撒媳妇的"，[nã³¹ŋær⁵³nɛe⁵⁵ŋã³¹nɛe⁵³zɤ²⁴tɕiao⁵⁵tsʰou³¹ɕi⁵³fu³¹li³¹]男岸儿那岸：男方那边。撒：扶。媳：[ɕi][si]两读。的：助词，语音弱化为[li]

女岸儿这岸就叫"梳头""扶女"，[ȵy⁵³ŋær³¹tʂʅ⁵⁵ŋã³¹tsou⁵⁵tɕiao⁵⁵sou³¹tʰou²⁴fu²⁴ȵy⁵³]女岸儿这岸：女方这边

陪下伢娃（么），把伢娃送到那男方那屋里。[pʰei⁵⁵xa³¹ȵia⁵⁵ua⁵⁵，pa³¹ȵia⁵⁵ua⁵⁵suəỹ⁵⁵tao³¹nɛe⁵³næ³¹faỹ⁵³nɛe⁵⁵u⁵³li³¹]

这就要准备啥哩？看：[tʂɤ⁵³tsou⁵⁵iao⁵⁵tʃuɛ̃⁵³pi⁵⁵sa⁵⁵li³¹？kʰæ̃³¹]看：提示语

伢这（娃）女娃儿多大啦，一年就是捏一个饺子，[ȵia³¹tʂɤ⁵³ȵy⁵³uar³¹tuo³¹ta⁵⁵la³¹，i³¹ȵiæ²⁴tsou⁵⁵sʅ³¹ȵiɛ¹¹kɤ⁵⁵tɕiao⁵³tsʅ³¹]

捏下那碎碎儿个那，那指头蛋儿大个那。[ȵiɛ⁵³xa³¹nɛe⁵⁵suei⁵⁵suer⁵³kɤ³¹nɛe⁵³，nɛe⁵³tsʅ⁵³tʰou³¹tær⁵³ta⁵⁵kɤ³¹nɛe⁵³]碎碎儿个那：特别小的那种

这饺子馅子也有讲究，[tʂɤ⁵³tɕiao⁵³tsʅ³¹ɕyæ̃⁵⁵tsʅ³¹iɛ⁵³iou⁵⁵tɕiaỹ⁵³tɕiou³¹]

不要肉馅子，要豆腐、葱、生姜就是这三样儿，[pu³¹iao⁵⁵zou⁵⁵ɕyæ̃⁵⁵tsʅ³¹，iao⁵⁵tou⁵⁵fu³¹tsʰuəỹ³¹səỹ³¹tɕiaỹ³¹tsou⁵⁵sʅ³¹tsʅ⁵⁵sæ̃³¹iãr⁵³]

早生贵子，伢这生姜就是那意思，[tsao⁵³səỹ³¹kuei⁵⁵tsʅ⁵³，ȵia³¹tʂɤ⁵⁵səỹ³¹tɕiaỹ³¹tsou⁵⁵sʅ³¹nɛe⁵³i⁵⁵sʅ³¹]

豆腐（么）就是伢娃吃了（么）有福，[tou⁵⁵fu³¹tsou⁵⁵sʅ³¹ȵia⁵⁵ua⁵⁵tʂʰʅ³¹lao³¹iou⁵³fu³¹]

葱（么）就是要下那娃聪明。[tsʰuəỹ³¹tsou⁵⁵sʅ³¹iao⁵⁵xa³¹nɛe⁵³ua⁵⁵tsʰuəỹ⁵³miəỹ³¹]要下：生下

捏下那饺子（是说）一岁一个，[ȵiɛ⁵³xa³¹nɛe⁵⁵tɕiao⁵³tsʅ³¹i³¹suei⁵⁵i³¹kɤ⁵⁵]

伢这二十几啦，你就捏二十几个。[ȵia³¹tʂɤ⁵³ər⁵⁵sʅ²⁴tɕi³¹la³¹，ȵi⁵³tsou⁵⁵ȵiɛ³¹ər⁵⁵sʅ²⁴tɕi³¹uɛe³¹]

再么就是弄两把儿挂面，一下拿那红纸一缠。[tsɛe⁵⁵mu³¹tsou⁵⁵sʅ³¹nuəỹ⁵⁵liaỹ³¹par⁵³kua⁵⁵miæ̃³¹，i³¹xa⁵⁵na²⁴nɛe⁵³xuəỹ²⁴tsʅ⁵³i³¹tʂʰæ̃²⁴]一下：全部；整个。下同

还有那茶盘哩（么），[xæ̃³¹iou⁵³nɛe⁵⁵tsʰa²⁴pʰæ̃²⁴li³¹]

把这饺子（么），夏天了要一蒸哩，[pa³¹tʂɤ⁵⁵tɕiao⁵³tsʅ³¹，ɕia⁵⁵tɕʰiæ̃³¹lao³¹iao⁵⁵i²⁴tsəỹ³¹li³¹]

那一下搁到那□一时饧啦，[nɛe⁵³i³¹xa⁵⁵kɤ⁵³tao³¹nɛe⁵³xɯ³¹i³¹sʅ⁵⁵ɕiəỹ³¹la⁵³]

□[xɯ³¹]：里边，也念[xou³¹]。下同。饧：面剂子、糖块等变软

成一家子。[tʂʰə̃ʳ²⁴²:²⁴i²⁴tɕia⁵³tsɿ³¹]成：单念[tʂʰə̃ʳ²⁴]，这里念[242]调，下降部分是已弱化脱落的"了"音节时长的残存

冬天（么）这就无所谓，那生的也能行。[tuə̃ʳ³¹tɕʰiæ³¹tʂɤ⁵³tsou⁵⁵u²⁴suo⁵³uei⁵⁵, nɛɛ⁵⁵sə̃ʳ⁵³ti³¹iɛ⁵³nə̃ʳ²⁴ɕiə̃ʳ²⁴]

一下给伢搁了茶盘儿□一下摆好，[i³¹xa⁵⁵kei⁵⁵ȵia³¹kɤ⁵³lao³¹tsʰa²⁴pʰæ̃r²⁴xɯ³¹i³¹xa⁵⁵pɛɛ⁵³xao⁵³]搁了：后字念[lao³¹]，是"到"的语音弱化形式

伢那有讲究了伢还把那摆成字，[ȵia³¹nɛɛ⁵³iou⁵³tɕiã̃ʳ⁵³tɕiou³¹lao³¹ȵia³¹xa³¹pa³¹nɛɛ⁵⁵pɛɛ⁵³tʂʰə̃ʳ³¹tsɿ⁵⁵]

没讲究了那就是整整齐齐摆了那□，[mo³¹tɕiã̃ʳ⁵³tɕiou³¹lao³¹nɛɛ⁵³tsou⁵⁵sɿ³¹tʂə̃ʳ⁵³tʂə̃ʳ³¹tɕʰi³¹tɕʰi³¹pɛɛ⁵³lao³¹nɛɛ⁵³xou³¹]摆了：后字念[lao³¹]，是"到"的语音弱化形式

再把那两把儿挂面摆□，[tsɛɛ⁵⁵pa³¹nɛɛ⁵³liã̃ʳ³¹par⁵³kua⁵⁵miæ̃³¹pɛɛ⁵³xɯ³¹]摆□[pɛɛ⁵³xɯ³¹]："摆到□[pɛɛ⁵³tao³¹xɯ³¹]"的缩略语（"到"语音弱化脱落），即摆放在里边

这下（么）再给伢那□搁下一撮儿香菜，[tʂɿ⁵³xa³¹tsɛɛ⁵⁵kei⁵⁵ȵia³¹nɛɛ⁵³xɯ³¹kɤ⁵³xa³¹i³¹tsuər⁵³ɕiã̃ʳ³¹tsʰɛɛ⁵⁵]

或者搁下两根儿葱，都要那碎葱，[xuei³¹tʂɤ⁵³kɤ⁵³xa³¹liã̃ʳ⁵³kẽr²⁴tsʰuə̃ʳ³¹, tou²⁴iao⁵⁵nɛɛ⁵³suei⁵⁵tsʰuə̃ʳ³¹]碎：小

葱都是要有根根儿，要有梢梢儿，[tsʰuə̃ʳ³¹tou²⁴sɿ³¹iao⁵⁵iou⁵³kẽ⁵³kẽr³¹, iao⁵⁵iou⁵³sao⁵³sɔr³¹]

择下那不行，还要就是从地里才挖下那，[tsʰei²⁴xa⁵³nɛɛ⁵³pu³¹ɕiə̃ʳ²⁴, xæ²⁴iao⁵⁵tsou⁵⁵sɿ³¹tsʰuə̃ʳ²⁴ti⁵⁵li³¹tsʰɛɛ²⁴ua⁵³xa³¹nɛɛ⁵³]

你把那土啦啥啦一下□净、弄好，一下给伢搁了□。[ȵi⁵³pa³¹nɛɛ⁵³tʰou⁵³la³¹sa⁵⁵la³¹i³¹xa⁵⁵tæ̃⁵⁵tiə̃ʳ⁵⁵luə̃ʳ⁵⁵xao⁵³, i³¹xa⁵⁵kei⁵⁵ȵia³¹kɤ⁵³lao³¹xɯ³¹]□[tæ̃⁵⁵]：（在地上、墙上等）轻甩或撞

再么给那脸盆儿□（么）搁枣儿、搁核桃、搁花生、搁喜糖，[tsɛɛ⁵⁵mu³¹kei⁵⁵nɛɛ⁵⁵liæ̃³¹pʰẽr³¹xɯ³¹kɤ³¹tsɔr⁵³kɤ³¹xɯ³¹tʰao⁵³kɤ³¹xua²⁴sə̃ʳ³¹kɤ³¹ɕi⁵³tʰã̃ʳ²⁴²]

要搁四样儿东西。[iao⁵⁵kɤ⁵³sɿ⁵⁵iãr³¹tuə̃ʳ⁵³ɕi³¹]

那就是各有各的讲究：[nɛɛ⁵³tsou⁵⁵sɿ³¹kɤ³¹iou⁵³kɤ⁵³ti³¹tɕiã̃ʳ⁵³tɕiou³¹]

枣（枣）是早生贵子，花生啦这都是子子孙孙不断。[tsao⁵³sɿ³¹tsao⁵³sə̃ʳ³¹kuei⁵⁵tsɿ⁵³, xua²⁴sə̃ʳ³¹la³¹tʂɤ⁵³tou⁵³sɿ³¹tsɿ⁵³ɕyẽ²⁴ɕyẽ³¹pu³¹tyæ̃⁵⁵]

把那一下弄好。[pa³¹nɛe⁵³i³¹xa⁵⁵nuəɣ̃⁵⁵xao⁵³]

这下（么）（拿那）给脸盆儿铰下[一个]红纸，[tʂʅ⁵³xa³¹kei⁵⁵liæ̃⁵³pʰɛ̃r³¹tɕiao⁵³xa³¹iɛ³¹xuəɣ̃²⁴tsʅ⁵³] 铰：剪

把伢那脸盆儿一糊，[pa³¹n̠ia⁵⁵nɛe⁵³liæ̃⁵³pʰɛ̃r³¹i³¹xu²⁴]

叫他那人知不道你呦□装啥。[tɕiao⁵⁵tʰa³¹nɛe⁵³zɛ̃²⁴tsʅ⁵³pu³¹tao⁵⁵n̠i⁵⁵uɛe⁵³xɯ³¹tʃuaɣ̃⁵³sa⁵⁵] 知不道：不知道。呦□[uɛe⁵³xɯ³¹]：那里边

有时候伢耍□了着给□头还装残⁼的啥哩，[iou⁵³sʅ³¹xou⁵⁵n̠ia⁵⁵ʃua⁵³xɯ³¹lao³¹tsʰuo³¹kei⁵⁵xɯ³¹tʰou³¹xa³¹tʃuaɣ̃³¹tʂʰæ̃⁵³ti⁵³sa³¹li³¹] 耍：开玩笑。残⁼的啥：别的什么东西

基本上□□伢这人都文明啦，[tɕi³¹pɛ̃⁵³ʂaɣ̃³¹tʂaɣ̃⁵³fæ̃³¹n̠ia³¹tʂɤ⁵³zɛ̃²⁴tou³¹vɛ̃²⁴miəɣ̃³¹la⁵³]

就都装的兀些东西。[tsou⁵⁵tou²⁴tʃuaɣ̃³¹ti³¹u⁵⁵ɕiɛ²⁴tuəɣ̃⁵³ɕi³¹] 兀些：那些

再么就是要准备那嫁妆衣服，[tsɛe⁵⁵mu³¹tsou⁵⁵sʅ⁵⁵iao⁵⁵tʃuɛ̃⁵⁵pi⁵⁵nɛe⁵³tɕia⁵⁵tʃuaɣ̃²⁴i⁵³fu³¹]

四季的衣服：单衣服、夹衣服、棉衣服，[sʅ⁵⁵tɕi⁵⁵ti³¹i⁵³fu³¹：tæ̃³¹i⁵³fu³¹tɕia³¹i⁵³fu³¹miæ̃²⁴i⁵³fu³¹]

这是娘家就给娃陪四身衣服。[tʂɤ⁵³sʅ³¹n̠iaɣ̃³¹ia⁵³tsou⁵⁵kei⁵⁵ua⁵⁵pʰei²⁴sʅ⁵⁵sɛ̃²⁴i⁵³fu³¹]

再么给伢那要买几双鞋哩，[tsɛe⁵⁵mu³¹kei⁵⁵n̠ia³¹nɛe⁵³iao⁵⁵mɛe⁵³tɕi⁵³ʃuaɣ̃³¹xɛe³¹li⁵³]

给伢那阿家买下那鞋叫个"叫狗鞋"，[kei⁵⁵n̠ia⁵⁵nɛe⁵³a⁵³tɕia³¹mɛe⁵³xa³¹nɛe⁵³xɛe²⁴tɕiao⁵⁵kɤ³¹tɕiao⁵⁵kou⁵³xɛe²⁴] 阿家：婆婆

给伢女婿再买下一双鞋。[kei⁵⁵n̠ia⁵⁵n̠y⁵³ɕiɛ̃³¹tsɛe⁵⁵mɛe⁵³xa³¹i²⁴ʃuaɣ̃³¹xɛe²⁴]

先老早那是做得越多越好，[ɕiæ̃³¹lao³¹tsao⁵³nɛe⁵⁵sʅ³¹tsou⁵⁵ti³¹yɛ²⁴tuo³¹yɛ³¹xao⁵³] 先老早：过去

□□伢不做了，都买哩。[tʂaɣ̃⁵³fæ̃⁵³n̠ia³¹pu³¹tsou⁵⁵la³¹，tou²⁴mɛe⁵³li³¹]

这一下都准备好了，[tʂɤ⁵³i³¹xa⁵⁵tou²⁴tʃuɛ̃⁵⁵pi⁵⁵xao⁵³lao³¹]

第二天，女方这岸儿一下就把鸡蛋煮好，[ti⁵⁵ər⁵⁵tɕʰiæ̃³¹，n̠y⁵³faɣ̃³¹tsʅ⁵⁵ŋɛr³¹i³¹xa⁵⁵tsou⁵⁵pa³¹tʃʅ⁵³tæ̃³¹tʃu⁵⁵xao⁵³] 鸡蛋：念[tʃu⁵³tæ̃³¹]，前字"鸡"（单念[tɕi³¹]）被后面"煮"字声母同化

伢（那）那岸儿来了襄奉⁼了着，[n̠ia³¹nɛe⁵⁵ŋɛr³¹lɛe³¹lao⁵³ɕiaɣ̃³¹fəɣ̃⁵³lao³¹tsʰuo³¹]

襄奉⁼：农村红白喜事等帮忙的乡邻（见图7-50）

你就给伢还要弄下四盘子菜吃哩。[n̠i⁵³tsou⁵⁵kei⁵⁵n̠ia³¹xa³¹iao⁵⁵nuəɣ̃⁵⁵xa³¹sʅ⁵⁵pʰæ̃³¹tsʅ⁵³tsʰɛe⁵⁵tʂʰʅ⁵³li³¹]

男方那岸儿哩，那才热闹。[næ³¹faɣ̃⁵³nɛe⁵⁵ŋær⁵⁵li³¹，nɛe⁵³tsʰɛe²⁴zɤ⁵³nao³¹]

伢也是叫四姓人，[n̠ia⁵⁵iɛ⁵³sʅ⁵⁵tɕiao⁵⁵sʅ⁵⁵ɕiəɣ̃⁵⁵zɤ̃²⁴]

那班数儿都是一样的。[nɛe⁵³pæ̃⁵³sour³¹tou²⁴sʅ³¹iaɣ̃⁵⁵ti³¹] 班数儿：程序；讲究

叫下[四个]人，四姓，儿女双全，给伢娃纳两床被子。[tɕiao⁵⁵xa³¹sʅɤ⁵⁵³zɤ̃²⁴，sʅ⁵⁵ɕiəɣ̃⁵⁵，ər²⁴n̠y⁵⁵ʃauɣ̃⁵³tɕʰyæ̃³¹，kei⁵⁵n̠ia⁵⁵ua⁵⁵na³¹liaɣ̃⁵³tʃʰuaɣ̃²⁴pi⁵⁵tsʅ³¹]

女方那岸儿纳多，男方这岸儿纳得少。[n̠y⁵³faɣ̃³¹nɛe⁵⁵ŋær³¹na⁵³³tuo³¹，næ̃³¹faɣ̃⁵³tsʅ⁵⁵ŋær³¹na⁵³ti³¹ʂao⁵³] 纳多：即"纳得多"，"纳"念[na⁵³³]，声调平的部分是"得"音节时长的残存

男方这岸儿（么）可要叫硬客，[næ³¹faɣ̃⁵³tsʅ⁵⁵ŋær³¹kʰɤ³¹iao⁵⁵tɕiao⁵⁵n̠iəɣ̃⁵⁵kʰei³¹] 可：却。硬客：陪新郎去接新娘的男性（要儿女双全，长得体面）

硬客一下给这娃就交代这明个都去了弄啥弄啥，一下说下一些。[n̠iəɣ̃⁵⁵kʰei³¹i³¹xa⁵⁵kei⁵⁵tʂɤ⁵⁵ua⁵⁵tsou⁵⁵tɕiao⁵³tɛe³¹tʂɤ³¹miəɣ̃²⁴kɤ³¹tou³¹tɕʰi⁵⁵lao³¹nuəɣ̃⁵⁵sa⁵⁵nuəɣ̃⁵⁵sa⁵⁵，i³¹xa⁵⁵ʂuo⁵³xa³¹³¹ɕiɛ²⁴] 一些：许多，和"一些"[i³¹ɕiɛ³¹]（表示少量）有别

□□伢还有那伴郎啦的伴娘啦的，[tʂaɣ̃⁵³fæ̃³¹n̠ia³¹xa⁵⁵iou⁵⁵nɛe⁵⁵pæ̃⁵⁵laɣ̃⁵³la⁵³li³¹pæ̃⁵⁵n̠iaɣ̃³¹la⁵³li³¹]

先老早那就是叫"撒媳妇的"，撒媳妇那□门口撒。[ɕiæ̃³¹lao³¹tsao⁵³nɛe⁵⁵tsou⁵⁵sʅ³¹tɕiao⁵⁵tsʰou²⁴ɕi⁵³fu³¹ti³¹，tsʰou²⁴ɕi⁵³fu³¹nɛe⁵⁵ɕiəɣ̃⁵⁵mɛ̃³¹kʰou⁵³tsʰou³¹] □[ɕiəɣ̃⁵⁵]：站立；住；停留。下同

□□伢这是伴郎跟伴娘伢跟下女婿直接就在那搭亲迎去呀。[tʂaɣ̃⁵³fæ̃³¹n̠ia³¹tʂɤ⁵³sʅ³¹pæ̃⁵⁵laɣ̃²⁴kɛ̃³¹pæ̃⁵⁵n̠iaɣ̃²⁴n̠ia³¹kɛ̃⁵³xa³¹n̠y⁵³ɕiɛ̃³¹tʂʅ²⁴tɕiɛ³¹tsou⁵⁵tsɛe⁵⁵nɛe⁵⁵ta³¹tɕʰiɛ̃³¹iəɣ̃³¹tɕʰi⁵³ia³¹] 那搭：那儿，指女方家。亲迎：亲自迎娶

亲迎去□了着（么），第二天早上，有的还叫录像，[tɕʰiɛ̃³¹iəɣ̃³¹tɕʰi⁵³xɤ³¹lao³¹tsʰuo³¹，ti⁵⁵ər⁵⁵tɕʰiæ̃³¹tsao⁵³ʂɤ̃³¹，iou⁵⁵ti³¹xa³¹tɕiao⁵⁵lou³¹ɕiaɣ̃⁵⁵]

叫摄像的了□还要给伢那女的那岸儿去先一摄像。[tɕiao⁵⁵ʂɤ³¹ɕiaɣ̃⁵⁵ti³¹liao³¹xao³¹xa³¹iao⁵⁵kei⁵⁵n̠ia⁵⁵nɛe⁵⁵n̠y⁵³ti³¹nɛe⁵⁵ŋær³¹tɕʰi⁵⁵ɕiæ̃³¹³¹ʂɤ³¹ɕiaɣ̃⁵⁵]

叫摄像的还头一天还要彩排下一回哩，[tɕiao⁵⁵ʂɤ³¹ɕiaɣ̃⁵⁵ti³¹xa³¹tʰou²⁴³¹tɕʰiæ³¹xa³¹iao⁵⁵tsʰɛe⁵³pʰɛe³¹xa⁵³¹xuei³¹li⁵³]

因为第二天举行结婚仪式那啥多得很，［iɛ³¹uei⁵⁵tɕi⁵⁵ər⁵⁵tɕʰiæ³¹tɕy⁵⁵ɕiəɣ²⁴tɕiɛ²⁴xuɛ̃³¹i⁵⁵ʅ³¹nɛe⁵⁵sa⁵⁵tuo⁵³ti³¹xɛ̃³¹］

害怕娃第二天可弄忘了。［xɛe⁵⁵pʰa⁵⁵ua⁵⁵ti⁵⁵ər⁵⁵tɕʰiæ³¹kʰɤ³¹nuəɣ̃⁵⁵vaɣ̃⁵⁵lao³¹］
可：又

一彩排好，这下第二天了着，［i³¹tsʰɛe⁵³pʰɛe²⁴xao⁵³，tʂʅ⁵³xa³¹ti⁵⁵ər⁵⁵tɕʰiæ³¹lao³¹tʂʰuo³¹］

这下这男的就看伢那女方那岸儿有多少客，［tʂʅ⁵³xa³¹tʂɤ⁵³næ³¹ti⁵³tsou⁵⁵kʰæ̃⁵⁵ȵia³¹nɛe⁵³ȵy⁵³faɣ̃³¹nɛe⁵⁵ŋær³¹iou⁵³tuo³¹ʂao²⁴kʰei³¹］

那你就叫多少车，［nɛe⁵⁵ȵi⁵⁵tsou⁵⁵tɕiao⁵⁵tuo³¹ʂao²⁴tʂʰɤ³¹］

看你这[一个]车能拉多少人，［kʰæ̃⁵⁵ȵi⁵³tʂɤ⁵³iɛ²⁴tʂʰɤ³¹nəɣ̃²⁴la³¹tuo³¹ʂao³¹ʐɛ̃²⁴］

有的那屋里情况好了着，伢衡小车。［iou⁵³ti³¹nɛe⁵³u⁵³li³¹tɕʰiəɣ̃²⁴kʰuaɣ̃⁵⁵xao⁵³lao³¹tʂʰuo³¹，ȵia⁵⁵tʃuɛ̃²⁴ɕiao⁵³tʂʰɤ³¹］衡：纯粹；纯

情况不好的那了着，少叫下小车，雇[一个]公共车。［tɕʰiəɣ̃²⁴kʰuaɣ̃⁵⁵pu³¹xao⁵³ti³¹nɛe⁵³lao³¹tʂʰuo³¹，ʂao⁵³tɕiao⁵⁵xa³¹ɕiao⁵³tʂʰɤ³¹，ku⁵⁵iɛ³¹kuəɣ̃³¹kuəɣ̃⁵⁵tʂʰɤ³¹］

讲究（还要）这男方还要叫[一个]那男娃儿，［tɕiaɣ̃⁵³tɕiou³¹tʂɤ⁵³næ³¹faɣ̃⁵³xa³¹iao⁵⁵tɕiao⁵⁵iɛ³¹nɛe³¹næ³¹uar⁵³］

还要弄[一个]红公鸡，［xa³¹iao⁵⁵nuəɣ̃⁵⁵iɛ³¹xuəɣ̃²⁴kuəɣ̃³¹tɕi³¹］

红公鸡翅膀上（么）（一下）绑[一个]葱，绑一连辣子，［xuəɣ̃²⁴kuəɣ̃³¹tɕi³¹tsʰʅ⁵⁵paɣ̃³¹ʂaɣ̃³¹paɣ̃⁵³iɛ²⁴tsʰuəɣ̃³¹，paɣ̃⁵³i³¹liæ²⁴la⁵³tsʅ³¹］一连：一串

再绑下或者十块钱，或者一块钱。［tsɛe⁵⁵paɣ̃³¹xa³¹xuei³¹tʂɤ⁵³ʂʅ³¹kʰuɛe⁵³tɕʰiæ²⁴，xuei³¹tʂɤ⁵³i³¹kʰuɛe⁵³tɕʰiæ²⁴］

这咋哩？这岸儿再绑十块，［tʂɤ⁵³tsa⁵³li³¹？tʂʅ⁵⁵ŋær³¹tsɛe⁵⁵paɣ̃⁵³ʂʅ³¹kʰuɛe⁵³］这咋哩：这是怎么回事呢？再：如果

那岸儿就给伢再绑一块，［nɛe⁵⁵ŋær³¹tsou⁵⁵kei⁵⁵ȵia³¹tsɛe⁵⁵paɣ̃⁵³i³¹kʰuɛe⁵³］

这岸儿再绑一块，那岸儿就可换成十块，［tʂʅ⁵⁵ŋær³¹tsɛe⁵⁵paɣ̃⁵³i³¹kʰuɛe⁵³，nɛe⁵⁵ŋær³¹tsou⁵⁵kʰɤ³¹xuæ⁵⁵tʂʰəɣ̃⁵³ʂʅ³¹kʰuɛe⁵³］

就看伢俩商量地咋样弄哩。［tsou⁵⁵kʰæ̃⁵⁵ȵia⁵⁵lia³¹ʂaɣ̃⁵³liaɣ̃³¹ti³¹tsa³¹ȵiaɣ̃³¹nuəɣ̃⁵⁵li³¹］

这不一定男方绑的多，或者女方绑的多。［tʂɤ⁵³pu³¹i⁵⁵tiəɣ̃⁵⁵næ³¹faɣ̃⁵³paɣ̃⁵³ti²⁴tuo³¹，xuei³¹tʂɤ⁵³ȵy⁵³faɣ̃³¹paɣ̃⁵³ti²⁴tuo³¹］

男方这下去□了着，再叫下摄像机了，[næ³¹faɣ⁵³tʂʅ⁵⁵xa³¹tɕhi⁵⁵xɤ³¹lao³¹ tʂhuo³¹，tsɛɛ⁵⁵tɕiao⁵⁵xa³¹sɤ³¹ɕiaɣ⁵⁵tɕi³¹lao³¹]

摄像机就走头里，一路摄像。[sɤ³¹ɕiaɣ⁵⁵tɕi³¹tsou⁵⁵tsouɤ⁵³thou²⁴li⁵³，i³¹lou⁵⁵sɤ⁵⁵ɕiaɣ⁵⁵]走：念[tsouɤ⁵³]是"走到"的合音弱化形式（"走到"合音演变过程：tsou tao＞tsou lao＞tsou lɤ＞tsouɤ）

彩车（么）到伢这十字路口儿、村口儿，都要放炮，[tshɛɛ⁵³tʂhɤ³¹tao⁵⁵nia³¹tsɤ⁵⁵ʂʅ⁵⁵tsʅ⁵⁵lou⁵⁵khour⁵³tɕhyɛ̃³¹khour⁵³，tou²⁴iao⁵⁵faɣ⁵⁵phao⁵⁵]

伢□就知道这结婚的车来了，[nia³¹zæ̃²⁴tsou⁵⁵tsʅ⁵³tao³¹tʂɤ⁵³tɕiɛ³¹xuɛ̃⁵³ti³¹tʂhɤ³¹lɛɛ³¹la⁵³]伢□[nia³¹zæ̃²⁴]：人家

残⁼的那车啦啥都给这结婚这车都让路哩。[tshæ̃³¹ti⁵⁵nɛɛ⁵³tʂhɤ³¹la³¹sa⁵⁵tou²⁴kei⁵⁵tʂɤ⁵⁵tɕiɛ³¹xuɛ̃⁵³tʂɤ⁵³tʂhɤ³¹tou²⁴zaɣ⁵⁵lou⁵⁵li³¹]

但是到伢那堡子了伢就（不让你）不叫你进去。[tæ̃⁵⁵sʅ⁵⁵tao⁵⁵nia³¹nɛɛ⁵⁵pu⁵³tsʅ³¹lao³¹nia³¹tsou⁵⁵pu³¹tɕiao⁵⁵ni⁵⁵tɕiɛ̃⁵⁵tɕhi³¹]

你要把喜糖拿够，烟拿够，[ni⁵⁵iao⁵⁵pa³¹ɕi⁵³thaɣ³¹na²⁴kou⁵⁵，iæ̃³¹na²⁴kou⁵⁵]

要不然伢给你那轱辘[底下儿]放下两碗，[iao⁵⁵pu³¹zæ̃²⁴nia³¹kei⁵⁵ni⁵³nɛɛ⁵⁵ku⁵³lou³¹tiær⁵³faɣ⁵⁵xa³¹lia³¹uæ̃⁵³]轱辘：轮子

看你把伢那碗压了一个碗要多少钱，[khæ̃⁵⁵ni⁵³pa³¹nia³¹nɛɛ⁵⁵uæ̃⁵³nia³¹lao³¹i³¹kɤ⁵⁵uæ̃⁵³iao⁵⁵tuo³¹sao³¹tɕhiæ̃²⁴]

你再知道啥了就赶紧给伢发喜糖，发烟，[ni⁵³tsɛɛ⁵⁵tsʅ⁵³tao³¹sa³¹lao³¹tsou⁵⁵kæ̃³¹tɕi⁵³kei⁵⁵nia³¹fa³¹ɕi⁵³thaɣ²⁴，fa²⁴iæ̃³¹]再：如果。知道啥：懂事，懂规矩，有眼色。有别于"知道啥"[tsʅ⁵³tao³¹sa⁵⁵]（知道什么）

伢就给你把碗取啦。[nia³¹tsou⁵⁵kei⁵⁵ni⁵³pa³¹uæ̃⁵³tɕhy³¹la³¹]

（把碗取啦）你这下到伢那媳妇屋里，先敲前门，伢前门都关啦，[ni⁵⁵tsʅ⁵⁵xa⁵⁵tao⁵⁵nia³¹nɛɛ⁵⁵ɕi⁵³fu⁵⁵u⁵³li³¹，ɕiæ̃³¹tɕhiao³¹tɕhiæ̃²⁴mɛ̃²⁴，nia³¹tɕhiæ̃²⁴mɛ̃²⁴tou²⁴kuæ̃³¹la³¹]

这下敲前门你就给伢散糖、散烟、散红包儿。[tsʅ⁵³xa³¹tɕhiao³¹tɕhiæ̃²⁴mɛ̃²⁴ni⁵⁵tsou⁵⁵kei⁵⁵nia³¹sæ̃⁵⁵thaɣ²⁴sæ̃⁵⁵iæ̃³¹sæ̃⁵⁵xuəɣ²⁴pɔr⁵³]

伢那女方那岸儿那关门的那人觉着差不多儿啦，[nia³¹nɛɛ⁵⁵ny⁵³faɣ³¹nɛɛ⁵⁵ŋær³¹nɛɛ⁵³kuæ̃³¹mɛ̃²⁴ti³¹nɛɛ⁵³zɛ̃²⁴tɕyo⁵³tʂhuo³¹tsha⁵⁵pu³¹tuər⁵³la³¹]

伢就给你把门开开。[nia³¹tsou⁵⁵kei⁵⁵ni⁵⁵pa³¹mɛ̃²⁴khɛɛ³¹khɛɛ³¹]

男方这岸儿去□还要给伢准备那四样儿礼哩（我还忘了说），[næ̃³¹faɣ̃⁵³ tʂɿ⁵⁵ŋær³¹tɕʰi⁵⁵xɤ³¹xa³¹iao⁵⁵kei⁵⁵ɲia³¹tʃuɛ̃⁵³pi⁵⁵nɛɛ⁵⁵sɿ⁵⁵iãr³¹li⁵³li³¹]去□[tɕʰi⁵⁵xɤ³¹]：去的时候

四样儿礼，但是其实是八样，啥都是双双。[sɿ⁵⁵iãr⁵³li⁵³，tæ̃⁵⁵sɿ⁵⁵tɕʰi³¹sɿ²⁴sɿ⁵⁵pa³¹iaɣ̃³¹，sa⁵⁵tou⁵⁵sɿ⁵⁵ʃuaɣ̃⁵³ʃuaɣ̃³¹]双双：双份

你先弄一吊儿肋子肉，[ɲi⁵³ɕiæ̃³¹nuəɣ̃⁵⁵i³¹tiɔr⁵³lei⁵³tsɿ³¹ʐou⁵⁵]

不能拿后臀也不能拿血脖儿，[pu³¹nəɣ̃²⁴na²⁴xou⁵⁵tʰuɛ̃²⁴iɛ⁵³pu³¹nəɣ̃²⁴na²⁴ɕiɛ³¹pʰuər²⁴²]

就要那中间里那肋子肉哩，[tsou⁵⁵iao⁵⁵nɛɛ⁵³tʃuəɣ̃³¹tɕiæ²⁴li⁵³nɛɛ⁵³lei⁵³tsɿ³¹ʐou⁵⁵li³¹]

也不要那太厚的那膘，也不要太薄，[iɛ⁵³pu³¹iao⁵⁵nɛɛ⁵³tʰɛɛ⁵⁵xou⁵⁵ti³¹nɛɛ⁵³piao³¹，iɛ⁵³pu³¹iao⁵⁵tʰɛɛ⁵⁵pʰʊo²⁴²]

（都）差不多儿的那，[tsʰa⁵⁵pu³¹tuər⁵³ti³¹nɛɛ⁵³]

给伢拿下三五斤，这你不能拿一二斤。[kei⁵⁵ɲia⁵⁵na³¹xa⁵³sæ̃³¹u⁵³tɕiẽ³¹，tʂɤ⁵⁵ɲi⁵³pu³¹nəɣ̃²⁴na²⁴i³¹ər⁵⁵tɕiẽ³¹]

再么就是两瓶酒、两条烟、两包儿茶叶、两封点心，[tsɛɛ⁵⁵mu³¹tsou⁵⁵sɿ³¹liaɣ̃⁵³pʰiəɣ̃²⁴tɕiou⁵³liaɣ̃⁵³tʰiao²⁴iæ̃³¹liaɣ̃⁵³pɔr⁵³tsʰa³¹iɛ⁵³liaɣ̃⁵⁵fəɣ̃⁵³tiæ⁵³ɕiẽ³¹]

再那糖都是另外的，媳妇那岸儿还给娘家送女的还散哩。[tsɛɛ⁵⁵nɛɛ⁵³tʰaɣ̃²⁴tou³¹sɿ³¹liəɣ̃⁵⁵uɛɛ⁵⁵ti³¹，si⁵³fu³¹nɛɛ⁵⁵ŋær³¹xa³¹kei⁵⁵ɲiaɣ̃³¹ia⁵³suəɣ̃⁵⁵ɲy⁵⁵ti³¹xa³¹sæ̃⁵⁵li³¹]

再么就是要叫挖[一个]那浑莲菜，[tsɛɛ⁵⁵mu³¹tsou⁵⁵sɿ³¹iao⁵⁵tɕiao⁵⁵ua³¹iɛ³¹nɛɛ⁵³xuɛ̃²⁴liæ̃³¹tsʰɛɛ⁵³]

还有根有梢儿，[xa³¹iou⁵³kẽ³¹iou⁵⁵sɔr⁵³]

不能洗，把那（一下）拿纸啥（一下）给伢一下擦净，[pu³¹nəɣ̃²⁴ɕi⁵³，pa³¹nɛɛ⁵³na²⁴tsɿ⁵³sa⁵⁵kei⁵⁵ɲia³¹i³¹xa³¹tsʰa³¹tiəɣ̃⁵⁵]

（还不要洗下的）一洗你把那福气洗下走啦。[i³¹ɕi⁵³ɲi⁵⁵pa³¹nɛɛ⁵⁵fu³¹tɕʰi⁵⁵ɕi⁵³xa²⁴tsou³¹la³¹]

（擦净么）你这下拿彩带，我一回给伢帮忙□就是寻[一个]那三合板，[ɲi⁵⁵tʂɿ⁵⁵xa³¹na²⁴tsʰɛɛ⁵³tɛɛ⁵⁵，ŋɤ⁵³i³¹xuei²⁴kei⁵⁵ɲia³¹paɣ̃⁵³maɣ̃²⁴xɤ⁵³tsou⁵⁵sɿ³¹ɕiẽ²⁴iɛ³¹nɛɛ⁵³sæ̃³¹xuo²⁴pæ̃⁵³]一回：平时。帮忙□[paɣ̃³¹maɣ̃²⁴xɤ⁵³]：帮忙的时候

把那莲菜（么）放上一搁，[pa³¹nɛɛ⁵³liã³¹tsʰɛɛ⁵³faɣ̃⁵⁵ʂaɣ̃³¹i²⁴kɤ³¹]

（把那）三合板儿（么）拿红纸一糊，[sæ̃³¹xuo²⁴pɛr⁵³na²⁴xuəɣ̃²⁴tsʅ⁵³i³¹xu²⁴]

拿那彩带绑下那彩花，[na²⁴nɛɛ⁵³tsʰɛɛ⁵³tɛɛ⁵⁵paɣ̃⁵³xa³¹nɛɛ⁵⁵tsʰɛɛ⁵³xua³¹]

不敢把那阿搭那娃娃儿啥撞了。[pu³¹kæ̃⁵³pa³¹nɛɛ⁵⁵a³¹ta³¹nɛɛ⁵⁵ua³¹uar⁵³sa⁵⁵tʃʰuaɣ̃⁵⁵lao³¹]阿搭：此处指放娃娃儿（装饰莲菜的小玩偶）的某个地方

四样儿礼儿一下都装到（你那）女婿那[一个]车上，[sʅ⁵⁵iãr³¹lir⁵⁵i³¹xa⁵⁵tou²⁴tʂuaɣ̃⁵³tao³¹n̩y⁵³ɕiɛ̃⁵⁵nɛɛ⁵⁵iɛ³¹tʂʰɤ⁵³ʂaɣ̃³¹]

给伢搁到后备箱里装好。[kei⁵⁵n̩ia³¹kɤ⁵³tao³¹xou⁵⁵pi⁵⁵ɕiaɣ̃⁵³li³¹tʃuaɣ̃³¹xao⁵³]

这下你把你那伴郎跟伴娘拉下，[tʂʅ⁵³xa³¹n̩i⁵³pa³¹n̩i³¹nɛɛ⁵³pæ̃⁵⁵laɣ̃²⁴kɛ̃³¹pæ̃⁵⁵n̩iaɣ̃²⁴la⁵³xa³¹]

（这下）准备迎亲。[tʃuɛ̃⁵³pi⁵⁵iəɣ̃²⁴tɕʰiɛ̃³¹]

有的那还叫的吹鼓手，有的叫老鼓队，[iou⁵³ti³¹nɛɛ⁵³xa³¹tɕiao⁵⁵ti²⁴tʃuei³¹ku³¹ʂou³¹，iou⁵³ti³¹tɕiao⁵⁵lao³¹ku³¹tuei⁵⁵]

反正是一路就是吹吹打打。[fæ̃³¹tʂəɣ̃⁵⁵sʅ³¹i³¹lou⁵⁵tsou⁵⁵sʅ³¹tʃʰuei³¹tʃʰuei³¹ta⁵³ta³¹]

逢转弯儿、三角路口都要放炮。[fəɣ̃²⁴tʃuæ̃⁵⁵uær⁵³sæ̃³¹tɕyo³¹lou⁵⁵kʰou⁵³tou²⁴iao⁵⁵faɣ̃⁵⁵pʰao⁵⁵]

走到那屋里了着这下先敲前门，[tsou⁵³tao³¹nɛɛ⁵⁵u⁵³li³¹lao³¹tʂʰuo³¹tʂʅ⁵³xa³¹ɕiɛ̃²⁴tɕʰiao³¹tɕʰiɛ̃²⁴mɛ̃³¹]

（这下）进去了你这下把那莲菜跟你那四样礼兴放伢那先人桌子上一献，[tɕiɛ̃⁵⁵tɕʰi³¹lao³¹n̩i⁵⁵tsʅ⁵³xa³¹pa³¹nɛɛ⁵³liã⁵³tsʰɛɛ⁵³kɛ̃³¹n̩i⁵³nɛɛ⁵³sʅ⁵⁵iaɣ̃⁵³li⁵³ɕiəɣ̃³¹faɣ̃⁵⁵n̩ia³¹nɛɛ⁵³ɕiɛ̃⁵³zɛ̃²⁴tsuo⁵³tsʅ³¹ʂaɣ̃³¹i³¹ɕiɛ̃⁵⁵]礼兴：礼物；社交礼仪（如：这人不懂～）

这下给伢烧满炉香。[tʂʅ⁵³xa³¹kei⁵⁵n̩ia³¹ʂao³¹mæ̃⁵³lou²⁴ɕiaɣ̃³¹]

啥叫个"满炉香"？[sa⁵⁵tɕiao⁵⁵kɤ³¹mæ̃⁵³lou³¹ɕiaɣ̃³¹]

咱一回死人□都是烧三根儿香，[tsʰa⁵⁵i³¹xuei²⁴sʅ ɤ³¹zɛ̃²⁴uɛɛ⁵⁵tou²⁴sʅ⁵⁵ʂao²⁴sæ̃³¹kɛ̃r³¹ɕiaɣ̃³¹]死：念[sʅ]，是"死了"的合音形式，尾音[ɤ]是已弱化脱落的"了"的残迹

这是红事、喜事，就是五根儿香，就叫个"满炉香"。[tʂɤ⁵³sʅ³¹xuəɣ̃²⁴sʅ⁵⁵ɕi⁵³sʅ⁵⁵，tsou⁵⁵sʅ³¹u⁵³kɛ̃r³¹ɕiaɣ̃³¹，tsou⁵⁵tɕiao⁵⁵kɤ³¹mæ̃⁵³lou³¹ɕiaɣ̃³¹]

一下给伢先人先把头一磕，[i³¹xa⁵⁵kei⁵⁵ȵia³¹ɕiã⁵³zẽ³¹ɕiã³¹pa³¹tʰou²⁴i³¹kʰɤ³¹]
把先人先一敬，[pa³¹ɕiã⁵³zẽ³¹ɕiã³¹i³¹tɕiəɣ⁵⁵]
你这下跟下你那些硬客，还有你那帮忙的，[ȵi⁵⁵tʂʅ⁵³xa³¹kẽ⁵³xa³¹ȵi³¹nɛɛ⁵³ɕiɛ²⁴ȵiəɣ⁵⁵kʰei³¹，xã³¹iou⁵³ȵi³¹nɛɛ⁵³paɣ³¹maɣ³¹ti⁵³]
这下敲媳妇门去。[tʂʅ⁵³xa³¹tɕʰiao³¹ɕi⁵³fu³¹mẽ³¹tɕʰi⁵³]
伢那媳妇那□头一下坐了一些伢那朋友啦啥啦，[ȵia³¹nɛɛ⁵³ɕi⁵³fu³¹nɛɛ⁵³xɯ³¹tʰou³¹i³¹xa⁵⁵tsuo⁵⁵lao³¹i³¹ɕiɛ²⁴ȵia⁵⁵nɛɛ⁵³pʰəɣ²⁴iou⁵³la³¹sa⁵⁵la³¹]
那都是年轻人，把那门顶的。[nɛɛ⁵³tou²⁴sʅ³¹ȵiã²⁴tɕʰiəɣ³¹zẽ²⁴，pa³¹nɛɛ⁵³mẽ²⁴tiəɣ⁵³ti³¹]
这岸儿（么）你这下持住在外前喊叫，[tʂʅ⁵⁵ŋær³¹ȵi³¹tʂʅ⁵³xa³¹tʂʰʅ⁵³tʃʰu³¹tsɛɛ⁵⁵uɛɛ⁵⁵tɕʰiã³¹xã⁵³tɕiao³¹] 持住：持续；坚持
你这下把糖、红包儿从窗里，从门底下，[ȵi⁵³tʂʅ⁵³xa³¹pa³¹tʰaɣ²⁴xuəɣ²⁴pɔr⁵³tsʰuəɣ²⁴tʃʰuaɣ⁵³li³¹，tsʰuəɣ²⁴mẽ²⁴ti⁵³xa³¹]
不管阿搭给伢塞进去。[pu³¹kuã⁵³a³¹ta⁵³kei⁵⁵ȵia³¹sei³¹tɕiẽ⁵⁵tɕʰi³¹] 阿搭：哪里
伢才给你开门呀。[ȵia³¹tsʰɛɛ³¹kei⁵⁵ȵi⁵³kʰɛ³¹mẽ³¹ia⁵³]
开门进去（么）伢媳妇那鞋还寻不着，[kʰɛɛ³¹mẽ²⁴tɕiẽ⁵⁵tɕʰi³¹ȵia³¹ɕi⁵³fu³¹nɛɛ⁵³xɛɛ²⁴xa³¹ɕiẽ³¹pu⁵³tʂʰuo²⁴]
媳妇因为这一天这要叫女婿把伢搭出去，[ɕi⁵³fu³¹iẽ³¹uei⁵⁵tʂʅ⁵³i²⁴tɕʰiã³¹tʂɤ⁵³iao⁵⁵tɕiao⁵⁵ȵy⁵³ɕiẽ³¹pa³¹ȵia³¹tɕʰia⁵⁵tʃʰu⁵³tɕʰi³¹] 搭：抱
伢把媳妇那鞋一□，[ȵia²⁴pa³¹ɕi⁵³fu³¹nɛɛ⁵³xɛɛ²⁴i³¹tʰɛɛ²⁴] □[tʰɛɛ²⁴]：藏
你这下你看你女婿给伢掏多少红包儿，[ȵi⁵³tʂʅ⁵⁵xa³¹ȵi³¹kʰã⁵⁵ȵi³¹ȵy⁵³ɕiẽ³¹kei⁵⁵ȵia³¹tʰao²⁴tuo³¹ʂao³¹xuəɣ²⁴pɔr⁵³]
才能把那鞋叫伢那（就是那伴娘，或者我这岸儿那讲究是）梳头扶女的那人，[tsʰɛɛ³¹nəɣ²⁴pa³¹nɛɛ⁵³xɛɛ²⁴tɕiao⁵⁵ȵia³¹nɛɛ⁵³sou³¹tʰou²⁴fu²⁴ȵy⁵³ti³¹nɛɛ⁵³zẽ²⁴]
伢才能给你把那鞋拿出来。[ȵia³¹tsʰɛɛ³¹nəɣ²⁴kei⁵⁵ȵi⁵³pa³¹nɛɛ⁵³xɛɛ²⁴na²⁴tʃʰu⁵³lɛɛ³¹]
拿出来伢给给你，女婿（么）给这媳妇一穿。[na²⁴tʃʰu⁵³lɛɛ³¹ȵia³¹kei⁵⁵kei³¹ȵi⁵³，ȵy⁵³ɕiẽ³¹kei⁵⁵tʂɤ⁵³ɕi⁵³fu³¹i²⁴tʃʰuã³¹]
叫你那襄奉⁼这下在外前出[一个]四盘子菜，[tɕiao⁵⁵ȵi³¹nɛɛ⁵³ɕiaɣ³¹fəɣ⁵³tʂʅ⁵³

xa³¹tsɛɛ⁵⁵uɛɛ⁵⁵tɕʰiæ³¹tʃʰu³¹iɛ³¹sʅ⁵⁵pʰæ²⁴tsʅ⁵³tsʰɛɛ⁵⁵]

喝下两口酒，[xuo⁵³xa³¹liaɣ̃³¹kʰou⁵⁵tsiou⁵³]

这下就准备启程。[tʂʅ⁵³xa³¹tsou⁵⁵tʃuɛ⁵⁵pi⁵⁵tɕʰi⁵³tʂʰəɣ̃³¹]

（启程么就是）先放炮，把媳妇这下搭到你那迎亲车上。[ɕiæ̃³¹faɣ̃⁵⁵pʰao⁵⁵, pa³¹ɕi⁵³fu³¹tʂʅ⁵³xa³¹tɕia⁵⁵lao³¹n̠i⁵⁵nɛɛ⁵⁵iəɣ̃²⁴tɕʰiɛ̃²⁴tʂʰʅ⁵³ʂaɣ̃³¹]到：弱化音变为[lao³¹]。下同

伢这媳妇这岸（么）还要伢舅走到你那婚车头里哩。[n̠ia³¹tʂɤ⁵⁵ɕi⁵³fu³¹tʂʅ⁵⁵ŋæ̃³¹xa³¹iao⁵⁵n̠ia⁵⁵tɕiou⁵⁵tsou⁵³lao³¹n̠i⁵⁵nɛɛ⁵⁵xuɛ̃²⁴tʂʰɤ³¹tʰou³¹li⁵³li³¹]

为啥哩？[uei²⁴sa⁵⁵li³¹]

她舅（么）拿的给伢那媳妇那长命灯，[tʰa³¹tɕiou⁵⁵na³¹ti⁵³kei⁵⁵n̠ia⁵⁵nɛɛ⁵⁵si⁵³fu³¹nɛɛ⁵⁵tʂʰaɣ̃²⁴miəɣ̃⁵⁵təɣ̃³¹]

□□就是台灯，先老早没有电，那都是罩子灯，[tʂaɣ̃⁵⁵fæ̃³¹tsou⁵⁵sʅ³¹tʰɛɛ²⁴təɣ̃³¹, ɕiæ̃³¹lao³¹tsao⁵³mu³¹iou⁵³tiæ̃⁵⁵, nɛɛ⁵³tou³¹sʅ³¹tsao⁵⁵tsʅ³¹təɣ̃³¹]

再么伢舅还拿的那（就是）铰下那黄钱、红钱，[tsɛɛ⁵⁵mu³¹n̠ia⁵⁵tɕiou⁵⁵xæ̃²⁴na³¹ti⁵³nɛɛ⁵³tɕiao⁵³xa³¹nɛɛ⁵³xuaɣ̃²⁴tɕʰiɛ̃²⁴xuəɣ̃²⁴tɕʰiæ̃²⁴]

在路上还要给伢娃（么）撒钱哩。[tsɛɛ⁵⁵lu⁵⁵ʂaɣ̃⁵³xæ̃³¹iao⁵⁵kei⁵⁵n̠ia⁵⁵ua⁵⁵sa⁵³tɕʰiæ̃³¹li⁵³]

婚车头里还有摄像的弄啥的，[xuɛ̃²⁴tʂʰɤ³¹tʰou²⁴li⁵³xæ̃³¹iou⁵⁵sɤ³¹ɕiaɣ̃⁵⁵ti³¹nuəɣ̃⁵⁵sa⁵⁵ti³¹]

这媳妇这迎亲车差不多就是第二个或者第三个。[tʂɤ⁵⁵ɕi⁵³fu³¹tʂɤ⁵⁵iəɣ̃²⁴tʃʰuɛ̃²⁴tʂʰɤ³¹tsʰa⁵⁵pu³¹tuo⁵³tsou⁵⁵sʅ³¹ti⁵⁵ər⁵⁵uɛɛ³¹xuei³¹tʂɤ⁵³ti⁵⁵sæ̃³¹uɛɛ³¹]亲：念[tʃʰuɛ̃]，声母特殊，大概是受后字"车"声母的影响

一路就是（一下）吹吹打打，[i³¹lou⁵⁵tsou⁵⁵sʅ³¹tʃʰuei³¹tʃʰuei³¹ta⁵³ta³¹]

把媳妇迎到你屋里。[pa³¹si⁵³fu³¹iəɣ̃²⁴tao⁵⁵n̠i³¹u⁵³li³¹]

迎伢屋里了伢那门口可耍媳妇，还要阿家跟阿公，[iəɣ̃²⁴²n̠ia⁵⁵u⁵³li³¹lao³¹n̠ia³¹nɛɛ⁵³mẽ³¹kʰou⁵³kʰɤ³¹ʃua⁵³ɕi⁵³fu³¹, xa³¹ʃua⁵³tɕia³¹kɛ̃³¹a⁵³kuaɣ̃³¹]可：又。阿公：公公

把她阿公一下也打扮的，[pa³¹tʰa³¹a⁵³kuaɣ̃³¹i³¹xa⁵⁵iɛ⁵³ta⁵³pæ̃³¹ti³¹]

她阿家也打扮的，[tʰa³¹a⁵³tɕia³¹iɛ⁵³ta⁵³pæ̃³¹ti³¹]

戴下那牌牌儿，拿下[一个]脸盆子，拿下[一个]咻擀杖，[tɛɛ⁵⁵xa³¹nɛɛ⁵⁵pʰɛɛ³¹pʰər⁵³, na³¹xa⁵³iɛ³¹liæ̃⁵³pʰɛ̃³¹tsʅ³¹, na³¹xa⁵³iɛ³¹uɛɛ⁵³kæ̃⁵³tʂaɣ̃³¹]

□□敲下说，[tṣaɣ⁵³fæ³¹tɕʰiao⁵³xa³¹ʂuo³¹]敲下说：敲着说

围住伢那彩车先转三圈儿，[uei³¹tʃʰu⁵³n̠ia³¹nɛe⁵³tsʰɛɛ⁵³tʂʰɤ³¹ɕiæ³¹tʃuæ⁵⁵sæ³¹tɕʰyær⁵³]

阿公喊："我要洗裤子。"[a⁵³kuəɣ³¹xæ⁵³：ŋɤ⁵⁵iao⁵⁵ɕi⁵³tɕʰiɛ⁵⁵tsɿ³¹]裤子：尿布

叫阿家专门儿喊（说）："我要抱孙子。"[tɕiao³¹a⁵³tɕia³¹tʃuæ³¹mɚ⁵³xæ⁵³：ŋɤ⁵⁵iao⁵⁵pao⁵⁵ɕyɛ³¹tsɿ³¹]

给她阿家那头发上一下髦绞子缯的，[kei⁵⁵tʰa³¹tɕia³¹nɛe⁵⁵tʰou²⁴fa⁵³ʂaɣ³¹i³¹xa⁵⁵mao⁵⁵kɛ³¹tsɿ³¹tsəɣ⁵⁵ti³¹]髦绞子：辫子。缯：绑扎

阿家脸蛋儿下红搭的，（是）彩打的，[a⁵³tɕia³¹liæ⁵³tær⁵³xa³¹xuəɣ²⁴tsʰa³¹ti⁵³，tsʰɛɛ⁵³ta⁵³ti³¹]脸蛋儿下：脸蛋儿上

这下顺住伢那婚车转下三圈儿，[tʂɿ⁵³xa³¹ʃuɛ̃⁵⁵tʃʰu³¹n̠ia³¹nɛe⁵³xuɛ̃²⁴tʂʰɤ³¹tʃuæ⁵⁵xa³¹sæ̃³¹tɕʰyær⁵³]顺住：绕着

这下才能把媳妇（么）从婚车上（么）抱下来。[tʂɿ⁵³xa³¹tsʰɛɛ²⁴nəɣ²⁴pa³¹si⁵³fu³¹tsʰuəɣ²⁴xuɛ̃³¹tʂʰɤ⁵³ʂaɣ³¹pao⁵⁵xa⁵⁵lɛe³¹]

（抱下来么）（伢这岸儿那）男方伢那也把门关的，[næ̃³¹faɣ⁵³n̠ia⁵⁵nɛe⁵⁵iɛ⁵³pa³¹mɛ̃²⁴kuæ̃³¹ti³¹]

女婿抱下媳妇急忙还进不去，[n̠y⁵³ɕiɛ³¹pao⁵⁵xa³¹ɕi⁵³fu³¹tɕi³¹maɣ²⁴xa³¹tɕiɛ̃⁵⁵pu³¹tɕʰi⁵⁵]急忙：干着急

可给媳妇儿要钱哩，要红包儿哩。[kʰɤ³¹kei⁵⁵ɕi⁵³fur³¹iao⁵⁵tɕʰiæ²⁴li³¹，iao⁵⁵xuəɣ²⁴pɔr⁵³li³¹]

梳头扶女的那人你这下就，[sou³¹tʰou²⁴fu²⁴n̠y⁵³ti³¹nɛe⁵⁵zɛ̃²⁴n̠i⁵⁵tʂɿ⁵³xa³¹tsou⁵⁵]

把红包儿给伢那女婿那岸那挡门的那人一散，[pa³¹xuəɣ²⁴paor⁵³kei⁵⁵n̠ia³¹nɛe⁵³n̠y⁵³ɕiɛ³¹nɛe⁵⁵ŋæ̃³¹nɛe⁵³taɣ⁵⁵mɛ̃³¹ti⁵³nɛe⁵³zɛ̃²⁴i³¹sæ̃⁵⁵]

你才能进新房。[n̠i⁵³tsʰɛe³¹nəɣ²⁴tɕiɛ̃⁵⁵ɕiɛ̃³¹faɣ²⁴²]

进新房以后（么），这下就要换婚纱，[tɕiɛ̃⁵⁵³ɕiɛ̃³¹faɣ²⁴i⁵⁵xou⁵⁵，tʂɿ⁵⁵xa³¹tsou⁵⁵iao⁵⁵xuæ̃⁵⁵xuɛ̃²⁴sa³¹]进：念[tɕiɛ̃⁵⁵³]，声调下降部分是已弱化脱落的"了"时长的残存

去呀些穿的是那一身红那便衣。[tɕʰi⁵⁵ia³¹ɕiɛ³¹tʃʰuæ⁵³ti³¹sɿ⁵⁵nɛe⁵⁵i²⁴ʂɛ̃³¹xuəɣ²⁴nɛe⁵³piæ̃⁵⁵˙i³¹]去呀些：去时

进了房子了伢那还要梳头洗脸。[tɕiɛ̃⁵⁵lao³¹faɣ³¹tsɿ⁵³lao³¹n̠ia³¹nɛe⁵³xa³¹iao⁵⁵sou³¹tʰou²⁴ɕi⁵⁵liæ⁵³]

伢那屋里那碎娃儿，或者是伢侄女哩，伢谁哩，[ȵia⁵⁵nɛe⁵³u⁵³li³¹nɛe⁵⁵suei⁵⁵uar⁵³，xuei³¹tʂɤ⁵³sʅ⁵⁵ȵia⁵⁵tʂʰ³¹ȵy⁵³li³¹，ȵia⁵⁵sei³¹li⁵³]碎娃儿：小孩。伢谁哩：她别的什么人

（给这媳妇么）先把伢那脸盆儿□地把那红纸一打，[ɕiæ³¹pa³¹ȵia⁵⁵nɛe⁵⁵liæ⁵³pʰɤr³¹tʰa³¹tɛe³¹pa³¹nɛe⁵³xuɤ̃²⁴tsʅ⁵³i³¹ta⁵³]□[tʰa³¹]：拟声词。把那红纸一打：打开红纸（新媳妇随嫁的脸盆用红纸封着，里面装有核桃、枣等）

这下一看，把那核桃儿枣儿啦花生啦，一下赶紧抢去，[tʂʅ⁵³xa³¹i³¹kʰæ⁵⁵，pa³¹nɛe⁵⁵xɯ²⁴tʰɔr⁵³tsɔr⁵³la³¹xua²⁴sɤ̃²⁴la³¹，i³¹xa⁵⁵kæ³¹tɕi⁵³tɕʰiaɣ̃⁵³³tɕʰi⁵⁵]抢去：即"抢得去"，"得"弱化脱落，音节时长残存在[533]调的后半部分

吃了那都有福，[tʂʰʅ³¹lao³¹nɛe⁵³tou²⁴iou⁵³fu³¹]

这下拿那脸盆儿（么）舀下些水，拿下[一个]手巾儿，[tʂʅ⁵³xa³¹na³¹nɛe⁵⁵liæ⁵³pʰɤr³¹iao⁵³xa³¹ɕie³¹ʃuei⁵³，na³¹xa⁵³ie³¹ʂou⁵³tɕiẽr³¹]

叫碎娃儿端下，大人跟下，[tɕiao⁵⁵suei⁵⁵uar⁵³tuæ̃⁵³xa³¹，ta⁵⁵zẽ²⁴kẽ⁵³xa³¹]

到媳妇跟前去，这下伢就叫你洗脸哩、洗手哩，[tao⁵⁵si⁵³fu³¹kẽ⁵³tɕʰiæ³¹tɕʰi⁵⁵，tʂʅ⁵³xa³¹ȵia³¹tsou⁵⁵tɕiao⁵⁵ȵi⁵³ɕi³¹liæ⁵³li³¹ɕi⁵⁵ʂou⁵³li³¹]

你管你洗不洗，搞地哪怕走[一个]过程哩。[ȵi⁵⁵kuæ̃⁵⁵ȵi⁵⁵ɕi⁵³pu³¹ɕi⁵³，kao⁵³ti³¹na⁵⁵pʰa⁵⁵tsou⁵³ie³¹kuo⁵⁵tʂʰɤ̃³¹li³¹]搞地：凑合；将就

因为这时间不能耽搁，[iɛ³¹uei⁵⁵tʂɤ⁵³sʅ³¹tɕiæ⁵³pu³¹nɤ̃²⁴tæ̃⁵³kɤ³¹]

伢咻举行结婚仪式咻不能超过12点。[ȵia³¹uɛe⁵³tɕy⁵³ɕiəɣ²⁴tɕie²⁴xuẽ³¹i⁵⁵sʅ³¹uɛe⁵³pu³¹nɤ̃²⁴tʂʰao³¹kuo⁵⁵sʅ³¹ər⁵⁵tiæ̃⁵³]

结婚仪式（伢那）请的司仪，[tɕie²⁴xuẽ³¹i⁵⁵sʅ³¹tɕʰiəɣ⁵³ti³¹sʅ³¹i²⁴]

在那搭些叫你先向大家鞠躬，[tsɛe⁵⁵nɛe⁵⁵ta³¹ɕie³¹tɕiao⁵⁵ȵi⁵⁵ɕiæ̃³¹ɕiaɣ̃⁵⁵ta⁵⁵tɕia³¹tɕy²⁴kuəɣ̃³¹]

向双方父母鞠躬，[ɕiaɣ̃⁵⁵ʃuaɣ̃²⁴faɣ̃³¹fu⁵⁵mu⁵³tɕy²⁴kuəɣ̃³¹]

向来宾鞠躬，[ɕiaɣ̃⁵⁵lɛe²⁴piẽ³¹tɕy²⁴kuəɣ̃³¹]

这下（么）叫你□两岸儿。[tʂʅ⁵³xa³¹tɕiao⁵⁵ȵi⁵³ɕiəɣ⁵⁵³liaɣ̃⁵⁵ŋær⁵³]□[ɕiəɣ⁵⁵³]：站立；待。单念[55]调，这里念[553]，是"□[ɕiəɣ⁵⁵]到"的合音形式（"到"弱化脱落，时长残存在声调下降部分）

司仪这下念那些过程，[sʅ³¹i²⁴tsʅ⁵³xa³¹ȵiæ⁵⁵nɛe⁵⁵ɕie²⁴kuo⁵⁵tʂʰəɣ̃³¹]

教你可介绍你那恋爱经过呀，[tɕiao⁵⁵ȵi⁵³kʰɤ³¹tɕiɛe⁵⁵sao²⁴ȵi⁵⁵nɛe⁵⁵lyæ²⁴nɛe⁵⁵tɕiəɣ̃³¹kuo⁵⁵ia³¹]

可教男方他爸讲话呀，[kʰɤ³¹tɕiao⁵⁵nɛ̃³¹faɤ̃⁵³tʰa³¹pa⁵⁵tɕiaɤ̃⁵³xua⁵⁵ia³¹]

那样数多，我还记不下。[nɛe⁵³iaɤ̃⁵⁵sou²⁴tuo³¹，ŋɤ⁵³a³¹tɕi⁵⁵pu³¹xa⁵⁵]还：副词，通常念[xa]，这里弱化音变为[a]

最后了着（么），这下教媳妇，说看你先叫妈呀□先叫爸呀，[tsuei⁵⁵xou⁵⁵lao³¹tʂʰuo³¹，tʂɿ⁵³xa³¹tɕiao⁵⁵ɕi⁵³fu³¹，ʂuo³¹kʰæ̃³¹ni⁵³ɕiɛ̃³¹tɕiao⁵⁵ma³¹ia⁵³mæ̃³¹ɕiɛ̃³¹tɕiao⁵⁵pa⁵⁵ia³¹]□[mæ̃³¹]：语气词，主要用于选择问句和祈使句

这媳妇灵了（么），伢就说先叫伢妈，[tʂɤ⁵⁵ɕi⁵³fu³¹liaɤ̃²⁴lao⁵³，ȵia⁵⁵tsou⁵⁵ʂuo³¹ɕiɛ̃³¹tɕiao⁵⁵ȵia⁵⁵ma²⁴]灵：聪明

她妈（么）伢给媳妇先带[一个]项链儿，[tʰa³¹ma²⁴ȵia⁵⁵kei⁵⁵ɕi⁵³fu³¹ɕiɛ̃³¹tɛe⁵⁵iɛ³¹ɕiaɤ̃⁵⁵liɛr⁵³]

或者是[一个]镯子；[xuei³¹tʂɤ⁵³sɿ⁵⁵iɛ³¹tʃʰuo³¹tsɿ⁵³]

这下叫爸，[tʂɿ⁵³xa³¹tɕiao⁵⁵pa⁵⁵]

爸（么）伢（给她）给[一个]红包儿。[pa⁵⁵ȵia⁵⁵kei⁵⁵iɛ³¹xuəɤ̃²⁴pɔr⁵³]

这男的这他爸（么）给红包□了着，[tʂɤ⁵⁵nɛ̃³¹ti⁵³tʂɤ⁵³tʰa³¹pa⁵⁵kei⁵⁵xuəɤ̃²⁴pao⁵³xao³¹lao³¹tʂʰuo³¹]

这伢就有讲究哩。[tʂɤ⁵³ȵia³¹tsou⁵⁵iou⁵⁵tɕiaɤ̃⁵³tɕiou³¹li³¹]

你或者给1001，这就是千里挑一，[ȵi⁵³xuei²⁴tʂɤ⁵³kei⁵⁵i²⁴tɕʰiɛ̃³¹iəɤ̃²⁴i³¹，tʂɤ⁵³tsou⁵⁵sɿ³¹tɕʰiɛ̃³¹li³¹tɕʰiao²⁴i³¹]

给10001，就是万里挑一。[kei⁵⁵i³¹væ̃⁵⁵liəɤ̃²⁴i³¹，tsou⁵⁵sɿ³¹væ̃³¹li³¹tɕʰiao²⁴i³¹]

叫毕了（么），这下可叫女婿叫伢丈人跟伢丈母娘，[tɕiao⁵⁵pi³¹lao³¹，tʂɿ⁵³xa³¹kʰɤ³¹tɕiao⁵⁵ny⁵³ɕiɛ̃³¹tɕiao⁵⁵ȵia⁵⁵tsaɤ̃⁵⁵zɛ̃³¹kɛ̃³¹ȵia⁵⁵tsaɤ̃⁵⁵mu³¹ȵiaɤ̃⁵⁵]毕：完

这今个儿都是改口的时候。[tʂɤ⁵³tɕiɛ̃³¹kər³¹tou²⁴sɿ³¹kɛe⁵³kʰou⁵³ti³¹sɿ³¹xou⁵³]

女婿把他爸他妈一叫，[ny⁵³ɕiɛ̃³¹pa³¹tʰa³¹pa⁵⁵tʰa²⁴ma³¹i³¹tɕiao⁵⁵]

他爸（么）伢就给发[一个]红包儿，[tʰa³¹pa⁵⁵ȵia³¹tsou⁵⁵kei⁵⁵fa³¹iɛ³¹xuəɤ̃²⁴pɔr⁵³]

咘没多少，[uɛɛ⁵³mo²⁴tuo³¹ʂao⁵³]

咘没有得下数。[uɛɛ⁵³mo³¹iou⁵⁵tei²⁴xa⁵⁵sou³¹]没有得：没有。下数：讲究；规矩

伢有那丈人有钱伢还成几万给伢女婿发哩，[ȵia³¹iou⁵³nɛɛ⁵⁵tsaɤ̃⁵⁵zɛ̃³¹iou⁵³tɕʰiɛ̃²⁴ȵia⁵⁵xa³¹tʂʰəɤ̃³¹tɕi⁵³væ̃⁵⁵kei⁵⁵ȵia⁵⁵ny⁵³ɕiɛ̃³¹fa⁵³li³¹]

至少都在1000还往上哩。[tʂɿ⁵⁵ʂao⁵³tou³¹tsɛe⁵⁵i²⁴tɕʰiɛ̃³¹xa²⁴vaɤ̃⁵⁵ʂaɤ̃⁵⁵li³¹]

这些仪式举行毕了以后，[tʂʅ⁵⁵ɕie²⁴i⁵⁵ʂʅ³¹tɕy⁵³ɕiəɣ²⁴pi³¹lao³¹i⁵⁵xou⁵⁵]

这下就敬酒。[tʂʅ⁵⁵xa³¹tsou⁵⁵tɕiəɣ⁵⁵tɕiou⁵³]

教大家（这下）吃好喝好，[tɕiao⁵⁵ta⁵⁵tɕia³¹tʂʰʅ³¹xao⁵³xuo³¹xao⁵³]

阿公一宣布，[a⁵³kuəɣ³¹i²⁴ɕyæ³¹pu⁵⁵]

大家就是吃席。[ta⁵⁵tɕia³¹tsou⁵⁵sʅ³¹tʂʰʅ³¹ɕi²⁴]

阿公阿家给伢这女方这来客（所有的来客）一个儿一个儿敬酒，[a⁵³kuəɣ³¹a⁵³tɕia³¹kei⁵⁵n̠ia³¹tʂɤ⁵⁵n̠y⁵³faɣ³¹tʂɤ⁵⁵lɛe²⁴kʰei³¹i³¹kər⁵³i³¹kər⁵³tɕiəɣ⁵⁵tɕiou⁵³]一个儿一个儿：挨个

敬完了伢这女婿跟媳妇可给伢这来宾……先给媳妇这岸儿敬，[tɕiəɣ⁵⁵uæ³¹lao⁵³n̠ia⁵⁵tʂɤ⁵³n̠y⁵³ɕiẽ³¹kẽ³¹ɕi⁵³fu³¹kʰɤ³¹kei⁵⁵n̠ia³¹tʂɤ⁵⁵lɛe²⁴piẽ³¹ɕiæ³¹kei⁵⁵ɕi⁵³fu³¹tʂʅ⁵⁵ŋær³¹tɕiəɣ⁵⁵]

然后才给咻女婿兀岸儿敬酒哩。[zæ³¹xou⁵⁵tsʰɛe³¹kei⁵⁵uɛe⁵³n̠y⁵³ɕiẽ³¹u⁵⁵ŋær³¹tɕiəɣ⁵⁵tɕiou⁵³li³¹]兀岸儿：那边

大家都吃完了以后，（这下）就准这今个这结婚仪式（大家吃好喝好走好）……[ta⁵⁵tɕia³¹tou²⁴tʂʰʅ³¹uæ²⁴lao⁵³i⁵⁵xou⁵⁵, tsou⁵⁵tʃuẽ⁵³tʂɤ⁵³tɕiẽ³¹kɤ³¹tʂɤ⁵³tɕiɛ²⁴xuẽ³¹i⁵⁵ʂʅ³¹]

给伢这开车的这人，女方儿给伢是几样儿礼，男方儿给伢几样儿礼，[kei⁵⁵n̠ia³¹tʂɤ⁵⁵kʰɛe²⁴tʂʰɤ⁵³ti³¹tʂɤ⁵⁵zẽ²⁴, n̠y⁵³fãr³¹kei⁵⁵n̠ia³¹sʅ⁵⁵tɕi⁵³iãr⁵⁵li⁵⁵, næ³¹fãr⁵³kei³¹n̠ia³¹tɕi⁵⁵iãr⁵⁵li⁵³]

发红包儿哩弄啥哩，[fa³¹xuəɣ²⁴pər⁵³li³¹nuəɣ⁵⁵sa⁵⁵li³¹]

一个车上都要给伢啥哩。[i³¹kɤ⁵⁵tʂʰɤ⁵³ʂaɣ³¹tou²⁴iao⁵⁵kei⁵⁵n̠ia³¹sa³¹li³¹]一个：每一辆。啥：礼品（任指）

这下一散，这下就准今个儿毕啦。[tʂʅ⁵⁵xa³¹i³¹sæ̃⁵⁵, tʂʅ⁵⁵xa³¹tsou⁵⁵tʃuẽ⁵⁵tɕiẽ³¹kər²⁴pi³¹la³¹]

到黑来（么），这下阿家才给伢这媳妇儿下茶盘儿□搁下那饺子呀，[tao⁵⁵xei³¹lɛe³¹, tʂʅ⁵⁵xa³¹a⁵³tɕia³¹tsʰɛe³¹kei⁵⁵n̠ia³¹tʂɤ⁵⁵ɕi⁵³fur³¹ɕia⁵⁵tsʰa²⁴pʰær²⁴xɯ³¹kɤ⁵³xa³¹nɛe⁵⁵tɕiao⁵³tsʅ³¹ia³¹]黑来：晚上

一下，这下端的去，[i³¹ɕia⁵⁵, tʂʅ⁵⁵xa³¹tuæ̃⁵³ti³¹tɕʰi⁵⁵]

伢这有俩个那送饭碗碗儿，[n̠ia³¹tʂɤ⁵³iou⁵³lia³¹uɛe³¹nɛe⁵³suəɣ⁵⁵fæ⁵⁵uæ⁵³uær³¹]

这下伢那女的跟男的才换碗呀，[tʂɿ⁵⁵xa³¹ȵia³¹nɛe⁵⁵ny⁵³ti³¹kɛ̃³¹nã³¹ti⁵³tsʰɛe³¹xuæ̃⁵⁵uæ⁵³ia³¹]

还在那房子举行一套儿仪式。[xa³¹tsɛe⁵⁵nɛe⁵³faɣ³¹tsɿ⁵³tɕy⁵³ɕiəɣ²⁴i³¹tʰɚ⁵³ʂɿ³¹]

完了以后，这下就闹新房哩么。[uæ̃³¹lao⁵³i⁵⁵xou⁵⁵,tʂɿ⁵⁵xa³¹tsou⁵⁵nao⁵⁵ɕiɛ̃³¹faɣ³¹li⁵³mu³¹]

大模儿（就是）这男婚女嫁基本上这情况都是这号儿样子。[tɑ⁵⁵mur⁵³tʂɣ⁵⁵nã²⁴xuɛ̃³¹ny⁵³tɕia⁵⁵tɕi³¹pɘ̃⁵³ʂaɣ³¹tsɣ⁵³tɕʰiəɣ²⁴kʰuaɣ⁵⁵tou⁵⁵sɿ³¹tʂɿ⁵⁵xɚ⁵⁵iaɣ⁵⁵tsɿ³¹]这号儿：这种

富平婚俗

当一个小伙子看上了一个姑娘，小伙子先拼命地追求，姑娘追到手，两人谈得差不多了，小伙子带姑娘见父母。男方父母问过女方家里的情况，觉得可以，便会托媒人去女方家提亲。提亲时，女方父母顺便打量小伙子，了解到双方基本门当户对，脾气也相投，就请媒人给男方捎话，表示同意。接着商量订婚。参加订婚仪式的人不要多，主要是双方的重要亲朋。男方有父母、爷爷、奶奶、姑姑、舅舅；女方有父母、爷爷、奶奶、伯父、叔父和姑姑。总共就是一两席人。借此机会，双方长辈彼此进一步了解，觉得各方面都合适，这才正式订亲。订完亲后，照订婚相。照相这天，女方给男方准备四样小礼，包括一个皮带、一方手帕，外加其他两样小东西。男方要给女方从头买到脚，外加一身订婚衣服。婚事就算订了。然后男女双方再交往一个时期，感觉脾气各方面都合得来，就商量结婚的事。

先说结婚时女方做哪些准备。婚前三四天，女方请四位女姓给姑娘缝被子，这四人不要同姓，年龄要不大不小，要父母双全，儿女双全。被子最后留一个角不缝，这是讲究。婚礼前一天，女方请亲近的亲属到家中一起准备嫁妆。女方的姑姑、姨姨、伯父、伯母、叔父等查看嫁妆还缺什么，被子、床单等够不够，一齐给添钱、添物。至于男方，要提前给女方送絮被子的棉花、缝被子的红丝线等。现在经济条件好了，男方都是将棉花加工成网套，给女方送去，过去送的是棉花。头一天女方亲朋看着把一切安顿好。第二天出嫁，姑娘头一天洗澡，第二天大清早去理发店盘发。出嫁当天谁是梳头的，谁是扶女的，女方家庭都得一一安顿。男方叫"揪媳妇的"（当天在门口接新娘的人），女方叫"梳头""扶女"，她们陪新娘到男方家。

再说婚前男方做哪些准备。先是捏饺子，女方多大年龄，男方就捏多少个饺子，饺子特别小，差不多就指头肚大小。馅也有讲究，不要肉馅，只要豆腐、葱、生姜三样。"生姜"寓意早生贵子，"豆腐"寓意吃了有福，"葱"寓意生的孩子聪明。饺子的数目讲究一岁一个，新娘二十几岁就捏二十几个。再就是准备两把挂面，用红纸裹缠好。饺子包好了放在茶盘里，夏天要蒸一下，否则放久变软，都粘到一起了。冬天则无所谓，生饺子也行。讲究的人将茶盘里的饺子摆出字形，不讲究的摆整齐就行。裹好的两把挂面也要放进茶盘，再放一撮儿香菜，或两根儿葱。葱要小，带根儿和梢儿，要从地里刚挖的，将土抖净，不能择，放进茶盘就行。另外要给脸盆里放枣、核桃、花生和喜糖，共四样。每样都有讲究，其中"枣"寓意早生贵子，"花生"等寓意子子孙孙不断。脸盆里东西放好后，剪一大片红纸，把脸盆糊住，不让人知道里边装的什么。有时为了取乐，可能给里边放些其他东西。现在人都文明了，基本也就是放那四样。

　　婚前女方要给姑娘准备嫁衣，单的、夹的、棉的，四季衣服都要准备，总共四身。还要准备几双鞋，给婆婆准备的叫"叫狗鞋"，给女婿也买一双。过去是自己手工做，做得越多越好，现在都是买。这下就准备齐全了。出嫁这天，女方预先煮好鸡蛋，等男方帮忙的到来，还要准备四盘菜招待。

　　对于男方家庭，结婚才叫热闹。先是缝被子，也是叫四姓人，讲究和女方差不多，如来的人要儿女双全等，总共缝两床被子。被子是女方缝得多，男方缝得少。男方要叫上硬客，硬客给新郎交代去女方家迎亲时该做什么，怎么做，一说一大堆。

　　现在有伴郎和伴娘，过去就叫"掫媳妇的"，站在门口迎接新娘。现在伴郎和新郎直接去女方家迎亲。有些迎亲过程有摄像，要先到女方家拍摄。如果有摄像，那头一天要彩排，因为结婚仪式比较复杂，怕当事人当天忘了某个环节。

　　第二天，男方根据女方来客数目安排用车。家庭情况好的，清一色轿车；情况不好的，少叫几辆小车，雇一辆公共汽车。男方迎亲要带一个小男孩，手里抓一只大红公鸡，公鸡翅膀上绑一根葱、一串红辣椒、十元或者一元纸币。为何是十元或者一元呢？这有讲究，男方绑十元的话，女方补一元；男方绑一元的话，女方补十元。具体由双方商定，可能是男方绑的多，也可能是女方绑的多。男方迎亲时，若带摄像，摄像车走在最前头，一路拍摄。婚车每行至十字路口、村口，都要放炮，这样人家就知道婚车到了，别的车都会主动让路。

　　婚车行至女方村口时，人家可就不让你进去了。你要带够喜糖、香烟，否则人家给婚车轱辘下放两个碗，压碎一个碗不知要多少钱。你若有眼色，就赶紧给发喜糖、香烟，这才有人将碗取走。婚车抵达女方家门口，先敲前门，可前门早就关啦。男方先给挡门的人分发喜糖、香烟、红包，挡门人感觉满意了，这才打开前门。

　　（我刚才忘了说一点）男方迎亲时要给女方准备四样礼。说是四样其实是八样，因为每一样都是双份。先是一吊猪肋条肉，不能是后臀或脖子上的肉，不能太肥或太瘦，拿上三五斤，一两斤可不行。再就是带两瓶酒、两条烟、两包茶叶、两袋点心，喜糖是另外准备的，男方交给女方，女方再分发给送媳妇的。还要挖一个完整的莲菜，有根有梢，不能洗，用纸擦干净即可，洗了福气就洗掉了。然后拿彩带花，（我平时给人家帮忙都是）找几块三合板，用红纸糊一下三合板，用彩带做一些彩花，将莲菜放在上边，注意不要把装饰物玩偶什么的给撞了。装饰好的莲菜和四样礼一起放进新郎乘坐的迎亲车后备箱里。然后拉上新郎和伴郎，出发迎亲。有些人家迎亲时请了吹鼓手，或老鼓队，一路上吹吹打打。每逢转弯处、三叉路口都要放炮。

　　抵达女方家后，男方先将莲菜和四样礼毕恭毕敬地献到女方祖先灵位前，点上满炉香。什么是"满炉香"呢？平时葬礼上都是烧三根香，这个是红事、喜事，得烧五根香，故称"满炉香"。男方给女方祖先磕过头，行过礼，便和随行的人一同去敲新娘的房门。此时新娘的闺房里坐着许多亲朋，都是年轻人，在里边顶着门。新郎一伙持续叫喊着让开门，一边喊一边将糖、红包顺着窗子、门底往里塞，人家才可能开门。新郎好不容易进了门，新娘的鞋却怎么也找不到。婚礼这天讲究新郎抱着新娘出去（新娘脚不沾土）。新娘的鞋被藏了起来，这下要看新郎给多少红包了，红包若令人满意，梳头扶女的才愿意将鞋子交出。新郎为新娘穿上鞋，女方早已为新郎一行准备好了四盘菜，大家喝几口酒，然后启程。

　　启程时要放炮，新郎将新娘抱到婚车上。返程途中新娘舅舅乘坐的车先行，原因是，舅舅今天为新娘提长命灯，现在都是台灯，过去没电时都是罩子灯。另外，舅舅随身带着用纸剪的黄钱、红钱，一路抛撒。此外，摄像车也要走在前头，婚车通常排在第二位或者第三位。一路上吹吹打打，将新娘迎娶进门。

　　新娘迎到了家门口，传统上要在门口耍媳妇、公公和婆婆。此时公婆早已被打扮好，胸前戴着牌子，手里拿着脸盆和擀面杖，边敲边围着婚车转三圈，公公大声喊："我要洗尿布。"婆婆大声喊："我要抱孙子。"只见婆婆头扎朝天辫，脸擦红胭脂。绕婚车转完了三圈，大家方许新郎将新娘从婚车上抱下。

　　洞房门却又被关了，新郎抱着新娘干着急却进不去。女方伴娘赶紧给男方挡门的散红包,门才被打开。新娘来时身穿红色便装,进入洞房后要换成婚纱。接着是梳头、洗脸仪式。男方家的小孩子们吱啦啦撕掉新娘带来的脸盆上的红纸,开始抢里边的核桃、花生什么的,说是抢到吃了有福。脸盆里的东西被抢光后,盛上水,拿一条毛巾,小孩端着,大人跟着,拿到新娘面前,让其洗脸、洗手。不管真洗还是假洗,都得走这个过程。时间不能耽搁,因为正式婚礼不能超过中午12点。

婚礼由司仪主持,司仪要新郎新娘给大家鞠躬,先向双方父母鞠躬,再向诸位来宾鞠躬。鞠完躬后,新郎新娘站一边。司仪继续主持下面的仪式,比如,让新郎新娘介绍恋爱经过,请男方父亲讲话,等等。程式很复杂,我一时还记不全。最后一个程序是改口,让新娘喊公婆"爸""妈"。司仪故意问新娘,先喊爸还是先喊妈。聪明的新娘一般都会先喊婆婆一声"妈",婆婆就给儿媳戴上一条项链或一个手镯。接着喊公公"爸",公公就给儿媳发一个大红包。这时的红包有讲究,或是发1001元,寓意"千里挑一",或是发10001元,寓意"万里挑一"。新娘改口后,新郎对岳父和岳母也要改口。新郎喊了"爸""妈",岳父就得给女婿发红包,发多少没讲究。碰上有钱的岳父几万也发,至少在1000元以上。

仪式完毕,开始敬酒。公公大声宣布,请各位来宾吃好喝好,这才正式开席。先是公婆一起给女方来宾挨个敬酒,再是新郎新娘一起给女方来宾敬酒,再给男方来宾敬酒。宴席散去,今天的结婚仪式就算结束了。最后向所有的婚车司机表示感谢,双方分别赠送几样礼品,外加红包。

到了晚上,婆婆为媳妇煮茶盘里提前准备的小饺子。煮好端了去,新郎新娘交换饭碗(嫁妆里有两个碗),有一套仪式。接着是闹洞房。

我们这里男婚女嫁习俗大致如此。

219.①富平的山东庄子 [fu⁵⁵pʰiəɣ̃³¹ti³¹sæ̃³¹tuəɣ̃²⁴tʃuaɣ̃⁵³tsɿ³¹]

在清朝光绪年间, [tsɛɛ⁵⁵tɕʰiəɣ̃⁵³tʂʰao³¹kuaɣ̃⁵³ɕy⁵⁵ɲiæ̃²⁴tɕiæ̃³¹]
富平连遭了三年自然灾害, [fu⁵⁵pʰiəɣ̃³¹liæ̃²⁴tsao³¹lao³¹sæ̃³¹ɲiæ̃²⁴tsɿ⁵⁵zɐ̃³¹tsɛɛ³¹xɛɛ⁵⁵]
土地干旱,寸草不生, [tʰou⁵³ti⁵⁵kæ̃³¹xæ̃⁵⁵, tɕʰyɛ⁵⁵tsʰao⁵³pu²⁴səɣ̃³¹]
饿死的人遍地都是,土匪四起, [ŋɤ⁵⁵sɿ³¹ti³¹zɐ̃²⁴piæ̃⁵⁵ti⁵⁵tou³¹sɿ⁵⁵, tʰou²⁴fei⁵³

---

① 发音人(女性,老派)所在地:富平县城关街道办莲湖村。

sʅ⁵⁵tɕʰi⁵³]

贼娃子也多得很。[tsei³¹ua⁵³tsʅ³¹iɛ⁵³tuo⁵³ti³¹xɛ̃⁵³]贼娃子：贼

大量的土地一下子荒得没人种。[ta⁵⁵liaɣ̃⁵⁵ti³¹tʰou⁵³ti⁵⁵i³¹ɕia⁵⁵tsʅ³¹xuaɣ̃⁵³ti³¹mo³¹zɿ̃²⁴tʂuəɣ̃⁵⁵]

当时山东清州府有一个人叫焦云龙，[taɣ̃³¹sʅ²⁴sæ̃³¹tuəɣ̃³¹tɕʰiəɣ̃³¹tsou³¹fu⁵³iou⁵⁵i³¹kɤ⁵⁵zə̃²⁴tɕiao⁵⁵tɕiao³¹yɛ̃²⁴luəɣ̃²⁴]

清朝派到富平当县长，[tɕʰiəɣ̃⁵³tʂʰao³¹pʰɛɛ⁵⁵tao³¹fu⁵⁵pʰiəɣ̃³¹taɣ̃³¹ɕiæ̃⁵⁵tʂaɣ̃⁵³]

就是知府。[tsou⁵⁵sʅ³¹tʂʅ³¹fu⁵³]

那时候叫"知府"，现在叫"县长"。[nɛɛ⁵³sʅ³¹xou⁵³tɕiao⁵⁵tʂʅ³¹fu⁵³，ɕiæ̃⁵⁵tsɛɛ⁵⁵tɕiao⁵⁵ɕiæ̃⁵⁵tʂaɣ̃⁵³]

南门那时候是富平县的正门，[næ̃²⁴mɛ̃²⁴nɛɛ⁵⁵sʅ³¹xou⁵³sʅ³¹fu⁵⁵pʰiəɣ̃³¹ɕiæ̃⁵⁵ti³¹tʂəɣ̃⁵⁵mɛ̃²⁴]

当时一些绅士、衙门的人到南门外前排队迎接焦云龙。[taɣ̃³¹sʅ²⁴i²⁴ɕiɛ³¹ʂɛ̃³¹sʅ⁵⁵ia²⁴mɛ̃⁵³ti³¹zə̃²⁴tao⁵⁵næ̃²⁴mɛ̃²⁴uɛɛ⁵⁵tɕʰiæ̃³¹pʰɛɛ²⁴tuei⁵⁵iəɣ̃²⁴tɕiɛ³¹tɕiao³¹yɛ̃²⁴luəɣ̃²⁴]

但是焦云龙伢推下伢山东人那独轮儿车子，[tæ̃⁵⁵sʅ⁵⁵tɕiao³¹yɛ̃²⁴luəɣ̃²⁴ȵia⁵⁵tʰuei⁵³xa³¹ȵia⁵⁵sæ̃³¹tuəɣ̃³¹zə̃²⁴nɛɛ⁵³tou²⁴luɛr⁵⁵tʂʰɤ⁵³tsʅ³¹]

从东门里进了富平县衙门，[tsʰuəɣ̃²⁴tuəɣ̃³¹mɛ̃²⁴li⁵³tɕiɛ⁵⁵lao³¹fu⁵⁵pʰiəɣ̃³¹ɕiæ̃⁵⁵ia³¹mɛ̃⁵³]

把那些人弄得是非常地尴尬、难堪。[pa³¹nɛɛ⁵⁵ɕiɛ²⁴zə̃²⁴nuəɣ̃⁵⁵ti³¹sʅ³¹fei³¹tsʰaɣ̃²⁴ti⁵³kæ̃³¹ka⁵³næ̃²⁴kʰæ̃³¹]

焦云龙据说是出身贫困，[tɕiao³¹yɛ̃²⁴luəɣ̃²⁴tɕy⁵³ʂuo³¹sʅ³¹tʂʰu³¹ʂɛ̃³¹pʰiɛ̃²⁴kʰuɛ̃⁵⁵]

懂得民间疾苦，甘受清贫。[tuəɣ̃⁵³tei³¹miɛ̃²⁴tɕiæ̃³¹tɕi³¹kʰu⁵³，kæ̃³¹ʂou⁵⁵tɕʰiəɣ̃³¹pʰiɛ̃²⁴]

到富平县后，[tao⁵⁵fu⁵⁵pʰiəɣ̃³¹ɕiæ̃⁵⁵xou⁵⁵]

就下乡访贫、视察，[tsou⁵⁵ɕia⁵⁵ɕiaɣ̃³¹faɣ̃⁵³pʰiɛ̃²⁴sʅ⁵³tsʰa³¹]

一看富平县的大量土地没人种，[i³¹kʰæ̃⁵⁵fu⁵⁵pʰiəɣ̃³¹ɕiæ̃⁵⁵ti³¹ta⁵⁵liaɣ̃⁵⁵tʰou⁵³tɕi⁵⁵mo⁵³zə̃³¹tʂuəɣ̃⁵⁵]

荒草纵生，经过思考后，[xuaɣ̃³¹tsʰao⁵³tʂuəɣ̃⁵⁵səɣ̃³¹，tɕiəɣ̃³¹kuo⁵⁵sʅ³¹kʰao⁵³xou⁵⁵]

跟当时在富平当巡府的伢山东乡党，[kɛ³¹taɣ̃³¹sʅ²⁴tsee⁵⁵fu⁵⁵pʰiəɣ̃³¹taɣ̃³¹ɕyɛ̃²⁴ɣ⁵³ti³¹ȵia⁵⁵sæ̃³¹tuəɣ̃²⁴ɕiaɣ̃³¹taɣ̃³¹]

商量从山东招下一批人，[ʂaɣ̃⁵³liaɣ̃³¹tsʰuəɣ̃²⁴sæ̃³¹tuəɣ̃³¹tʂao⁵³xa³¹i³¹pʰi⁵⁵zɛ̃²⁴]

在富平县种地。[tsee⁵⁵fu⁵⁵pʰiəɣ̃³¹ɕiæ̃⁵⁵tʃuəɣ̃⁵⁵tɕi⁵⁵]

这些从山东各地招来的大量的山东人，[tʂɤ⁵⁵ɕie³¹tsʰuəɣ̃²⁴sæ̃³¹tuəɣ̃³¹kɤ³¹tɕi⁵⁵tʂao³¹lee³¹ti⁵³ta⁵⁵liaɣ̃⁵⁵ti³¹sæ̃³¹tuəɣ̃³¹zɛ̃²⁴]

就叫"下关中"。[tsou⁵⁵tɕiao⁵⁵ɕia⁵⁵kuæ̃³¹tʃuəɣ̃³¹]

那还有那叫"下关东"的，[nee⁵⁵xa³¹iou⁵³³nee⁵⁵tɕiao⁵⁵ɕia⁵⁵kuæ̃³¹tuəɣ̃³¹ti³¹]

有：单字念[iou⁵³]，这里念[533]调，后半段保留了已脱落"的"字的时长

到咱关中来的就叫"下关中"。[tao⁵⁵tsʰa⁵⁵kuæ̃³¹tʃuəɣ̃³¹lee³¹ti⁵³tsou⁵⁵tɕiao⁵⁵ɕia⁵⁵kuæ̃³¹tʃuəɣ̃³¹]

山东人吃苦、淳朴、勤劳，[sæ̃³¹tuəɣ̃³¹zɛ̃²⁴tʂʰʅ³¹kʰu⁵³tʃʰuɛ̃³¹pʊ⁵³tɕʰiɛ̃²⁴lao²⁴]

把富平县多余的荒地都开垦种植。[pa³¹fu⁵⁵pʰiəɣ̃³¹ɕiæ̃⁵⁵tuo³¹y³¹ti⁵³xuaɣ̃³¹ti⁵⁵tou²⁴kʰee²⁴kʰɛ̃³¹tʃuəɣ̃⁵⁵tʂʅ²⁴]

山东人没房，就拿俩板一夹，[sæ̃³¹tuəɣ̃³¹zɛ̃²⁴mo³¹faɣ̃²⁴，tsou⁵⁵na³¹lia³¹pæ̃⁵³i²⁴tɕia³¹]

打下些咻土墙，弄下三根檩，[ta⁵³xa³¹ɕiɛ³¹uɛɛ⁵³tʰou⁵³tɕʰiaɣ̃²⁴，nuəɣ̃⁵⁵xa³¹sæ̃³¹kɛ̃³¹liɛ̃⁵³]

麦草一盖，伢草房就能住啦。[mei³¹tsʰao³¹i³¹kɛɛ⁵⁵，ȵia⁵⁵tsʰao⁵³faɣ̃²⁴tsou⁵⁵nəɣ̃²⁴tʃu⁵⁵la³¹]

这搭搭下[一个]，兀搭搭下[一个]，[tʂʅ⁵⁵ta³¹ta⁵³xa³¹iɛ³¹，u⁵⁵ta³¹ta⁵³xa³¹iɛ³¹]

这搭：这里。兀搭：那里

我这搭这人把山东人住的咻地方叫"山东庄子"。[ŋɤ³¹tʂʅ⁵⁵ta³¹tʂɤ⁵³zɛ̃²⁴pa³¹sæ̃³¹tuəɣ̃³¹zɛ̃²⁴tʃu⁵⁵ti³¹uɛɛ⁵³ti⁵⁵faɣ̃³¹tɕiao⁵⁵sæ̃³¹tuəɣ̃²⁴tʃuaɣ̃⁵³tsʅ³¹]

这些山东人到富平县以后，[tʂʅ⁵⁵ɕiɛ²⁴sæ̃³¹tuəɣ̃³¹zɛ̃²⁴tao⁵⁵fu⁵⁵pʰiəɣ̃³¹ɕiæ̃⁵⁵i³¹xou⁵⁵]

把富平这些荒草都开垦种植啦。[pa³¹fu³¹pʰiəɣ̃³¹tʂʅ⁵⁵ɕiɛ²⁴xuaɣ̃³¹tsʰao⁵³tou²⁴kʰee²⁴xee³¹tʃuəɣ̃⁵⁵tʂʅ³¹la²⁴]垦：单念[kʰɛ̃³¹]，声母弱化音变为[x]，韵母被前字同化

同时，富平咻旱地伢种成黄豆、红苕。[tʰuəɣ̃²⁴sʅ²⁴，fu³¹pʰiəɣ̃³¹uɛɛ⁵³xæ̃⁵⁵ti⁵⁵ȵia⁵⁵tʃuəɣ̃⁵⁵tʂʰəɣ̃³¹xuaɣ̃³¹tou⁵³xuəɣ̃²⁴ʂao²⁴]红苕：红薯

黄豆做成豆腐，红苕吊粉。［xuaỹ³¹tou⁵³tsou⁵⁵tʂʰəỹ³¹tou⁵⁵fu³¹，xuəỹ²⁴ʂao²⁴tiao⁵⁵fɛ̃⁵³］

山东人把自已的技术也传到富平啦，［sæ̃³¹tuəỹ³¹zɛ̃²⁴pa³¹tsʅ⁵⁵tɕi³¹ti³¹tɕi⁵⁵ʃu²⁴iɛ⁵³tʂʰuæ²⁴tao⁵⁵fu⁵⁵pʰiəỹ³¹la³¹］

现在就叫"引进到富平"。［ɕiæ̃⁵⁵tsee⁵⁵tsou⁵⁵tɕiao⁵⁵iɛ̃⁵³tɕiɛ̃⁵⁵tao³¹fu⁵⁵pʰiəỹ³¹］

焦云龙因为吃苦耐劳，［tɕiao³¹yɛ̃²⁴luəỹ²⁴iɛ̃³¹uei²⁴tʂʰʅ¹kʰu⁵³nee⁵⁵lao²⁴］

跟群众打成一片，［kɛ̃³¹tɕʰyɛ̃²⁴tʃuəỹ⁵⁵ta⁵³tʂʰəỹ²⁴i³¹pʰiæ̃⁵³］

除了富平，先后在山原、临潼，都当过县长。［tʃʰu³¹lao⁵³fu⁵⁵pʰiəỹ³¹，ɕiæ̃³¹xou⁵⁵tsee⁵⁵sæ̃⁵³yæ̃³¹liɛ̃³¹tʰuəỹ⁵³，tou²⁴taỹ⁵³kuo³¹ɕiæ̃⁵⁵tʂaỹ⁵³］

所以说，不光富平县的山东人多，［suo²⁴i³¹ʂuo³¹，pu³¹kuaỹ²⁴fu⁵⁵pʰiəỹ³¹ɕiæ̃⁵⁵ti³¹sæ̃³¹tuəỹ³¹zɛ̃²⁴tuo³¹］

临潼、三原山东人都多，［liɛ̃³¹tʰuəỹ⁵³sæ̃⁵³yæ̃³¹sæ̃³¹tuəỹ³¹zɛ̃²⁴tou²⁴tuo³¹］

一下子形成了一些山东庄子。［i³¹ɕia⁵⁵tsʅ³¹ɕiəỹ²⁴tʂʰəỹ²⁴lao⁵³i³¹ɕiɛ²⁴sæ̃³¹tuəỹ²⁴tʃuaỹ⁵³tsʅ³¹］

为啥把山东人弄下这叫"庄子"？［uei⁵⁵sa⁵⁵pa²⁴sæ̃³¹tuəỹ³¹zɛ̃²⁴nuəỹ⁵⁵ɕia³¹tʂɤ⁵³tɕiao⁵⁵tʃuaỹ⁵³tsʅ³¹］

我这搭这人当地人伢住下这都叫"堡子"，［ŋɤ³¹tsʅ⁵⁵ta³¹tʂɤ⁵³zɛ̃²⁴taỹ³¹tɕi⁵⁵zɛ̃²⁴ȵia³¹tʃu⁵⁵xa³¹tʂɤ⁵³tou²⁴tɕiao⁵⁵pu⁵³tsʅ³¹］

堡子伢都有城墙。［pu⁵³tsʅ³¹ȵia³¹tou²⁴iou⁵³tʂʰəỹ²⁴tɕʰiaỹ²⁴］

山东人来的前后时间不一样，［sæ̃³¹tuəỹ³¹zɛ̃²⁴lee³¹ti⁵³tɕʰiæ²⁴xou⁵⁵sʅ³¹tɕiæ̃⁵³pu³¹i³¹iaỹ⁵⁵］

在这搭搭下一片子，兀搭搭下一片子，［tsee⁵⁵tsʅ⁵⁵ta³¹ta⁵³xa³¹i³¹pʰiæ̃⁵³tsʅ³¹，u⁵⁵ta³¹ta⁵³xa³¹i³¹pʰiæ̃⁵³tsʅ³¹］

搭下哟土墙，盖下哟草房，［ta⁵³xa³¹uee⁵³tʰou⁵³tɕʰiaỹ²⁴，kεe⁵⁵xa³¹uee⁵³tsʰao⁵³faỹ²⁴］

住下哟看着不整齐。［tʃu⁵⁵xa³¹uee⁵³kʰæ̃⁵⁵tʂʰuo³¹pu³¹tʂəỹ⁵³tɕʰi³¹］

此地人，也就是咱当地人，［tsʰʅ⁵⁵tɕi⁵⁵zɛ̃²⁴，iɛ⁵³tsou⁵⁵sʅ³¹tsʰa²⁴taỹ³¹ti⁵⁵zɛ̃²⁴］

地：自由变读［tɕi⁵⁵］［ʈi⁵⁵］［ti⁵⁵］

把哟叫"山东庄子"。［pa³¹uee⁵³tɕiao⁵⁵sæ̃³¹tuəỹ²⁴tʃuaỹ⁵³tsʅ³¹］

山东人伢在伢山东庄子□说的是山东话，［sæ̃³¹tuəỹ³¹zɛ̃²⁴ȵia⁵⁵tsee⁵⁵ȵia⁵⁵sæ̃³¹

tuə̃²⁴tʃuã⁵³tsʅ³¹xou³¹ʂuo⁵³ti³¹sʅ⁵⁵sæ̃³¹tuə̃³¹xua⁵⁵]□[xou³¹]：里

一出伢山东庄子，[i²⁴tʃʰu³¹n̠ia⁵⁵sæ̃³¹tuə̃²⁴tʃuã⁵³tsʅ³¹]

说的是咱当地话。[ʂuo⁵³ti³¹sʅ⁵⁵tsʰa⁵⁵taɤ̃³¹ti⁵⁵xua⁵⁵]

焦云龙从来到现在么就是前后都快200年啦，[tɕiao³¹yẽ²⁴luə̃²⁴tsʰuə̃²⁴lɛe²⁴tao⁵⁵ɕiæ̃⁵⁵tsɛe⁵⁵mu³¹tsou⁵⁵sʅ³¹tɕʰiæ̃²⁴xou⁵⁵tou³¹kʰuɛe⁵⁵ər⁵⁵pei³¹n̠iæ̃³¹la⁵³]

时间也不短啦。[sʅ³¹tɕiæ̃⁵³iɛ⁵⁵pu³¹tuæ̃⁵³la³¹]

现在的山东人跟富平人都交流、通婚，[ɕiæ̃⁵⁵tsɛe⁵⁵ti³¹sæ̃³¹tuə̃³¹zẽ²⁴kɛ³¹fu⁵⁵pʰiə̃³¹zẽ²⁴toutɕiao³¹liou²⁴tʰuə̃²⁴xuẽ³¹]

富平人寻山东娃当媳妇，[fu⁵⁵pʰiə̃³¹zẽ²⁴sẽ²⁴sæ̃³¹tuə̃³¹ua⁵⁵taɤ̃³¹ɕi⁵³fu³¹]寻：找

当地人，或者也叫此地人的娃也给山东人当媳妇，[taɤ̃³¹ti⁵⁵zẽ²⁴，xuei³¹tsɤ⁵³iɛ⁵³tɕiao⁵⁵tsʰʅ⁵³tɕi⁵⁵zẽ²⁴ti³¹ua⁴⁵iɛ⁵³kei⁵⁵sæ̃³¹tuə̃³¹zẽ²⁴taɤ̃³¹ɕi⁵³fu³¹]

这下就融为一体，也不分山东、富平啦。[tsʅ⁵⁵ʂa³¹tsou⁵⁵yə̃²⁴uei²⁴³¹i³¹tɕʰi⁵³，iɛ⁵⁵pu²⁴fẽ³¹sæ̃³¹tuə̃³¹fu⁵⁵pʰiə̃³¹la³¹] 下：声母[x]被前字同化为[ʂ]

现在的草房、土地都不见啦。[ɕiæ̃⁵⁵tsɛe⁵⁵ti³¹tsʰao⁵³faɤ̃²⁴tʰou⁵³ti⁵⁵tou²⁴pu³¹tɕiæ̃⁵⁵la³¹]

年轻一代人连山东话都不会说，也听不懂。[n̠iæ̃²⁴tɕʰiə̃³¹³¹i³¹tɛe⁵⁵zẽ²⁴liæ²⁴sæ̃³¹tuə̃³¹xua⁵⁵tou³¹pu³¹xuei⁵⁵ʂuo³¹，iɛ⁵⁵tɕʰiə̃⁵³pu³¹tuə̃⁵³]

就是老些的人说山东话。[tsou⁵⁵sʅ³¹lao⁵³ɕiɛ³¹ti³¹zẽ²⁴ʂuo²⁴sæ̃³¹tuə̃³¹xua⁵⁵]

不像以前那些当地人还能听懂。[pu³¹ɕiaɤ̃⁵⁵i⁵⁵tɕʰiæ̃²⁴nɛe⁵⁵ɕiɛ³¹taɤ̃³¹ti⁵⁵zẽ²⁴xa³¹nə̃²⁴tɕʰiə̃³¹tuə̃⁵³]

所以说，[ʂuo²⁴;³¹i⁵⁵ʂuo³¹]

山东人伢勤劳、吃苦，淳朴的道德、厚德给富平的发展增砖添瓦，[sæ̃³¹tuə̃³¹zẽ²⁴n̠ia⁵⁵tɕʰiẽ²⁴lao²⁴tʂʰʅ³¹kʰu⁵³，tʃʰuẽ²⁴pʰu⁵³ti³¹tao⁵⁵tei³¹xou⁵⁵tei³¹kei⁵⁵fu⁵⁵pʰiə̃³¹ti³¹fa³¹tʂæ̃⁵³tsə̃²⁴tʃuæ̃³¹tɕʰiæ̃³¹ua⁵³]

贡献了自己的一份儿力量，[kuə̃⁵³ɕiæ̃⁵⁵lao³¹tsʅ⁵⁵tɕi³¹ti³¹³¹i³¹fɛr⁵⁵li⁵³liaɤ̃³¹]

我富平人还要感谢山东人。[ŋɤ³¹fu⁵⁵pʰiə̃³¹zẽ²⁴xuæ̃²⁴iao⁵⁵kæ̃⁵³ɕiɛ⁵⁵sæ̃³¹tuə̃³¹zẽ²⁴]

富平的山东庄子

清朝光绪年间，富平连遭三年自然灾害，土地干旱，寸草不生，饿殍遍野，土匪四起，小偷横行，大片土地荒芜。

当时山东清州府有个人叫焦云龙，朝廷派到富平县当知府，相当于现在的县长。那时富平县的正门是南门。焦云龙上任之日，县里的一些绅士和衙门的人都到南门外排队迎接。焦云龙却推着山东人用的独轮车，从富平县的东门进了县衙门，令迎接的人倍觉尴尬和难堪。

据说焦云龙出身贫困，深知民间疾苦，并甘守清贫。他一上任就下乡访贫、视察，看到县内大量土地因无人种植而荒芜，经过一番深思，和时任富平巡抚的山东乡党几经商议，便决定从山东招一批人到富平县种地。山东各地移民大批定居富平，时称"下关中"。另有一些山东移民移居别地，称为"下关东"。

山东人吃苦耐劳，性情淳厚，到富平后便开垦、种植多余的荒地。山东人没有房子，便用木板一夹，打上几堵土墙，外加三根檩条，上覆一些麦草，草房就建成了。这儿建一座，那儿建一座，本地人管山东人住的地方叫"山东庄子"。山东人到富平后，在开垦的旱地里种上黄豆和红薯，黄豆加工成豆腐，红薯加工成粉条。这样，山东人把自己的农业技术也带到了富平。

焦云龙吃苦耐劳，和群众打成一片，他除了在富平县任职外，还先后在三原县、临潼县当过县长。因此，不只富平县的山东人多，临潼县和三原县的山东人也多，这样一下子形成了许多山东庄子。

为什么人们把山东人住的地方叫"庄子"呢？"庄子"有别于富平当地人住的"堡子"，堡子有城墙。山东人迁居到富平的时间不完全一致，来的早的，在这儿盖间草房，来的晚的，在那儿盖间草房，四处是土墙和草房，看着不整齐，当地人管这样的村落叫"山东庄子"。

山东人在山东庄子里讲山东话，出了山东庄子讲当地话。

焦云龙到富平任职距今已快200年，时间也不短了。期间山东人与富平当地人交流、通婚，整个已融为一体，也就不分山东和富平了。如今已见不到当初的草房、土地。年轻一代连山东话都不会说了，有的甚至听不懂山东话。不过，年龄大的有些还说山东话。不像以前，当地人至少都能听得懂。

山东人具有勤劳、吃苦和淳朴的品德，他们为富平的发展贡献了自己的一份力量，我们富平人还要感谢山东人。

220.① 富平的文艺 [fu⁵⁵pʰiəɣ̃³¹ti³¹vɛ̃²⁴i⁵⁵]

我现在简单地为大家介绍一下富平的文艺：[ŋɤ⁵³ɕiæ̃⁵⁵tsɛɛ⁵⁵tɕiæ̃⁵³tæ̃³¹ti³¹uei⁵⁵ta⁵⁵tɕia³¹tɕiɛɛ⁵⁵ʂao²⁴i³¹ɕia⁵⁵fu⁵⁵pʰiəɣ̃³¹ti³¹vɛ̃²⁴i⁵⁵]

阿宫腔、老庙老鼓、民间舞蹈社火。[uo³¹kuəɣ̃²⁴tɕʰiaɣ̃³¹lao⁵³miao⁵⁵lao³¹ku³¹miɛ̃²⁴tɕiæ̃⁵³v̩⁵⁵tao⁵³ʂɤ⁵⁵xu³¹]

富平的阿宫腔是国家级的非物质文化遗产，[fu⁵⁵pʰiəɣ̃³¹ti³¹uo³¹kuəɣ̃²⁴tɕʰiaɣ̃⁵⁵kuei³¹tɕia³¹tɕi³¹ti³¹fei³¹vo²⁴tʂ̩³¹uɛ̃²⁴xua⁵⁵i³¹tsʰæ̃⁵³]

也称北路秦腔，[iɛ⁵³tʂʰəɣ̃⁵³pei³¹lou⁵⁵tʰiɛ̃²⁴tɕʰiaɣ̃³¹]

是陕西省古老的传统戏曲艺术之一。[ʂ̩⁵⁵ʂæ̃⁵³ɕi⁵¹ʂəɣ̃⁵³ku⁵⁵lao⁵³ti³¹tʂʰuæ̃³¹tʰuəɣ̃⁵³ɕi⁵⁵tɕʰy³¹i⁵⁵ʃu⁵⁵tʂ̩²⁴i³¹]

它最早流传于礼泉、三原、富平、兴平、咸阳，[tʰa⁵⁵tsuei⁵⁵tsao⁵³liou²⁴tʂuæ̃²⁴y⁵⁵li⁵³tɕʰyæ̃³¹sæ̃⁵³yæ̃³¹fu⁵⁵pʰiəɣ̃³¹ɕiəɣ̃⁵³pʰiəɣ̃³¹ɕiæ̃²⁴iaɣ̃⁵³]

泾阳、乾县、高陵、耀县、铜川、临潼一些地方，[tɕiəɣ̃⁵³iaɣ̃³¹tɕʰiæ̃²⁴ɕiæ̃⁵⁵kao⁵³liəɣ̃³¹iao⁵⁵ɕiæ̃⁵⁵tʰuəɣ̃³¹tʃuæ̃⁵³liɛ̃³¹tʰuəɣ̃⁵³i³¹ɕiɛ³¹ti⁵⁵faɣ̃³¹]

后来在富平得以传承。[xou⁵⁵lɛɛ³¹tsɛɛ⁵⁵fu⁵⁵pʰiəɣ̃³¹tei³¹i³¹tʂuæ̃²⁴tʂʰəɣ̃²⁴]

阿宫腔最早的演出形式是皮影儿戏。[uo³¹kuəɣ̃²⁴tɕʰiaɣ̃³¹tsuei⁵⁵tsao⁵³ti³¹iæ̃⁵³tʃʰu³¹ɕiəɣ̃²⁴ʂ̩³¹ʂ̩⁵⁵pʰi³¹iər⁵³ɕi⁵⁵]

1960年，阿宫腔从皮影儿戏搬上了戏曲舞台，[i³¹tɕiou⁵³liou³¹liəɣ̃²⁴ȵiæ̃⁵³，uo³¹kuəɣ̃²⁴tɕʰiaɣ̃³¹tsʰuəɣ̃²⁴pʰi³¹iər⁵³ɕi⁵⁵pæ̃³¹ʂaɣ̃⁵⁵liao³¹ɕi⁵⁵tɕʰy³¹v̩⁵⁵tʰɛɛ²⁴]

在唱腔儿、表演、音乐伴奏及其舞台美术方面，[tsɛɛ⁵⁵tʂʰaɣ̃⁵⁵tɕʰiãr³¹piao³¹iæ̃⁵³iɛ̃³¹yo³¹pæ̃⁵⁵tsou⁵⁵tɕi²⁴tɕʰi³¹v̩⁵³tʰɛɛ²⁴mei⁵³ʃu²⁴faɣ̃³¹miæ̃⁵³]

进行了较大的改革，[tɕiɛ̃⁵⁵ɕiəɣ̃³¹liao⁵³tɕiao⁵³ta⁵⁵ti³¹kɛɛ⁵³kei³¹]

但是仍然保持了原有的艺术风格。[tæ̃⁵⁵ʂ̩⁵⁵ʒuəɣ̃²⁴zæ̃⁵³pao⁵³tʂʰ̩³¹liao⁵³yæ̃²⁴iou⁵³ti³¹i⁵⁵ʃu⁵⁵fəɣ̃²⁴kei³¹]

富平县阿宫剧团继承了该剧种。[fu⁵⁵pʰiəɣ̃³¹ɕiæ̃⁵⁵uo³¹kuəɣ̃³¹tɕy⁵⁵tʰuæ̃²⁴tɕi⁵⁵tʂʰəɣ̃³¹lao⁵³kɛɛ³¹tɕy⁵⁵tʃuəɣ̃⁵³]

阿宫腔是属于宫廷音乐，[uo³¹kuəɣ̃²⁴tɕʰiaɣ̃³¹ʂ̩⁵⁵sou²⁴y⁵³kuəɣ̃²⁴tʰiəɣ̃³¹iɛ̃³¹yo³¹]

后世流传于民间。[xou⁵⁵ʂ̩⁵⁵liou²⁴tʃʰuæ̃²⁴y³¹miɛ̃²⁴tɕiæ̃³¹]

---

① 发音人（男性，老派）所在地：富平县城关街道办莲湖村。

它的旋律是翻高遏低，委婉动听，悦耳细腻，[tʰa⁵³ti³¹ɕyæ̃²⁴ly³¹sʅ⁵⁵fæ̃²⁴kao³¹uo²⁴ti³¹，uei³¹uæ̃⁵³tuəɣ̃⁵⁵tʰiəɣ̃³¹，yo³¹ər⁵³ɕi⁵⁵n̠i⁵⁵]

特别是哭音唱腔，[tʰei²⁴piɛ²⁴sʅ⁵⁵kʰu³¹iɛ̃³¹tʂʰaɣ̃⁵⁵tɕʰiaɣ̃³¹]

擅长于表现人物的内心感情，[ʂæ̃²⁴tʂʰaɣ̃²⁴y³¹piao⁵³ɕiæ̃⁵⁵ʐɛ̃²⁴vo⁵³ti³¹luei⁵⁵ɕiɛ̃³¹kæ̃⁵³tʰiəɣ̃²⁴]

堪称与南戏媲美。[kʰæ̃³¹tʂʰəɣ̃⁵³y⁵⁵næ̃²⁴ɕi⁵⁵pʰi⁵³mei⁵³]

据老艺人段天焕回忆，[tɕy⁵⁵lao⁵³i⁵⁵ʐə̃³¹tuæ̃⁵⁵tʰiæ̃³¹xuæ̃⁵⁵xuei²⁴i⁵⁵]

清朝的嘉庆、道光年间，[tɕʰiəɣ̃⁵³tʂʰao³¹ti³¹tɕia³¹tɕʰiəɣ̃⁵⁵tao⁵⁵kuaɣ̃³¹n̠iæ̃²⁴tɕiæ̃³¹]

阿宫腔已由礼泉传播到渭北一带。[uo³¹kuəɣ̃²⁴tɕʰiaɣ̃³¹i⁵⁵iou²⁴li⁵³tɕʰyæ̃³¹tʃʰuæ̃²⁴po⁵³tao³¹uei⁵⁵pei³¹i³¹tɛe⁵⁵]

在清朝的同治、光绪年间，[tsɛe⁵⁵tʰiəɣ̃⁵³tʂʰao³¹ti³¹tʰuəɣ̃²⁴tʂʅ⁵⁵kuaɣ̃⁵³ɕy⁵⁵n̠iæ̃²⁴tɕiæ̃³¹]

又相继出现了许多皮影儿的班社及名人，[iou⁵⁵ɕiaɣ̃³¹tɕi⁵⁵tʃʰu³¹ɕiæ̃⁵⁵liao³¹ɕy⁵³tuo³¹pʰi³¹iər⁵³ti³¹pæ̃³¹ʂɤ⁵⁵tɕi³¹miəɣ̃²⁴ʐɛ̃²⁴]

演出的剧目有《滚龙床》《清河桥》《屎巴牛儿招亲》等。[iæ̃⁵³tʃʰu³¹ti³¹tɕy⁵⁵mu³¹iou⁵³ kuɛ̃⁵³luəɣ̃²⁴tʃʰuaɣ̃²⁴ tʰiəɣ̃³¹xuo²⁴tɕʰiao²⁴ sʅ⁵³pa³¹n̠iour²⁴tʂao²⁴tʰiɛ̃³¹ təɣ̃⁵³] 屎巴牛儿：屎壳郎

1964年，富平的阿宫剧团进京演出，[i³¹tɕiou⁵³liou³¹sʅ⁵⁵n̠iæ̃²⁴，fu⁵⁵pʰiəɣ̃³¹ti³¹uo³¹kuaɣ̃³¹tɕy⁵⁵tʰuæ̃²⁴tɕiɛ̃⁵⁵tɕiəɣ̃³¹iæ̃⁵³tʃʰu³¹]

《王逵负义》《女巡案》两个剧目得到了陈毅、习仲勋等中央首长的好评。[uaɣ̃²⁴kʰuei²⁴fu⁵⁵i⁵⁵ n̠y⁵³ɕyɛ̃²⁴ŋæ̃⁵⁵ liaɣ̃⁵³kɤ⁵³tɕy⁵⁵mu³¹tei³¹tao⁵⁵lao³¹tʂʰɛ̃²⁴i²⁴、ɕi²⁴tʃuəɣ̃³¹ɕyɛ̃³¹təɣ̃⁵³tʃuəɣ̃⁵³iaɣ̃³¹ʂou³¹tʂaɣ̃⁵³ti³¹xao⁵³pʰiəɣ̃²⁴]

现在，富平的阿宫腔有专业的演出团队，[ɕiæ̃⁵⁵tsɛe⁵⁵，fu⁵⁵pʰiəɣ̃³¹ti³¹uo³¹kuəɣ̃²⁴tɕʰiaɣ̃³¹iou⁵⁵tʃuæ̃³¹n̠ie³¹ti³¹iæ̃⁵³tʃʰu³¹tʰuæ̃²⁴tuei⁵⁵]

民间的自乐班有时也组织表演。[miɛ̃²⁴tɕiæ̃⁵³ti³¹tsʅ⁵⁵luo³¹pæ̃³¹iou⁵³sʅ²⁴iɛ⁵³tsou⁵³tsʅ³¹piao³¹iæ̃⁵³]

阿宫的基本情况就是这样。[uo³¹kuəɣ̃³¹ti³¹tɕi³¹pɛ̃⁵³tʰiəɣ̃²⁴kʰuaɣ̃⁵⁵tiou⁵⁵sʅ⁵⁵tʂɤ⁵⁵iaɣ̃³¹]

老庙的老鼓是富平首屈一指的代表作，[lao⁵⁵miao⁵⁵ti⁵⁵lao³¹ku³¹sʅ⁵⁵fu⁵⁵pʰiəɣ̃³¹

ʂou⁵³tɕʰy³¹i²⁴tsɿ³¹ti³¹tɛe⁵⁵piao⁵³tsuo³¹]

俗名儿"老鼓"，是民间鼓舞的一种。[ɕy²⁴miə̃r²⁴²lao³¹ku³¹，sɿ⁵⁵miɛ̃²⁴tɕiæ̃⁵³ku⁵⁵v̩⁵³ti³¹i³¹tʃuaɣ̃⁵³]

老庙老鼓是属于打击乐，[lao⁵⁵miao⁵⁵lao³¹ku³¹sɿ⁵⁵sou²⁴y⁵⁵ta⁵³tɕi³¹yo³¹]

同时伴有优美的舞姿，[tʰuəɣ̃²⁴sɿ²⁴pæ̃⁵⁵iou⁵³iou³¹mei⁵³ti³¹v̩⁵³tsɿ³¹]

给人的感觉是，[kei⁵⁵zɛ̃³¹ti⁵⁵kæ̃⁵³tɕyo³¹sɿ⁵⁵]

音乐和舞蹈相依相承。[iɛ̃³¹yo³¹xuo²⁴v̩⁵⁵tao⁵³siaɣ̃²⁴i³¹siaɣ̃³¹tʂʰəɣ̃²⁴]

击鼓的人不光是握槌打鼓，[tɕi³¹ku⁵³ti³¹zɛ̃²⁴pu³¹kuaɣ̃²⁴sɿ³¹uo³¹tʃʰuei²⁴ta⁵³ku⁵³]

同时还是边敲边舞，[tʰuəɣ̃²⁴sɿ²⁴xuæ̃²⁴sɿ⁵⁵piæ̃²⁴tɕʰiao³¹piæ̃³¹v̩⁵³]

敲鼓、跳舞的人，[tɕʰiao³¹ku⁵³tʰiao²⁴v̩⁵³ti³¹zɛ̃²⁴]

神态、表情、舞蹈动作都要跟上鼓曲、鼓点儿。[ʂɛ̃²⁴tʰɛe⁵⁵piao⁵³tʰiəɣ̃²⁴v̩⁵⁵tao⁵³tuəɣ̃⁵⁵tsuo³¹tou²⁴iao⁵⁵kɛ̃⁵³ʂaɣ̃³¹ku⁵³tɕʰy³¹ku⁵⁵tiær⁵³]

老庙老鼓虽然只有一鼓两槌，[lao⁵⁵miao⁵⁵lao³¹ku³¹suei³¹zæ̃³¹tsɿ³¹iou⁵³i³¹ku⁵⁵liaɣ̃⁵³tʃʰuei²⁴]

但是舞姿变化多端，[tæ̃⁵⁵sɿ⁵⁵v̩⁵³tsɿ³¹piæ̃⁵⁵xua⁵⁵tuo²⁴tuæ̃³¹]

敲起来震耳欲聋，惊天动地，催人奋进，[tɕʰiao³¹tɕʰi⁵³lɛe³¹tʂɛ̃⁵⁵ər⁵³y³¹luəɣ̃²⁴，tɕiəɣ̃³¹tʰiæ̃³¹tuəɣ̃⁵⁵ti⁵⁵，tsʰuei³¹zɛ̃²⁴fɛ̃⁵⁵tɕiɛ̃⁵⁵]

有气壮山河之势。[iou⁵⁵tɕʰi⁵⁵tʃuaɣ̃⁵³sæ̃³¹xuo²⁴tsɿ³¹sɿ⁵⁵]

每逢庙会、传统节日，[mei⁵³fəɣ̃²⁴miao⁵⁵xuei⁵⁵tʃʰuæ̃³¹tʰuəɣ̃⁵³tɕiɛ̃²⁴ər³¹]

各村之间赛鼓成风，各显神通。[kɤ²⁴tɕʰyɛ̃³¹tsɿ²⁴tɕiæ̃³¹sɛe⁵⁵ku⁵³tʂʰəɣ̃²⁴fəɣ̃³¹，kɤ³¹ɕiæ̃⁵³ʂɛ̃²⁴tʰuəɣ̃³¹]

尤其是每年春节，[iou²⁴tɕʰi³¹sɿ⁵⁵mei⁵³ȵiæ̃²⁴tʃʰuɛ̃²⁴tɕiɛ̃³¹]

从除夕的黄昏直到元宵节，[tsʰuəɣ̃²⁴tʃʰu²⁴si⁵³ti³¹xuaɣ̃²⁴xuɛ̃³¹tʂɿ²⁴tao⁵⁵yæ̃²⁴ɕiao⁵³tɕiɛ³¹]

连续半个月，[liæ̃²⁴ɕy⁵⁵pæ̃⁵⁵kɤ³¹yɛ³¹]

金鼓之声不绝于耳，壮观得很。[tɕiɛ̃³¹ku⁵³tsɿ²⁴ʂəɣ̃³¹pu³¹tɕyɛ²⁴y⁵⁵ər⁵³，tʃuaɣ̃⁵⁵kuæ̃³¹ti³¹xɛ̃⁵³]

老庙的老鼓分套曲，[lao⁵⁵miao⁵⁵ti⁵⁵lao³¹ku³¹fɛ̃³¹tʰao⁵⁵tɕʰy³¹]

有《长响曲》《滚核桃》《缠穗子》，大概共计13套鼓曲。[iou⁵³tʂʰaɣ̃²⁴ɕiaɣ̃⁵³tɕʰy³¹ kuɛ̃⁵³xur²⁴tʰao⁵³ tʂʰæ̃²⁴ɕy⁵⁵tsɿ³¹，ta⁵⁵kɛe⁵⁵kuəɣ̃⁵⁵tɕi⁵⁵sɿ²⁴sæ̃³¹tʰao⁵⁵ ku⁵³tɕʰy³¹]

1955年，全国的民间社火舞蹈调演，[i³¹tɕiou⁵⁵u⁵⁵u⁵³ȵiæ̃²⁴，tɕʰyæ̃²⁴kuei³¹ti³¹miɛ̃²⁴tɕiæ̃³¹ʂɤ⁵⁵xu³¹y⁵⁵tao⁵³tiao⁵⁵iæ̃⁵³]

富平的老庙老鼓就进京展演过；[fu⁵⁵pʰiəɣ̃³¹ti³¹lao⁵³miao⁵⁵lao³¹ku³¹tiou⁵⁵tɕiɛ̃⁵⁵tɕiəɣ̃³¹tʂæ̃⁵⁵iæ̃⁵³kuo³¹]

1992年，赴沈阳参加国际秧歌儿节，[i³¹tɕiou⁵⁵tɕiou⁵⁵ər⁵⁵ȵiæ̃²⁴，pʰu⁵³ʂɛ̃⁵³iaɣ̃³¹tsʰæ̃²⁴tɕia³¹kuei³¹ti⁵⁵iaɣ̃³¹kər²⁴tɕiɛ³¹]

荣获了展演的一等奖；[yəɣ̃²⁴xuei³¹lao³¹tʂæ̃⁵⁵iæ̃⁵³ti³¹i³¹təɣ̃³¹tɕiaɣ̃⁵³]

2000年，上海的世博会演出，[liaɣ̃⁵³tsʰiæ̃³¹ȵiæ̃²⁴，ʂaɣ̃⁵⁵xɛe⁵³ti³¹ʂʅ⁵⁵po³¹xuei⁵⁵iæ̃⁵³tʃʰu³¹]

得到与会观众的一致好评。[tei³¹tao⁵⁵y⁵⁵xuei⁵⁵kuæ̃³¹tʃuəɣ̃⁵⁵ti³¹i³¹tʂʅ⁵⁵xao⁵³pʰiəɣ̃²⁴]

老庙老鼓大致如此。[lao⁵⁵miao⁵⁵lao³¹ku³¹ta⁵⁵tʂʅ⁵⁵ʐu³¹tsʰʅ⁵³]

富平的民间社火有"扑蛾儿""合字灯""变马""耍狮子"[fu⁵⁵pʰiəɣ̃³¹ti³¹miɛ̃²⁴tɕiæ̃²⁴ʂɤ⁵⁵xu³¹iou⁵³pʰu³¹ŋər²⁴²xuo³¹tsʅ⁵⁵təɣ̃³¹piæ̃⁵⁵ma⁵³ʃua⁵³sʅ⁵³tsʅ³¹]

"高跷""抬芯子""龙灯""推车儿""跑旱船"等30余种形式，[kao⁵³tɕʰiao³¹tʰɛe²⁴ɕiɛ̃⁵⁵tsʅ³¹luəɣ̃²⁴təɣ̃³¹tʰuei²⁴tʂʰər³¹pʰao²⁴xæ̃⁵³tʃʰuæ̃²⁴təɣ̃⁵³sæ̃⁵³ʂʅ³¹y²⁴tʃuəɣ̃⁵³ɕiəɣ̃²⁴ʂʅ³¹]

是依靠扮演、造型、技巧取胜的艺术。[ʂʅ⁵⁵i³¹kʰao⁵⁵pæ̃⁵³iæ̃⁵³tsao⁵⁵ɕiəɣ̃²⁴tɕi⁵⁵tɕʰiao⁵³tɕʰy⁵³ʂəɣ̃⁵⁵ti³¹i⁵⁵ʃu²⁴]

通过高难度的动作和严密的构思，[tʰuəɣ̃³¹kuo⁵⁵kao³¹næ̃²⁴tou⁵⁵ti³¹tuəɣ̃⁵⁵tsuo³¹xuo²⁴iæ̃²⁴mi⁵³ti³¹kou⁵⁵sʅ³¹]

叫演员扮成历史人物和现代人物，[tɕiao⁵⁵iæ̃⁵³yæ̃²⁴pæ̃⁵⁵tʂʰəɣ̃²⁴li³¹ʂʅ⁵³ʐɛ̃³¹vo⁵³xuo²⁴ɕiæ̃⁵⁵tɛe⁵⁵ʐɛ̃³¹vo⁵³]

形成故事组合，[ɕiəɣ̃²⁴tʂʰəɣ̃²⁴ku⁵⁵sʅ⁵⁵tsou⁵⁵xuo²⁴]

给人一种高屋建瓴、惊险出奇的艺术感染力。[kei⁵⁵ʐɛ̃²⁴i³¹tʃuəɣ̃⁵³kao²⁴v³¹tɕiæ̃⁵⁵liəɣ̃⁵³tɕiəɣ̃⁵⁵ɕiæ̃⁵³tʃʰu³¹tɕʰi²⁴ti⁵³i⁵⁵ʃu⁵⁵kæ̃⁵⁵ʐæ̃⁵³li³¹]

每年春节，各乡各村群众自发地组织"抬芯子""跑竹马儿""踩高跷""耍狮子"，[mei⁵³ȵiæ̃²⁴tʃʰuɛ̃²⁴tɕiɛ³¹，kɤ²⁴ɕiaɣ̃³¹kɤ²⁴tsʰuɛ̃³¹tɕʰyɛ̃²⁴tʃuəɣ̃⁵⁵tsʅ⁵⁵fa³¹ti³¹tsou⁵³tsʅ³¹tʰɛe²⁴ɕiɛ̃⁵⁵tsʅ³¹pʰao²⁴tsou³¹mar³¹tsʰɛe⁵⁵kao⁵³tɕʰiao³¹ʃua⁵³sʅ⁵³tsʅ³¹]

走村串户，特别热闹。[tsou⁵³tʃʰuɛ̃³¹tʃʰuæ̃⁵⁵xu⁵⁵，tʰei²⁴piɛ²⁴zɤ⁵³nao³¹]

社火中的精华是高难度艺术"芯子"。[ʂɤ⁵⁵xu³¹tʃuaɣ̃³¹ti²⁴tiəɣ̃³¹xua³¹sʅ⁵⁵kao³¹næ̃²⁴tou⁵⁵i⁵⁵ʃu²⁴ɕiɛ̃⁵⁵tsʅ³¹]

是在一种专用的桌子上，[sʅ⁵⁵tsɛɛ⁵⁵i³¹tʃuəɣ̃⁵³tʃuʃ³¹yəɣ̃⁵⁵ti³¹tʃuo⁵³tsʅ³¹ʂaɣ̃⁵⁵]

固定一根儿形状各异的拇指粗的钢筋，[ku⁵⁵tiəɣ̃⁵⁵i³¹kɚ³¹ɕiəɣ̃²⁴tʃuaɣ̃⁵⁵kɤ³¹i⁵⁵ti³¹mu⁵⁵tsʅ³¹tsʰou⁵³ti³¹kaɣ̃²⁴tɕiɛ̃³¹]

大约有两米高，[ta⁵⁵yo³¹iou⁵⁵liaɣ̃³¹mi⁵³kao³¹]

把四五岁的男娃儿、女娃儿扮成戏剧人物，[pa³¹sʅ⁵⁵u³¹suei⁵⁵ti³¹næ̃³¹uar⁵³ny⁵³uar⁵³pæ̃⁵⁵tʂʰəɣ̃²⁴ɕi⁵⁵tɕy⁵⁵zɤ̃³¹vo⁵³]

站在顶上，[tsæ̃⁵⁵tsɛɛ⁵⁵tiəɣ̃⁵³ʂaɣ̃⁵⁵]

少至1人，多至10人以上。[ʂao⁵³tsʅ⁵³⁻³¹i³¹zɤ̃²⁴，tuo³¹tsʅ⁵³sʅ²⁴zɤ̃²⁴⁻³¹i³¹ʂaɣ̃⁵⁵]

"扑蛾儿""合字灯""变马"三个舞蹈节目已被《中国民族民间舞蹈集成·陕西卷》收录。[pʰu³¹ŋər²⁴²xuo³¹tsʅ⁵⁵təɣ̃³¹piæ̃⁵⁵ma⁵³sæ̃³¹kɤ³¹v⁵⁵tao⁵³tiɛ²⁴mu³¹i⁵⁵pi⁵⁵ tʃuəɣ̃³¹kuei³¹miɛ̃²⁴tsou²⁴miɛ̃²⁴tɕiɛ³¹v⁵⁵tao⁵³ti³¹tʂʰəɣ̃²⁴ʂæ̃⁵³ɕi³¹tɕyæ̃⁵⁵sou²⁴lou³¹]

其中的"变马"在省调演中获得一等奖，[tɕʰi²⁴tʃuəɣ̃³¹ti³¹piæ̃⁵⁵ma⁵³tsɛɛ⁵⁵səɣ̃⁵³tiao⁵⁵iæ̃⁵³tʃuəɣ̃³¹xuei³¹tei³¹i³¹təɣ̃³¹tɕiaɣ̃⁵³]

"推车"民间舞蹈在全国的民舞调演中获得了"丰收奖"。[tʰuei²⁴tʂʰɤ³¹miɛ̃²⁴tɕiæ̃³¹u⁵⁵tao⁵³tsɛɛ⁵⁵tɕʰyæ̃²⁴kuei³¹ti³¹miɛ̃²⁴v⁵³tiao⁵⁵iæ̃⁵³tʃuəɣ̃³¹xuei³¹tei³¹lao³¹fəɣ̃²⁴sou³¹tiaɣ̃⁵³] 舞：自由变读[u][v]

这是对富平的社火一个简单的介绍。[tʂɤ⁵³sʅ³¹tuei⁵⁵fu⁵⁵pʰiəɣ̃³¹ti³¹ʂɤ⁵⁵xu³¹i³¹kɤ⁵⁵tɕiæ̃⁵³tæ̃³¹ti³¹tɕiɛɛ⁵⁵ʂao²⁴]

富平的文艺

我现在简单向大家介绍一下富平文艺：阿宫腔、老庙老鼓和民间舞蹈社火。

富平阿宫腔是国家级非物质文化遗产，又称北路秦腔，陕西省古老的传统戏曲艺术之一。阿宫腔最早流传于礼泉县、三原县、富平县、兴平县（今兴平市）、咸阳市、泾阳县、乾县、高陵区、耀县（今耀州区）、铜川市、临潼区等地，后在富平得以传承。阿宫腔最早的演出形式是皮影戏。1960年，阿宫腔被搬上了戏曲舞台，其在唱腔、表演、音乐伴奏以及舞台美术方面，均较原先的皮影戏有了较大改革，但仍保持了固有的艺术风格。富平县阿宫腔剧团继承了这一剧种。阿宫腔原是宫廷音乐，后世流传至民间。其旋律翻高遏低，委婉动听，悦耳细腻，尤其是哭音唱腔，以表现人物的内心情感为长，堪与南戏相媲美。据老艺人段天焕回忆，清朝嘉庆、道光年间，阿宫腔已由礼泉县传播至渭北平原一带。至清朝同治、光绪年间，又相继出现了许多皮影班社及名人，演出剧目有《滚龙床》《清河桥》《屎巴牛儿招亲》等。1964年，富平县阿宫腔剧团进京演出，《王遫负义》《女巡案》两个剧目得到陈毅、习仲勋等中央首长的好评。富平县现在有专业的阿宫腔演出团队，民间自乐班有时也组织表演。阿宫腔的情况大致如此。

老庙老鼓是富平县首屈一指的文艺代表作，俗名"老鼓"，是民间鼓舞的一种。老庙老鼓是打击乐，伴有优美的舞姿，给人的感觉是音乐和舞蹈相得益彰。击鼓者不只握槌打鼓，而是要边敲边舞，其神态表情和舞蹈动作都要紧跟鼓曲和鼓点。老庙老鼓虽然只有一鼓两槌，但其舞姿变化多端，鼓声震耳欲聋，惊天动地，催人奋进，有气壮山河之势。每逢庙会、传统节日，各村赛鼓成风，各显神通。尤其是每年春节，从除夕开始，直到元宵节，半月之久金鼓之声不绝于耳，非常壮观。老庙老鼓分套曲，有《长响曲》《滚核桃》《缠穗子》等共计13套。1955年，全国民间社火舞蹈调演，富平老庙老鼓队进京展演；1992年，富平老庙老鼓队赴沈阳参加国际秧歌节展演，荣获一等奖；2000年，富平老庙老鼓队在上海世博会上演出，得到与会观众的一致好评。老庙老鼓的情况大致如此。

富平县民间社火有"扑蛾儿""合字灯""变马""耍狮子""高跷""抬芯子""龙灯""推车儿""跑旱船"等30余种形式，是一种靠扮演、造型和技巧取胜的艺术。通过高难度动作和严密的构思，将演员装扮成历史人物和现代人物，形成多个故事组合，给人一种高屋建瓴、惊险出奇的艺术感染力。每年春节，各乡村自发组织"抬芯子""跑竹马儿""踩高跷""耍狮子"等社火表演，走村串户，异常热闹。社火中的精华是高难度艺术形式"芯子"。表演时，给每个专用桌子上分别固定一根形状各异的拇指粗的钢筋，约两米高，将四五岁的男孩和女孩装扮成戏剧人物，然后将其固定在钢筋顶上，每次参演的孩子少则1人，多则10余人。"扑蛾儿""合字灯""变马"三个舞蹈节目已被《中国民族民间舞蹈集成·陕西卷》收录。其中"变马"在省级调演中荣获一等奖，民间舞蹈"推车"在全国民间舞蹈调演中荣获"丰收奖"。以上是对富平社火的简要介绍。

221.① 中国最美传统村落——富平县老城
[tʃuəɣ̃³¹kuei³¹tsuei⁵⁵mei⁵³tʃʰuæ²⁴tʰuəɣ̃⁵³tsʰuɛ̃²⁴luo³¹——fu⁵⁵pʰiəɣ̃³¹ɕiæ̃⁵⁵lao⁵³tʂʰəɣ̃²⁴]

富平老城位于富平县政府一公里处的窦村镇莲湖村。[fu⁵⁵pʰiəɣ̃³¹lao⁵³tʂʰəɣ̃²⁴uei⁵⁵y²⁴fu⁵⁵pʰiəɣ̃³¹ɕiæ̃⁵⁵tʂəɣ̃⁵⁵fu̠i²⁴kuəɣ̃³¹li⁵³tʃʰu⁵³ti³¹tou⁵⁵tɕʰyɛ̃³¹tʂɛ̃⁵⁵liæ̃²⁴xu²⁴tɕʰyɛ̃³¹] 窦村：原本是一个镇，下辖莲湖村。随着行政区划的调整，现在窦村村和莲湖村均属于城关街道办

从元末明初到1970年，[tsʰuəɣ̃²⁴yæ̃²⁴mo³¹miəɣ̃²⁴tsʰou³¹tao⁵⁵i³¹tɕiou⁵³tɕʰi³¹liəɣ̃³¹n̠iæ̃⁵³]

为富平县城所在地。[uei²⁴fu⁵⁵pʰiəɣ̃³¹ɕiæ̃⁵⁵tʂʰəɣ̃²⁴suo⁵³tsɛɛ⁵⁵ti⁵⁵]

北临温泉河，东临新县城，[pei³¹liɛ̃²⁴uɛ̃³¹tɕʰyæ̃²⁴xuo²⁴，tuəɣ̃³¹liɛ̃²⁴ɕiɛ̃³¹ɕiæ̃⁵⁵tʂʰəɣ̃²⁴]

西临连城，南临西禹公路。[ɕi³¹liɛ̃²⁴liæ̃³¹tʂʰəɣ̃⁵³，næ̃²⁴liɛ̃²⁴ɕi³¹y⁵⁵kuəɣ̃³¹lou⁵⁵]
连城：富平县城关街道办辖村

老城中间高，四周低，[lao⁵³tʂʰəɣ̃²⁴tʃuəɣ̃²⁴tɕiæ̃²⁴kao³¹，sɿ⁵⁵tʂou²⁴ti³¹]

属于丘陵低原地带。[sou⁵³y⁵⁵tɕʰiou³¹liəɣ̃³¹ti³¹yæ̃²⁴ti⁵⁵tɛɛ⁵⁵]

老城的形状是不规则的长方形，[lao⁵³tʂʰəɣ̃³¹ti⁵³ɕiəɣ̃²⁴tʃuaɣ̃⁵⁵sɿ⁵⁵pu²⁴kuei³¹tsei³¹ti³¹tʂʰaɣ̃²⁴faɣ̃³¹ɕiəɣ̃²⁴]

占地面积有280多亩。[tʂæ̃⁵⁵ti⁵⁵miæ̃⁵⁵tɕi³¹iou⁵³ər⁵⁵pei³¹pa⁵³sɿ³¹tuo³¹mu⁵³]

老城历史悠久，[lao⁵³tʂʰəɣ̃²⁴li³¹sɿ³¹iou³¹tɕiou⁵³]

是一个具有悠久的历史文化的典型关中村落。[sɿ⁵⁵i³¹kɤ⁵⁵tɕy⁵⁵iou⁵³iou³¹tɕiou⁵³ti³¹li³¹sɿ⁵³vɛ̃²⁴xua⁵⁵ti³¹tiɛ̃⁵³ɕiəɣ̃²⁴kuæ̃³¹tʃuəɣ̃³¹tsʰuɛ̃²⁴luo³¹]

老城也是全国唯一一座斩城，[lao⁵³tʂʰəɣ̃²⁴iɛ⁵³sɿ⁵⁵tɕʰyæ̃²⁴kuei³¹vei²⁴i³¹i³¹tsuo⁵³tsæ̃⁵³tʂʰəɣ̃²⁴]

到现在已经有600多年的历史啦。[tao⁵⁵ɕiæ̃⁵⁵tsɛɛ⁵⁵i⁵⁵tɕiəɣ̃⁵⁵iou⁵³liou³¹pei³¹tuo³¹n̠iæ̃³¹ti⁵³li³¹sɿ⁵³la³¹]

老城里头遗留了一些古建筑，[lao⁵³tʂʰəɣ̃²⁴li⁵³tʰou³¹i²⁴liou²⁴lao⁵³i²⁴ɕiɛ³¹ku⁵³tɕiæ̃⁵⁵tsou³¹]

比如说，城隍庙、关帝庙、望湖楼，[pi⁵³ʐu³¹ʂuo³¹，tʂʰəɣ̃³¹xuaɣ̃⁵³miao⁵⁵kuæ̃³¹ti⁵⁵miao⁵⁵uaɣ̃⁵⁵xu⁵⁵lou²⁴]

---

① 发音人（女性，新派）所在地：富平县城关街道办莲湖村。

藏书楼、魁星楼，"魁"就是"魁梧"的"魁"。［tsʰaɣ²⁴ʃu³¹lou²⁴kʰuei²⁴ɕiəɣ³¹lou²⁴，kʰuei²⁴tsou⁵⁵sʅ³¹kʰuei²⁴u⁵³ti³¹kʰuei²⁴］

老城的望湖楼非常有名，［lao⁵³tʂʰəɣ³¹ti⁵³uaɣ⁵⁵xu³¹lou²⁴fei³¹tʂʰaɣ²⁴iou⁵³miəɣ²⁴］

这名字的由来其实很简单，［tʂɤ⁵³miəɣ³¹tsʅ⁵³ti³¹iou²⁴lɛɛ²⁴tɕʰi³¹sʅ⁵⁵xɛ̃⁵³tɕiæ̃⁵³tæ³¹］

因为站到望湖楼上朝南看，［iɛ̃³¹uei²⁴tsæ̃⁵⁵tao³¹uaɣ⁵⁵xu³¹lou³¹ʂaɣ⁵³tʂʰao³¹næ²⁴kʰæ⁵⁵］

景色特别优美，［tɕiəɣ⁵³sei³¹tʰei²⁴piɛ²⁴iou³¹mei⁵³］

能看到十里莲花，［nəɣ²⁴kʰæ⁵⁵tao⁵⁵sʅ³¹li⁵³liæ̃³¹xua⁵³］

能闻到特别清香的稻子味。［nəɣ²⁴vɛ̃²⁴tao⁵⁵tʰei²⁴piɛ²⁴tɕʰiəɣ²⁴ɕiaɣ⁵³ti³¹tʰao⁵³tsʅ³¹vei⁵³］

可惜的是，刚说的这些景色早就已经不复存在啦，［kʰɤ⁵³ɕi³¹ti³¹sʅ⁵⁵，kaɣ²⁴ʂuo⁵³ti³¹tʂʅ⁵⁵ɕiɛ²⁴tɕiəɣ⁵³sei³¹tsao⁵³tsou⁵⁵i⁵⁵tɕiəɣ⁵⁵pu³¹fu⁵⁵tɕʰyɛ²⁴tsɛɛ⁵⁵la³¹］

刚说的这些都是听老年人说的。［kaɣ²⁴ʂuo⁵³ti³¹tʂʅ⁵⁵ɕiɛ³¹tou²⁴sʅ⁵⁵tʰiəɣ³¹lao⁵³ɲiæ̃³¹zɛ̃²⁴ʂuo⁵³ti³¹］

老年人经常提到：［lao⁵³ɲiæ̃³¹zɛ̃²⁴tɕiəɣ³¹tʂʰaɣ²⁴tʰi²⁴tao⁵⁵］

东门外，窦村堡，千家万家；［tuəɣ³¹mɛ̃²⁴uɛɛ⁵⁵，tou⁵⁵tsʰuɛ̃³¹pu⁵³，tɕʰiæ̃²⁴tɕia³¹væ̃⁵⁵tɕia³¹］

西门外，圣佛寺，一座宝塔；［ɕi³¹mɛ̃²⁴uɛɛ⁵⁵，ʂəɣ⁵⁵fo²⁴sʅ⁵⁵，i³¹tsuo⁵⁵pao⁵³tʰa³¹］

南门外，稻子莲花；［næ²⁴mɛ̃²⁴uɛɛ⁵⁵，tʰao⁵³tsʅ³¹liæ̃³¹xua⁵³］

北门外，水流桥上桥下，噼哩嗒啦。［pei³¹mɛ̃²⁴uɛɛ⁵⁵，ʃuei⁵³liou²⁴tɕʰiao²⁴ʂaɣ⁵⁵tɕʰiao²⁴xa⁵⁵，pʰi⁵³li³¹tʰa⁵³la³¹］噼哩嗒啦：拟声词

说的就是以前站到望湖楼上看到的景色。［ʂuo⁵³ti³¹tsou⁵⁵sʅ⁵⁵i³¹tɕʰiæ̃²⁴tsæ̃⁵⁵tao⁵⁵uaɣ⁵⁵xu²⁴lou²⁴ʂaɣ⁵³kʰæ⁵⁵tao⁵⁵ti³¹tɕiəɣ⁵³sei³¹］

望湖楼最早建于清朝，［uaɣ⁵⁵xu²⁴lou²⁴tsuei⁵⁵tsao⁵³tɕiæ̃⁵⁵y²⁴tɕʰiəɣ⁵³tʂʰao³¹］

民国时候重修过一次，［miɛ̃²⁴kuei³¹sʅ³¹xou⁵³tʃʰuəɣ²⁴ɕiou⁵³kuo³¹i³¹tsʰʅ⁵³］

整体是木制结构的，［tʂəɣ⁵³tʰi⁵³sʅ⁵⁵mu³¹tʂʅ⁵⁵tɕie³¹kou⁵⁵ti³¹］

总共儿有三层。［tsuəɣ⁵³kuɚ⁵³iou⁵³sæ̃³¹tsʰəɣ²⁴］

老城的历史文化遗存相当丰富，［lao⁵³tʂʰəɣ³¹ti³¹li⁵³sʅ⁵³vɛ̃²⁴xua⁵⁵i²⁴tɕʰyɛ²⁴ɕiaɣ²⁴taɣ³¹fəɣ³¹fu⁵⁵］

城墙里头有三条街、四门儿、十巷儿。[tʂʰəɣ̃²⁴tɕʰiaɣ̃²⁴li⁵³tʰou³¹iou⁵³sæ³¹tʰiao²⁴tɕiɛɛ³¹sʅ⁵⁵mẽr²⁴sʅ²⁴xãr⁵³]

"三街"指的是正街、南街、北街；[sæ̃²⁴tɕiɛɛ³¹tsʅ⁵³ti³¹sʅ⁵⁵tʂəɣ̃⁵⁵tɕiɛɛ³¹næ̃²⁴tɕiɛɛ³¹pei³¹tɕiɛɛ³¹]

"四门"指的是东门儿、西门儿、南门儿、北门，[sʅ⁵⁵mẽr²⁴tsʅ⁵³ti³¹sʅ⁵⁵tuəɣ̃³¹mẽr²⁴²ɕi³¹mẽr²⁴næ̃²⁴mẽr²⁴pei³¹mẽ²⁴]

这是就地理方位说的。[tʂɤ⁵³sʅ⁵⁵tɕiou⁵⁵ti⁵⁵li⁵³faɣ̃³¹uei⁵⁵ʂuo⁵³ti³¹]

实际上，每一个门都有专门儿的叫法：[sʅ³¹tɕi⁵⁵ʂaɣ̃³¹，mei⁵³i³¹kɤ⁵⁵mẽ²⁴tou³¹iou⁵³tʂuæ̃³¹mẽr²⁴ti³¹tɕiao⁵⁵fa³¹]

东门儿叫"华翔门儿"；[tuəɣ̃³¹mẽr²⁴tɕiao⁵⁵xua²⁴ɕiaɣ̃²⁴mẽr²⁴]

西门儿叫"荆锯门儿"，[ɕi³¹mẽr²⁴tɕiao⁵⁵tɕiəɣ̃³¹tɕy⁵⁵mẽr²⁴]

"荆条"的"荆"，[tɕiəɣ̃³¹tʰiao³¹ti⁵³tɕiəɣ̃³¹]

"锯"是"钅"字旁儿的"锯"，"居住"的"居"；[tɕy⁵⁵sʅ³¹tɕiẽ⁵³tsʅ³¹pʰãr²⁴ti³¹tɕy⁵⁵，tɕy³¹tʃu⁵⁵ti²⁴tɕy³¹]

南门儿叫"石盘门"，[næ̃²⁴mẽr²⁴²tɕiao⁵⁵sʅ²⁴pʰæ̃²⁴mẽ²⁴]

"石头"的"石"，"盘子"的"盘"；[sʅ³¹tʰou⁵³ti³¹sʅ²⁴，pʰæ̃³¹tsʅ⁵³ti³¹pʰæ̃²⁴]

北门儿叫"带温门儿"，"彩带"的"带"，"温泉"的"温"。[pei³¹mẽr²⁴tɕiao⁵⁵tɛɛ⁵⁵uẽ³¹mẽr²⁴²，tsʰɛɛ⁵³tɛɛ⁵⁵ti³¹tɛɛ⁵⁵，uẽ³¹tɕʰyæ̃⁵⁵ti⁵³uẽ³¹]

从老城这几个门的名字也可以想到，[tsʰuəɣ̃²⁴lao⁵³tʂəɣ̃²⁴tʂɤ⁵⁵tɕi⁵³kɤ³¹mẽ³¹ti⁵³miəɣ̃³¹tsʅ⁵³iɛ⁵³kʰɤ⁵³i³¹ɕiaɣ̃⁵³tao⁵⁵]

老城当年是非常美的。[lao⁵³tʂʰəɣ̃²⁴taɣ̃³¹ȵiæ̃²⁴sʅ⁵⁵fei⁵³tʂʰaɣ̃³¹mei⁵³ti³¹]

"十巷儿"指的是书院巷儿、姜米巷儿，[sʅ²⁴xãr³¹tsʅ⁵³ti³¹sʅ⁵⁵ʃu³¹yæ⁵⁵xãr³¹tɕiaɣ̃⁵³mi³¹xãr³¹]

"姜米巷儿"主要是姜姓和米姓，[tɕiaɣ̃⁵³mi³¹xãr³¹tʃu⁵⁵iao⁵⁵sʅ⁵⁵tɕiaɣ̃³¹ɕiəɣ̃⁵⁵xɤ²⁴mi⁵³ɕiəɣ̃⁵⁵]

还有顺城巷儿、鸳鸯巷儿、王家巷儿、马家巷儿，[xæ³¹iou⁵³ʃuẽ⁵⁵tʂʰəɣ̃²⁴xãr³¹yæ⁵³iã³¹xãr³¹uaɣ̃³¹tɕia⁵³xãr³¹ma⁵³tɕia²⁴xãr³¹]

王、马是老城的两个大姓。[uaɣ̃²⁴ma⁵³sʅ⁵⁵lao⁵³tʂʰəɣ̃³¹ti⁵³liaɣ̃⁵³kɤ³¹ta⁵⁵ɕiəɣ̃⁵⁵]

另外还有关帝庙巷儿、后巷儿、重庆巷儿、小南巷儿。[liəɣ̃⁵⁵uɛɛ⁵⁵xæ³¹iou⁵³

kuæ̃³¹ti⁵⁵miao⁵⁵xãr³¹xou⁵⁵xãr³¹tʃʰuəɣ̃²⁴tɕʰiəɣ̃⁵⁵xãr³¹ɕiao⁵³næ̃²⁴xãr³¹]

重庆巷儿的来历是，[tʃʰuəɣ̃²⁴tɕʰiəɣ̃⁵⁵xãr⁵³ti³¹lɛe²⁴li³¹sʅ⁵⁵]

清朝的时候，[tɕʰiəɣ̃⁵³tʂʰao³¹ti³¹sʅ³¹xou⁵³]

这个巷子里头出了一个重庆做大官的老爷，姓乔。[tʂɤ⁵⁵kɤ³¹xã⁵³tsʅ³¹li⁵³tʰou³¹tʃʰu³¹lao³¹i³¹kɤ⁵⁵tʃʰuəɣ̃²⁴tɕʰiəɣ̃⁵⁵tsuo⁵³ta⁵⁵kuæ̃³¹ti³¹lao⁵³iɛ³¹，ɕiəɣ̃⁵⁵tɕʰiao²⁴]

老城里头的房子基本上是土木结构。[lao⁵³tsʰəɣ̃²⁴li⁵³tʰou³¹ti³¹faɣ̃³¹tsʅ⁵³tɕi³¹pẽ⁵³ʂaɣ̃³¹sʅ⁵⁵tʰou⁵³mu³¹tɕiɛ³¹kou⁵⁵]

虽然整个老城也基本上就是相当于现在的整个儿莲湖村，[suei³¹zæ̃²⁴tʂəɣ̃⁵³kɤ³¹lao⁵³tsʰəɣ̃²⁴iɛ⁵³tɕi³¹pẽ⁵³ʂaɣ̃³¹tɕiou⁵⁵sʅ⁵⁵ɕiaɣ̃²⁴taɣ̃³¹y⁵⁵ɕiæ̃⁵⁵tsɛɛ⁵⁵ti³¹tʂəɣ̃⁵³kər⁵³liæ̃²⁴xu²⁴tɕʰyɛ̃³¹]

不是特别大，但是古城的一些县级政府部门儿的旧址保存得还不少。[pu³¹sʅ⁵⁵tʰei²⁴piɛ²⁴ta⁵⁵，tæ̃⁵⁵sʅ⁵⁵ku⁵³tsʰəɣ̃³¹ti⁵³i²⁴ɕiɛ³¹ɕiæ̃⁵⁵tɕi²⁴tʂəɣ̃⁵⁵fu⁵³pu⁵⁵mẽr²⁴ti³¹tɕiou⁵⁵tsʅ⁵³pao⁵³tɕʰyɛ̃³¹ti⁵³xæ̃³¹pu³¹ʂao⁵³]

大家可能一些人都知道网上提到的"最牛银行"——[ta⁵⁵tɕia³¹kʰɤ⁵³nəɣ̃²⁴i²⁴ɕiɛ³¹zɛ̃²⁴tou²⁴tsʅ⁵³tao³¹uaɣ̃⁵³ʂaɣ̃³¹tʰi²⁴tao⁵⁵ti³¹tsuei⁵⁵ȵiou²⁴iɛ̃²⁴xaɣ̃²⁴]

中国人民银行富平支行的旧址就在富平老城西门坡上头。[tʃuəɣ̃³¹kuei³¹zɛ̃²⁴miɛ̃²⁴iɛ̃²⁴xaɣ̃²⁴fu⁵⁵pʰiəɣ̃³¹tsʅ³¹xaɣ̃³¹ti⁵³tɕiou⁵⁵tsʅ⁵³tɕiou⁵⁵tsɛɛ⁵⁵fu⁵⁵pʰiəɣ̃³¹lao⁵³tsʰəɣ̃²⁴ɕi³¹mẽ²⁴pʰo³¹ʂaɣ̃⁵⁵tʰou³¹]

你没见过，其实就是一间安间房，[ȵi⁵³mo³¹tɕiæ̃⁵⁵kuo³¹，tɕʰi²⁴sʅ²⁴tsou⁵⁵sʅ⁵⁵i²⁴tɕiæ̃³¹ŋæ̃⁵³tɕiæ̃³¹faɣ̃²⁴]过去关中的房子分为安间和厦房。宅院中的上房（客厅，门开向院子）属于安间，两侧的房子是厦房（居室，门开在客厅里）（见图1-4）

总共有四间，也就四进房，[tsuəɣ̃⁵³kuəɣ̃⁵⁵iou⁵³sʅ⁵⁵tɕiæ̃³¹，iɛ⁵³tsou⁵⁵sʅ⁵⁵tɕiɛ̃⁵⁵faɣ̃²⁴]

门外头看起来碎碎儿的，走进去深得很。[mẽ²⁴uɛɛ⁵⁵tʰou³¹kʰæ̃⁵⁵tɕʰi³¹lɛe³¹suei⁵⁵suer⁵³ti³¹，tsou⁵³tɕiɛ̃⁵⁵tɕʰy³¹ʂɛ̃⁵³ti³¹xɛ̃⁵³]碎碎儿的：挺小的

提到老城，还有一处景点不得不说，[tʰi²⁴tao⁵⁵lao⁵³tsʰəɣ̃²⁴，xæ̃²⁴iou⁵³i³¹tʃʰu⁵³tɕiəɣ̃⁵³tiæ̃⁵³pu²⁴tei³¹pu²⁴ʂuo³¹]

就是温泉河湿地公园。[tsou⁵⁵sʅ⁵⁵uɛ̃³¹tɕʰyæ̃²⁴xuo²⁴ʂʅ³¹ti⁵⁵kuəɣ̃³¹yæ̃²⁴]

这个公园儿不是老城固有的，[tʂei⁵⁵kɤ³¹kuəɣ̃³¹yær²⁴pu³¹sʅ⁵⁵lao⁵³tsʰəɣ̃²⁴ku⁵⁵iou⁵³ti³¹]

是近几年新建的，[sʅ⁵⁵tɕiɛ⁵⁵tɕi⁵³ɲiæ²⁴ɕiɛ³¹tɕiæ⁵⁵ti³¹]

位置就在东门坡底下。[uei⁵⁵tsʅ⁵⁵tsou⁵⁵tsɛɛ⁵⁵tuəɣ̃³¹mɛ̃²⁴pʰo³¹ti⁵⁵xɑ³¹]

温泉河流出的水常年四季都是温的，[uɛ̃³¹tɕʰyæ̃²⁴xuo²⁴liou²⁴tʃʰu⁵³ti³¹ʃuei⁵³tsʰaɣ̃²⁴ɲiæ²⁴sʅ⁵⁵tɕi⁵⁵tou²⁴sʅ⁵⁵uɛ̃⁵³ti³¹]

现在可以说是富平男女老少晨练、散步、打太极拳休闲娱乐活动的主要场所。[ɕiæ̃⁵⁵tsɛɛ⁵⁵kʰɤ⁵³i³¹ʂuo³¹sʅ⁵⁵fu⁵⁵pʰiəɣ̃³¹næ̃²⁴ny⁵⁵lao⁵³sao⁵⁵tʂʰɛ̃²⁴liæ̃⁵⁵sæ̃⁵⁵pu⁵⁵tɑ⁵³tʰɛɛ⁵⁵tɕi³¹tɕʰyæ̃²⁴ɕiou³¹ɕiæ̃²⁴y²⁴lɤ³¹xuo²⁴tuəɣ̃⁵⁵ti³¹tʃu⁵³iao⁵⁵tsʰaɣ̃⁵⁵suo⁵³]

温泉河的北面有一片莲花池，[uɛ̃³¹tɕʰyæ̃²⁴xuo³¹ti⁵³pei⁵³miæ̃³¹iou⁵³i¹pʰiæ̃⁵³liæ̃³¹xuɑ⁵³tʂʰʅ²⁴]

莲花池的边边儿有一个大模儿有几十米高的一个水泥柱子，[liæ̃³¹xuɑ⁵³tʂʰʅ²⁴ti⁵³piæ̃⁵³piær³¹iou⁵³i³¹kɤ⁵⁵tɑ⁵⁵mur⁵³iou⁵⁵tɕi⁵³ʂʅ³¹mi⁵⁵kao⁵³ti³¹i³¹kɤ⁵⁵ʃuei⁵³ɲi²⁴tʃu⁵⁵tsʅ³¹] 大模儿：约摸

上头题了特别大的四个字"富庶太平"，[ʂaɣ̃⁵⁵tʰou³¹tʰi³¹lao⁵³tʰei²⁴piɛ²⁴tɑ⁵⁵ti³¹sʅ⁵⁵kɤ³¹tsʅ⁵⁵fu⁵⁵ʂu⁵⁵tʰɛɛ⁵⁵pʰiəɣ̃²⁴]

其实也就是我县城这个名字"富平"两个字的确切含义。[tɕʰi²⁴sʅ²⁴iɛ⁵³tsou⁵⁵sʅ³¹ŋɤ³¹ɕiæ̃⁵⁵tʂʰəɣ̃²⁴tʂɤ⁵³kɤ³¹miəɣ̃³¹tsʅ⁵³fu⁵⁵pʰiəɣ̃³¹liaɣ̃⁵³kɤ³¹tsʅ⁵⁵ti³¹tɕʰyɛ⁵³tɕʰiɛ⁵³xæ̃²⁴i⁵⁵]

富平县人民委员会在1956年的时候把老城公布为"第一批文物保护单位"。[fu⁵⁵pʰiəɣ̃³¹ɕiæ̃⁵⁵zʐ̩²⁴miɛ̃²⁴uei⁵³yæ̃²⁴xuei⁵⁵tsɛɛ⁵⁵·³¹tɕiou⁵³u⁵⁵liou⁵³ɲiæ̃³¹ti⁵⁵sʅ³¹xou⁵³pa³¹lao⁵³tsʰəɣ̃²⁴kuəɣ̃³¹pu⁵⁵uei²⁴ti⁵⁵·³¹pʰi⁵³vɛ̃²⁴uo³¹pao⁵³xu⁵⁵tæ̃³¹uei⁵⁵]

目前，我富平县政府的一个工作重点就是着手老城的保护，[mu³¹tɕʰiæ̃²⁴，ŋɤ³¹fu⁵⁵pʰiəɣ̃³¹ɕiæ̃⁵⁵tʂəɣ̃⁵⁵fu⁵³ti³¹·³¹kɤ⁵⁵kuəɣ̃³¹tsuo³¹tʃuəɣ̃⁵⁵tiæ̃⁵³tsou⁵⁵sʅ⁵⁵tʃou²⁴ʂou⁵³lao⁵³tʂʰəɣ̃³¹ti⁵³pao⁵³xu⁵⁵]

恢复重建老城原貌。[xuei³¹fu³¹tʃʰuəɣ̃²⁴tɕiæ̃⁵⁵lao⁵³tʂʰəɣ̃²⁴yæ̃²⁴mao⁵⁵]

除了老城，我县里这几年还修建了不少的旅游景点，[tʃʰu³¹lao⁵⁵lao⁵³tsʰəɣ̃²⁴，ŋɤ³¹ɕiæ̃⁵⁵li³¹tsʅ⁵⁵tɕi⁵³ɲiæ̃²⁴xæ̃²⁴ɕiou³¹tɕiæ̃⁵⁵lao³¹pu³¹ʂao⁵³ti³¹ly³¹iou²⁴tɕiəɣ̃⁵³tiæ̃⁵³]

比如，和仙坊是当地风情饮食一条街，[pi⁵³ʒu³¹，xuo³¹ɕiæ̃⁵³faɣ̃³¹sʅ⁵⁵taɣ̃³¹ti³¹fəɣ̃³¹tɕʰiəɣ̃²⁴iɛ̃⁵³sʅ²⁴i¹tʰiao²⁴tɕiɛ³¹]

陶艺村制作展出世界不同风格流派的陶艺作品，[tʰao²⁴i⁵⁵tɕʰyɛ̃³¹tsʅ⁵⁵tsuo³¹

tʂæ⁵³tʃʰu³¹ʂ⁵⁵tɕie⁵⁵pu³¹tʰuəɣ²⁴fəɣ̃³¹kei³¹liou²⁴pʰee⁵³ti³¹tʰao²⁴ⁱ⁵⁵tʃuo³¹pʰiẽ⁵³]

怀德公园离陶艺村不远,[xuɛɛ²⁴tei³¹kuəɣ²⁴yæ̃²⁴li²⁴tʰao²⁴ⁱ⁵⁵tɕʰyẽ³¹pu³¹yæ̃⁵³]

这里被定为陕西省爱国主义教育基地。[tʂɤ⁵⁵li³¹pei⁵⁵tiəɣ̃⁵⁵uei²⁴ʂæ̃⁵³ɕi³¹səɣ̃⁵³ŋee⁵⁵kuei³¹tʃu⁵⁵ⁱ⁵⁵tɕiao⁵⁵y⁵⁵tɕi³¹ti⁵⁵]

欢迎大家到富平来吃、喝、玩儿、耍! [xuæ̃³¹iəɣ̃²⁴ta⁵⁵tɕia³¹tao⁵⁵fu⁵⁵pʰiəɣ̃³¹lee²⁴tʂʰʅ³¹xuo³¹uæ̃r²⁴ʃua⁵³]

中国最美传统村落——富平县老城

富平老城位于富平县政府一公里处的窦村镇莲湖村(现属城关街道办)。从元末明初到1970年,富平老城一直是县城所在地。老城北临温泉河,东临新县城,西临连城村(现属城关街道办),南临西禹公路。老城中间高,四周低,属丘陵低原地带。老城外形为不规则方形,占地面积280余亩,是一个具有悠久历史文化的典型的关中村落,也是全国著名的斩城(按:非唯一一座),距今已有600多年的历史。

老城里留有一些古建筑,比如城隍庙、关帝庙、望湖楼、藏书楼、魁星楼。老城的望湖楼非常有名,其名字由来其实很简单,因为站在望湖楼上朝南望,景色特别优美,能看到十里莲花,能闻到特别清香的稻子味,故而得名。遗憾的是,刚提到的这些景色早已不复存在,我们也是听老年人这么说的。老年人常提起:东门外,窦村堡,千家万家;西门外,圣佛寺,一座宝塔;南门外,稻子莲花;北门外,水流桥上桥下,噼哩嗒啦。讲的就是过去站在望湖楼上看到的景色。

望湖楼最早建于清朝,民国时重修过一次,整体为木制结构,共三层。老城的历史文化遗存相当丰富,城墙内有三条街、四个门、十条巷。三条街指正街、南街、北街;四个门指东门、西门、南门、北门,这是就地理方位而言。实际上,每个门都有专称:东门叫"华翔门",西门叫"荆锯门",南门叫"石盘门",北门叫"带温门"。从老城几个门的名字也可以想到当年这里有多美。十条巷指书院巷、姜米巷,姜米巷主要是姜姓和米姓,还有顺城巷、鸳鸯巷、王家巷、马家巷,王、马是老城的两大姓。另外有关帝庙巷、后巷、重庆巷、小南巷。重庆巷的得名,缘于清朝时这里出了一位在重庆当大官的乔姓老爷。老城里的房子基本上是土木结构。虽说老城现在的面积不大,差不多就是整个莲湖村,但是县级政府部门的旧址保存得不少。大家或许知道网上流传的"最牛银行"——中国人民银行富平支行,其旧址就在富平老城西门坡上。其实就是一座安间房,总共四间,也叫四进房,从门外看挺小,进去方知里面很深。

提到老城，还有一处景点不得不说，就是温泉河湿地公园。这个公园不是老城固有的，是近几年新建的，位置在东门坡下。温泉河水常年四季是温的。温泉河现在是富平男女老少晨练、散步、打太极拳等休闲娱乐活动的主要场所。北面有一片莲花池，池边有一个约摸几十米高的水泥柱，上题四个特别大的字"富庶太平"，正是县名"富平"二字的确切含义。

1956年，富平县人民委员会公布老城为"第一批文物保护单位"。当前，县政府的一项重点工作是保护老城，着力恢复和重建老城原貌。此外，富平县近几年还修建了不少旅游景点，比如，和仙坊是当地风情饮食一条街，陶艺村制作和展出全球不同风格和流派的陶艺作品，不远处有怀德公园，是陕西省爱国主义教育基地。

欢迎大家来富平，在这里吃喝玩乐！

六 吟诵

222. ①锄禾 [tsʰou²⁴xuo³¹]②
〔唐〕李绅 [li⁵³ʂɛ̃³¹]

锄禾日当午， [tsʰou²⁴xuo³¹ər²⁴taɣ̃³¹u⁵³]
汗滴禾下土。 [xæ̃⁵⁵tiɜ³¹xuo³¹ɕia⁵⁵tʰou⁵³]
谁知盘中餐， [sei²⁴tʂʅ³¹pʰæ̃²⁴tʃuoɣ̃²⁴tsʰæ̃³¹]
粒粒皆辛苦。 [li²⁴li²⁴tɕiɜ²⁴ɕiẽ³¹kʰu⁵³]

223. 静夜思 [tɕiəɣ̃⁵⁵iɜ⁵⁵sʅ³¹]
〔唐〕李白 [li⁵³pei²⁴]

床前明月光， [tʃʰuaɣ̃²⁴tɕʰiæ²⁴²miəɣ̃²⁴yo²⁴kuaɣ̃³¹]
疑是地上霜。 [ȵi²⁴sʅ⁵⁵³ti⁵⁵ʂaɣ̃²⁴ʃuaɣ̃³¹]
举头望明月， [tɕy⁵³tʰou²⁴²vaɣ̃⁵⁵miəɣ̃²⁴yo³¹]
低头思故乡。 [ti³¹tʰou²⁴²sʅ³¹ku⁵³ɕiaɣ̃³¹]

---

① 第222—223条发音人（男性，老派）所在地：富平县薛镇宏化村。
② 发音人读书时所用教材中诗的题目为《锄禾》，现在多为《悯农》。

调查手记

2013年，在导师曹志耘教授的建议和指导下，我开始了对家乡富平方言文化的调查和素材收集工作。随后的两年里，由于博士论文的调查和撰写工作繁重，我大部分时间都在陕北各县的农村进行田野调查，这与富平的方向不同，导致我无法同时兼顾，调查进度因此稍显缓慢，但我始终不敢放松。方言文化内容丰富，涉及日常生活的各个领域，需要根据季节变化进行长期的拍摄记录。为了确保收集到的素材全面且准确，我平时将相机放在老家，请家人和朋友帮忙拍摄，同时不断提醒他们注意各种细节。经过多次训练，从未接触过数码相机的父母竟然也能熟练操作了。他们成了我最忠实、最得力的助手。

2016年，我有幸承担中国语言资源保护工程"陕西汉语方言调查·富平"课题，便有了更多回富平调查的机会。于是我一边调查方言，一边趁机拍摄各类文化素材，并向当地各行各业人士请教，搜集地方文献资料，为书稿的写作奠定了良好的基础。

2018年，富平方言文化调查获得了中国语言资源保护工程专项任务课题"语言方言文化调查·陕西富平"的资助，并于2020年11月圆满结项。从2013年启动调查直至立项，再到项目完成，我们收集了长达七年的语料。在撰写书稿时，我曾经记录的不少方言文化事项和活动已经濒临消失，不禁令人唏嘘、着急。

回顾整个调查过程，真是有说不完的故事、道不尽的心情。各类人、各种事和各样经历，或让人发笑，或使人感念，或发人深思。凡此种种，皆成了难忘的记忆。这大概也是方言学者们的共同体会吧。

作者在莲湖村做调查

一 夜幕中的摄录

2018年5月,我们在富平县录音棚进行方言文化集中摄录。参加本次摄录的是年龄不等的6位发音人。虽然之前进行过模拟摄录和各种准备,但当大家正式面对镜头时,还是难免紧张、不适,讲述时磕磕绊绊。语保工程要求长篇语料发音人神态自若,并且能够用地道的方言流利地讲述。老百姓都是未经训练过的临时"演员",生怕自己达不到要求,所以每当面对镜头时就会不由自主地紧张,越紧张就越结巴。发音人只有在身心放松的状态下才能有最佳的发挥,要快速调整到这种状态实在不容易。除了耐心劝慰和鼓励,以及一次次试录和逐步改善外,别无他法。因此摄录工作进展缓慢。

语保工程对音频和视频的质量有着严格的标准,因此摄录时要控制噪音。遗憾的是,在我们精心布置好摄录场地并工作一天后,才惊觉录音棚附近有一个鸟窝,鸟儿白天不时发出叽叽喳喳的叫声,直到夜晚才逐渐安静。更令人抓狂的是,白天街道上的汽车喇叭声和其他噪音频繁打断录制。有时,发音人刚刚进入状态,或者即将大功告成,却因突然的鸟鸣或喇叭声而不得不中断又重新开始。考虑到在小县城找到一家合适的专业录音棚已经相当困难,现在更换场地显然不现实,因此,我们只能在白天尽可能多地录制,并记录下因噪音干扰而需要重录的部分,然后在夜晚安静时加班补录。

富平阿宫腔摄录现场(左2演唱者,右3作者,其余是不同乐器演奏者)

最后一天，为了保证任务如期完成，大家从上午8点一直录制到凌晨1点，还剩一些内容没有录。夜战在所难免。令人欣慰的是，几位发音人斗志昂扬，毫无怨言。热心的90后小伙儿伟伟从外面给大家买来了包子、米线和肉夹馍。丰盛的夜宵下肚，大家夜晚的疲劳顿时消解了不少，气氛依旧很活跃。现在我想起两位老人乔玉芳阿姨和张玉顺老师，依然很感动。

乔玉芬阿姨当时年届七旬，她的任务是讲两个长篇语料故事，属于难度比较大的部分。当其他人录制时，她总是默默地戴着老花镜低头看文本。我考虑到时间已晚，担心她身体吃不消，就劝她先录，她却担心自己准备不足，怕讲不好，坚持让其他人先录。这样一直到凌晨2点多，乔阿姨说可以了，她神态自若，轻松上阵，一次成功。正当大家要接着往下录时，发音人却去向不明，电话也联系不上。语保工程的所有发音人都有特定的要求，物色理想的发音人很不容易，一旦确定下来，要先做纸笔调查，再进行摄录前的培训和各项准备，此时不可能再换人。而当天的工作也不能再拖，真是让人心急如焚。张玉顺老师（图左一）见此情形，二话不说，骑上自行车就去发音人家里找。张老师已经67岁，这种雷厉风行的作风和急人所急的热心肠让人赞叹，让人感动。想到天这么晚，我心里又不免担心。所幸没过多久，张老师找来了发音人。原来是因为发音人太过心急，试录多次不成，信心受挫临阵而逃。黎明时分，摄录工作圆满结束。第二天，乔阿姨送给我亲手缝制的"猫娃儿鞋""猪娃儿鞋"各一双留作纪念，我保存至今。

二 西城的婚礼

婚礼是较难搜集的一类文化素材，主要原因有二：一是得有合适的机会，二是得征得当事人同意。婚礼的地域文化特色很明显，想要拍到真正意义上的传统婚礼，通常得男女双方都是当地人。如今人口流动剧烈，跨市、跨省婚姻常见，这种情况下，婚礼常被简化，很难再现完整的传统婚俗。因此，有时候我虽然碰到了拍摄机会，采集到的素材却不一定完整。此外，婚礼持续时间长，人杂事乱，程序繁复，礼俗颇多。从男方出发迎亲，到抵达女方家，再把新媳妇娶进门，每个阶段都有各种仪式，需要全程跟踪拍摄。为了保证万无一失，拍摄前我得先调查采访，对婚礼全过程和所有细节了然于胸，才不致于在拍摄时漏掉重要环节。拍摄过程至少得两个人，彼此要配合无间。

我一再跟父母交代要留意哪家办婚礼，二老极为上心，常常提醒亲朋好友帮忙打听，一有消息便会第一时间告知我。有时候不凑巧，我无法及时赶回去，只好请母亲代劳。功夫不负有心人，经过几次奔波，母亲已帮我搜集了不少珍贵的素材。可最后整理时，还是觉得照片不全、视频不完整或个别画面不理想，于是我决定找个机会一次性查漏补缺。

2018年国庆节前夕，父亲告诉我刘集镇北甫村10月5日有个婚礼，已经托人说好了。我兴冲冲地赶回老家，二老说不出的开心，一大早7点多就准备好了丰盛的早餐，匆匆吃罢，我们便出发了。

我跟母亲提前商量好，今天由我摄像，她负责补拍照片。母亲对我的工作一直很上心，最初还因缺乏信心不敢碰相机，在我的不断鼓励下，经过多次培训，她不但学会了使用相机，而且琢磨出了一些小技巧，有些照片拍得很不错。此时，天生行动力极强的母亲俨然像个战士，令我又欣慰又感动。

举办婚礼的村子距老家约5千米，大清早穿行在熟悉的乡间小路上，我的心情无比畅快。空气中泛着丝丝凉意，此时秋意渐浓，人们不久前砍下的玉米秆一排排从眼前掠过。多年不见的大妈正弯腰在门前的菜园子里摘辣椒，大老远跟我们大声打招呼，旁边站着从被窝里钻出不久，还睡眼惺忪伸着懒腰的小孙子……眼前的一切如儿时的记忆一般静谧、美好。

不知不觉，已临近目的地。谁料给父亲捎信儿的人打电话过来，说是主家改变了主意，担心政府现在倡导一切从简，婚礼传出去了会影响不好，他再三解释也无济于事。刚才还兴致勃勃的我，此时心里像被浇了一盆冷水。

婚礼进行中

到底母亲反应迅速，说她前几天听人说西城村有一家也是今天办婚事。不管了，先去看看再说。于是，我们连忙调头又往离老家约2千米的西城村进发。父亲原先在这里教过书，虽然跟主家不熟，但今天几个主事的都是老朋友，经人一说，主家满口答应。真是柳暗花明又一村！

接下来运气就更好了。乱哄哄的迎亲队里有个人看着眼熟，一问才知是多年不见的小伙伴。真是女大十八变，不说压根儿不敢认。大家多年不见，当然说不出的开心，她二话不说便把我和母亲拉上了婚车，于是，我们跟着浩浩荡荡的迎亲队一起去接新媳妇。婚礼素材当日全补齐了。

拍摄完准备打道回府时，一个来参加婚礼的人私下嘱托我，说是过两个月他儿子也要结婚，希望我一定来拍摄。真是有心栽花花不开，无心插柳柳成荫！

邓红华（2020）《俗语的多维度研究——以湖南彬州为例》，湖南大学出版社。

富平县地方志编纂委员会编著（1994）《富平县志》，三秦出版社。

富平县地方志编纂委员会编（2013）《富平县志 1989—2005》，陕西出版传媒集团、陕西人民出版社。

江蓝生（2005）"中国俗语大全"序，《俗语研究与探索》，上海辞书出版社。

〔唐〕李泰等著，贺次君辑校（1980）《括地志辑校》，中华书局。

南志秀主编（2015）《富平史志》，中国人民政治协商会议富平县委员会。

〔西汉〕司马迁撰（2007）《史记》，中华书局。

孙立新（2004）《陕西方言漫话》，中国社会出版社。

温端政主编（2011）《中国俗语大辞典》（新一版），上海辞书出版社。

温端政、周荐（2000）《二十世纪的汉语俗语研究》，书海出版社。

邢向东、柯西钢、朱立挺（2014）《西安方言民俗图典》，语文出版社。

邢向东、马梦玲（2019）论西北官话的词调及其与单字调、连读调的关系，《中国语文》第1期。

邢向东（2020）论西北方言中词调的提取及强势调与弱势调——以青海两种汉民、回民方言为例，《语文研究》第4期。

中国社会科学院语言研究所、中国社会科学院民族学与人类学研究所、香港城市大学语言资讯科学研究中心编（2012）《中国语言地图集》（第2版），商务印书馆。

1. 索引收录本书"壹"至"捌"所有条目名称（方言词条），按条目音序排列。"玖"里的内容不收入索引。

2. 条目首字如是《现代汉语词典》未收的字、方框"□"，统一归入"其他"类，列在索引最后，并标出整个词的音，按页码排序。

3. 条目中如有方框，在后面标出整个词的音。

4. 每条索引后面的数字为页码。

A	
安窗格子	280
案	22
鏊子	54

B	
八宝辣子	145
芭蕉扇	81
耙	170
掰馍	236
白糖沙洋柿子	144
摆钟	91
拜天地	241
扳手腕儿	210
板	219
板柜（之一）	83
板柜（之二）	83
板胡儿	218
梆子	219
棒棒儿糖	133
棒槌	91
包袱	106
剥花	158
剥御麦	157
包子	284
包粽子	300
宝	216
抱媳妇	247
鐾刀布	179
背心儿	99
泵房儿	160
迸御麦花儿	187
箅子	54
辫辫子	206
玻璃钢瓦	24
簸簸箕	158
布摊摊儿	189
布鞋	102
布鞋摊摊儿	195

C

财神爷像	280
彩钢瓦	24
菜盒子	126
菜夹馍	119
菜卷卷儿	125
菜钯子	168
草帽儿	101
插戴	241
茶缸儿	204
茶壶	203
茶几儿	73
茶碗儿	204
钗花	237
柴摞子	159
缠线板儿缠线	187
缠线拐子缠线	187
长把儿镰	166
长板凳	75
长明灯	287
长命锁	252
长钱	298
唱戏	293
炒豆角儿茄子	143
炒鸡蛋	141
炒凉粉	146
炒馍蛋蛋儿	303
炒瓢	54
炒洋葱	142
炒洋芋	143
炒知了儿	145
秤	193
吃饭	202
吃疙瘩儿	293
吃旱烟	205
吃鸡蛋	235
尺□尺	212
尺子	180
出丧	263
锄（之一）	161
锄（之二）	161
橱柜儿	61
厨家	242
搋面盆	62
穿鞋	236
穿新衣服	290
串门子拜年	291
窗花儿	280
床头喜	245
吹龟兹	259
锤锤儿	91
跐˭儿	124
瓷瓮	82
词语接龙	221
瓷枕	70
刺绣	185
粗布单子	71
攒线	184
村子	35
撮斗	163

D	
打爆张	220
打春鸡娃儿	302
打地基	47
打粉面子	138
打猴	212
打牌	209
打秋千	299
打沙包	215
打药池子	160
大簸箕	162
大立柜（之一）	84
大立柜（之二）	231
逮鸡娃	238
单衫子	96
弹弓	217
登记礼簿子（之一）	231
登记礼簿子（之二）	254
灯笼	294
灯台	79
点心	129
电壶	87
碟子	66
靪鞋的	182
东西南北	216
豆儿酱	141
豆腐锅	63
豆腐脑儿	132
豆馅儿包子	284
端盘的	242
短把儿镰	166

对檐儿厦子	19

E	
耳坠	105
二胡儿	219
二门子	28

F	
翻场	153
翻交交	210
饭食㩗	233
方桌	72
房子窗（之一）	30
房子窗（之二）	31
房子窗窗门儿	31
房子门	29
粉条儿	132
粪笼	164
风函	55
蜂窝煤炉子	80
缝纫机	180
服侍先人	287
讣告	254
富平老城	44
副食摊摊儿	191

G	
干货摊摊儿	190
干渣馍	121
擀杖	65
缸子	204

高台芯子	297	旱烟叶子	135
袼褙	181	喝酒	202
疙瘩儿	122	饸饹	127
耕地	151	饸饹床子	128
拱脊子房	18	核桃枣儿	245
狗窝	39	红苕窖	40
箍子	105	后院	34
鼓风机	56	糊窗纸	278
鼓角馍	113	胡墼锤子	47
锢露匠钻子	182	胡墼模子	48
刮刀	176	葫芦瓢	57
挂艾	300	虎斗	193
挂柿饼	136	花茶	134
棺材	253	花圈儿	256
观音庙	222	花食摞	233
柜桌	84	花碗	60
棍棍儿面	117	花鞋	103
锅	53	花鞋垫子	104
锅铲铲儿	65	划拳	203
锅盖	53	槐花儿麦饭	126
锅圪杈	55	黄胶鞋	104
锅盔	120	回娘家	292
锅刷刷儿	58	会	207
锅台（之一）	52	婚联	246
锅台（之二）	52	活笚篮儿	182
裹肚子	301	火钩子	56
果园房房儿	42	火夹子	56

J

鸡蛋挂面	251
机瓦	24
鸡窝	39

H

旱船	296
汗衫儿	96

挤暖暖	221
家谱	225
架子车	164
煎饼	122
茧娃娃	282
剪纸	186
江米条儿	130
礓窝儿	59
交换礼物	241
交椅儿	75
铰窗花儿	279
搅团	123
饺子皮儿	118
叫鸡	196
叫猫	196
叫媳妇儿	234
叫媳妇儿开门	235
叫猪	196
接背子房	21
接媳妇儿的	240
接媳妇儿鼓	248
敬先人	250
敬灶火爷	274
镜子（之一）	246
镜子（之二）	247
锯	177
卷烟	135
镢头	162

K

开裆棉裤	98
开墓口	257
砍刀	166
看酒	244
炕	67
炕洞	68
烤炉	159
靠背板凳	74
课桌	72
口袋	89
刳粽子叶儿	300
筷筒	62
狂泥	220
狂炮	290

L

腊八面	305
喇叭头儿碗	60
腊汁肉摊子	191
醪糟儿	134
老鸹颡	115
老虎枕头	70
老皇历	281
老庙老鼓	295
老式立柜	84
老碗	59
烙铁	179
犁	169
勞下的面	116
礼当	292
立碑子	268
立诚中学藏书楼	46

立诚中学教室	46	铝笊篱	57
莲菜	249	绿豆汤	115
连脚开裆裤儿	98	绿挂面	118
脸盆儿	77	抢盆	62
脸盆儿架子	77	罗罗儿	65
凉拌豆角儿	140	锣鼓队	298
凉拌豆芽儿	143		
凉拌黄瓜	140	**M**	
凉拌茄子	140	麻饼儿	130
凉拌香椿	144	麻绳	175
凉粉馅子	146	麻叶儿	286
凉帽儿	100	马灯	79
凉皮儿	125	马甲儿	97
粮票	195	马口笼子	85
粮食仓	85	马籽菜馍	113
凉调红萝卜丝儿	139	卖对子	277
凉调灰藋藋	144	卖饭摊摊儿	192
凉调凉粉	146	麦钩	173
凉席儿	68	卖旱烟	194
两层儿	20	麦稻穄	155
蓼花糖	133	卖辣子	194
灵堂	255	卖年画儿	281
六棱儿灯	256	卖衣服摊摊儿	190
碌碡（之一）	174	猫娃儿鞋	103
碌碡（之二）	174	毛裤儿	99
笼	163	毛衣	97
笼笼	86	茅子（之一）	36
耧	173	茅子（之二）	37
耧麦钯钯儿	168	帽盒	104
漏勺儿	58	煤气灶	53
漏鱼儿	123	美原古镇	43

门墩石	30	年夜饭	288
门关子	28	酿皮锣锣儿	58
门环环儿	28	捏疙瘩儿	288
门庭	253	牛槽	86
米汤	114	扭秧歌儿	296
棉袄	98		
棉花糖	134	**P**	
棉扫帚	78	帕帕儿	101
棉套袖	100	牌位子	224
棉窝窝	102	盘	64
磨刀	183	跑驴驴儿	295
馍篮篮儿	86	跑马马儿	248
馍筛筛儿	63	泡菜	142
磨石	183	炮摊摊儿	289
醣	170	陪房	234
墨斗子	177	披红	234
沫糊	113	偏厦子	19
木床	67	谝闲传	206
木函	89	平房	20
木匠钻子	177	铍麦	152
墓口石	267		
木梳匣子	233	**Q**	
木头箱子	232	前门（之一）	26
木头椅子	74	前门（之二）	27
木锨	172	前院（之一）	33
墓子	265	前院（之二）	33
		浅水井	41
N		请先人（之一）	261
衲被子	208	请先人（之二）	286
泥炉炉儿	80	请灶火爷	274
泥页	176	熰锅儿糖	130

求媳妇儿下炕	237	烧纸（之二）	258
圈椅儿	73	烧纸扎	268
全墓	267	社火	294
		升子	193
R		圣佛寺塔	43
绕坟走一圈儿	268	石槽	87
肉夹馍	119	石碾子	170
肉架子	191	石狮子	188
		石头镜	107
S		拾扬儿	211
三齿锄锄儿	161	石子儿路	35
三角	178	柿饼	131
三十儿会	287	柿寿星	137
三天吊孝	258	收拾猪头	277
三条腿儿板凳	76	手帕儿	106
扫案刷刷儿	58	书包儿	107
扫炕笤帚	71	梳头的	239
扫墓	262	梳妆台	232
扫舍	275	摔摔儿	90
扫帚	78	水担	162
沙杈	172	水道	32
砂石塑像	186	水壶	88
晒老衣	303	水窖	40
晒麦	154	水渠	160
上地	152	水桶	57
上坟	299	水砲子	41
上会	207	四股儿铁杈	167
上梁	48	四条腿儿单人板凳	75
上香	223	送糕	305
烧纸	226	送锅盔	251
烧纸（之一）	225	送灵	263

送柿子	304	跳房房儿	214
送水罐罐儿	88	跳皮筋儿	213
酥饺子	129	跳绳儿	213
酸辣白菜	139	贴窗花儿	279
算盘儿	195	贴对子	278
碎板凳	75	贴年画儿	281
碎长板凳	76	铁簸箕	163
穗核儿面	116	铁盆	77
碎娃儿磕头	292	铁勺	66
碎娃儿帽子	252	铁锨	171
		铁笊篱	57
		头牯圈	37
T		土地爷	275
台历	282	土墙	25
弹琉儿	212	推刨（之一）	169
弹棉花	183	推刨（之二）	178
炭炉子	81	推土车车儿（之一）	165
炭锨	56	推土车车儿（之二）	165
躺椅儿	73	推子	179
陶艺	188	钛钛儿馍	121
套袋儿	159	拖子	185
套子挖挖儿	184		
藤椅儿	74		
踢毽子儿	214	**W**	
剃头	178	挖墓子	265
提木梳匣子的	239	娃车车儿	76
天鹅蛋	129	瓦刀	176
天井	31	瓦瓮	81
甜饭	285	豌豆角儿	136
甜红苕	285	王蒴墓	269
挑棍棍儿	211	望湖楼	45
笤帚	79	围裙儿	99

围围儿	100	鞋底子	180
苇子席	69	鞋样儿	181
砘面机子	42	写牌位子	286
喂兔	197	卸果子车车儿	165
喂羊	197	新女婿	238
文庙儿	45	新媳妇	238
		新媳妇儿下炕	241
X		信插儿	90
西服	97	喧荒	260
席	243	旋地	151
喜床	245	踅筛儿	171
洗手	240	踅踅筛儿	158
洗衣服板板儿	90		
"囍"字	244	**Y**	
下棋	209	压饸饹	128
下油锅	276	鸭舌帽儿	101
下葬	266	烟袋	205
咸菜	142	扬场	154
献饭	260	洋瓷碗	60
献饗	257	洋灰柜	85
襄奉=	250	洋灰瓮	82
香花包儿	301	羊圈	38
香炉（之一）	223	杨爵祠	226
香炉（之二）	223	羊肉泡	127
香纸摊子	194	洋糖	132
响炮	289	洋枕头	69
巷道	34	养狗	198
削削儿	117	养鸡场	197
小米儿米汤	114	漾门子	174
小瓦	24	吆鸡	197

窑洞	21		Z
窑窝儿	27	杂货铺	189
舀饭勺	66	杂货摊摊儿	190
药管子	175	灶火	22
药锅儿	88	灶火门	29
引魂幡	264	灶火爷	222
迎饭	261	灶火爷饦饦儿	275
迎亲门	249	灶糖	133
硬弦子胡胡儿	218	缯角子	206
油糕	136	甑糕	135
油糕摊摊儿	192	扎墓口	266
油角角	283	铡子	167
油麻糖	131	择菜	208
油馍	120	长巧芽	304
油馍页儿	112	招待接媳妇儿的	235
油泼辣子	141	招牌	192
油泼面	115	砧子	188
油旋儿	283	蒸饺儿	123
鱼	285	蒸馍	112
御麦剥皮子	157	蒸馍笼	64
御麦地	150	蒸年馍	276
御麦秆	156	蒸碗子	61
御麦架	156	织布机	184
御麦糁糁儿	114	纸船	216
御麦叶儿摞子	155	纸飞机	215
圆馍儿	244	纸盆子	264
圆桌	72	纸扎	255
院井	32	中堂	224
月琴	218	猪圈	38
		猪食槽儿	87
		猪娃儿鞋	103

413

竹床	67	做饭棚	242
竹钯钯儿	168	做焐锅糖	137
竹穰子席	68	坐席	243
竹扇子	81		
竹枕头	70		

其他

□子 [tsʰæ̃⁵⁵tsʅ³¹]	23
碴蒜窝窝儿 [tʰɑ²⁴ɕyæ̃⁵⁵uo⁵³uər³¹]	59
□ [pʰiɛ̃⁵³]	66
T恤衫 [tʰi⁵⁵ɕyo²⁴sæ̃³¹]	96
□凉粉 [ʃuo²⁴liɑ̃³¹fɛ̃⁵³]	145
□锨（之一）[tsʰei³¹ɕiæ̃³¹]	171
□锨（之二）[tsʰei³¹ɕiæ̃³¹]	172
搂下的枪 [uo⁵³xɑ³¹ti²⁴tɕʰiɑ̃³¹]	217
□月 [uæ̃⁵⁵yo³¹]	302

柱子	23
砖墙（之一）	25
砖墙（之二）	26
砖枕头	69
装柜	262
锥针儿	181
镯子	105
粽子	301
走亲亲	291
做醋	198

后　记

在世纪之交的几十年间，中国社会以前所未有的速度发生着翻天覆地的变化。进入21世纪后，变化的步伐进一步加快。传统农业社会的特征逐渐减弱，现代工业化和城镇化的特征日益凸显。人们的生活内容、方式和思想观念也随之发生了深刻的转变。新事物和新现象不断涌现，有些旧事物和旧现象逐渐退出历史舞台。在这一转型期，一些地域方言及其文化濒临消亡。方言文化调查是对濒危地域方言及其文化的一次"抢救性"记录。这是笔者在深入调查和收集富平方言文化语料的过程中所获得的最深切的体会。

令我们惊异又无奈的是，许多儿时再熟悉不过的事物已难觅踪影，有些原本耳熟能详的东西大半天想不起来用方言怎么说，有些文化现象乍看有许多话可说，动起笔来却要思索、回忆和考证半天。

中国语言资源保护工程应时而生，为中国语言资源和优秀传统文化的调查、保存、保护和研究提供了重要的政策和财力保障。非常感谢语保工程首席专家、业师曹志耘教授和语保中心的信任，使我得以有机会用音像等现代化技术手段及时地记录和保存家乡方言文化。在调查和写作过程中，我深深感觉到，作为一个母语人，自己对家乡富平的了解远远不够，大概是只缘身在此山中吧，这次调查和写作是一次难能可贵的深入其中的机会。同时也深切体会到了语言资源保护的使命感和紧迫感。语保工程的高标准、严谨性和科学性让我学到了很多新东西，比如拍摄技术、音像剪辑、加工字幕等。感谢语保中心张世方教授、黄拾全副教授等在课题实施过程中给予的大力支持和帮助！

特别要感谢我的父母！他们身体力行、实实在在的帮助让我的工作事半功倍。除了持续地帮我搜集各类素材外，他们还是我写作中的学术顾问。遇到拿不准的解释，我一一用微信发给父母把关，总能在第一时间收到回复。令我惊异的是，小到婚丧嫁娶，大到房屋建筑、农业耕作等，母亲大都能如数家珍，一一道来。时日久了，"就是这么说的"已经成了她的口头禅。我的解释一旦写到她的心上，像是产生了共鸣，她便异常开心；有时说不到她心上，她便有些不悦。其认真劲儿真是让人既想笑又赞叹。此外，心灵手巧的母亲还常常亲手制作各类物品或者创造各种场景供我拍摄。父亲更是多次表达想做我的发音人的愿望。虽然他的口音完全可以代表本地话，但是考虑到语保工程对主要发音人有世居当地三代以上的要求（父亲是山东移民第二代），只好请他做口头文化发音人，以满足他的愿望。为了把故事讲好，父亲认认真真地准备了很久，摄录时滚瓜烂熟，一气呵成。

父母爱热闹，有不少好朋友。听说我需要口头文化发音人时，立马广泛发动群众参与，很快解决了我的燃眉之急。衷心感谢他们的好朋友，三位淳朴、敬业的发音人刘普牛先生、陈孟玲老师和吴振荣老师的热情参与！令人悲痛的是，吴振荣老师已于不久前离世。

非常感谢我的项目团队成员，西安航空职业技术学院的杨彩贤教授！杨老师是陕西师范大学的语言学博士，她和爱人刘增铁老师（现任西安航空职业技术学院宣传统战部部长）都是富平人，对家乡山水饱含深情，对家乡文化非常熟悉，多次利用节假日驱车前往各乡村考察调研，补拍了很多极为珍贵的素材。初稿完成后，杨老师逐字逐句细心校对，补充完善了很多文化信息。

衷心感谢陕西师范大学语言资源开发研究中心主任邢向东教授、文学院黑维强教授和陕西省社会科学院孙立新教授。邢老师和黑老师在百忙之中审读书稿，提出了细致而中肯的意见，极大地提升了书稿的质量。孙老师对本书的出版给予了极大的关注。在写作过程中，我多次向三位老师请教，每次都能得到他们及时而有效的指导。陕西师范大学语言资源开发研究中心提供的专业录音棚极大地提高了项目摄录的质量和效率。感谢陕西师范大学新传学院大四学生李彦坪，他凭借丰富的摄录经验，为项目节省了宝贵的时间。感谢陕西师范大学社科处处长柯西钢教授和文学院吴媛副教授、张永哲副教授以及韩夏和侯治中两位老师，他们的陪伴和帮助让我在师大的两年学术生活变得无比美好。感谢西安石油大学徐朋彪老师在调查中给予的帮助。

衷心感谢西安外国语大学副校长党争胜教授和中国语言文学学院院长韩伟教授、王刚书记以及科研处的各位老师！党老师熟悉和热爱家乡富平的文化，他很关注本课题的进展，并为书稿的写作提供了诸多重要的文化信息。本书的顺利出版，离不开韩伟院长、王刚书记的大力支持与科研处老师们的无私协助。

非常感谢广东外语外贸大学严修鸿教授！严老师真诚热情，得知我将要着手写作，他专门快递寄赠了他的大作《中国语言文化典藏·连城》，并特地将书中的精彩部分摘录出来与我深入交流，为本书的写作提供了极其宝贵的参考。

衷心感谢富平县文化馆原副馆长张玉顺老师！他热情率真，精通多种乐器，在担任发音人的同时，提供了不少富平文艺知识。由衷感谢发音人乔玉芳阿姨、安双梅女士和靳伟兄弟深夜陪我摄录。乔阿姨是当时富平县城关镇翟宏爱副书记的母亲，得知我的来意后，翟书记二话没说便推荐了她的母亲。事实证明，乔阿姨是一位非常优秀的发音人！阿宫腔的顺利摄录，离不开盖建仁、惠庆龙二位老师的热情参与！盖老师一生致力于国家非物质文化遗产富平阿宫腔的保护传承，他演奏的硬弦子胡胡儿（号称阿宫腔三大件之一）精妙绝伦。惠老师擅长月琴，近年成立了皮影剧社，多次盛情邀请我去摄录。

数年过去，刘集中学已退休的王振才老师骑着摩托车带我四处寻访发音人的情景依然历历在目。美原中学已退休的张立合老师尽管年逾八旬，但因兴趣所驱，仍在孜孜不倦地整理本地方言资料，他非常热情地接受了我的采访。富平县委宣传部原副部长惠志刚先生热心组织发音人遴选活动。西安工业大学郄远春老师专程从西安赶到富平协助我遴选发音人。老同学张军建、杨增峰、刘军建在调查中给予了热情帮助。富平今生有约婚庆中心经理李兵多次协助拍摄。

特别感谢我的同窗好友李菲，本书的出版离不开她的帮助。感谢北京大学出版社编辑赵明秀女士、邓晓霞女士的付出。感谢研究生郭晨、姜婧、王昊旋和王玉琨协助核校书稿。

感谢家人们一如既往的关爱和支持，使我在工作之时没有后顾之忧。

其他未一一道名的发音人和朋友，在此一并致谢！

最后郑重感谢调查素材中的当事人！你们是富平方言文化的传承者和代言人。你们的热情参与，保证了调查工作的顺利开展和当地文化的真实再现。没有你们，富平方言文化典藏就是无源之水、无本之木。

在社会快速转型的时期，希望这本小书能作为一份珍贵的档案，较为完整地记录、保存和反映富平的传统方言文化。期望本书能为研究富平方言、民俗、历史、社会和文化提供一些有价值的参考。谨以此书献给生我养我的家乡。

书中各条目由作者编写，错漏之处概由作者负责。恳请读者批评指正。

孙建华

2023年3月26日

于西安